旧ロシア金融史の研究

伊藤昌太

八朔社

旧ロシア金融史の研究──目次

序　章　新旧ロシアの対外金融従属 …………………1
　　　──課題と構成──
　　　1　新ロシアにおける金融従属の深まり…1
　　　2　本書の課題と構成…9

第 I 部　資本輸入体制の構造とその展開

第1章　対外金融依存の構造論理 ……………19
　　　──第一次世界大戦前の資本輸入──
　　　1　課　題…19
　　　2　研究史…19
　　　3　資本輸入の実態…23
　　　4　資本輸入の構造論理…32
　　　5　結びにかえて…51

第2章　資本輸入の国内的規定要因 ……………63
　　　──農地抵当金融の展開──
　　　1　はじめに…63
　　　2　ロシアの不動産抵当金融組織…64
　　　3　不動産抵当銀行の営業実績…73
　　　4　不動産抵当金融と金融市場…79
　　　5　結びにかえて…89

第3章　資本輸入の国際的環境 ……………97
　　　──ビスマルクの「ロンバード禁止」と独露経済対立──
　　　1　はじめに…97
　　　2　「ロンバード禁止」の意味をめぐって…97
　　　3　1880年代半ばまでの独露金融関係の特質…102

4　1880年代半ば以後の金融関係の矛盾の表面化…110
5　「ロンバード禁止」の諸結果…116

第2部　ロシア金本位制の成立と展開

第4章　ロシア金本位制の成立 …………………129
　　　——旧露資本主義の通貨流通と1897年の通貨改革——

1　問題の所在…129
2　旧露資本主義の通貨流通とその特質…133
3　通貨改革の準備過程…155
　　——いわゆる Goldpolitik の展開——
4　通貨改革の展開とその特質…166
5　結びにかえて…182
　　——通貨改革の意義——

補論 1 ——金本位制下の短期在外資金積立政策…201

第5章　ロシア金本位制の展開 …………………218
　　　——中央銀行（国立銀行）の政策展開——

1　はじめに…218
2　ロシア金本位制の成立…219
3　金本位制下の国立銀行（1897—1908 年）…228
4　大戦前夜好況期の金本位制と国立銀行の政策…239
5　結びにかえて…254

補論 2 ——「ペテルブルク私立商業銀行」の50年…264

第3部　対外金融従属の帰結

第6章　大戦前夜ロシア国際収支危機と「ヨーロッパ循環」の危機 …………………… 285

   1　はじめに … 285
   2　大戦前夜好況の特質と位置 … 287
   3　国際収支危機の進行 … 291
   4　ロシア国際収支と「ヨーロッパ循環」… 303
   5　結びにかえて … 314
      ──「ヨーロッパ循環」の危機と「開戦危機」をつなぐもの──

あとがき

図表一覧

装幀　高須賀　優

凡　例

1　本書の旧ロシアに関する暦日は，原則として旧露暦によった。
2　地名や人名の表記は必ずしも発音どおりとせず，慣用にしたがった場合がある。
3　本書で使用した面積・重量・容積・貨幣の単位の換算は以下の通りである。
　　　　1デシャチナ＝1.092ヘクタール
　　　　1プード＝16.38キログラム
　　　　1チェトヴェルチ＝209.2リットル
　　　　1ルーブリ＝100コペイカ

序　章　新旧ロシアの対外金融従属
──課題と構成──

　本書は，旧ロシア資本主義の展開過程における金融的側面をとりあげ，その諸段階・構造・特質等を多面的に検討することによって，資本主義世界における旧ロシア資本主義の位置と構造的特質とを明らかにしようとするものである。ここでは，新ロシアの経済危機の問題を糸口として著者が現在抱いている問題意識を明らかにし，本書の課題と構成とを述べておくこととしたい。

1　新ロシアにおける金融従属の深まり

　1991年のソ連邦解体後，市場経済化＝資本主義化の軌道で劇的な再出発を遂げることになった新ロシアの経済は，周知のように，力強く再生の軌道を進むどころか，逆に混乱と危機の様相を強め，ほとんどすべての経済指標で一貫して右肩下がりの趨勢を示すという惨状に陥った。再出発後6年目の1997年に至っていくつかの経済指標は改善傾向を示し始め，一部には悪化の度を高めてきたロシア経済がようやく反転・上昇に転じ始めたとの楽観的観測さえ生まれていた（表Ⅰ参照）。だが，落ち着きを取り戻したと見られたルーブリ相場はその年の末から低落の無気味な動きを見せ始めた（表Ⅱ参照）。この動きは翌98年の前半には執拗な売り圧力のもとで明白な低落傾向へと転化し，外貨準備は枯渇し始め，5月末にはついに金融危機となって表面化した。公定歩合は一気に150％に引き上げられた。[1]この現象は，しかしながら，危機のピークではなく，その始まりを示すささやかなエピソードでしかなかった。6月から8月にかけてたたみ掛けるように為替・債券・株式のトリプル安が来襲し，7月半ばには，ついにたまりかねたIMFが救済に乗りだして総額226億ドルという巨額の融資をロシア政府に約束し，その第

表 I 新ロシアの経済指標

年	1990	1991	1992	1993	1994	1995	1996	1997	1998	1999
GDP (1989=100)	97.0	92.2	78.8	72.0	62.8	60.2	58.1	58.8	56.1	59.4*
工業総生産	100	92	75	65	51	50	48	49	46	50
うち燃料産業	100	94	87	77	69	69	68	68	66	68
機械金属加工	100	90	77	65	45	41	39	40	37	42
軽工業	100	91	64	49	27	19	14	14	12	15
農業総生産	100	95	86.5	82.7	72.7	66.9	63.5	64.5	56.0	57.3
固定資本投下額	100	85	51	45	34	31	25	24	22	23
赤字企業数の割合 (%)	—	—	15.3	14.0	32.5	34.2	50.6	50.1	53.2	44.4
失業率 (%, 年末)	—	—	5.2	5.9	8.1	9.5	9.7	11.8	13.3	13.0
統合予算赤字(対GDP比, %)	1.3	2.9	3.4	4.6	10.7	3.2	4.4	5.1	3.6	1.2
消費者物価 (対前年末比, 倍)	1.1	2.6	26.1	9.4	3.2	2.3	1.2	1.1	1.8	1.4

典拠：*Россия в цифрах*, Москва, 1995, 1998, 1999, 2000より。
注：＊は1990＝100とした指数。

表 II ルーブリ為替相場の変動 (1992—99年)

[ルーブリ／ドル，月末値]

年	1992	1993	1994	1995	1996	1997	1998	1999
1月	—	572	1,542	4,048	4,732	5,629	6.026	22.60
2月	—	593	1,657	4,473	4,815	5,676	6.072	22.86
3月	—	684	1,753	4,897	4,854	5,726	6.106	24.18
4月	—	823	1,820	5,100	4,932	5,762	6.133	24.23
5月	—	994	1,916	4,995	5,014	5,773	6.164	24.44
6月	—	1,060	1,989	4,538	5,108	5,782	6.198	24.22
7月	—	990	2,062	4,415	5,191	5,798	6.236	24.21
8月	—	993	2,153	4,447	5,345	5,830	7.905	24.75
9月	—	1,169	2,596	4,508	5,396	5,860	16.065	25.08
10月	—	1,186	3,055	4,504	5,455	5,887	16.010	26.05
11月	—	1,231	3,232	4,580	5,511	5,919	17.880	26.42
12月	415	1,247	3,550	4,640	5,560	5,960	20.650	27.00

典拠：*Россия в цифрах, 1995*, c.183 ; *Россия в цифрах* 1999, c.412; 2000, c.385.
注：1998年1月1日からデノミネーション。

序　章　新旧ロシアの対外金融従属　3

一次分として48億ドルの融資を即時開始するまでになった。(2)

　このてこ入れさえも大部分はルーブリ防衛のために消尽され，8月14日にエリツィン大統領が「ルーブリの切り下げは絶対にない」と言明したにもかかわらず，17日にはついに政府と中央銀行は共同声明を発し，①ルーブリの相場目標圏の拡大（事実上30％以上の幅の切り下げの容認），②民間対外債務の90日間支払い猶予，③非居住者による投機目的の為替取引の一時的制限，④1999年末までに償還期限を迎える短期国債の新規国債への切り替えとこの間の債券市場の取引の一時停止という措置の実施を打ち出した。この措置は，ルーブリ相場の激落と対外債務支払いのモラトリアム＝部分的デフォルトを意味するものにほかならず，通貨・証券市場を麻痺状態に追い込んで1991年以来最大の危機的状況を生み出しただけでなく，IMFはもとより世界の通貨・証券市場に強烈な衝撃を与えた。パニックが同時株安となって世界中を駆け巡り，それまでロシア証券市場に群がっていた外国投資家は軒並み数百億円もの巨額の損失をこの混乱の中で被ったといわれる。(4)

　この8月危機のあともロシアの経済は，一向に改善の傾向を示さぬのみか，むしろ1年間以上にわたって慢性的な危機状態のもとで推移した。ルーブリ対米ドル相場は8月危機以前の6ルーブリ台から1年後には実に4分の1の水準の25ルーブリ前後へと惨落した。慢性的な通貨危機を打開するために，ロシアの政府と中央銀行は8月危機の直後から停止されていたIMFの大型融資の再開を切望したが，融資再開交渉はその後難航をきわめ，危機の激化を回避するために文字どおり四苦八苦する状態が続いた。実際に融資再開が決定されるのは，1999年6月コソボ紛争と連動したケルン・サミットの政治的合意に基づく7月のIMF理事会でのことで，実に約1年後のことであった。(5) この動きをうけて，8月初めには対外債務の削減・繰り延べをめぐってパリの対ロ債権国会議（パリクラブ）とロンドンの民間債権者会議（ロンドンクラブ）が相次いで開催され，とくに前者の会議は旧ソ連債務約80億ドルの返済を2002年まで繰り延べ，その後長期間に支払うという重大な決定を下した。しかしながら，ようやく決まったかに見えたIMFの融資の方は，8月末以降のマネーロンダリング疑惑の表面化によって先送りされ，この深刻な状況にひとまず休止符が打たれロシアの金融情勢が一息つくことができた

のは，それからさらに約半年もずれこんだ2000年2月11日以後のことであった。この日フランクフルトで開催された対ロ民間債権者団とロシア政府代表との会議で，対ロ民間債権（総額318億ドル）の36.5％を削減し，残る債権を7年の猶予期間をもつ期間30年のユーロ建て国債に切り替えるという決定が下されたのである。この重大な決定は，ロシアの部分的デフォルトを国際的に確認するものにほかならないが，年来のロシアの主張を容認しこれに息継ぎを与えるものともなった。⁽⁶⁾

　以上のように1998年8月の金融危機はその後1年半に及ぶ慢性的金融危機の起点となったのであるが，その発現経路は次のように要約されよう。①ロシア政府が，95年からIMFの承認のもとで通貨の濫発を抑制し緊縮財政路線を推進したあと，現物納税に至るほどの極端な通貨の流動性不足のもとで税収を確保しえず，結局財政収支の回復を達成しえなかった。②この財政赤字をカバーするために政府は高利の短期ルーブリ国債の発行に走ったが，初めは外国資本を借り入れた国内の銀行が，のちには外国の投資家が直接的に，これらの短期国債の購入＝投機に殺到した。③国際収支の悪化・外貨準備の枯渇という事態とあいまって，ルーブリ切り下げの懸念が投資家層の間に強まりルーブリ売りの圧力が次第に高まったが，政府はルーブリの懸命の買い支えと短期国債利率の引き上げで躍起になってこれに対抗しようとした（8月12日短期国債の市場利率は120％）。④しかし，8月17日に政府は激しい売り圧力に抗しきれず，ルーブリの切り下げに踏み切らざるをえなくなり，それとともに，短期国債投機に走った内外の銀行に巨額の損失が生じ，内外金融市場は大混乱に陥った。⁽⁷⁾

　しかしこのような金融危機の背景には，いうまでもなく1991年のソ連解体以来続いてきた慢性的で構造的な経済危機があった。1990年以後99年に至る10年間の主要経済指標をまとめた前掲の表Iは，この間のロシアが平時としては例のないような激しい経済の後退・混乱を経験し，その結果，経済規模が実に半分の水準に縮小していったことを如実に示している。市場経済への移行における重要な軸をなすのは旧国営企業の民営化であるが，数値上は足早に民営化したはずの企業でも経営実績では赤字を計上するものが過半を占め，実物経済の基盤を狭めると同時に，通貨の流動性危機とあいまって国の

税収を大きく制約した。農業もまた著しい後退傾向を示し,ことに,食料輸入の増大と98年の歴史的な不作がその展望を暗くしていた。このような実体経済の混乱傾向を端的に表現しているのが固定資本投下量の一方的減退傾向であるが,後者は,前者の危機状況をさらに長引かせ,ロシア経済の再生・発展を一層困難にしている。高い比重を占めるアンダーグラウンドの経済と99年3月段階の第一副首相の発言によれば市場経済改革の開始以来総額2000億ドルにも及ぶといわれた資本の国外逃避・流出がこの状況をさらに激化させてきた。このように金融危機の背後には容易には回復し難い経済全体の停滞・混乱があり,これが内外の銀行・投資家層を前述のような短期国債投資に向かわせていたのである。この間,外国資本による直接投資が低調に推移したことはいうまでもない。

　ところで,全過程を通してこの経済危機の一大特徴となっているのは,対外金融従属という局面である。現下の経済危機の主要な特徴の一つは,実体経済の危機が絶えず財政・金融危機となって表出し,対外金融依存の傾向を強める一方,その対外金融依存が,経済過程の回復を助ける方向に作用するどころか,むしろ当座の経済危機を永続的なものにさせ,さらなる金融依存＝従属を強めるというところにあるように考えられる。

　そこでまず対外金融依存の実態を簡単に確認しておこう。旧ソ連の段階での対外金融ポジションは,冷戦体制を反映して,後発「社会主義」諸国や開発途上国に対する政治的色彩の濃い対外援助等を中心にして,一方的な債権国の立場を示していた。だが,表Ⅲに見られるとおり,ペレストロイカの展開した1980年代半ばから西側との経常収支の悪化等に伴い,外貨建て債務が増勢を強めていた。この「旧ソ連債務」という重い負の遺産を引き継いだ1992年以後の新ロシアでも,前述の経済危機の進行とともに対外債務残高はさらに高いテンポで累積し,98年には,もともと回収の困難な債権残高を凌駕して,ロシアを純債権国から純債務国へと転落させた。ロシアの対外債務総額は,旧東欧「社会主義」諸国の98年6月時点における債務総額の過半を単独で制したうえ,世界的に見ても,95年段階ですでにアメリカ合衆国・ドイツをいれれば第5位,前二国を除けば,ブラジル・メキシコに続いて第3位に位置していた。

表III　ソ連・新ロシアの対外債務残高（1987—97年）

[単位：10億ドル]

	1987	1988	1989	1990	1991	1992	1993	1994	1995	1996	1997
総　額	38.3	42.2	53.9	59.8	67.8	78.4	111.7	121.5	120.4	125.2	125.6
1.長期債務	27.9	31.0	35.7	48.0	55.2	65.2	103.4	111.6	110.1	113.0	119.5
(1)利権供与	0.0	0.0	0.0	0.0	0.7	1.0	33.7	33.0	22.1	24.8	25.9
二国間	0.0	0.0	0.0	0.0	0.7	1.0	33.7	33.0	22.1	24.8	25.9
多国間	0.0	0.0	0.0	0.0	0.0	0.0	0.0	0.0	0.0	0.0	0.0
(2)公的,非利権的債務	1.7	1.5	2.1	5.9	8.8	10.8	23.0	34.2	44.9	50.8	49.9
二国間	1.5	1.3	1.9	5.5	8.4	9.3	19.3	28.5	33.3	35.5	31.3
多国間	0.1	0.2	0.2	0.4	0.4	0.5	1.3	1.5	2.0	2.8	5.3
IMFクレジット	0.0	0.0	0.0	0.0	0.0	1.0	2.5	4.2	9.6	12.5	13.2
(3)私的債権者から	28.1	29.5	33.7	42.1	45.6	53.4	46.7	44.4	43.0	37.5	43.7
債券	0.0	0.3	1.4	1.9	1.9	1.7	1.6	1.8	1.1	1.1	4.6
商業銀行	14.5	15.0	17.3	17.9	16.8	18.5	15.9	16.4	16.7	15.7	29.4
2.短期債務	8.6	11.2	18.2	11.8	12.6	13.1	8.3	9.9	10.4	12.1	6.1

典拠：United Nations, *World Economic and Social Survey*, 1998 ; p. 165, 1999 ; p. 290.

表IV　新ロシア連邦予算における国債利払費

	1992	1993	1994	1995	1996	1997	1998 1—7月
総額（10億ルーブリ）	0.1	3.3	12.2	52.3	125.4	114.5	148.2
公式国内総生産比（％）	0.7	1.9	2.0	3.3	5.7	4.4	5.4
実質国内総生産比（％）	0.9	2.5	2.7	4.6	8.2	6.5	8.7
連邦租税額比（％）	5.4	15.4	21.8	30.7	57.3	44.5	60.9
歳出総額比（％）	1.8	7.8	8.6	18.8	25.8	22.6	34.9

典拠：A, Илларионов, Как был организован российский финансовый кризис, *Вопросы Экономики*, 1998, No. 11, c. 33.

　こうして累積しつつある巨額の借り入れは，一方で新ロシアの資金の欠乏を補うことになるが，他方では，容易には回復し難い経済状況の中で，その元利払いによって国民経済を重く圧迫するものとなった。公的債務の元利払いは政府予算の歳出を圧迫し（表IV参照），民間の外資導入や借り入れは再三にわたってロンドンクラブの懸案となった。国際収支における対外支払いは，表Vに見られるように，一定の回復を示唆する1999年の数値はひとまず措くとして，94年から98年の間に3倍に膨れ，旧東欧「社会主義」諸国のなかでは例外的に高い水準を示してきた貿易収支の黒字さえも食い潰しかねない勢いとなり，経常収支全体を急速に悪化させる要因となった。国際収支の経常収支勘定が黒字を計上しているにもかかわらず，追加資金の導入なしに

序　章　新旧ロシアの対外金融従属　7

表V　新ロシアの国際収支（1994―99年）

[単位：百万米ドル]

	1994*	1995	1996	1997	1998	1999
経常収支	8880	8025	12448	2545	1037	24990
1.商品サービス収支	10968	11323	17809	11611	13246	31960
輸出	76219	93481	103844	103088	87259	83746
輸入	−65250	−82158	−86035	−91476	−74013	−51786
(1)商品収支	17838	20726	22933	17361	17097	35302
輸出	67826	82913	90563	89008	74888	74663
輸入	−49989	−62188	−67629	−71647	−54791	−39361
(2)サービス収支	−6869	−9403	−5124	−5750	−3851	−3342
輸出	8392	10567	13281	14080	12371	9083
輸入	−15262	−19970	−18406	−19829	−16222	−12425
2.投資収入・労務支払	−1782	−3371	−5434	−8706	−11801	−7504
受取	3500	4278	4333	4366	4301	3834
支払	−5282	−7649	−9767	−13072	−16102	−11338
(1)労務支払	−114	−303	−408	−342	−164	260
受取	108	166	102	227	301	425
支払	−222	−469	−507	−568	−465	−165
(2)投資収入	−1668	−3068	−5028	−8364	−11637	−7764
受取	3392	4112	4232	4140	4000	3409
支払	−5060	−7181	−9259	−12504	−15637	−11173
(3)送金	−307	73	72	−360	−409	534
受取	237	810	773	410	269	1027
支払	−543	−738	−700	−770	−678	−493
資本・金融収支	−8538	756	−6707	5471	7926	−18009
1.資本収支	2410	−347	−463	−797	−382	−333
受取	5882	3122	3066	2137	1704	882
支払	−3472	−3469	−3529	−2934	−2086	−1215
2.金融収支	−10948	1103	−6244	6286	8309	−17676
(1)直接投資収支	538	1658	1708	4036	1734	746
対外国投資	−101	−358	−771	−2603	−1027	−2144
対ロシア投資	640	2016	2479	6639	2761	2890
(2)証券投資	36	−2444	4410	45807	8620	−562
貸方	114	−1705	−172	−156	−256	254
借方	−78	−738	4583	45963	8876	−815
(3)外貨準備増減補正	52	−9310	1357	−1956	5255	−1954
3.誤差・脱漏	−342	−8780	−5740	−8016	−8963	−6981
総合収支	0	0	0	0	0	0

典拠：*Россия в цифрах*, 3а 1999, с.365-66；3а 2000, с.354-55.

注：＊国際収支推計表は年々過去に遡って修正されるので，1999年に発表された1994―98年の数値と2000年に発表された1995―99年の数値は一致しない。

は対外決済が維持できないという特異な状況に既に陥り始めているといえよう。デフォルトの危険性は日常的にささやかれ，ことに大型借款の返済期限となっている2003年をどう乗り切るかは現実の深刻な問題となっていた[11]。同じく外資導入への傾斜を深めながらも経済成長を遂げつつあるポーランドとは対照的に，ロシアの場合は累積債務がもたらす悪循環が明白となってきたといえよう。

　債務が新たな債務を呼ぶという累積債務の悪循環は，この状態に特有なさまざまの緊張を生んできた。ロシア金融当局の資金繰りと返済延期等のための悪戦苦闘はさしあたり措くとしても，ロシアの経済危機が深刻の度を強めるにしたがって，貸付の主役がIMFや世界銀行等の国際的機関へと移っていったことは特筆されなければならない（表III参照）。これらの機関が融資の前面に出てくることによって，融資の決定には，主要国の高度の政治的判断とこれに基づく厳しい貸付条件の履行とが前提とされることになる。前者に関しては，イラク爆撃・コソボ紛争等の国際政治上の重大問題に関するロシアの態度とその対応とがかかわってくる。1998年のケルン・サミット前後のロシアを含む主要各国の緊張に満ちた政治的動きとロシアの妥協，これに続くサミット合意に基づく融資再開の決定とが好例となろう[12]。後者に関しては，91年前後から既に始まっていたIMFによるロシアの経済主権に踏み込んだ厳しいコンディショナリティーの再三の提示，これに対するロシア政府のそのつどの「緊急経済対策案」の策定，政府予算案の修正，経済関係諸法案の議会上程等々の動きが想起されよう。これらの事態の展開を通じて大きく浮かび上がってくるのは，一般的には国民経済をめぐる内外均衡の維持と対立という問題である。そして，現実に問題になったのは，対外均衡の論理の熾烈な割り込みと，国内均衡の犠牲・切り捨てという事態の進行である。ロシア経済のドラスティックな改編と国民生活の困窮とがそのことを端的に示している[13]。これらの動きは，対外金融依存という事態が金融従属というのっぴきならない局面を急速に前面に押し出していることを示している。

2 本書の課題と構成

　新ロシアの現下の経済危機が以上のような特徴と実態とを示しているとすれば，ロシアの長い歴史過程に立ち返ってみたとき，じつは旧ロシア資本主義の展開過程のうちにも類似の現象が生起していたという興味深い事実に思い至らざるをえない。すなわち，本書で詳論するとおり，19世紀後半に旧ロシアが資本主義化の道を本格的に進もうとする際，資本の絶対的不足，不換紙幣制下のルーブリ相場の変動，対外金融依存の一方的進行，ヨーロッパで突出している対外債務の累積，これに伴う財政・対外決済の困難，債務支払いのための新規の債務の増大，この状況の下での対外的政治緊張の増幅，今日のIMFのコンディショナリティーの受容にある意味で照応する金本位制の導入等の，今日の金融危機と共通する現象が生じていた。
　この現象の類似性は，それ自体としてわれわれの興味を誘い，両者の異同等の比較検討を促す引力をもつものであるが，これだけを見れば単なる現象上の類似に過ぎないとも，また，経済・金融危機が共通する様相を示すのはある意味では当然であるともいえよう。だが，時代を大きく隔てた二つの現象が，それぞれの内容こそは農奴制と「社会主義」と大きく異なるとはいえ，いずれも「体制危機」と「改革」とを通じて，長期にわたって展開してきた経済システムから同じ資本主義への急速な移行をはかる過程で生じ，しかも古いシステムの「遺制」の残存や抵抗を伴っていることを視野に入れてくると，上記の比較検討の意味はさらに増してくるように思われる。さらに，旧ロシアの場合には，世界市場が19世紀中葉の古典的編成から帝国主義的編成へと移行する過程において国際金本位制という当時のグローバル・スタンダードの拡延が現実の問題となる一方，新ロシアの場合には，まさに冷戦体制解体に伴う資本主義世界市場の再編が現実に進行し，文字通りのグローバル・スタンダードが拡延しつつあるという意味において，いずれも同種の問題をはらみつつ二つの重要な歴史段階に対応しており，比較検討の意味は一層増してくるように思われる。以上のように，新旧ロシアの経済危機の比較検討はロシア経済史研究において今日あらためて重要な意味をもってくると

思われる。

　同じロシアの歴史過程に類似の現象が繰り返して生じたということが提起している意味はそれだけに留まらない。ほぼ4分の3世紀もの時代を隔てた二つの現象は，近現代におけるロシア史の文脈の中に置いてみると，経済発展の全過程の理解にかかわる新たな問題，なかでもとりわけ資本の蓄積・供給にかかわる大きな問題を提起し，この問題を介して相互に通底しあい接続しあっているように思われる。いまその過程を対外金融依存をめぐる内外均衡という面に限定して見返してみると，次のようになろう。

　まず，旧ロシアの対外均衡を優先させた資本輸入体制＝累積債務体制は，これを支える国際的体制の破綻の帰結としての第一次世界大戦という危機に直面し，その経済的重圧のもとで対外債務をさらに激増させたうえで破綻する。ロシア革命は，対外均衡の強行＝対内均衡の無視の帰結という意味をもち，ロシア革命直後に発せられたあの全対外債務の破棄という事態は巨大な累積債務を抱えたロシアのもっとも明確な形のデフォルト宣言にほかならなかった。例えばトルコの国家破産が国家主権・財政主権の債権国による部分的管理・財政再建という事態に留まったとすれば，全面的デフォルトを断行したロシアの場合は，対外均衡の論理は債権国による直接の占領＝干渉戦争という形にまで及んだ。この対決が軍事的・政治的に決済されたとき，今度は半ば永続的な経済的政治的封鎖という形の制裁が長期にわたって強烈に作動することとなった。こうして，革命直後のロシアは，もともと欧米資本主義諸国に対して絶対的劣位に置かれていたうえに，いまその国民経済自体が壊滅状態にまで落ち込むという深刻な危機の状況に置かれていた。

　その国民経済を立て直し「社会主義建設」をも指向するための資本は，経済封鎖＝世界市場連関の切断と資本の急激な減価・絶対的不足という大状況のもとでは，もっぱら国内市場に依拠して創出するほかなかった。ネップ期にはそのための方法やテンポをめぐってさまざまな模索・論争が行なわれたが，権力を掌握して「一国社会主義」の経済建設を急ぐスターリンのもとでは，資本の蓄積は結局5カ年計画・農業の全面的集団化等による強蓄積の強行という異常な形で行なわれた。1930年代から40年代前半にはナチズムの攻勢にともなう国際緊張と第二次世界大戦がそれを正当化し極度の緊張をもっ

て継続させた。続く冷戦下の対立とその拡大とは，巨大な生産力をもつアメリカとの正面対決や同盟勢力等に対する援助戦略（＝債権国化！）とあいまって，強蓄積をさらに激化・永続化させ，軍事産業の肥大・重工業建設の偏重・消費資料生産の軽視等の諸矛盾を堆積させた。1960年代以降，国民経済と国民生活の停滞状態が明らかとなってくるが，それらは，他の重大な要因はひとまず措けば，ファシズムと冷戦への対抗という論理のもとで半世紀近くにわたって組織的に推進されてきた強蓄積の結果でもあった[17]。

　内外経済格差が歴然としてくる1980年代半ばにペレストロイカの開放政策が打ち出されることになるが，それは，この強蓄積体系の破綻と市場経済への転換の開始を確認すると同時に，国民経済の巨大な再編・再建という重い課題を，そしてそれとともに，またしても資本の創出・供給確保という古くて新しい問題を，末期のソ連と新生ロシアとに突き付けることとなった。経済システム改編に伴う経済危機の開始と旧国内資本の急速な減価が資本供給の欠滞・減退を招来し，外国貿易の再編・対外金融依存の進行を通して早速に対外均衡の論理の侵入をゆるすものとなった[18]。この段階で前述のような現下の経済危機が進行するに至ったのである。こうして当初から資本蓄積の絶対的遅れに苦しむロシアは，資本主義世界がイギリスないしアメリカを基軸にして刻々と推転を遂げてきた諸時代を通じて，一貫して資本の供給確保の問題に悩まされ，国内強蓄積かさもなくば対外金融依存という両極に走り，結局，対外均衡の熾烈な論理の作動にさらされる地点に立ち戻ることになったのである。

　以上のように，時代を大きく隔てて生起した旧ロシアの対外金融依存と現下の金融危機は，多角的な比較検討の興味深い対象となってくるだけでなく，ロシア史の諸時代とそこに通底する金融問題の特質，とりわけ資本輸入を中心とする対外金融連関＝対外均衡の問題を介して相互に接続しあってくるといえるのではなかろうか。このような理解がゆるされるとすれば，起点に位置する旧ロシア資本主義がその後の全過程に対して占める位置，そこで打ち出された特質や矛盾はきわめて重要な意味をもってくることになり，ロシア革命と「社会主義建設」によって一旦その意味が減じられたかにみえた旧ロシア資本主義の研究，とりわけ金融史の研究は，賦活され，再照射を受け，

上述のような比較検討や長期的視点からの再評価の課題をあらたに背負うことになろう。それらの課題とは，とりもなおさず本書の課題となる。

本書は，旧ロシア資本主義に関して著者が書き溜めてきた論文のなかから金融史に関するものをもとにして編んだものである。そのうちの数編は発表以来すでに二十余年を経ており，いまさらの感を免れ難い。だが，旧ロシア金融史に関する研究は，その後必ずしも十分に深められたとは言い難い状況がある一方，上述のような新たな諸課題に照らして，あらためて重要な意味をもってきたと思われる。本書は，旧ロシアの金融史一般を扱ったものではなく，一方で国際金融市場との関係，他方で後発資本主義特有の構造的特質を絶えず念頭に置きつつ，対外金融依存とこれにかかわる国民経済の金融的諸側面を取り上げることによって，上述の課題に答えようとするものである。

本書の構成は以下のとおりである。

全体は段階的推移を念頭に置いて3部に分け，第1部では「資本輸入体制の構造とその展開」として，どちらかといえば1897年の金本位制導入以前の段階を中心にして，後発資本主義国ロシアが内外の金融市場の特有な段階的構造的状況とかかわりつつ，恒常的に資本輸入に依存する構造を築いていったことを明らかにした。そのうち，第1章は，第1部で中心的位置を占めるものであって，資本輸入の諸段階・構造・特徴等をロシア資本主義の全期間にわたって包括的に検討し，対外金融依存の主軸たる資本輸入体制がその展開過程において特有の構造論理をもっていることを析出している。第2章は，ロシアの資本主義が上からの改革を通じて旧農奴制から引き継いだ農業・土地所有問題が，金融面では不動産抵当金融の問題としてあらわれ，これが対外金融依存の問題を構造的に生み出す重要な要因の一つであることを明らかにした。第3章では，ロシアの対外金融依存の体制を国際金融市場の側から支えかつ規定する事情として，ドイツとの金融関係の展開をとりあげ，その緊張関係の中から露仏金融連繋という第一次世界大戦に至るロシアの対外金融関係を規定する劇的な転換が生じたことを明らかにした。

第2部は「ロシア金本位制の成立と展開」として，まず第4章で，不安定な通貨体制のもとで資本主義化を図ったロシアが資本輸入国として当時のグローバル・スタンダードである国際金本位制の動きにどう対応したかを検討

し，1897年に対外均衡の最優先を特徴とするロシア特有の内容をもつ金本位制が成立したことを明らかにした。「補論1」は，ロシアが世界最大の規模の短期在外資金を西欧金融市場に保有しており，それが対外均衡の最優先を特徴とするロシア金本位制の重大な補強装置になっていることを明らかにした。第5章は，金本位制下で内外均衡の軸心となるロシア中央銀行（「国立銀行」）が帝国主義段階の国際金融連関のなかでどのような政策を展開し，そのもとでロシア資本主義が金融面で大戦前夜までどのような展開動態と構造とを示したかを究明した。「補論2」は，もっとも早く設立されそれゆえにロシア革命の前に例外的に創立50周年を迎えることができた一私立商業銀行の事例をとりあげて，その展開過程にロシア資本主義の特質がどう投影されているかを例証してみた。

第3部の「対外金融従属の帰結」は，第6章だけで構成されている。資本輸入国として出立し国際金本位制のネットワークに編入されたロシア資本主義が，半世紀間の展開を遂げたうえで，第一次世界大戦の前夜にどのような状態にあったかを検討し，長期の金融従属体制の帰結として自らが危機的状況に陥りつつあるだけでなく，その危機が実はそのロシアを有力な環節として含み込んだヨーロッパ循環自体の危機でもあることを明らかにし，本書全体の締め括りとした。

以上の検討作業を通して，全体として後発資本主義国ロシアの再生産・信用構造の特質を明らかにするとともに，「ヨーロッパ最大の借り手」(H. フェイス)でもあるロシアが対外金融従属の度を強め，対外均衡の熾烈な論理のもとで，第一次世界大戦前夜に「発展を継続するのかさもなくば破局か」という重大な岐路に逢着しつつあったことを明らかにし，後続の諸時代を展望しようとした。

（1） *Независимая Газета*, 1998.5.27/28：*Экономики и Жизнь*（以下，*ЭЖ* と略す），1998, No. 24, c. 5：『日本経済新聞』（以下『日経』と略す）1998年5月28日。
（2） 『日経』1998年7月14日，22日。
（3） 『日経』1998年8月18日。

（4） 『日経』1998年9月3日。
（5） この間，新聞報道等で確認されるだけでも，対ロ支援融資の再開をめぐるIMF代表団のロシア訪問は，1998年9月，同11月下旬，99年3月末から4月，同6月末と再三繰り返され，最後のものを別とすれば，融資再開はそのつど先送りされていた。
（6） 以上は，『日経』1999年8月2，3，5日，9月2日，11月4日，12月8日，2000年2月2，19，22日。
（7） 8月危機の概要については，United Nations, *Economic Survey of Europe 1998*, No.3, pp.31-41; В. Май, Политическая природа и уроки финансового кризиса, *Вопросы Экономики*, 1998, No.11; А. Илларионов, Как был организован российский финансовый кризис, *Там же*; Кризис финансовой системы России: Основые факторы и экономическая политика, *Там же*; В. Симонова, А. Кухалев, Перспективы развития рынка внутреннего государственного долга России, *Там же*; Е. Ясин, Поражение или отступление? Российские реформы и финансовый кризис, *Вопросы Экономики*, 1999, No.2; Банковский кризис: Туман рассеивается, *Вопросы Экономики*, 1999, No.5; А. Станович, Д. Сырмолотов, Российские банки в 1998г.: Развитие системного кризиса, *Там же*; А. Чернявский, Перспективы преодоления банковского кризиса в России, *Там же*; В. Попов, Уроки валютного кризиса в России и других странах, *Вопросы Экономики*, 1999, No.6; Кризис: от рекорда к рекорду, *ЭЖ*., 1998, No.24; Программа стабилизаций, *ЭЖ*., 1998, No.26.
（8） 1992年以降の移行過程の詳細については，岡田進『ロシアの体制転換——経済危機の構造——』日本経済評論社，1998年，第2章参照。V. Popov, *A Russian Puzzle*, in The United Nations University, Wider, "Research for action 29", 1966; P. M. Nagy, *The Meltdown of the Russian State*, Cheltenham/UK, Northampton/USA, 2000. 本章の成稿後に新ロシアの経済変動に関してデータの批判的検討にまで遡って詳細な分析を行なったすぐれた研究書，久保庭真彰・田畑伸一郎共編著『転換期のロシア経済——市場経済移行と統計システム——』（青木書店，1999年）を得た。本書は新ロシア経済の様々の側面に関して最新の精確な情報を提供しており，是非参照されたい。本序章の記述は残念ながらそれらの成果を生かすことができなかったが，論旨の大筋において重なるところが多いと考えている。
（9） 以上の旧ソ連・新ロシアの債権・債務関係については，毛利良一「ソ連・東欧の債務累積問題」『経済』新日本出版社，1990年3月号。Г. Похоров, Проблемы включения СССР в мировой хозяйство, *Вопросы Экономики*, 1991,

No.2 ; Экономика СССР: выводы и рекомендации, *Вопросы Экономики* , 1991, No.3, с. 10-11, 14 ; Российские финансы в 1993 г., *Вопросы Экономики* , 1994, No.1, с. 75 ; И. Хакамада, Государственный долг: структура и управление, *Вопросы Экономики* , 1997, No.4 ; Долги и платежи, *ЭЖ* ., 1996, No.31 ; Без устал мотает счетчик долга, *ЭЖ* ., 1998, No.22 ; Живем взаимы, *ЭЖ* ., 1998, No.27 ; Отдаст ли Россия свои долги, *ЭЖ* ., 1998, No.43 ; Ключ к кредиту, *ЭЖ* ., 1999, No. 28 ; *Российская Газета* , 1998, No.106.

(10) А. Саркисянц, Россия в системе мирового долга, *Вопросы Экономики* , 1999, No.5. 対GDP比，対輸出比ではロシアの状況はそれほど深刻ではないが，対外貨準備比では，ロシアは極端に低い。英国格付け会社 Fitch IBCA は，1999年央時点でロシアの対外債務総額を1600億ドル前後と算定し，世界最大規模とみなしていた。*Financial Times*, 23. Sep. 1999.

(11) Указ. "Ключ к кредиту", *ЭЖ* ., 1999, No. 28. 2003年には193億ドルの返済が予定されている。

(12) 『日経』1999年6月21日。

(13) Саркисянц, *Указ. статья* , с.104-105. 1993年時点での国民1人当たりGDPは購買力平価でみてもすでに5000ドルを割っていたが，98年の為替レート比では2000ドルを割り，99年には1000ドル台にまで落ち込むと推定されている。*Россия в цифрах, 1996*, с.373 ; Указ. "Выживание России", *ЭЖ* ., 1999, No.21. 白鳥正明「ロシア連邦とIMF・世銀」(上)・(下)『経済』2000年3，4月号。

(14) さしあたり以下の二書を参照。H. G. Moulton, L. Pasvolsky, *World War Debt Settlements*, New York, 1926 ; do, *Russian Debts and Russian Reconstruction*, New York, Original 1924, reprint 1972. 本章成稿後の1999年から2000年にかけて，ルーブリ相場の低落と原油価格の高騰に助けられて輸入貿易が急減し国内産業が賦活される一方，輸出貿易が急増した。その結果，国際収支における経常黒字の急増，財政収支の好転，国内総生産のプラス成長等の経済の好調と回復を思わせる新たな動きが一斉に出てきた。だがこの動きは，原油価格の高騰等の一時的外的事情に起因するところが大きいうえ，機能不全の状態を脱していない税制や国内投資システム等のもとでは，激しく落ち込んでいるロシア経済の当面の持ち直しを意味するだけで，国内投資の拡大による持続的成長につながるという保証はない。仮に回復基調が持続するとしても，それは今度は大きく足踏みしていた外国資本による直接投資の増大を必要とすることになり，旧累積債務の元利払いの重圧とあいまって，いずれにしてもロシア経済の対外金融依存の傾向は弱まることはないと考えている。

『日経』2000年9月23日，参照。

(15)　吉岡昭彦「資本輸出＝海外支配論覚書」『土地制度史学』第104号，1984年；武田之有「トルコ負債償還体制の展開と1903年バグダード鉄道協定の成立」『西洋史研究』新輯24号，1995年；同「1881年ハレム勅令の発布とトルコ負債償還体制の展開」『土地制度史学』第164号，1999年；H. Feis, *Europe : the World's Banker 1870-1914*, New York, 1930（ハーバート・ファイス著，柴田匡平訳『帝国主義外交と国際金融1870-1914』筑摩書房，1992年）。

(16)　シシキンの一連の研究を参照されたい。В. А. Шишикин, *Советское государство и страна запада в 1917-1923*, Л., 1969; его же, *В. И. Ленин и внешнеэкономическая политика советского государства (1917-1923гг.)*, Л., с. 240-55; его же, *"Полоса признаний" и внешнеэкономическая политика СССР 1924-1928*, Л., 1983, Гл. 1; его же, *Антисоветская блокада и ее крушение*, Л., 1989.

(17)　さしあたり，A. ノーブ著，石井規衛・奥田央・村上範明等共訳『ソ連経済史』岩波書店，1982年；二瓶剛男「指令的計画経済の蓄積メカニズム」，大津定美「ソ連の第2次高度成長」，いずれも『20世紀システム3』東京大学出版会，1998年，所収；拙稿「戦間期ソ連の経済建設と世界市場」，浜田正行編『20世紀的世界の形成』南窓社，1994年。

(18)　この点でIMF・世界銀行等の専門家が1991年にソ連政府の協力のもとに共同で作成した報告書（末期ソ連経済の分析と政策勧告）は今日の時点にまで重要な意味を持ち続けている。Указ, "Экономика СССР: Выводы и рекомендации", *Вопросы Экономики*, 1991, No.3. これをうけたIMFのレポートも参照されたい。『経済セミナー増刊　IMFロシアレポート』日本評論社，1992年。

(19)　吉岡昭彦『帝国主義と国際通貨体制』（名古屋大学出版会，1999年）は，この点で多くの示唆を与えてくれる。

第Ⅰ部　資本輸入体制の構造とその展開

第1章　対外金融依存の構造論理
―― 第一次世界大戦前の資本輸入 ――

1　課　題

　周知のようにロシアは，第一次世界大戦前における「ヨーロッパ最大の借り手（the largest borrower in Europe）」（H. Feis）であったから，それ自体で資本輸入研究の恰好の対象をなしているのであるが，加えて，19世紀末に一旦激しく燃え上がった後，ソヴェト段階になって本格的に展開した資本輸入に関する論争が豊富な研究上の素材と成果とを提供してくれている。本章は，この論争が生み出した成果とその批判的検討とを糸口にして，資本輸入の構造論理をロシア資本主義の実態に即しつつ明らかにしようとするものである。この作業を通じて後進諸国に共通する資本輸入の論理と特徴，その中でのロシアの特質と位置とを析出できるように努めてみたい。

2　研究史

　ロシアの資本輸入をめぐる論争は，19世紀末に資本の輸入が激増するという状況に直接促迫されて，初発から大規模な形で始まった。この19世紀末資本輸入論争は，この直前（1897年）に導入された金本位制をめぐる論争の直接の後続をなすものであると同時に，資本輸出国側の「資本輸出論争」に先行し，これに接続していく位置にあり，論争史上もつ意味は小さくない。この論争の対立の構図は，外国資本の輸入によってロシア工業の発展を強力に推進しようとする蔵相ヴィッテらの資本主義推進グループと，これを伝統的な政治経済体制を破壊するものだとする貴族らの保守的農業勢力並びに保護関税体制下で国内市場の独占を維持しようとする排外的工業グループとが対

峙し合い，体制の最上層部まで巻き込んで対決し合うというものであった。論争の対象となったのは，外国資本による民間企業投資のみであって，政府による巨額の対外借款ではなかったことに注目する必要がある。ともあれ，論争は皇帝がヴィッテの資本輸入政策路線を妥協的な形で承認することによって辛うじて収拾された。このことは，論争が当初からいかに激しいものであったかを物語ると同時に，論争が未決着であったことを意味する。論争はこの後も続いた。

しかしながら，論争が本格的な展開をみせたのは，ツァーリズムの下ではなく，実はこれを否定し，揚棄したソヴェト政権下であった。社会主義革命の実現は，改めて革命の必然性や合法則性，革命の物質的基礎の準備，揚棄されたツァーリズムとその資本主義の特質や負の遺産を問い，社会主義建設の可能性やあり方をめぐって，巨大なひろがりをもつ学問的理論的並びにアクチュアルな政策論的論争を惹起することになったのであるが，その中でも資本輸入の問題は，ロシア資本主義の自立性と従属性，特殊性などロシア資本主義の基本的捉え方にかかわるものであったから，論争の中心的位置の一つを占めることになったのである。この資本輸入をめぐる論争は，1920年代半ば以後，大きな振幅を伴いいくつかの段階を経ながら，第二次大戦後まで続くことになった。以下，本章での検討の糸口を探るという目的に限定して，論争の若干の側面をみてみることにしたい。[2]

論争を当初リードしたのは，外国資本の支配的影響力を強調し，ロシア資本主義が従属的地位にあったとするヴァナーク (H. H. Ванаг) らの学派であった。[3] この学派の主張は，簡単化していうと，数量的手法とヒルファーディング的観点にもとづいて，資本輸入の問題を次のようなシェーマに定式化するものであった。すなわち，①西欧の先進資本主義国で形成された強大な金融資本がロシアの主力株式銀行を高率の株式取得を通じて支配する。②西欧金融資本はさらに，ロシアの主力大企業に対して，株式取得を通じて直接的に，もしくは上記の外資系大銀行とその発行・与信業務，人的結合等を通じて間接的に支配力を及ぼす。③こうして外国資本の支配下に置かれた大企業が国民経済の各分野で独占的地位を確立する。④かくして西欧金融資本はロシア経済を全般的に支配し，⑤最大限利潤の搾取を行ないながらロシアの自

立性を奪って，経済的のみならず政治的にも従属させ，これを西欧金融資本の半植民地，代理店の地位へと落とした。⑥したがって，ロシア帝国主義は，資本主義の発展の弱さ，独占資本の未成熟を特徴とする「軍事的封建的帝国主義」である。

外国資本の高い参入比率をもって直ちに外国資本の支配と等置しようとする数量的手法と，外国資本の支配に関する多くの例証とで固められたこの従属説の主張は，その包括性とある種の明快さのゆえに，大きな影響力をもつこととなった。だが反面，この学説は，本格的に打ち出された直後からその単調・単純ともいえる論理のゆえに，多くの反論・批判も受けることとなった。その結果，1920年代末から30年代初めにかけて一旦は支配的影響力を失うかにみえたのであるが，スターリンの直接的な影響の下で再度定説の位置を占め，第二次大戦後までその地位を維持したのである。

この従属説に対しては，既に1920年代後半から有力な批判が出されており，本格的な論戦を通じて一時優勢を示すまでになったが，スターリンの時代に屈折と沈黙を強いられることとなった。この学派は，ギンジン（И. Ф. Гиндин）やシドロフ（А. Л. Сидоров）等の研究者を擁しており，彼らは当時のソヴェト史学の主流をなしてきた。彼らの批判は多様な論点にわたり，曲折を含むが，論争の途中経過を一切省略してその主要な点だけをまとめてみると次のようになる。すなわち，上記の従属説のシェーマのうち，まず①と②については，外国資本の参入比率をもって直ちに支配の程度に結びつける数量的手法は問題の不当な単純化・誇張につながるものであり，論理の中間項として，資本輸出国もしくは各国金融市場のタイプの違い，資本輸出国相互の対立と連関，同一資本輸出国内の諸金融グループ間の対立，外国金融資本グループとロシアの銀行との間の依存と対立の関係，投資の様態・目的の違い，現地経営者の有利，等々の具体的契機が勘案され，重視されるべきである。このような契機を勘案してみると，ロシアは，外国資本の参入比率が数量的に示すような従属状態にはなく，むしろ外国資本と対等の同盟者，パートナーであると判断することができる。次に②③④の主張に対しては，上記の批判の多くがあてはまるうえ，産業資本の銀行資本への一方的従属という周知のヒルファーディングの誤った把握を基礎としている点が批判されるべ

きであり，総じてロシアの工業が外国資本に依存するという弱い面をもちながらも基本的には自立性をもち，内部から独占体を生み出すだけの力をもっていたことが強調されるべきである。⑤については，資本輸出のもつ寄生的側面，支配の論理だけが一面的に強調されているが，ロシア経済に対する生産的役割もみなくてはならない。さらに従属説は外国資本による民間企業投資のみをもってロシア経済全体の従属を結論づけているが，外国資本輸入の大宗をなす公債投資についての言及が欠落し，そのため論理がしばしば混乱に陥っている。外国資本の役割の問題は，ロシアの国民経済全体を視野に入れて考えるべきであり，従属の問題はむしろこの巨額の外債発行の面でこそきびしく吟味されるべきであるが，第一次大戦以前には未だ深刻かつ現実的なものとはなっていない。したがって，ロシアを半植民地と規定することは到底できない。最後に⑥の「軍封帝国主義」の理解については，レーニンを誤読しており，ロシアの上部構造としてのツァーリズムの政策と最新の資本主義的帝国主義を混同し同一視するものであると批判する。

　半植民地説，従属説に対する批判派の見解は大略以上のようなものであった。研究史の現段階に立ってみると，この批判の多くの点が実証的研究を踏まえたものだけに積極的なものとして評価できよう。また，理論的方法論的成果から摂取すべき点も少なくない。したがって少なくとも今日，素朴従属説がそのままの形で自己主張できる余地はありえないと断ずることができる。

　しかしながら，単純な従属説が成り立ちえないのと同様に，裏返しの単純な自立論が成り立ちえないこともまた明白であろう。資本輸入論争は主として従属説の提起した半植民地論の是非をめぐって展開したために，論争を通じて明らかとなったのは，さしあたりロシアが半植民地ではなかったという一点だけであって，ロシア経済の外資依存型構造や外資依存型発展構造そのものは改めて本格的に問われなければならない。つまり問題は，半植民地的従属か自立かの二者択一を求めることではなくて，経済的従属の程度・形態・構造を問うところにあり，当面資本輸入の側面に限定していえば，外国資本の輸入がロシア資本主義の発展構造に内的にどうかかわり，いかなる特質を付与したかを問うことにある。この点に照らして，論争の中で半植民地的従属論がほぼ民間企業投資のみを対象として展開してきたのに対して，批

判が全国民経済的広がりの中で資本輸入をとらえなおし,位置づけるべきであるとした点は,論争を生産的に発展させるためには重大な意義をもつ指摘として評価されるべきであろう。ただし,批判派の主張は,植民地的従属説の是非という論争の枠組みに制約されて,外国資本によるロシア民間企業投資に関しては,ロシア国内資本の対等性,パートナー的地位を強調しどちらかといえば外資の生産的役割を重視する一方,公的対外借款形態での資本輸入については,ツァーリズム国家の金融的従属化作用を強調するものとなっている。この議論は,資本輸入形態の機械的二分論の性格をもつうえ,ある意味では従属説と同じ地平に立ってその裏返しを主張するという弱点をもったものといわざるをえない。資本輸入の問題を国民経済の全体的連関の中で追究するという折角の正当な視点はここでは積極的に生かされていない[9]。この正当な視点を論争史に即して発展させようとすれば,さしあたり問われるのは,論争において二つの学派がそれぞれに対照的な理解を示していた資本輸入の二つの形態(民間企業投資と国債投資)の相互関係を明らかにし,さらにロシア資本主義の発展とかかわらせて,資本輸入の構造論理を追究することであろう。本章は,ソヴェト資本輸入論争史の以上のような理解にもとづいて,この資本輸入の構造論理を明らかにしようとするものである。

3 資本輸入の実態

　前節の研究史の検討からわれわれは,ロシアの資本輸入に関する論争が基本的には積極的な方向に展開しながら,資本輸入の問題の全構造的把握という点で検討すべき大きな課題が残されていることをみてきた。そして,さしあたり資本輸入の二つの形態の関連を問い,そこに資本輸入の構造論理を析出することが当面の課題となることを確認することができた。そこで,資本輸入の構造論理を明らかにする前提作業として,本節では,資本輸入の実態をいくつかの面からみておくことにしたい。

(1) **資本輸入の規模**

　ロシアの対外債務は,表1-1が示すとおり1861年から増加の一途を辿り,

表1-1 公・私証券の内外市場での発行残高

[単位：億ルーブリ]

国内金融市場

年	一般目的国債 (A)	鉄道債国債 (B)	国立貴族土地銀行・農民土地銀行抵当証券 (C)	私立土地銀行証券 (D)	都市公債 (E)	一般会社株券 (F)	一般会社社債 (G)	総計 (H)
1861	10.2		0	0	—	0.6	—	10.8
1881	22.1	1.3	0	8.8	—	2.6	0.1	34.9
1893	28.1		2.6	12.3	0.2	7.0	0.4	50.6
1900	27.8	6.2	4.9	17.8	0.8	13.2	1.0	71.8
1908	36.6	11.5	10.6	22.2	1.8	16.6	1.7	100.9
1914	41.3	12.7	19.4	31.4	3.0	26.1	1.4	135.2

国外金融市場

年	(A)	(B)	(C)	(D)	(E)	(F)	(G)	(H)
1861	5.4		—	—	—	0.1	—	5.5
1881	6.0	19.7	—	—	—	0.9	0.1	26.6
1893	29.6		0.6	—	—	2.0	0.3	32.5
1900	6.0	32.4	1.3	—	0.0	6.4	1.2	47.3
1908	19.0	31.9	1.7	—	0.3	9.5	1.9	64.3
1914	15.9	35.5	2.7	—	2.7	17.0	2.6	76.3

典拠：日南田静眞『ロシア農政史研究』御茶の水書房，1966年，192頁より。原表は Гиндин，*Русские коммерческие банки*, с. 235-37, 444-45.

1914年までにその残高は巨額なものとなった。この債務残高がいかに巨額なものであるかは，以下の若干の例示的事実に照らして明らかといえよう。

まず資本輸出国の側からみると，イギリス，フランス，ドイツという三大資本輸出国のヨーロッパ投資の中で，ロシアは一国としては最有力の投資対象であり続けた。表1-2によりつつ1913年時点の投資残高をみると，ロシアは上記三国のヨーロッパ投資総額のほぼ3分の1を集めており，群小の資本輸入国を断然抜いて「ヨーロッパ最大の借り手」であったことが明らかとなる。次に，資本輸入総額の中で圧倒的比重を占めていた国家債務だけをとり上げて比較してみると，内外債を合わせたロシアの国家債務は戦前段階でフランスに次いで世界第2位の規模であったが，外債だけをみればその規模は世界一であったといわれる。この累積した国家債務残高は，国家の歳入規模と比較してみると，1913年時点で政府保証債を含む内外債の総額では約2.5倍，同じく外債だけなら約1.5倍以上となる。さらに国債及び政府保証債の中で対外債務が占める比重は，時期によって異なるが，低く見積もって30

第1章　対外金融依存の構造論理　25

表1-2　仏独英三国の資本輸出の地域的構成

[単位：10億フラン、(%)]

輸出国	フランス					ドイツ	イギリス						三国計
輸入国等	1851	1880	1896	1902	1913	1913	1854	1880	1890	1900	1913	1930	1913
アメリカ合衆国	0.1 (4.0)	0.4 (2.5)	0.5 (2.2)	0.6 (2.2)	2.0 (4.7)	4.3 (14.7)	1.6 (25.9)	7.3 (23.3)	11.3 (22.1)	13.2 (20.1)	21.4 (19.3)	5.0 (5.2)	27.7 (15.1)
北・東欧	0.5 (20.0) ┐	1.4 (8.6)	2.0 (8.7)	3.1 (11.5)	3.0 (7.0)	2.6 (9.0)	2.5 (38.8) ┐	3.7 (11.6)	2.7 (5.1)	1.6 (2.5)	2.8 (2.5)	7.6 (7.9) ┐	8.4 (4.6)
ロ シ ア	┘	0.9 (5.5)	5.6 (24.3)	7.0 (25.9)	11.3 (26.3)	2.2 (7.6)	┘	1.5 (4.8)	0.8 (1.5)	1.1 (1.7)	2.9 (2.6)	│	16.4 (8.9)
南 欧	1.8 (72.0)	9.2 (56.4)	7.3 (31.7)	7.6 (28.1)	9.7 (22.6)	8.6 (29.7)	1.2 (18.7)	0.6 (2.0)	1.0 (2.0)	1.4 (2.1)	2.1 (1.9)	┘	20.4 (11.1)
近 東	0.1 (4.0)	3.3 (20.2)	3.2 (13.9)	3.4 (12.6)	5.3 (12.3)	2.6 (9.0)	1.1 (17.6)	1.8 (5.6)	1.5 (2.9)	1.6 (2.5)	2.0 (1.8)	—	9.9 (5.4)
新興諸国	? ┐	1.1 (6.7) ┐	1.4 (6.1)	2.1 (7.8)	4.1 (9.5)	8.7 (30.0) ┐		7.1 (2.5)	19.4 (37.7)	25.6 (38.9)	43.5 (39.1)	46.6 (48.6)	?
熱帯諸国	┘	┘	3.0 (13.0)	3.2 (11.9)	7.6 (17.7)	┘		9.5 (30.2)	14.8 (28.7)	21.2 (32.2)	36.6 (32.9)	36.6 (38.2)	?
計	2.5 (100.0)	16.3 (100.0)	23.0 (100.0)	27.0 (100.0)	43.0 (100.0)	29.0 (100.0)	5.8 (100.0)	31.4 (100.0)	51.4 (100.0)	65.8 (100.0)	111.3 (100.0)	95.8 (100.0)	183.3 (100.0)

典拠：M. Lévy-Leboyer, "La Capacité financière de la France", La Position internationale de la France, Paris, 1977, p. 25.

%台から高く見積もって60%台，平均すると約50%前後に達している[14]。民間企業投資の場合には，資本金総額の比重でみると，外国資本は，19世紀の90年代までは20%台，20世紀に入って40%台となっている[15]。以上の例示的数値は，ロシアの資本輸入が巨額に達し，国際金融市場で大きな比重を占める一方，不可欠の構成部分としてロシア資本市場の内奥部に深々と食い込んでいたこと，端的にいえばロシア資本主義が徹底した外資依存型構造を示していたことを物語っている。

最後に，以上のことを国際収支の面から確認しておこう。ロシアの国際収支に関する各種の推計値は一様に，資本輸入にともなう対外元利・配当支払いが19世紀の80年代の後半から貿易収支の黒字幅を凌駕し，その他の貿易外収支項目の赤字とあいまって経常収支を恒常的な赤字に転化させ，その結果，国際収支の均衡を維持するためには資本収支における一方的な流入に再び依存せざるをえなくなっているという構造を明瞭に示している[16]。ロシア資本主義が大量かつ恒常的な資本輸入の上に成り立っていることが確認できよう。

(2)資本輸入の形態

如上の大量かつ恒常的な資本輸入がどのような形で行なわれたかを次にみてみよう。資本輸出の形態については，一般に貸付資本と機能資本（産業資本），証券投資（間接投資）と直接投資等の形態区分が用いられているが，本章では，資本輸入国の側からみて，まずは投資対象のあり方を基準として国債や政府保証債等の公的証券に対する投資と民間企業に対する投資という形態区分を用いることにしたい[17]。この形態区分のもつ一定の有効性については，本章全体を通じて明らかにしてみたい。

さて，形態別の資本輸入の実態については表1-3と図1-1をみられたい。資本輸入の二つの形態がじつに対照的な動きを示し，しかも段階を追って規則的なまでに交代を繰り返し，長期的には，当初圧倒的比重を占めていた公的証券投資から民間企業投資へと漸次的に重心を移動させていることが明瞭に読みとられるであろう[18]。資本輸入の二つの形態がこのように極めて特徴的な動きを示していることは，それ自体二つの形態の何らかの形での密接な連関を示唆するものであって，論争史の検討の際に摘出しておいた論点に接続

第1章 対外金融依存の構造論理

表1-3　外国資本のロシア投資

[単位：百万ルーブリ, (%)]

		国債・政府保証債	民間企業投資	合計
	1861年	537(98.2)	10(1.8)	547
	1881	2,564(96.3)	98(3.7)	2,662
	1893	3,018(92.7)	236(7.3)	3,254
	1900	3,970(83.9)	762(16.1)	4,732
	1908	5,291(82.3)	1,135(17.7)	6,426
	1914	5,674(74.3)	1,960(25.7)	7,334
	1917	13,424(85.7)	2,243(14.3)	15,667
期間中増大額	1861—1881	2,027(95.8)	88(4.2)	2,115
	1881—1893	454(76.4)	138(23.3)	592
	1893—1900	952(64.4)	526(35.6)	1,478
	1900—1908	1,321(78.0)	373(22.0)	1,694
	1908—1914	383(31.7)	825(68.3)	1,208
	1914—1917	7,750(96.5)	283(3.5)	8,033

典拠：Бовыкин, К вопросу о роли иностранного капитала, *ВМУ*, с. 70.

図1-1　ロシアの公・私証券に対するフランスの年次別投資

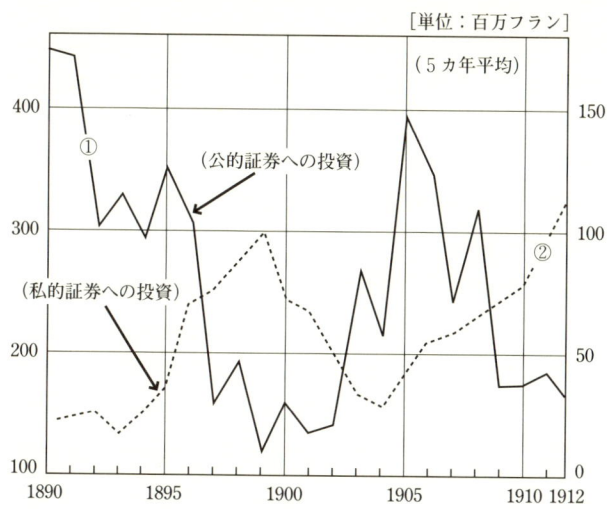

典拠：R. Girault, *Emprunts Russes et Investissements Français en Russie 1887-1914*, p.123.
　注：グラフ①の目盛は左側, グラフ②の目盛は右側。

するのみか，資本輸入の構造論理を解き明かすという本章の課題にとっても重大な接近の糸口を提供するものといえよう。

なお資本輸入の二つの形態について，さらに立ち入ってそれぞれの構成をみると，公的証券投資の多くが鉄道国債及び政府保証鉄道債であること，他方民間企業投資の場合は，外国定款会社投資からロシア定款会社投資への重点の移動が推測され，貸付形態の資本輸入か直接投資型の資本輸入かという形態区分についても間接的ながら一定の変化を想定しうることをつけ加えておきたい。

(3) 資本輸入の時期的段階的変化

(1)でみたように資本輸入は全体としては一方的な増勢傾向を示していた。しかしながら，(2)で明らかになったように，資本輸入の二形態は段階を画しながら特徴的変化を示していた。したがって，ここでの二形態の動向に着目して資本輸入の段階区分を確定しておくのが適当であろう。形態別変動を示した前掲の表1-3は，1861年から1914年までの約50年間を段階区分するのに有益なものとなっている。この表から，全期間は，公的証券がその累積残高において90％台という高い水準を示したうえ，期間中増加額でも依然として優位を示していた90年代前半までの第一期と，公的証券投資の残高が80％台に落ち込む一方，民間企業投資が相対的に比重を高めたそれ以後の第二期とにまず二分することができよう。そのうえで，第一期について立ち入ってみれば，公的証券投資が圧倒的比重を占めたことを共通の前提としながらも，外国資本による民間企業投資が急伸を開始した1881年以降とそれ以前とが段階的に区分できよう。この1881年という年は，経済政策史上一つの転換期とみることができるので（高率保護関税政策の本格的起点であることなど），段階区分の指標とすることには充分根拠がある。

他方，第二期についても，明確に三つの段階が浮かび上がってくる。まず第一段階は，民間企業投資が急増して公的証券投資とほぼ互角に競合する段階である。表1-3では1893年が境界年となっているが，年次別資本輸入の動向を追ってみると，民間企業投資が急増するのは，90年代半ば以降であるから，この実態に合わせて始期を遅らせる必要がある。こう修正してみると

始期は，ロシアの為替相場が安定し金本位制が導入されてくる時期とほぼ重なる。この第二期第一段階の終期は1900年恐慌と一致するので問題はない。第二段階は，公的証券投資が再び急増し，民間企業投資がこれと対照的に落ち込みを示す特徴的な段階で，1900年恐慌とこれに続く不況期，日露戦期，1905年の革命的危機，続く1907年恐慌等が集中した時期と重なる。第三の段階は，公的証券投資が大きく落ち込み民間企業投資によって決定的に凌駕されていく段階であり，1909年に始まって大戦前夜まで続く経済的高揚期と重なり合っている。

　以上のように1861年から1914年までの時期は，第一期と第二期に大別され，それぞれ二つの段階，三つの段階に小区分されるが，各時期区分が経済政策の転換または経済変動にほぼ正確に照応していることがここでは留意されるべきであろう。

(4)資本輸入と産業循環

　(3)で確認された時期区分をロシアの産業循環と重ね合わせてみるとほぼ正確な照応関係を看取することができる。すなわち，第一期第一段階をひとまず措くとして，第二段階は，大不況期・長期農業不況期と照応し，第二期第一段階は，その大不況の脱出期を起点とし1900年恐慌を終期とする90年代後半の経済的高揚期に重なる。次の第二段階は，1900年恐慌に始まって1907年恐慌後の不況期まで続くロシアに特有な不況期そのものである。続く1909年から大戦の開始に至る大戦前夜経済好況期も第二期第三段階と完全に対応している。この照応関係を資本輸入の形態変化という点からまとめてみれば，公的証券投資は不況期に，民間企業投資は好況期に特徴的に対応している。この現象は，投資活動が産業循環にともなう利子率・配当率の変動に応じて確定利付証券投資選好と株式投資選好とを交互に繰り返すという一般的経験則を再確認させるものであるが，投資主体＝資本輸出の側の動機を説明するものにはある程度なりえても，資本輸入＝証券発行主体の側の事情までも積極的に説明するものではない。つまり，資本輸入の形態変化は産業循環と重要なかかわりをもつとしても，そこに解消しきれるものではなく，構造的要因をその前提として考える必要があろう。いずれにせよ循環変動に対応して

30　第1部　資本輸入体制の構造とその展開

表1-4　証券の期間別・内外市場別増大高

[単位：億ルーブリ，(%)，[内外比]]

	国債・政府保証債			民間企業投資			公・私不動産抵当証券		都市公債		合計		
	国内市場	国外市場	小計	国内市場	国外市場	小計	国内市場	国外市場	国内市場	国外市場	国内市場	国外市場	総計
1861-1881	13.2 (29.2)	20.3 (44.9) [39:61]	33.5 (74.1)	2.1 (4.6)	0.9 (2.0) [70:30]	3.0 (6.6)	8.8 (19.5)	0.0 (0) [100:0]	0.0 (0)	0.0 ( )	24.1 (53.3)	21.1 (46.7)	45.2 (100)
1881-1893	4.7 (21.8)	3.9 (18.1) [55:45]	8.6 (39.8)	4.7 (21.8)	1.3 (6.0) [78:22]	6.0 (27.8)	6.1 (28.2)	1.6 (2.8) [91:9]	0.2 (1.0)	0.0 ( )	15.7 (72.7)	5.9 (27.3)	21.6 (100)
1893-1900	5.9 (16.4)	8.8 (24.4) [40:60]	14.7 (40.8)	6.8 (18.9)	5.3 (14.7) [56:43]	12.1 (33.6)	7.8 (21.7)	0.7 (1.9) [92:8]	0.6 (1.7)	0.0 ( ) [100:0]	21.2 (58.9)	14.8 (41.1)	36.0 (100)
1900-1908	14.1 (30.6)	12.5 (27.1) [53:47]	26.6 (56.6)	4.1 (8.9)	3.8 (8.2) [52:48]	7.9 (17.1)	10.1 (21.9)	0.4 (0.9) [96:4]	1.0 (2.2)	0.3 (0.7) [77:23]	29.1 (63.1)	17.0 (36.9)	46.1 (100)
1908-1914	5.9 (12.7)	0.5 (1.1) [92:8]	6.4 (13.8)	9.2 (19.9)	8.2 (17.7) [53:47]	17.4 (37.6)	18.0 (38.9)	1.0 (2.2) [95:5]	1.2 (2.6)	2.4 (5.2) [33:67]	34.3 (74.1)	12.0 (25.9)	46.3 (100)
計	43.8 (22.4)	46.0 (23.6) [49:51]	89.8 (46.0)	26.9 (13.8)	19.5 (10.0) [58:42]	46.4 (23.8)	50.8 (26.0)	2.7 (1.4) [95:5]	3.0 (1.5)	2.7 (1.4) [53:47]	124.4 (63.7)	70.8 (36.3)	195.2 (100)

典拠：表1-1と同じ。

変化する資本輸入の二つの形態が相互にどう関連し合い，ロシア資本主義の構造的推転の過程でいかなる意味をもつかが問われてこよう。

(5) 資本輸入と国内資本供給

　外国資本の輸入と国内資本の供給とがどのような関係にあるかを，表1-1をまとめ直した表1-4によりつつみてみよう。この表からは，①総資本供給に占める外国資本の比重が，時期と形態とを問わずに全体としてみれば，大変高いことがまず明らかとなるが，これについては改めて説明する必要はなかろう。②次に注目されるのは，外国資本の輸入の伸びと並んで国内資本の供給も伸び続けており，大戦前夜には総資本供給の3分の2を占めるに至っていることである。このことは，資本輸入の増大にもかかわらずというべきなのか，もしくはそのゆえにというべきかはいま問わないとして，ロシア国内の資本形成が，外国資本の輸入とかかわりつつロシア資本主義の成立・発展過程において重要な位置を占めていたことを示唆する。ただし，国内資本の増大分の多くが不生産的な不動産（とくに農地）抵当金融によって占められていることは，ここで充分注意しておく必要があろう。③資本供給の形態別変化という点からみると，当初公的証券投資は外国資本に，民間企業投資は国内資本に依存していたのに対して，大戦前夜に向けては，逆に，公的証券投資は国内資本に，民間企業投資は外国資本に依存していくという趨勢を看取することができる。[25]この特徴的変化は偶然ではありえない。資本輸入の構造論理について有力な示唆を与えてくれるように思われる。④最後に，前の(4)で析出した資本輸入形態と産業循環との特徴的な照応関係は国内資本供給の場合にも看取されることを指摘しておこう。

(6) 資本輸出国の構成

　ロシアの資本輸入残高の中で公的証券投資が圧倒的比重を占めることはこれまで述べてきたとおりである。ところで，公的証券投資とはいうまでもなく相手国政府に対する貸付であるから極めて政治的色彩が強いものである。したがって，ロシア公債に対する投資国の構成は，外交関係の展開・曲折に応じて，19世紀70年代半ばまではイギリス・オランダ，それ以降はかのビス

表1-5 ロシアの株式会社に対

	1880年				1890年			
	株式	社債	計	%	株式	社債	計	%
フランス	26.8	4.6	31.4	32.3	61.4	5.2	66.6	31.0
イギリス	29.0	1.1	30.1	31	29.8	5.5	35.3	16.4
ドイツ	29.8	—	29.8	30.7	68.8	10.2	79.0	36.8
ベルギー	1.7	—	1.7	1.7	17.1	7.5	24.6	11.5
アメリカ	—	—	—	—	2.3	—	2.3	1.1
オランダ	2.1	—	2.1	2.2	2.8	0.1	2.9	1.4
スイス	0.05	—	0.05	0.05	0.5	—	0.5	0.02
総計	91.5	5.7	97.2	100.0	186.2	28.5	214.7	100.0

典拠：Эвентов, *Указ. соч.*, с. 25.

マルクによるいわゆる「ロンバード・フェアボート」（ロンバード禁止：1887年）にいたるドイツ，それ以後はフランスの劇的な登場という具合に，段階を刻んで大きく変化し，上記の諸国は各段階で独占的ともいえる地位を占めたのである。

これに対して，民間企業投資の面では資本の本性たるインターナショナリズムが遺憾なく発揮され，投資国の構成比率は著しく接近している（表1-5参照）。しかしそれでもなお，投資国の順位の交代は明瞭に看取され，しかも注目すべきことにこの順位の変動は公債投資国の構成の変化と照応関係を示しているのである。このことは，資本輸入の二つの形態が投資国の構成においてもある程度連動していることを示唆するものであり，資本輸入の構造論理を垣間見せるものといえよう。

以上，ロシアの資本輸入の実態をいくつかの側面から明らかにしてみた。そこで看取された特徴的諸傾向や問題点は，全体として資本輸入の構造論理の究明を迫っているように思われる。節を変えてこの点を検討してみることにしよう。

4 資本輸入の構造論理

前節においてロシアの資本輸入が段階を画しつつ特徴的な展開を遂げ，巨額な規模に達していたことをみてきた。そこで，次にこの資本輸入過程の諸

する外国資本投資の国別比重

[単位：百万ルーブリ]

1900年				1915年			
株式	社債	計	%	株式	社債	計	%
210.1	16.0	226.1	24.8	594.4	93.5	687.9	31.2
102.8	34.0	136.8	15.0	491.5	43.9	535.4	24.3
197.4	21.9	219.3	24.1	399.0	37.1	936.1	19.8
220.1	76.4	296.5	32.5	230.4	88.3	318.7	14.4
8.0	—	8.0	0.9	114.0	—	114.0	5.2
5.0	0.1	5.1	0.6	29.6	0.2	29.8	1.4
2.9	0.4	3.3	0.4	28.2	0.3	28.5	1.3
761.9	149.1	911.0	100.0	1,939.3	266.6	2,205.9	100.0

特徴が何に起因し，相互にどのようにかかわるのか，また全体としてロシア資本主義の推転過程と如何にかかわっているのかという問題，端的にいえば資本輸入の構造論理を検討してみることにしたい。以下の検討は，資本輸入形態の変化の意味を段階を追って問うていくという形で進めていくことにしたい。

(1)第一期第一段階（1861—81年）

　周知のようにクリミア戦争の敗北を契機としてロシアは，鉄道・工業建設を主軸とする資本関係の強力的創出に踏み出すこととなった。これにともなって巨額の資本の搾出・調達，さらには当初から外貨調達の必要が生じてきた。しかしながら，資本・外貨の調達は，かの買戻金や租税収奪を有力な槓杆とするロシア特有な原蓄政策の推進にもかかわらず，まさに資本主義としての後発性・未成熟のゆえに，さらには，旧農奴制段階に堆積した地主や政府の不生産的債務という負の遺産の重圧のゆえに，絶対的に制約されていた。1868年に確立する低率関税体制下の資本資材の輸入の急増は貿易収支・経常収支を悪化させていた。したがって，外国資本の輸入は当初から構造的に必然化されていたのである。

　では外国資本はどのような経路と形態で輸入されていたのか。まず民間企業投資についてみれば，信用制度，金融市場の未成立，投資情報の絶対的不足，不換紙幣体制下の為替相場の激動等の投資環境の未整備により投資の便

宜・効率・安全性の保証が欠けていた。そのうえ，何よりも投資対象という点において，モスクワを中心としてすでに強固な基盤を確立しつつあった繊維産業部門は閉鎖的な同族経営と自己蓄積の構造をもっていたし，その他の新興部門は未だ萌芽期にあっておよそ高利潤を安定的に保証する状況にはなかった。また，低率関税体制の下ではロシアは資本資材を中心とする商品輸出の有利な対象にこそなれ，市場確保を目的とする直接投資の有力な対象とはなりえなかった。要するに外国資本による民間企業投資が本格的に展開する条件も状況もなかったといえる。したがって，既存のもしくは揺籃期の企業は，自己蓄積によるか，国庫や国立銀行の援助，同族資本の動員等の手段に訴えたうえで貧弱な国内資本市場に依存していかざるをえなかったのである。

かくして外国資本の輸入は，専ら国家信用を基礎とし，国家財政を受け皿とする公的対外借款の形で，つまり外債発行という形で行なわざるをえなかったのである。また後述のとおり，旧農奴制段階の負の遺産たる財政の慢性的赤字状態と，それにもかかわらず鉄道建設を主軸とする「工業化」政策を国家自らが主導していかざるをえないという二重の重圧が，外債発行への依存傾向を助長し，その発行高を急増させることになった。1861—81年の期間における外国資本の輸入額のじつに96.7％が公債（国債または政府保証鉄道債）という形で行なわれたという事実がこのことを端的に示している。ちなみにバルカン諸国の場合も，当初資本輸入の95％以上は国債形態で行なわれていた。このことは，ロシアに限らずなべて後発資本主義国が外国資本の輸入に際して上述のごとき状況に共通に置かれていたこと，したがって形態の問題を抜きにして資本輸入一般を論ずることは必ずしも妥当でないことを示唆しているといえよう。

ところで，外国資本の輸入が公債投資にほぼ限定されるとするならば，当段階の資本輸入の問題はロシアの国家財政の問題と密接・不可分の関係にある。否，財政問題そのもの，といえよう。そこで，当期の国家財政を資本輸入との関連でみてみると，さしあたり以下の諸点が資本輸入の構造論理にかかわる論点として注目される。

第一には，外債発行という形で輸入された外国資本が国家財政の中でどの

ような役割を演じたかという問題である。この段階のロシアの財政状態は，表1-6-Aから明らかなとおり，歳出が国債費・軍事費と司法・内務省費等だけでも総額の約5割ないし6割を占める一方，歳入が旧式の租税制度に依存していた結果，ほぼ慢性的な赤字状態を示していた。したがって国債収入への依存はさけられなかった。外債収入も財政赤字の補塡という不生産的役割の一端を担っていた。この限りでロシアにおける公的対外借款の財政に対する役割は，バルカン諸国等のそれと共通していたといえよう。ただし，国債収入への依存度が高くないうえに，一般的財政目的のための国債発行は国内市場を主力とし，外債発行が政府保証鉄道債に特徴的に傾斜している（表1-1参照）ことは，ロシア政府の外債発行政策が，国内資本の一定の動員を前提にして，生産的目的に重心を置くものであったとみることができる。この点ではバルカン諸国等の後発国との一定の差異を読みとることもできよう。[35]

　第二に，国家財政が資本輸入とロシア工業の発展という二項の間に立って如何なる役割を演じたかという問題がある。ロシア政府は政府保証鉄道債の発行を通じて私鉄路線の建設を大規模に促進するとともに，補助金・国庫発注・関税政策等を通じて鉄道関連産業を中心とする工業の特恵的育成政策を推進していた（表1-6-Bの鉄道・港湾等の建設に対する歳出項目参照）。この政策はロシア工業の顚倒的跛行的発展を急激に推し進めることになるが，この経済＝財政政策を通じて政府保証鉄道債を中心とする外債発行は，資本資材輸入のための外貨を供給するとともに，ロシア工業の跛行的展開を助長し，インフラストラクチャーの建設，すなわち，将来の民間企業投資のための基盤整備に有力な寄与を為したということができよう。[36]　この点においてロシアの外債発行政策とそれにともなう諸結果は，バルカン諸国のそれらに先行していたということができるように思われる。[37]

　第三に，以上のような局面と並行して外資依存の体制がさまざまの否定的影響を財政に及ぼしたという問題がある。その一つは，あいつぐ外債発行にともなって発行条件が悪化し不利になっていたということである。不換紙幣制下の為替相場の激動に対抗して外債はいずれも金国債の形をとり，それ自体で財政には重い負担となっていたが，さらに利率も額面で5ないし6％と

第1部　資本輸入体制の構造とその展開

表1-6-A　国家予算：歳入の構成（年平均）

[単位：百万ルーブリ，（％）]

	直接税	間接税	国有財産・国営事業収入	国債収入	歳入総額（含その他）	収支（＋，－）
1861—1865	68.2 (16.8)	168.4 (41.4)	10.1 (2.5)	24.9 (6.1)	406.8 (100)	－ 14.1
1866—1870	95.4 (19.4)	196.3 (39.9)	21.3 (4.3)	17.3 (3.5)	491.7 (100)	－ 93.9
1871—1875	113.5 (18.6)	267.6 (43.9)	27.1 (4.4)	0 (0)	609.1 (100)	＋ 17.5
1876—1880	133.4 (16)	318.8 (38.2)	29.6 (3.5)	183.3 (22)	834.4 (100)	－ 67
1881—1885	142.2 (17.5)	362 (44.5)	45.7 (5.6)	93.7 (11.5)	814.1 (100)	－ 18.2
1886—1890	175.5 (17.8)	441.2 (44.8)	86 (8.7)	89.2 (9.1)	984.7 (100)	＋ 20.2
1891—1895	185.2 (15.5)	518.9 (43.5)	162.8 (13.6)	107.9 (9.0)	1,193.7 (100)	－ 1.8
1896—1900	204.3 (12.6)	710.4 (43.6)	383.5 (23.6)	73.8 (4.5)	1,627.6 (100)	－ 57.5
1901—1905	213.3 (9.3)	945.1 (41.3)	542.6 (23.7)	313.9 (13.7)	2,299.1 (100)	－119.2
1906—1910	198.7 (7.1)	1,250.5 (44.9)	678.5 (24.4)	310 (11.1)	2,784.8 (100)	＋ 52.7
1911—1913	247.6 (7.8)	1,498.5 (47.4)	956.5 (30.2)	0 (0)	3,164.4 (100)	＋ 31.2

典拠：*Министерство Финансов 1802-1902*, ч. 1, 2, приложение.
注：直接税には，1885年から買戻金を算入した。間接税には，消費税，関税のほか，1896年から酒専売収入を算入した。国有財産・国営事業収入には，「国有林野収入」「国鉄収益・私鉄投資収入」の二項目を合算した。1903年以降の数値は以上の基準により *Ежегодник России* の該当歳入項目から算定した。数値に若干のずれはあるが，有意のものではない。

第1章　対外金融依存の構造論理　37

表1-6-B　国家予算：歳出の構成（年平均）
[単位：百万ルーブリ，（％）]

	国債費	陸・海軍両省計	内務・司法両省計	大蔵省	教育省	特別軍事費	鉄道・港湾等装備建設	歳出総額(含その他)
1861—1865	61.1 (14.5)	159.6 (37.9)	25.6 (6.1)	67.6 (16.1)	5.4 (1.3)	0 —	0 —	420.9 (100)
1866—1870	82.8 (14.1)	157.1 (26.8)	46.7 (8)	85.7 (14.6)	8.8 (1.5)	0 —	51.9 (8.9)	585.6 (100)
1871—1875	93.6 (15.8)	193.9 (32.8)	57.8 (9.8)	95.1 (16.1)	12.5 (2.1)	0 —	62.0 (10.5)	591.6 (100)
1876—1880	142.1 (15.8)	220.8 (24.5)	73.2 (8.1)	92.8 (10.3)	16.0 (1.8)	215.1 (23.9)	66.2 (7.3)	901.4 (100)
1881—1885	214.1 (25.7)	240.6 (28.9)	88 (10.6)	102.8 (12.4)	18.8 (2.3)	6.4 (0.8)	36 (4.3)	832.3 (100)
1886—1890	271.6 (28.2)	259.4 (26.9)	95.3 (9.9)	110 (11.4)	21.6 (2.2)	2.6 (0.3)	59.1 (6.1)	964.5 (100)
1891—1895	264.4 (22.1)	295.3 (24.7)	108.5 (9.1)	126.2 (10.5)	22.5 (1.9)	26.5 (2.2)	77.7 (6.5)	1,195.5 (100)
1896—1900	268.6 (15.9)	388.6 (23.1)	124.6 (7.4)	225.1 (13.4)	28.2 (1.7)	30.4 (1.8)	156.4 (9.3)	1,685.1 (100)
1901—1905	292 (12.1)	463.2 (19.2)	149.2 (6.2)	339.4 (14.0)	39 (1.6)	388.7 (16.1)	158.5 (6.6)	2,418.3 (100)
1906—1910	386.5 (14.1)	543.4 (19.9)	212.9 (7.8)	416.8 (15.3)	57.4 (2.1)	193.5 (7.1)	57.7 (2.1)	2,732.1 (100)
1911—1913	405.8 (13)	715.2 (22.8)	263.3 (8.4)	436.7 (13.9)	119.7 (3.8)	99.7 (3.2)	115 (3.7)	3,133.2 (100)

典拠：表1-6-Aと同じ。
注：本表は歳出全費目から主要費目のみをとり出した。本来は全省庁費並びに特別会計費目が加わる。特別会計は途中で何回か構成が変化している。

割高のうえ，これに発行価格の低落によって1％以上の実勢利率が上積みされ，財政の負担は一層重いものとなっていた。二つには，外債発行にともなう元利払いの負担は，内国債のそれとあいまって財政の硬直化要因をなしていたが（表1-6-B参照），当段階の末に起きた露土戦争は，内外債の増発と為替相場の激落とによって財政の負担を急速に増大させた。1870年代半ばまで歳出総額の中で15％前後の水準にあった国債費の比重は，80年代前半に向けて20％台を突破し，さらに30％の危機的水準に接近していった。この事態はロシア財政がバルカン諸国と同様の危機的状況にあったことを示すものにほかならない。

最後に, 資本輸入の大部分を国債発行の形で行なうだけでなく, 巨額の対外債務残高を財政が抱え込んで金利負担に苦しむという状況が財政を国際政治と連動させる方向に作用したという問題がある。1870年代半ばに生じた中央アジア等をめぐる英露紛争は, ロシア公債に対するロンドン金融界の反発を誘い, ロシア証券の対独金融依存, 対独外交接近という劇的な転換を早くも促すこととなった。こうして, 巨額の公的対外債務を抱えたロシア財政が政治・外交関係との連動を強め, 財政主権に対する重圧を間接的とはいえ受け始めていたということは, 程度の差こそあれロシアがバルカン諸国と同様の状況に陥りつつあることを物語るものといえよう。

(2)第一期第二段階（1881―95年）

この段階の資本輸入の構造は, 第一段階と基本的には変わらず, 資本輸入残高の90％以上はあい変わらず公的対外借款が占め, 専制政府の財政が主としてベルリンを相手として外資の導入と撒布のパイプとなっていた。この結果, 歳出総額に占める国債費の割合は1880年代末に向けてじつに30％という危機ラインを突破するに至り, 財政の硬直化, 悪化はさらに進んでいた。ビスマルクが対露通商摩擦を理由にロシア国債のロンバード貸付禁止という金融的威嚇をかけて譲歩を強要しようとし, その結果, 対独金融・外交疎隔, 対仏金融・外交・軍事接近というあの近代国際政治史を揺るがす劇的な転換が生じたのは, まさにこの時点であった。ちょうどこの時期の前後にバルカン諸国の一部（セルビアとギリシャ）とトルコの財政は債務不履行の状態に陥り, 債権国による財政管理・財政自主権の制限を甘受するに至っていた。ロシアの金融財政状態もこれとさほどかけ離れたところにあったとはいえず, 財政危機の延長線上にはバルカン諸国と同様の危機が予想された。

しかしながら, まさにこの時点でもう一つの大きな変化が生じ, この変化を契機にしてロシア経済はバルカン諸国のそれと漸次異なる道を歩み始めることとなった。この変化の内容と意味を探るために前に立ち返って, 資本輸入の形態別期間中増大高をみてみよう（表1‐3参照）。外国資本による民間企業投資は, 投資残高では10％以下であるのに, 期間中増大高では資本輸入総額の4分の1を占めるに至っている。他方, 公的対外借款の期間中増大高

およびその比重は目立って後退している。これらの特徴的変化は何に起因するのであろうか。

　まず民間企業投資の増大についてみると，その原因の一つは，1870年代末に始まって80年代に本格化し，ついにはビスマルクのロンバード禁止政策や独露関税戦争をも誘発するにいたったロシア保護関税政策の下で，商品輸出を主力にしていたドイツやベルギー等の資本が直接投資に転換し始めたことにある。この点は，バルカン諸国が保護関税政策をこの段階で本格的に展開しえないでいたのと対照的であり，ロシア資本主義が独自の展開を開始したことを部分的に説明している。ところで，第一段階の外国資本による民間企業投資の低調とその原因を想起すると，この変化は保護関税政策の展開だけで説明しきれるものではなく，より基礎的な条件を想定する必要がある。この点についていえば，前段階から国庫の補助金，特恵発注等によって鉄道等のインフラストラクチャーの基盤整備がある程度行なわれるとともに（表1－6－B参照），綿業等第二部門の自立的発展と並んで鉄道関連産業の育成・強化が図られ（レール等自給達成，表1－7参照），さらに保護関税政策の下で鉄鋼・石炭等の基幹産業の発展（とくに南部鉱山業，製鉄業等）の展望が与えられたこと，国有化政策に基づく新たな鉄道建設の波が80年代前半を底辺としてそれ以降着実な上昇に転じ，以上の過程を促進，加速化したこと，要言すれば，ロシア資本主義はまさにこの段階で生産旋回を遂げ，再生産軌道を定置するところにさしかかっていたこと，が銘記されなければならない。つまり外国資本に高利潤の獲得を保証する基礎的条件が形成されつつあったのである。この点こそがバルカン諸国のその後の発展とロシアのそれとを分かつ重大な条件となっていたといえよう。ただし，為替相場の激動など外国資本による民間企業投資の本格的展開を阻む問題点は未解決のままであった。これらの点は財政や国際収支の動向とかかわって別途解決されるべきものであった。

　そこで次に財政の動向を公的対外借款の問題とかかわらせてみてみよう。前述のごとく当段階の財政は，当初1870年代末の露土戦争の影響もあって危機的状態にあった。しかしながら，80年代末になって状況は一変した。収支は黒字基調に転じ，歳出の中で国債費は絶対的に減退し，その比重を30％と

40 第1部　資本輸入体制の構造とその展開

表1-7　鉄道建設と南部を中心とする重工業の発展

年	A	B	C	D	E	F	G	H	I	J	K	L	M	N	O	P	Q	R	S	T
1867	0.47	—	17.6	1.1	11.5	21.6	0.38	—	—	—	—	0.43	9.88	4.3	—	—	—	—	—	—
68	1.75	—	19.8	1.9	13.6	13.1	0.58	—	—	—	—	1.44	5.61	20.5	—	—	—	—	—	—
69	1.38	—	20.1	2.0	14.4	28.2	0.46	—	—	—	—	2.58	12.71	16.8	—	—	—	0.4	—	—
70	2.57	—	21.9	1.9	15.2	34.0	0.54	—	35.1	—	—	2.58	13.94	15.7	—	—	—	0.98	—	—
71	2.91	—	21.9	3.1	15.6	24.4	0.44	—	42.3	—	—	2.35	6.98	25.2	—	—	—	1.5	—	—
72	0.72	—	24.4	1.8	16.4	18.6	0.56	—	50.2	—	—	1.92	6.19	23.7	—	—	—	2.0	—	—
73	1.85	—	23.5	2.5	15.6	22.7	0.55	—	42.3	0.2	1.1	1.60	9.12	15.0	—	—	—	3.0	48.0	30.5
74	2.01	—	23.2	3.3	18.3	18.4	0.53	—	39.6	0.7	4.1	2.96	10.91	20.1	—	—	—	4.1	—	
75	0.81	—	26.1	3.9	18.5	16.9	0.79	—	40.5	1.2	5.5	2.68	10.36	20.1	—	—	—	4.3	—	
76	0.60	—	26.9	3.3	17.9	12.3	1.10	—	42.6	1.2	7.0	3.07	11.67	20.1	—	—	—	4.8	2.4	66.7
77	1.46	—	24.3	3.5	16.3	8.6	2.70	—	44.0	1.3	7.3	2.80	11.46	19.5	—	—	—	5.6	3.6	60.9
78	1.28	—	25.4	6.5	16.7	10.9	5.80	—	39.2	1.0	4.8	4.52	9.84	31.2	78	—	—	9.1	10.7	46.0
79	0.31	—	26.6	11.5	17.1	11.7	12.9	—	39.5	1.2	4.3	9.50	4.87	66.2	74	—	—	7.2	1.7	80.9
80	0.19	—	27.4	15.3	17.9	10.5	18.8	5.5	43.0	1.6	4.6	12.30	3.40	78.4	65	—	—	7.1	2.7	72.4
81	0.23	—	28.9	14.4	17.8	7.2	17.9	1.6	48.5	1.7	6.2	12.61	0.88	93.5	70	—	—	厚板音数	—	—
82	0.34	—	28.2	13.6	18.2	7.6	15.1	0.6	48.6	2.0	5.2	9.36	0.28	97.1	62	1.2	12.8	155	—	—
83	0.72	—	29.4	14.4	19.7	7.4	13.5	0.3	50.1	1.4	4.5	7.86	0.14	98.6	58	0.8	10.9	139	—	—
84	0.86	—	31.1	19.2	22.1	6.3	12.6	0.5	49.1	1.8	5.4	6.00	0.14	97.7	47	1.1	18.3	106	—	—
85	1.02	—	32.3	12.2	22.1	5.3	11.8	0.4	58.3	2.6	8.0	5.83	0.17	97.2	50	1.4	24.0	87	—	—
86	1.32	—	32.5	16.2	22.2	4.6	14.8	0.6	54.3	3.5	9.9	6.96	0.07	99.0	48	1.7	24.4	63	—	—
87	0.90	—	37.4	7.9	22.6	3.5	13.8	0.6	69.6	3.2	8.9	5.31	0.03	99.4	39	1.5	28.2	65	—	—
88	1.19	—	40.7	4.6	22.3	3.9	13.6	0.6	72.1	3.3	9.5	3.85	0.03	99.2	28	1.6	41.6	67	—	—
89	0.51	—	45.2	7.1	26.1	5.3	15.8	1.0	68.3	5.1	12.4	5.38	0.15	98.2	34	2.0	37.2	83	—	—
90	0.66	—	56.6	7.7	26.4	5.7	23.1	1.0	71.0	8.6	17.8	10.1	0.20	98.5	44	4.7	46.5	95	—	—
91	0.13	—	61.3	4.7	27.4	3.9	26.5	0.9	77.8	11.0	21.0	10.5	0.14	98.1	40	5.3	50.4	86	—	—
92	0.48	—	65.4	5.5	30.4	3.1	31.4	1.0	79.6	14.7	24.3	11.8	0.8	98.8	37	7.1	60.1	136	—	—
93	1.67	87	70.1	9.8	30.5	2.5	38.5	2.1	72.4	17.6	25.9	14.1	0.6	94.6	37	8.3	58.5	206	—	—
94	2.34	90	81.3	8.8	30.7	4.5	44.3	2.8	68.8	14.4	25.2	15.3	0.6	96.2	35	9.5	62.0	292	—	—
95	1.85	40	88.7	7.6	26.9	10.4	53.7	3.1	70.1	18.2	29.2	18.4	1.4	92.9	34	12.1	65.7	361	—	—
96	2.49	55	99.0	5.9	30.4	12.5	62.4	3.7	69.1	21.1	29.4	24.3	0.8	96.8	39	15.3	63.0	462	—	—

第1章　対外金融依存の構造論理　41

年	A	B	C	D	E	F	G	H	I	J	K	L	M	N	O	P	Q	R	S	T
97	2.04	80	115	6.0	31.3	15.5	74.8	4.3	70.6	24.4	29.8	27.0	0.9	96.8	36	15.8	58.3	532	—	—
98	3.04	70	137	6.8	29.4	17.8	98.8	4.0	72.6	38.2	42.2	28.6	0.9	96.9	29	21.1	65.7	744	—	—
99	5.25	78	165	8.3	31.7	18.2	116	2.5	74.9	42.5	39.6	28.3	0.7	97.6	24	22.5	70.4	775	—	—
1900	3.36	80	179	3.2	29.9	15.2	135	1.1	86.0	59.2	44.1	30.3	1.0	96.8	22	23.0	69.2	1005	—	—
01	—	96	173*	1.9	—	—	—	—	88.6	64.4	47.1	29.4	—	—	—	21.7	—	1225	—	—
02	—	97	157*	1.1	—	—	—	—	90.8	57.5	47.0	25.6	—	—	—	18.9	—	1160	—	—

典拠：Соловьева, Указ. соч., с. 135, 141, 224, 276, 280–81 289；エリ・ア・メンデリソン，飯田貫一ほか訳『恐慌の理論と歴史』第4分冊，青木書店，1961年，巻末付表；И.П. Гливиц, Железная промышленность России, С.-Петербург, 1911, статист. прило., с. 7–8, 18, 39, 41–42.

A：鉄道増加距離（千キロメートル）
B：経済関係歳出中鉄道費率（％）
C：銑鉄生産量（百万プード）
D：銑鉄輸入量（百万プード）
E：錬鉄生産量（百万プード）
F：錬鉄輸入量（百万プード）
G：鋼生産量（百万プード）
H：鋼輸入量（百万プード）
I：銑鉄換算錬鋼自給率（％）
J：ロシア南部錬鋼生産量（百万プード）
K：同全国生産中の比重（％）
L：レール生産量（百万プード）
M：レール輸入量（百万プード）
N：同自給率（％）
O：鋼生産中レール比重（％）
P：南部レール生産量（百万プード）
Q：同全国生産中比重 P／L（％）
R：機関車製造額（百万ルーブリ）
S：機関車輸入額（百万ルーブリ）
T：同自給率 R／R＋S（％）

いう危機ラインから一挙に10%台へ下げるという劇的な事態が生じた。これは主としては，80年代前半の財政改革がその後の商工業の発展・80年代末の大豊作，農民収奪の強化と結びついて税収の増大をもたらす一方，歳出において，まさにこの時点で開放されたパリ金融市場を対象とする大規模な公債の低利借り換え政策が，折からの大不況・長期農業不況による市場利子率の低下に支えられて，成功したことの結果にほかならない。このような事態によって，財政の窮乏にともなう国債発行の必要性は大幅に軽減された。当期における公的対外借款の絶対的並びに相対的後退はそのあらわれである。しかしながら事態はこれだけに留まらなかった。政府は外債発行を継続したが，それは財政の補強のためというより，通貨改革＝金本位制の導入を展望した金蓄積政策のためであった。この政策は，保護主義関税による輸入抑制と穀物輸出の増大とによる貿易収支の好調持続に支えられて強力に推進され，90年代半ばまでにヨーロッパではフランスに次ぐ最大級の金準備を確保するとともに為替相場の安定をも実現することとなった。[47]

　かくして，第一期においては，外国資本は圧倒的に公債投資または政府保証債という形で国家財政を通して間接的に，もしくは政府の利子補給を受けつつ直接的に，鉄道・港湾等のインフラストラクチャーの建設や後には関連産業部門の跛行的顛倒的移植・発展へと回流し撒布された（1893年段階ですでに冶金・金属加工，鉱山業へ外国資本の56%が投資され，投資額全体の52%を占めた）。これを通じて再生産軌道を定置させつつあるロシア資本主義に対する民間企業投資の条件が漸次整備され，さらに通貨改革＝金本位制導入の準備作業によって，次の段階の外国資本による大規模な民間企業投資のための道が拓かれていったのである。こうしてバルカン諸国と同様に財政破綻→債務不履行→財政の国際的共同管理への道をつき進むかとみえたロシアは，国内資本の動員，租税収奪の強化，対仏金融依存，大不況下の国際金融市場における金利低下等を梃子として，破綻を辛くも回避し，そこから脱出する方向へと急速に転じていったのである。

(3) **第二期第一段階**（1896—1900年）

　1880年代末の産業資本の確立，90年代半ばの大不況・長期農業不況からの

脱出，第二次鉄道建設ブームの持続と異常な高揚，1891年関税率表による保護関税体制の完成，関税戦争に続く露独通商条約体制の定着，金本位制の導入による通貨流通と対外為替相場の安定，等々の有利な条件を背景として，ロシア資本主義は空前の経済的活況期に入っていくことになる。このような有利な状況の下で，外国資本は，投資の安全性・簡便性・有利性という基礎的条件をすべて保証されたことになる。政策当事者たる蔵相ヴィッテの積極的姿勢や外資導入に関する法的障害の改善・除去の努力も有利な状況をつくり出した。他方，この間に一定の成長を遂げた国内金融市場は，長期農業不況下で累積した不動産抵当債務によって食い込まれ圧迫されており，充分な資金的余力をもたなかった。かくしてここに，資本輸入の激増する新たな段階が展開することになる。しかも今回は，急伸する鉄道建設に対して公債投資が増大するだけでなく（表1-1，表1-3参照），民間企業投資が激増し，公債投資を凌ぐ勢いを示したところに大きな特徴がある。1893年から1900年までの期間における会社資本金の増大額の中で外国資本がじつに半分を占め，その結果，1893年時点の会社資本金総額の中で27％を占めるに留まっていた外国資本が1900年時点では比率を一挙に42％にまで高めたという事実，さらには，当段階のわずか数年間における外国資本の流入額が過去数十年間の外国資本による民間企業投資額を凌駕していたという事実は，当段階の外資流入がいかに激しいものであったかを如実に示している。90年代末に体制の最上層部まで巻き込んで激しく展開した資本輸入論争は，以上のような事態の一つの表現であり，結果であった。ここに至ってロシアは，バルカン諸国とは明確に異なる段階を迎えたといえよう。

　ところで，資本輸入の構造論理を当段階に即して考えようとすると，この民間企業投資の異常な増大をどう位置づけるのか，また，これと並ぶ規模で公的証券投資も増大していることを勘案すれば，資本輸入の二つの形態が相互にどのような関係にあるのか，という問題が中心的な検討課題になってこよう。この問題に対する長期的な視点からの解答は，すでにこれまでの検討の中に示されている。

　そこで，資本輸入の二つの形態の関連を当段階に即して具体的にみていくと，さしあたり以下の三つの論点が浮かび上がってこよう。

表 1-8 1900年外国資本による産業投資の地域的分布
[単位：百万フラン]

	フランス	ベルギー	イギリス	ドイツ
南部	275.2	550.0	33.7	29.1
ポーランド	106.3	32.0	3.8	92.6
中央部(モスクワ)	71.5	106.2	4.3	24.0
北部と沿バルト	42.6	43.2	33.4	82.6
カフカース	42.4	43.9	146.8	20.0
ウラル	104.7	43.4	12.6	―
シベリア	12.4	4.0	―	―
フィンランド	―	2.8	―	―
トルケスタン	―	1.8	―	―
その他	37.2	7.0	10.0	12.8
計	692.4	831.0	235.5	261.0

典拠：Verstraete, *Les Capitaux étrangers*, J. McKay, *Pioneers for Profit*, p 36.
注：銀行は除く。借入金も含む。原表作成者 Verstraete は，ベルギー資本のうち1億フランをフランス系と考えた。

　まず第一には，これまでみてきたように国家＝財政主導，民間企業の補助金・官需依存という基本的な特徴を維持して，しかも国内の資本蓄積がいまだ不動産抵当債務に圧迫されて十分な成長を遂げないでいる限り，政府は鉄道建設のために多額の外債発行を余儀なくされるとともに，他方では，これによって生じた鉄道資材等の巨額の商品需要が外国資本による鉄鋼・鉱坑山業等の企業設立熱を呼び込み，かくして，資本輸入の二つの形態は，国庫発注等を接点として連動していくということである。当段階はこの資本輸入の二形態の連動がもっとも明確にあらわれた段階ということができよう。

　第二に，以上のことが資本輸出国の構成にも明確にあらわれているということである。第一期第二段階においても，公債投資でドイツが圧倒的優位を占めたことに対応して，民間企業投資でもドイツは相対的優位にあったという一定の連関を看取することができるのであるが，当段階にはフランスがドイツに代わって公債投資で絶対的優位に立つばかりでなく，民間企業投資でもドイツから首位の座を奪いとり，ベルギー系資本の中に含まれるフランス資本をも加えると断然優位に立ったのである（表1-5参照）。資本輸入の二つの形態は，このように投資国の構成という点からも明確に関連し合っていたといえよう。このような関係が生まれたのはなぜかという点については，

露仏同盟の結成にともなって両国間に友好・接近ムードが高まり，これを背景としてフランスの対露投資熱が一般的に高まったという事情だけでなく，ロシア駐在フランス領事によるロシアの経済・投資情報の積極的収集・紹介活動，フランス投資家層による積極的投資戦略の定立，ロシア大蔵省筋との人脈的結合の活用，各種ロシア証券の発行・引き受けにかかわったフランス金融界の金融的連携操作等々を通じてロシア公債投資と民間証券投資とが連動する方向に作動したということが考えられる。ドイツの投資が国境に近い西部や北部を中心としたのに対して，フランスの民間企業投資が，第一に挙げた資本循環の枢要点たる鉱山・冶金・金属加工業の展開する南部に集中していたことは，偶然ではない（表1-8参照）。

　第三に，資本輸入の二つの形態の連動がこの段階になって強まったことは，フランス資本主義とその資本輸出のあり方，類型的特質の問題とかかわる。前の段階においてもたしかにドイツの対露公債投資は民間企業投資の高まりを随伴していた。だがこの場合，民間企業投資はロシア保護関税の引き上げに対抗して本国親会社との結びつき（関税率の低い半製品の輸入，加工）を保持した子会社を国境に近い地域に設立する場合が多く，公債投資と結びついた戦略的基軸部門に積極的に進出するという傾向は読みとれない。つまりドイツの対露公債投資はあくまでもドイツ商品輸出の結びつきを保持せんとしたものであった。だからこそ，ロシアの保護関税が一段と強化され，ドイツ重工業製品の対露輸出が減退傾向を明らかにするとドイツ経済界と政府はいら立ちを隠そうとせず，ついにはかの「ロンバード・フェアボート」（ロンバード禁止）によって金融的威嚇を加えたうえで，むしろ公債投資の方を放棄し，関税戦争の道を選んでいったのである。

　これに対してフランスは，対露公債投資によって生じた厖大な商品需要を輸出貿易によって積極的に満たそうとせず（また満たしえず），むしろ現地企業の設立とそこでの一貫生産の拡大によって応じていこうとした。つまりあのフランス資本主義に特有な資本輸出と商品輸出の乖離，金融利害と産業利害の乖離をここで明確に示していた。またロシアの禁止的高率関税体制もフランスの資本輸出と商品輸出の結合を分断した。というよりむしろ高率保護関税体制と資本輸入の促進とは，ワンセットになって蔵相ヴィッテの経済

政策の基調に据えられていたのである。(61) かくして当段階のロシアの経済政策とフランス資本主義のあり方とは適合的関係にあったのである。資本輸入の二つの形態の連動という事態の基礎に，このような適合的関係を措定することができよう。

(4)第二期第二段階（1900—1909年）

　1890年代後半に空前の経済的高揚を経験したロシアは，1900年の激しい恐慌によって深刻な不況状態に落ち込んでいった。それとともに資本輸入も，民間企業投資の急減，公債投資の急増という劇的な変化を示すことになった。この現象は，さしあたり1900年恐慌に起因する循環性の現象ということができる。前段階のブームに便乗してきた企業の深刻な経営危機，収益・配当の激しい減退，投資国側の確定利付証券投資選好への転換等の原因によって民間企業投資が冷却する(62)一方，国家財政は恐慌救済資金の放出等による歳出の膨張と直接税収入の減退による歳入の伸びの鈍化という状況の中で再び外債発行への依存を強めたからである。恐慌を契機として資本輸入の形態にこのような劇的な転換が生じたことは，それ自体としても後発資本輸入国の経済発展の特異性・脆弱性を示すものとして注目すべきところであるが，あわせて，90年代末の外国資本の洪水的流入がブームを異常に加速させ恐慌の規模を拡張するとともに，その後の不況期には外国資本の追加的供給の突然の停止と引き揚げとが不況の打撃を一層強烈にし，国民経済を全般的に震撼させるという局面，要するに外国資本の流出入が産業循環の振幅を極端に増幅・拡張させるという事態の一つの結果でもあるという点も銘記すべきであろう。

　ともあれ，資本輸入構造のこのような変化も，循環性のものである限りでは，前段階の延長線上に位置し，むしろ国際金本位制の下でロシアも循環軌道上に明確に定置されたことを示しているといってよい。しかしながら，恐慌後の不況に続いて，1904年から日露戦争，1905年の革命，1907年恐慌という激動が波状的にあいつぐことになると，事態は循環軌道を大きく踏み越えて資本輸入体制そのものの全機構的危機とかかわることになった。(63) すなわち，外国資本による民間企業投資は一時的には資本逃避の局面をも伴いつつ激しく落ち込み，この状態が永続化した。他方，財政・信用体系の崩壊，金本位

第1章　対外金融依存の構造論理　　47

制崩壊の危機が切迫し，鉄道債が激減するのと対照的に，国家財政の補強，国家信用の維持を直接的な目的とする外債の発行が激増していった。とくに1904年から1908年にかけてはロシアの財政当局は，巨額の外債発行をめぐってフランスを中心に欧米金融市場の間を奔走し，国家破産の回避と専制体制の防衛のために文字通り綱渡り的努力を継続した。(64)このような危機的状況の下では，外債の発行条件や相場が急速に悪化したのは当然として，事態はこのレヴェルにとどまらず，戦争の継続，革命の鎮圧，国内改革のあり方，外交方針の定立等の政治的重大問題に対する資本輸出国側の政治的圧力を受けるところまで波及していた(65)。

　以上のような資本輸入の状況は，ロシアの資本輸入体制が危機の激動の中で瞬時に第一期第一段階のいわば振り出しの状態に舞い戻ったことを意味している。つまり，巨大な公的外債残高を基礎とし，この上に築かれてきた民間企業投資という構造物が，1900年恐慌を契機として揺らぎ始め，続いて基盤そのものの動揺によってさらに大きく振動しただけでなく，対外信用に大きく依存してきた国家信用という基盤自体の脆弱性が再び露呈されてきたのである。危機の深刻さと，外資依存型ロシア資本主義の構造的な脆さとをここにみることができよう。

　以上の点に照らして1906年のいわゆる反革命5％国債は，資本輸入史における当段階の位置と状況とを象徴していた(66)。すなわち，①1906年4月という金本位制崩壊・体制解体の危機が続いている状況下で発行され，体制にとっては起死回生の決め手になった。②その規模は，額面発行額8億4400万ルーブリ，政府手取り額6億2000万ルーブリに達し，通常の大型外債の数倍，過去数年間の経常歳入の約3分の1にも相当する巨額のもので，政府財政を実質的に支えるものであった。③モロッコ危機をめぐるドイツとフランスの外交対立の中で，対独外交疎隔，対仏外交譲歩という大戦への有力な踏み石ともなるような大きな代価を払って，④ドイツを除く国際借款団の文字通り反革命的支援を受けて実現された。⑤銀行の引受価格が額面の85.5％，発行価格が同じく88％，利回り5.68％，政府実質金利負担が6.61％というきわめて不利な条件（ちなみに一番低利率の1896年の3％金国債は，政府金利負担が3.78％）で発行された(67)。この条件は第一期第一段階のそれと大差ない。この

ように，この反革命5％公債は，危機の絶頂にあって決定的な旋回点をなすとともに外資依存型資本主義の縦断面とその不安定な基部を改めて見せつけたのである。

ところでこの段階については，いま一つ重大なことを確認しておく必要がある。それは工業の独占体がこの段階で確立したということである。ロシアの工業は，初発から国家の大規模な特恵発注と資金援助，西欧の最新技術の一括導入等に支えられて生産の高度の集積という特徴をもって成立してきたのであるが，1890年代の経済的高揚の下で国家のさらなる援助と保護関税，外国資本の集中的投下を受けて跛行的な発展を遂げ，1900年恐慌後の深刻な不況とそれによる販路の急縮とを契機として最終的に独占体へと成長・転化した[68]。その際，外国資本の投下比率の高い部門ほど独占体が強力であったことは紛れもない事実であり，外国資本のそれら独占体に対する影響力が従属説の言う直接的支配ではないとしても，強大であったことは否定すべくもなかった。

(5)第二期第三段階 (1909—14年)

1905年の革命を辛くも乗り切り，1907年恐慌から脱出した後，ロシアは1909—11年の大豊作を契機として1890年代の活況の再来を思わせる異常な好況局面を迎え，年率5ないし6％の高い成長率を持続していくこととなった[69]。それとともに資本輸入の形態も大きく変わり，公債の対外発行が緩慢になるのみか，1910年以降一般国債の国外発行がなくなり，あまつさえ一部外債の国内還流と対外債務残高の減少すら生じた。他方，外国資本による民間企業投資は，鉱坑山，冶金，金属加工，都市建設，銀行などの部門を中心にして激増し，期間中増大高では公的対外借款のそれを二倍以上も凌駕するに至った[70]。

このような事態は，当段階の資本輸入が，第二期第二段階の激動・中断をはさんで，1890年代後半の段階と同様な局面に復帰し，その延長線上で振幅をさらに拡張したというだけでなく，資本輸入の新たな段階に到達しつつあることを意味している。このような変化を可能にさせ促進した要因としては以下の諸点に注目したい。

表 1-9 ロシア公的短期在外資金と国別配分残高

[単位：百万ルーブリ]

	1909-11	1910-11	1912.1.1	1913.4.1	1913.5.23	1914.1.1	1914.7.10
フランス	(1)		245	350	328.0	431	463
ドイツ		(2)	206	90	61.0	103	111
イギリス			54	} 160	129.7	46	81
その他			28		19.1	14	11
合計	—	—	533	600	537.8	594	666

典拠：R. Girault, *op. cit.*, p. 574 ; Сидоров, *Финансовое положение*, стр. 98, 533 ; Буковецкий, *Указ. статья*, стр. 392.

注：(1)全体の半分　(2)イギリスの約4倍

　まず第一に，財政が日露戦争敗北後の軍事力再建のために軍事費を膨張・突出させたにもかかわらず，全体としては超均衡を達成し，厖大な歳計剰余（「自由剰余金」）を残すに至ったということである。これは，前段階の国家破産の危機に対して国家信用を回復し強化しようとしたツァーリ政府の姿勢のあらわれにほかならないが，たんに旧に復するというだけでなく，進んで旧債務の一部償還，新規外債発行の抑制を通じて公財政の対外金融依存からの脱却をも指向する面をもっていたといえよう。[71]

　第二には，財政の超均衡によって確保された「自由剰余金」が国内金準備を間接的に補強するとともに，世界最大の規模の公的短期在外資金となって欧米の各金融センターに積み立てられ（表1-9参照），対外信用の確保・強化の金融的保塁をなしていったということである。この政策は，かつて金本位制の導入がそうであったように，外国資本による民間企業投資を助長し，その規模をいちだんと拡大させる効果をもったのである。[72]

　第三に，1890年代の場合，民間企業に対する外国資本の投下額が国内資本の供給量を上まわり，その結果，外国資本の比重はそれまでの20％台から一挙に40％台へと高まったのに対して，当段階には，外国資本の急増と並んで国内資本の供給も増大した結果，外国資本の比重がほぼ横ばい状態になっている。外国資本の輸入に支えられて展開してきたロシア資本主義が，この段階に入って国内金融市場を成長・拡大させたことのあらわれとみることができよう（表1-10参照）。

　第四に，当段階に入って株式銀行が急激に成長し，その活発な活動を通じ

表1-10 ロシアの株式会社に対する投資

[単位：百万ルーブリ，(%)]

		総額	国内資本	外国資本
	1861年	72	62(86.1)	10(13.9)
	1881	375	277(73.9)	98(26.1)
	1893	977	741(75.9)	236(24.1)
	1900	2,178	1,416(65.1)	762(34.9)
	1908	2,959	1,824(61.6)	1,135(38.4)
	1914	4,708	2,748(58.4)	1,960(41.6)
期間中増大額	1861—1881	303	215(71.0)	88(29.0)
	1881—1893	602	464(77.1)	138(22.9)
	1893—1900	1,201	675(56.2)	526(43.8)
	1900—1908	781	408(52.2)	373(47.8)
	1908—1914	1,749	924(52.8)	825(47.2)

典拠：Бовыкин, К вопросу о роли иностранного капитала, с. 77.

て自らの資本の集積・集中を推し進めるだけでなく，工業独占体との癒着・結合を通じて金融資本へと成長・転化したという事実があげられる。ロシアの株式銀行は，1900年頃まで中央銀行たる国立銀行一行に遅れをとるか（預金総額），これをわずかに追い抜く（手形割引残高）程度の貧弱な状態にあったが，その後，支店数の急増，兼業銀行への転生，銀行合同や改組（不況下の再建），そして当段階における外国資本の重点的流入等によって，その活動規模を飛躍的に増大させ，工業独占体との癒着・結合の度を強めていたのである。このことが，前述の国内金融市場の成長・拡大や外国資本による民間企業投資の急増と表裏の関係にあることは改めて指摘するまでもないであろう（表1-10参照）。また，金融資本が外国金融資本と複雑に絡み合いつつともかくも成立したことは，国家財政・中央銀行・国有鉄道等公的セクターの主導のもとに展開してきたロシアの資本主義が，跛行的顚倒的発展の諸階梯を一巡して，自立的基盤を築き出したことを意味するように思われる。

　以上のような当段階特有な資本輸入のあり方，およびそれを支えたいくつかの新たな事態は，全体としてみれば，当段階がロシアの長い資本輸入史の中で特異な位置を占めること，別言すれば，二つの輸入形態の特有な組み合わせの中で展開してきた資本輸入の過程の一帰着点，特有な資本輸入の構造論理をもって諸階梯を通過してきた後発資本主義国の一つの到達点，さらに言えば，地主的土地独占と「雇役制」的農業とを基底とし，厖大な対外債務

残高を抱えながら金融資本の成立をみた外資依存型資本主義のいわば「折り返し点」であったことを示すものといえよう。第一期第二段階からロシアはバルカン諸国との間でその発展軌道を漸次異にしつつあったが，第二期第二段階の一時的接近を挟みながらも，いまその軌道を本格的に逸らし始めたといえよう。この間の資本輸入の構造論理こそがその転轍装置となっていたといえよう。

5　結びにかえて

前節における資本輸入の構造論理の検討を踏まえて，最後に若干の論点を要約的に提示し結びにかえることとしたい。

(1)後進国資本輸入の段階と類型

公的証券投資と民間企業投資という資本輸入の形態区分は，後発国における資本輸入史の段階区分と帝国主義段階における資本輸入国類型設定の有力な基準になる。これまでの検討から，後発国の資本輸入は一様に公的証券投資の形態でスタートし，以後，財政・金融状態のあり方に応じて，財政破綻（債務不履行）→財政自主権の制限（財政の国際的管理）の段階＝類型に向かうか，公的対外借款を基礎として長期的には民間企業投資が増大していく段階＝類型を指向した。前者の場合には，財政＝国家主権の制限＝従属の程度に応じていくつかの副次的段階＝類型を設定することができよう。後者の場合にも，国家信用のあり方に応じて資本輸入の二つの形態が複雑に絡み合い交代し合う副次的段階＝類型を考えることができる。ロシアはこの後者のコースを辿って帝国主義段階には内外の民間企業投資が盛行する局面に到達したといえよう。以上のような段階推転＝類型成形の過程において，軍事・外交情勢を織り込んだ国家財政の状態，保護政策等経済自立にかかわる経済政策のあり方，貿易収支の動向，資本主義発展の内的基盤の強度等が重要な規定要因になっていると考えられる。

(2)資本輸入と資本輸出類型

　本章では詳細に触れられなかったが，英仏独等主要国のロシアに対する資本輸出の状況を，時期・形態・対象部門・投資様態等からみると，従来から指摘されてきた資本輸出国類型をロシアの側からも析出・再確認できる[77]。それのみか，ロシアの資本輸入のあり方が，その資本輸入の構造論理を通して逆に資本輸出国（なかでもフランス）の類型を一層明確に成形し増幅させているように思われる。

(3)資本輸入と「従属」の問題

　ロシアの資本輸入の全過程を見渡してみると，国家破産・債務不履行という事態は現実には生じておらず，その限りで財政主権＝国家主権の直接的制限という事態は起きていない。それのみか，群小の債務不履行国の中にあってむしろ優良債務国の評価さえ一部で受けていた[78]。そして国家信用の維持と内的経済基盤の保持とを前提として前述の資本輸入の構造論理が作動し，民間企業投資が戦略的主要部門で集中的に増大し，跛行的とはいえ経済発展が進行した。したがって，バルカン諸国などと対比した場合，研究史上の半植民地的従属説のごとく，各産業部門における外国資本の比重のみをもって西欧金融資本によるロシア経済の直接的支配を主張する議論や，他方，自立的経済力の成長を主張しつつ対外国家債務の否定的面を強調する批判派のそれも，いずれもことがらの一面のみを強調するものであるといわなければならない。問題は，資本輸入の二つの形態の相互連関（もたれ合い）を明らかにすることを通じて，外国資本の問題を資本主義推転の構造や特質とかかわらせて全機構的に位置づけてみることにあるといえよう。

　ところで，以上のことは，ロシア資本主義の自立性を強調し，従属性を否定しようとするものではない。債務不履行国との対比において，ロシアが決定的な従属に陥らず，むしろ回避・脱出の方向に向かったことを確認し，その条件を明らかにしただけであり，その際，巨額の対外債務残高の重圧の下で，租税収奪・超均衡財政・国際収支の維持，高価で硬直的な金本位制の堅持等を通じて対内的経済均衡を犠牲にし，対外均衡を徹底して最優先させ，その結果，国民経済の対外的枠組みが徹底した対外金融依存型にしつらえら

第1章　対外金融依存の構造論理　53

れるに至ったことをむしろ強調しようとするものである。いずれにせよ，「従属」の問題を考える場合，「従属か自立か」の二者択一を直接問うよりも，所与の後発国が実際に置かれていた国際的位置，国家＝政府とその政策のあり方，内的経済発展の程度・特徴等の具体的検討を踏まえて資本輸入の構造論理を明らかにし，それら相互の検討を通して，従属や自立の程度・方向・形態・特質を具体的に問うことの方が重要と思われる。バルカン諸国においてすら従属のあり方は決して一様ではなかったと思われるのである。

(4)資本輸入とロシア資本主義の再生産構造

　ロシア資本主義は，地主的土地独占と零細な共同体農民の「雇役制」的関係とを特徴とする遅れた農業を基底とし，その上に，跛行的に高度に発展した主力部門の工業独占体・金融資本が隔絶的に聳立するという特徴的構成をもつ。外国資本の輸入は，この再生産構造と以下の点において深くかかわっていた。①まず不動産（農地）抵当金融の国内市場での充溢が資本の絶対的不足を招き外資依存体制を構造的に再生産する一方，外国資本の輸入は地主・農民関係を側面から補強し，再生産するものとなった。また，その地主・農民関係の下で飢餓輸出の様相を帯びて強行される農産物輸出が国際収支面で外資依存体制を支え，ミゼラブルな農業関係を再生産した。[79]②公的証券投資形態での外国資本の輸入は，財政のメカニズムを通して国庫依存型工業の跛行的顚倒的展開を助長した。③そのうえで，民間企業投資形態での資本輸入が初発から高度の生産力と生産の高度の集積とを持ち込み，発展の跛行性や部門間不均衡をさらに加速させ，工業独占体や金融資本の早熟的形成を促進した。④さらに，財政や金本位制度，銀行制度等の国民経済の金融的枠組みを外資依存型構造へと組み替えていった。

(5)ロシアの資本輸入と国際経済循環

　ロシアの国際収支の構造は，禁止的保護関税下の輸入抑制と農産物輸出とによる貿易収支の大幅黒字，巨額の資本輸入の代価たる利子・配当支払等によるそれ以上に大幅な貿易外収支の赤字，その結果としての経常収支の赤字幅の増大，これを補塡するための追加的資本の恒常的輸入を基本的特徴とし

54　第1部　資本輸入体制の構造とその展開

ていた。これを対外決済連関という点からみれば，貿易を通じて欧州のほぼすべての国から黒字を獲得し⁽⁸⁰⁾，これを最大の債権国たるフランスに利子・配当として回流させる⁽⁸¹⁾という関係になっていた。したがって，ロシアは，イギリス帝国主義とその世界的規模の多角的貿易・決済構造においてインドが占めたと同様の枢要の位置・役割を，規模こそヨーロッパに限定されるとはいえ，フランスとの間でもち，フランス資本主義の「金の一般的貯蔵所」という位置と役割とを側面から支えていたことになる⁽⁸²⁾。大戦前夜のドイツの輸出攻勢（1913年の輸入中比重は47％へ急伸）は，ロシアの貿易収支を脅かすことによって，露仏決済環節にひびをいれようとするものであり，大戦前夜にロシア資本主義は重大な矛盾に直面しつつあったといえよう⁽⁸³⁾。大戦の勃発にともなう貿易環節の切断と戦時国家借款の激増とはロシアの伝統的な国際収支構造の破綻と国家信用の破壊，再生産構造の攪乱をもたらし，戦後の発展の展望を閉ざすのみか，対外金融依存の特徴を一貫してもち続けてきた国民経済の崩壊を予告するものであった⁽⁸⁴⁾。

（1）　この論争については下記の文献参照。Ю. Б. Соловьев, Противоречия в правящем лагере России по вопросу об иностранных капиталах в годы первого промышленного подъема, в сборник статей 《Из истории империализма в России》, М.-Л., 1957; И. Ф. Гиндин, Об основах экономической политики царского правительства в конце XIX-началеXX в., Сборник документов 《Материалы по истории СССР》, том VI, М., 1959, с. 157-222; J.P. Mckay, *Pioneers for Profit*, Chicago Uni. Pr., 1970, pp. 286ff.; Б. В. Ананьич, *Россия и международный капитал 1897-1914*, Л., 1970, с. 20-25.

（2）　以下，ソヴェト資本輸入論争については下記の文献参照。К. Н. Тарновский, *Советская историография российского империализма*, М., 1964 ; В. И. Бовыкин, О некоторых вопросах изучения иностранного капитала в России, в сборник статей 《Об особенностях империализма в России》, М., 1963 ; его же, *Зарождение финансового капитала в России*, М., 1967, Введение; И. Ф. Гиндин, *Банки и промышленность в России*, М.-Л., 1927, Гл. IV; его же, *Русские коммерческие банки*, М., 1948, введение ; G. Enteen, T. Gorn, Ch. Kern, *Soviet Historians and the Study of Russian Imperialism*, Pennsylvania State Uni. Pr., 1979 ; П. В. Оль, *Иностранные капиталы в России*, Петроград, 1922 ; P. V. Ol', *Foreign Capital in Russia*, G. Jones and G. Gerenstain,

transl. and introd., NY. & London, 1983, pp. v-xxxv；宇高基輔，和田春樹「ロシアにおける国家独占資本主義」，嘉治真三編著『独占資本の研究』東京大学出版会，1963年。
（3）　H. H. Ванаг, *Финансовый капитал в России накануне мировой войны*, М., 1925；С. Ронин, *Иностранный капитал и банки*, М., 1926；Е. Л. Грановский, *Монополистический капитализм в России*, Л., 1929（筆者未見），等を1920年代の代表的文献としてあげておく。
（4）　Гиндин, *Банки и промышленность*；его же, *Русские коммерческие банки*；А. Л. Сидоров, *Финансовое положение России в годы первой мировой войны*, М., 1960；Л. Я. Эвентов, *Иносранные капиталы в русской промышленности*, М., 1931, 等を代表的な文献として挙げておく。
（5）　Эвентов, *Указ. соч.*, с. 94；Тарновский, *Указ. соч.*, с. 205-11；Гиндин, *Русские коммерческие банки*, с. 197.
（6）　Бовыкин, Указ. статья, с. 273, 282；Тарновский, *Указ. соч.*, с. 213.
（7）　Тарновский, *Там же*, с. 24, 42, 202-05, 221-23；Бовыкин, *Указ. статья*, с. 277-82；Гиндин, *Русские коммерческие банки*, с. 27.
（8）　この二つを区別することは決定的に重要であるが，問題はむしろ区別したうえで改めて両者の関連を問い，ロシア帝国主義の統一的把握，類型的特質を明らかにするところにある。
（9）　前掲のシドロフの研究や二，三のその他のものを除けば，全体として財政史金融史の研究が低調となったのはそのことの一つのあらわれであろう。ただし，このような研究動向の中にあって，ボヴィキンは自らの提起した課題に対して例外的ともいえる積極的回答を次の論文によって示した。его же, К вопросу о роли иностранного капитала в России, *ВМУ.*, 1964, No.1；его же, *Формирование финансового капитала в России конец* XIXв. -1908г., М., 1984, Гл. III.
（10）　ロシアの資本輸入額に関しては，従来から各種の推計が行なわれ，その正確さについてはさまざまの議論がある。とくに民間企業投資については，株式会社の資本金を個別に精査・集計したП．オーリのデータがこれまで細部はともかく全体としては高い評価をうけ，そのままの形でか，もしくは，その修正データが繰り返し利用されてきたのであるが，近年算定方法について根本的ともいえる批判が出されている。他方，国債についても，外債はともかくとして，内国債に対する外国資本の投資は流動的で正確な捕捉は困難である。また短期資金の移動については研究が遅れており，全体像を提示することは困難である。本章では，基礎的データに関して以上のような問題状況があることを念頭に置きつつも，

56　第1部　資本輸入体制の構造とその展開

資本輸入の全体動向とその基本的傾向を探るという観点から，さしあたりオーリの作業を基礎に据えこれを批判的に修正・補強し，ソヴェトで依然として定説的位置を占め続けてきたギンジンの数値に主として依拠することとした。資本輸入額の推計方法をめぐっては以下の文献参照。

Бовыкин, К вопросу о роли иностранного капитала, с. 66-69; Olga Crisp, *Studies in the Russian Economy before 1914*, London, 1976, addendum to chap. 6 and 7, chap. 8; Оль, Указ. Иностранные капиталы ; Ol', *Foreign Capital in Russia*, introduction by G. Jones and G. Gerenstain; F. V. Carstensen, Numbers and Reality: a Critique of Foreign Investment Estimates in Tsarist Russia, M. Lévy-Leboyer, réunis et présentés par, *La Position Internationale de la France*, Paris, 1977 ; Гиндин, *Русские коммерческие банки,* с. 391-405.

(11)　H. Feis, *Europe : The World's Banker 1870-1914*, New York, Original 1930, paper ed. 1965, pp. 23, 51-52, 74-75, chap. IX.

(12)　И. Ф. Гиндин, О величине и характере русского государственного долга в конце 1917г., *История СССР*, 1957, No. 5, с. 166.

(13)　1913年末段階の公的債務残高は88億2500万ルーブリ，同年の経常歳入総額は34億1700万ルーブリである。*Статистический ежегодник России, 1914*г., отдел XII, с. 15, 29.

(14)　Бовыкин, К вопросу о роли иностранного капитала, с. 56-65.

(15)　*Там же*, с. 76-77.

(16)　具体的な推計値については，最新のものとして，P. R. Gregory, *Russian National Income, 1870-1913*, Cambridge U. P., 1982, pp. 95-97, Appendix M; 藤瀬浩司・吉岡昭彦編「第一次大戦前主要国国際金融の趨勢(1)」，名古屋大学経済学部『調査と資料』第81号，1985年，14頁。それ以前の各種の推計値は本書第5章にまとめて掲げておいた。

(17)　統計的に直接投資の数値を取り出すことには技術的困難があり，ロシアの資本輸入に関する諸研究はいずれも公債投資と民間企業投資という形態区分を用いているという事情もある。また，周知のように資本輸出の形態に関する定義は一義的ではなく，可変的でもある。これらの点については，ロシアを直接対象としたものではないが，下記の論文を参照されたい。P. Svedberg, The Portfolio-direct Composition of Private Foreign Investment in 1914 revisited, *The Economic Journal*, No. 88, Dec. 1978; McKay, *op. cit.*, pp. 12-13.

(18)　Girault, *op. cit.*, chapitre I et p. 125-27; Ol', *op. cit.*, introduction, p. xvi. なお，中川信義氏は，現代の韓国における外資導入過程について，

借款の比重の圧倒的優位の下で，援助から借款へ，公共借款から商業借款へ，商業借款から直接投資へ，直接投資の急減と商業借款の再増，公共・商業借款の再逆転しと直接投資の急増というきわめて興味深い形態転化があったことを指摘しておられる。時代や対象こそ違え，資本輸入の構造論理を考える場合に示唆に富む指摘といえよう。中川信義「韓国における外国直接投資と多国籍企業(1)」『季刊経済研究』第8巻第4号，1986年。

(19) 表1-1のほか，Бовыкин, К вопросу о роли иностранного капитала, с. 69, 76, 参照。

(20) Л. Е. Шепелев, *Акционерное учредительство в России*, в сб. статей "*Из истории империализа в России*", М.-Л., 1959, с. 148; Бовыкин, *Формирование финансового капитала в России*, с. 180.; его же, К вопросу ……, с. 66.

(21) 拙稿「19世紀末独露通商対立と1894年の通商航海条約」『西洋史研究』新輯第1号，1972年，参照。

(22) Эвентов, *Указ. соч.*, с. 11-12, 38 ; Girault, *op. cit.*, p. 85, tableau, 107; Л. Е. Шепелев, *Царизм и буржуазия во второй половине XIX века*, Л., 1981, с. 220 ; Гиндин, *Русские коммерческие банки*, с. 82.; McKay, *op. cit.*, p. 29.

(23) 以下，産業循環と資本輸入の関係については，Эвентов, *Указ. соч.* с.18-19, 23, 35; Гиндин, *Русские коммерческие банки*, Гл. I-IV.

(24) 株式配当率・利子率と外国資本による民間企業投資の変動との関係については，Girault, *op. cit.*, pp. 107-12; Olga Crisp, *op. cit.*, chap. 8; Эвентов, *Указ. соч.*, с. 18, 38, таблица; McKay, *op. cit.*, pp. 72-75, 221-26.

(25) Бовыкин, К вопросу о роли иностранного капитала, с. 77 и таблица 22; P. Gatrell, *The Tsarist Economy 1850-1917*, London, 1986, chap. 6; Gregory, *op. cit.*, pp. 129, 177.

(26) Feis, *op. cit.*, pp. 17-19, 212-17; J. Viner, *International Economics*, The Free Press, 1951, pp. 50-54; Crisp, *op. cit.*, chap. 8; J. Mai, *Das deutsche Kapital in Russland 1850-1914*, Berlin, 1970; 本書第3章参照。ドイツとフランスは，それぞれの段階でロシア外債の5分の3から4を保有していたといわれる。

(27) 投資の国別・部門別の細目は次節参照。

(28) *История Москвы*, Том. IV, с. 132-38.

(29) この時期の会社の動向については，Л. Е. Шепелев, *Акционерные компании в России*, Л., 1973, Гл. III.

(30) Гиндин, Указ. *Русские коммерческие банки* с. 37-43.

(31) この数値は1900年頃のものである。以下バルカン諸国については，南塚信吾『東欧経済史の研究』ミネルヴァ書房，1979年，第4部；同『東

欧経済史研究序説』多賀出版, 1985年, 第2部第3・4章；同監訳, I. T. ベレンド, G. ラーンキ共著,『東欧経済史』中央大学出版部, 1978年, 第一部；Feis, *op. cit.*, chap. XII-XIV; J. R. Lampe, *The Bulgarian Economy in the Twentieth Century*, New York, 1986; A. J. Gutzulescu, *Die Geld-und Kreditinstitute in Rumanien*, Inaugural-Dissertation, Berlin, 1914; G. Sapunoff, *Die Beziehungen der Bulgarischen National Bank zum Staaten*, Inaugural-Dissertation, Halle, 1912; A. Gerschenkron, *Economic Backwardness in Historical Perspective*, Harvard Uni. Pr., 1966, chap. 8; J. R. Lampe, Serbia 1878-1912, R. Cameron, edited by, *Banking and Economic Development*, Oxford Uni. Pr., 1972 ; S. J. Shaw & E. K. Shaw, *History of the Ottoman Empire and Modern Turkey*, Cambridge Uni. Pr., 1977.

(32) 従来の資本輸出入研究はこの点を軽視していたように思われる。

(33) この点については, 吉岡昭彦「資本輸出＝海外支配論覚書——H. フェイスの著作を中心として——」『土地制度史学』第104号, 1984年, から示唆を得た。

(34) 以下, ロシア財政及び財政と国債発行のかかわりについては, さしあたり, 拙稿「ツァーリズム国家の財政」（大崎平八郎編著『ロシア帝国主義研究——帝政ロシアの経済と政治——』ミネルヴァ書房, 1989年所収）を参照。

(35) 以上のバルカン諸国との比較については, M. Mulhall, *The Dictionary of Statistics*, 4th ed. London, 1909, pp. 699-706; ベレンド, ラーンキ, 前掲『東欧経済史』123—32頁。

(36) 以上の工業政策とその諸結果については, 冨岡庄一「19世紀後半におけるロシア鉄工業の発達」『土地制度史学』第76号；和田春樹「近代ロシア社会の発展構造」『社会科学研究』第17巻第2・3号；中山弘正「ロシア資本主義成立期の諸問題——工業をめぐって——」『経済志林』第31巻第4号（後に『帝政ロシアと外国資本』岩波書店, 1988年, の第1章に収載）; А. М. Соловьева, *Железно-дорожный транспорт России во второй половине XIX в.,* М., 1975, Гл. 2・3；拙稿「独露通商対立とロシア機械工業」, 福島大学『商業論集』第39巻第4号, 参照。

(37) ベレンド, ラーンキ, 前掲邦訳書, 83—91頁, 南塚, 前掲『東欧経済史の研究』第4部第3章；Mulhall, *op. cit.*, pp. 794-96.

(38) 本書第4章, とくに表4-8参照。

(39) 注26参照。

(40) 本書第3章参照。

(41) 吉岡, 前掲「資本輸出＝海外支配論覚書」11—16頁；S. Shaw, E. Shaw,

第 1 章　対外金融依存の構造論理　　59

　　　　op. cit., pp. 95-105, 221-38; Ch. and B. Jelavich, *The Establishment of the Balkan National States, 1804-1920*, Washington Uni. Pr., 1977, pp. 196-206. なお，ブルガリアも20世紀に入って財政破綻に陥り，財政の一部の国際管理を甘受した。ルーマニアは，石油と穀物の輸出によって危機を回避し，ロシアと類似のコースを歩むことになった。
(42)　Эвентов, *Указ. соч.,* с. 26-27, 50; McKay, *op. cit.*, p. 44, 82f., 300; J. Mai, *Das deutsche Kapital in Russland*, Kapitel IV; S. Kumpf-Korfes, *Bismarcks "Draht nach Russland"*, Berlin, 1968, Kapitel III-2.
(43)　バルカン諸国の関税率は，関税自主権の制限などによってロシアと比較すれば著しく低率であった。
(44)　和田前掲論文，141―42頁；拙稿「ロシア産業革命に関する覚書」『福大史学』第29号，39頁，参照。
(45)　Соловьева, *Указ. соч.*, Гл. III ; В. В. Журавлев, Национализация частных железных дорог в СССР, *Исторические Записки*, т. 86.
(46)　以上の点については，*Министерство Финансов 1802-1902*, ч. 2, с. 85-90; G. von Schulze-Gävernitz, *Volkswirtschaftliche Studien aus Russland*, Leipzig, 1899, S. 550-58. なお，この低利借り換え政策の実現によって生じた確定利付証券利率の全般的低下が次の段階の民間企業株式投資選好を組織的に促進する一因となった。Шепелев, *Царизм и буржуазия*, с. 179-80.
(47)　本書第 4 章 3 節参照。ロシアの金準備量がいかに激増して国際的に突出した水準に達したかは，さしあたり Marcello de Cecco, *Money and Empire*, Oxford, 1974, の巻末表13，14を参照（ただし1910年の数値はフィンランドのものと入れかわっていることに注意されたい）。
(48)　1890年代の経済高揚については，和田前掲論文；中山弘正「帝国主義段階のロシア資本主義(1)」『経済志林』第34巻第 4 号（前掲『帝政ロシアと外国資本』第 1 章）；Л. А. メンデリソン，飯田貫一ほか訳『恐慌の理論と歴史』第 4 分冊，青木書店，1961年，158―71頁。なお，ガーシェンクローンは，1890―99年の経済成長率を年率8.03％，P. グレゴリーは，国民純生産（NNP）の年平均増加率を，1889―93年の 5 年間に対する1893―97年の期間の比較では6.6％，同じく1893―97年に対して1897―1901年では，3.6％と算定している。McKay, *op. cit.*, p. 4 ; P. Gregory, *op. cit.*, p. 127.
(49)　Girault, *op. cit.*, pp. 51-55.
(50)　McKay, *op. cit.*, p. 102, chap. 8-1 ; Шепелев, *Акционерные компании в России,* с. 179-88.
(51)　本書第 2 章参照。

60　第1部　資本輸入体制の構造とその展開

(52)　具体的説明や史実の挙示は一切省いた。詳細は，McKay, *op. cit.*, chap. 8；Соловьева, *Указ. соч.*, Гл. IV; Эвентов, *Указ. соч.*, с. 57-58. なお，最近 P. グレゴリーは，ガーシェンクローン・テーゼを批判して，「工業化」における国家財政の主導的役割を消極的に評価する見解を発表しているが，当期に工業建設のための支出が急増していたことは事実であるし，彼の研究自体が，ロシアが日本を凌いで，国民純生産に占める政府消費の比重において最高の数値を示していることを明示している。P. Gregory, *op. cit.*, p. 85, 138, 170-75, 249.

(53)　Mai, *a. a. O.*, S. 139-224.

(54)　ベルギー資本については，石坂昭雄「ベルギー金融資本の成立と発展(1), (2)」，北海道大学『経済学研究』第19巻第3号，第20巻第1号；McKay, *op. cit.*, p. 207. ベルギーの資本輸出の規模が大きいのは，自らの工業的金融的発展の結果であるとともに，その株式会社が法制上投資家に最も有利であるため，フランスやドイツ系資本が参入したことにもよっている。ベルギーの資本の相当部分をフランス系資本が占めていることはよく知られている。

(55)　McKay, *op. cit.*, pp. 79, 87-88.

(56)　*Ibid.*, pp. 270-72.

(57)　フランスの各種の銀行，なかでも事業銀行は，引受シンジケートに参加する形でロシア公債の発行業務に携わる一方で，株式発行等の民間証券業務にも積極的にかかわっていた。こうした個々の銀行レヴェルで，あるいはパリ金融市場全体の活動の中でも対露資本輸出の二つの形態は，以下のような諸契機，すなわち，公債の発行目的等の投資情報の掌握，証券発行条件をめぐる金融交渉への参加，ロシア大蔵省当局との人的なコネクション，この点について有力なコネクションをもつロシアの「ペテルブルク国際銀行」等との連携，二つの証券業務の間の効率的な資金運用，等の契機を通じて，直接・間接に連動していたと考えられる。これらの点の具体的細目や，この場合にフランスの預金銀行と事業銀行という二つの銀行群がどう関連し合っているか等の問題は今後の検討課題となる。さしあたりローニンの示唆的指摘等を参照。Ронин, *Указ. соч.*, с. 89-97; Эвентов, *Указ. соч.*, с. 73-74.

(58)　本書第3章4節参照。

(59)　当段階のロシアの輸入貿易に占めるフランスの比重は，4％台にとどまっていた。

(60)　菊池孝美「第一次大戦前におけるフランス帝国主義の性格」，東北大学研究年報『経済学』第41巻第1号（後に『フランス対外経済関係の研究——

資本輸出・貿易・植民地——』八朔社，1996年，の第1章に収載）；ジャン・ブーヴィエ，権上康男・中原嘉子共訳『フランス帝国主義研究』御茶の水書房，1974年；原輝史『フランス資本主義研究序説』日本経済評論社，1979年；吉岡昭彦「帝国主義成立期における再生産＝信用構造の諸類型とポンド体制の編成」，土地制度史学会編『資本と土地所有』農林統計協会，1979年，参照。

(61) Гиндин, *Указ. статья.*, Об основах……；Шепелев, *Царизм и буржуазня*, с. 220-22; 和田前掲論文，168−74頁。

(62) ロシアの1900年恐慌については，メンデリソン，前掲邦訳書，220−30，238−58頁；А.Ф. Яковлев, *Экономические кризисы в России*, М., 1955, Гл. VII; Girault, *op. cit.*, pp. 113-18; Гиндин, Указ. *Русские* ……, с. 111-19.

(63) 拙稿「ロシア国立銀行と金本位制」223−26頁；中山弘正「帝国主義段階のロシア資本主義（II）」『経済志林』第35巻第1号（前掲『帝政ロシアと外国資本』第1章第2節，第2章，第3章第1節）。

(64) Б. В. Ананьич, *Россия и международный капитал, 1897-1914*, Гл. II; Е. А. Преображенский, под ред., *Русские финансы и европейская биржа в 1904-1906 гг.*, М.-Л., 1926.

(65) モロッコ問題をめぐる仏独両国の対露外交牽制やドゥーマ（国会）開設をめぐるフランスの執拗な働きかけ等はその代表的なものであった。Ананьич, *Там же*, с. 149-212; 高田和夫「1906年ロシア借款をめぐる国際環境」，九州大学教養部『社会科学論集』第24集，1983年，参照。

(66) 以下，1906年5％国債については，Указ. *Русские Финансы и* ……, с. 378−80; Ананьич, *Указ. соч.*, с. 149-73.

(67) Crisp, *op. cit.*, pp. 205-12.

(68) В. И. Бовыкин, *Указ. соч.*, Гл. IV; В. И. ボヴィキン，拙訳「ロシアにおける工業独占体・銀行・金融資本」『歴史学研究』第541号，1985年，32−33頁；岡田進「〈プロダメト〉の形成とその構造——ロシア鉄鋼業における独占資本——」『土地制度史学』第26号，1965年。

(69) 大戦前夜の経済的高揚については，Гиндин, *Русские коммерческие банки*, Гл. IV; 中山弘正「経済構造——大戦前夜好況期の資本蓄積をめぐって——」，江口朴郎編『ロシア革命の研究』中央公論社，1868年（前掲『帝政ロシアと外国資本』第3章）；本書第5章4節参照；ボヴィキン，前掲拙訳，33頁。

(70) Бовыкин, К вопросу о роли……, с. 77-79.

(71) 当期の財政については，Сидоров, *Указ. соч.*, Гл. I-2, 3; А. Н. Буковецкий, Свободная наличность и золотой запас царского правительства в конце XIX-

начале XX в., сб. ст.,《*Монополии и иностранный капитал в России*》М.-Л., 1962.
- (72) 本書第4章「補論1」参照。
- (73) ボヴィキン，前掲拙訳，34頁。
- (74) 当期の銀行の動向については，中山，前掲「経済構造」（前掲『帝政ロシアと外国資本』第3章）；本書第5章参照。
- (75) バルカン諸国の場合，大戦前夜の段階に至ってもなお，資本輸入残高の中で公債等の比重が9割を超え，民間企業投資残高は5％前後にとどまり（ブルガリア，セルビア），しかもその投資は外国資本による企業の直接的支配の様相を強くもっていた。南塚『東欧経済史の研究』347—67頁；ベレンド，ラーンキ，前掲邦訳書，123—32頁。
- (76) ベレンドとラーンキ，および南塚氏の研究は，バルカン諸国とロシア，ハンガリーの計6カ国について，外資依存＝従属の程度の高さに応じて，ギリシャ—セルビア—ブルガリア—ルーマニア—ロシア—ハンガリーという興味深い序列を示唆している。ベレンド，ラーンキ，前掲邦訳書；南塚『東欧経済史の研究』第4部第2，3章。
- (77) 資本輸出国類型については，1985年度土地制度史学会秋季大会における井上巽氏の報告を参照されたい。また，ロシアに対する各国の資本輸出の特徴については，さしあたり，Эвентов, *Указ. соч.*, с. 13-14, 24-30, 48-49, 72-73, 79-80, 96；Гиндин, *Банки и промышленность*, с. 182-88；его же, *Русские коммерческие банки*, с. 173, 197, 241, 374-80; McKay, *op. cit.*, pp. 31-37.
- (78) Crisp, *op. cit.*, p. 213.
- (79) 本書第2章参照。
- (80) L. Pasvolsky, H. Moulton, *Russian Debts and Russian Reconstruction*, New York, 1st ed. 1924, reprint 1972, pp. 73-83.
- (81) Lévy-Leboyer, *op. cit.*, p. 28. フランスの1913年の貿易外収支においてロシアは単独で最大の黒字国となっている。なお，ソウルは，ロシアと総合収支において黒字をもったのは西欧においてはフランスただ一国であったとみている。S. B. Saul, *British Overseas Trade 1870-1914*, Liverpool, 1960, p. 51.
- (82) 吉岡昭彦「帝国主義成立期における再生産＝信用構造の諸類型とポンド体制の編成」第6節，参照；本書第3部第6章参照。
- (83) 拙稿「1916年連合国パリ経済会議とロシアの通商政策（中）」，福島大学教育学部『論集』第30号の1，1978年，第IV節，参照。
- (84) 拙稿「第一次大戦期ロシアにおける貿易問題」『福大史学』第20号，1975年，参照。

第2章　資本輸入の国内的規定要因
　　　——農地抵当金融の展開——

1　はじめに

　各国資本主義のあり方＝構造的類型的特質とその国の土地所有，農業・土地問題のあり方とは，あえて山田盛太郎氏の有名な論定(1)を持ち出すまでもなく，深い関連をもつ。あるいは，前者の把握のためには，後者は不可欠の論点をなし，とくに後進国になればなるほど，後者は前者を決定的に制約することになる。このことは，資本主義確立期の型の編成＝型制を深く規定する限りにおいて，程度や形態の差こそあれ資本主義の後続の歴史段階に，したがって，以下で本章が対象とする帝国主義段階についてもあてはまる。(2)
　そしてまた，この各国資本主義の構造的類型的特質と土地所有，農業・土地問題の相互規定的関係は，資本主義構造の各レヴェル，各側面で看取されると考えられるのであるが，当面本書が対象とする金融史に即してみれば，金融市場と農業金融・農地抵当金融との関係の中に凝縮的に示されているといえよう。
　ところで，対象を帝国主義形成・確立期におけるロシア資本主義に絞ってみようとする場合には，この農業金融・農地抵当金融のあり方は，帝国主義段階において金融資本が規定的支配的影響力をもつだけに，また，農業・土地問題がロシア資本主義を決定的に制約する位置にあるだけに，もはやロシア資本主義構造把握の一重要論点をなすというにとどまらず，むしろ包括的把握のための決定的論点をなすといっても過言ではなかろう。本章はまさにこの点に止目し，ロシア資本主義におけるその実態・位置を主として金融市場の側にひきつけて明らかにしようとするものである。
　では，これほどに重要な意味をもつと考えられる農業金融・農地抵当金融

の問題について，内外の研究史はどのような成果を蓄積してきたであろうか。

わが国の研究史についてみれば，直ちに想起されるのは，すでに十数年前に日南田氏がロシア資本主義，長期金融市場における農地抵当金融のもつ重大な意味について的確な指摘を行なっていたことである。この画期的な発言は，その後の研究史を貫いて今日まで光芒を放つものであるが，そこで出されていた貴重な論点は，佐藤氏の近業を除けばその後具体化されることも発展させられることもなく終わっているように思われる。ではソヴェトの研究史はどうかといえば，農業・土地問題に収斂させる方向で農地抵当金融について触れた研究は少なくないとしても，金融史の側にひきつけて，第二次大戦直後のギンジンの画期的発言を補強し発展させるような形での研究はその後は出ておらず，わずかにアンフィモフ，コレリンらの近業がこの研究史の空白を埋める新たな動きを示すという状況にあり，本格的研究の展開は今後にまつほかはない。全体として，ロシア資本主義の対外的従属，とりわけ金融的従属の問題をめぐって長い論争史と豊富な研究蓄積のある中でこのことは研究史の大きな問題点といわざるをえない。

本章は，このような研究史の状況，前述のごとき問題の重要性に鑑み，また，近年同時期の欧米に関して進展をみせつつある金融史的研究との連繋をいささかでも図るという意味を込めて，ロシア農地抵当金融の制度，実状，金融市場とのかかわり等を明らかにするとともに若干の未解明の論点を提示しようとするものである。

2 ロシアの不動産抵当金融組織

近代ロシアの金融制度は，農奴解放を中心とする「大改革」の中で，中央銀行たる「国立銀行」の創立を基軸にして再編・再出発し，1870年代・80年代に編成を整え，90年代半ばに一定の修正を受けた。農業金融・不動産抵当金融もこの枠組みの中で形成され，後述のごとき発展を遂げることになる。

このうち，中・短期の農業金融は，国立銀行自らによる単名農業手形貸付，農機具購入用短期貸付制度，農産物担保貸付制度等を骨格に据えて1880年代以降本格的に展開し，後に農地改良資金貸付制度がこれに続くことになるが，

第2章　資本輸入の国内的規定要因　65

表2-1　ロシアの民間金融機関数

年月	1881.1.1	1895.1.1	1914*
短期信用			
株　式　銀　行	32	35	50
（同　支　店）	35	100	778
相　互　銀　行	102	95	1,108
都市信用銀行	281	238	317
株式抵当貸付銀行	5	10	
都市抵当貸付銀行	—	36	
長期信用			
株式土地銀行	10	10	10
都市信用組合	10	16	⎱ 44
相互土地信用組合	7	7	⎰

典拠：Министерство Финансов, *Обзор деятельности Императора* Александра III, прило, таб. xxx.
注：＊ Olga Crisp, *Studies in the Russian Economy before 1914*, London and Basingstoke, 1976, pp. 119-20, 132.

貸付実績は件数，金額とも余り大きなものではなく，農地抵当長期貸付に比肩すべくもないので本章では割愛する。[8]

そこで以下では農地抵当長期貸付制度についてみていくことにするが，まず不動産銀行の概要については，表2-1，表2-2をみられたい。表2-1から，全民間金融機関の中で長期信用機関の数が限定されたものであることがわかるが，このうち，都市信用組合は文字通り都市不動産抵当金融に業務が限定されており，また，相互土地信用組合も営業実績はさほど大きなものではないので除外しておくと，[9]民間の有力農地抵当銀行は創立後第一次大戦までの全期間を通じて株式不動産銀行10社に限定される。これに国立の農民土地銀行（以下，「農銀」と略す）と貴族土地銀行（以下，「貴銀」と略す）の2行を加えた計三つの不動産銀行類型がロシア農地抵当金融制度の主力をなす。三つの類型の営業実績は表2-2にみられるとおりである。

以下，この株式土地銀行（以下，10行を一括して扱う）と農銀，貴銀の3銀行の営業活動の概要をみておくことにしたい。

まず，創業年代の早い株式土地銀行について活動の概要を示せば次のとおりである。①創業年代はいずれも1870年代はじめと早く，農銀（82年創立，83年営業開始），貴銀（85年創立，86年営業開始）に先行して農地抵当金融

66　第1部　資本輸入体制の構造とその展開

表 2-2　国立農民土地銀行・

年次	農民土地銀行						
	貸付件数	抵当地面積 千デシャチナ	抵当面積累計 百万デシャチナ	貸付額 千ルーブリ	貸付額累計 千ルーブリ	滞納額 千ルーブリ	％
1883	69	18.2	—	861	861	3.5	0.4
84	692	210.0	—	9,526	10,325	12.3	0.1
85	1,180	318.0	—	13,762	23,863	252.7	1.4
86	1,209	294.7	—	11,149	34,378	767.2	2.2
87	1,035	219.5	—	7,495	39,211	1,107.8	2.8
88	1,057	190.5	—	5,134	42,426	1,165.7	2.5
89	922	156.3	—	3,692	43,535	1,302.9	3.0
1890	1,203	172.1	—	4,519	45,792	1,382.0	3.0
91	1,186	162.9	—	4,439	46,395	1,223.0	2.6
92	1,343	148.0	—	4,555	49,750	1,878.4	4.0
93	1,488	157.3	—	5,176	53,478	1,952.4	3.8
94	1,680	181	—	744	57,336	2,079.9	3.6
95	1,861	183.2	—	—	—	—	—
96	1,783	208.7	—	7,254	—	—	—
97	2,230	356.3	—	20,895	—	—	—
98	3,859	590.2	—	36,473	—	—	—
99	5,621	717.4	—	44,569	—	—	—
1900	6,385	817.4	—	53,515	—	—	—
01	5,792	774.3	—	54,270	—	—	—
02	6,056	695.5	—	55,738	—	—	—
03	5,539	739.6	—	60,044	(百万ルーブリ)	—	—
04	4,729	567.6	6.9	46,152	380	—	—
05	3,263	396.4	7.5	31,031	421	—	—
06	3,112	522.2	7.9	54,279	447	18,287.6	4.1
07	5,379	932.8	8.3	107,832	494	15,925.8	3.2
08	19,377	1,019.0	9.1	116,284	590	13,460.5	2.3
09	50,719	1,227.1	10.1	144,498	696	9,934.7	1.4
1910	69,710	1,549.7	11.3	162,558	836	9,071.9	1.1
11	65,327	1,397.6	13.0	147,328	1,006	13,135.7	1.3
12	43,933	917.3	14.4	97,139	1,151	15,382.8	1.3
13	40,107	894.1	—	92,000	1,241	18,414.2	1.5
14	27,967	673.9	16.2	68,275	1,326	33,685.4	2.5

典拠：Красик, *Указ. соч.,* стр. 113；*Министерство Финансов* 1904-1913, Гл. VI, диаграмма；
　　　1914г., 1915г., Гл. XII.

第2章　資本輸入の国内的規定要因

貴族土地銀行の土地抵当貸付

貴族土地銀行							株式土地銀行(10行)指標	年次
貸付件数	抵当地面積 千デシャチナ	抵当面積累計 百万デシャチナ	貸付額 千ルーブリ	貸付額累計 千ルーブリ	滞納額 千ルーブリ	%	抵当貸付残高222.6 百万ルーブリ 資本金23.8	
							—	1883
							—	84
							—	85
2,172	1,640	1,639	68,783	68,783	518	0.8	—	86
82,552	2,276	3,895	70,963	138,615	2,191	1.6	—	87
1,546	1,125	4,959	33,706	170,115	4,875	2.9	—	88
1,444	1,042	5,955	36,737	204,424	10,601	5.2	—	89
2,143	1,971	7,819	61,692	266,914	4,450	1.7	—	1890
1,931	1,788	9,026	56,183	310,037	7,039	2.3	—	91
1,365	1,198	9,605	32,339	318,970	10,544	3.3	—	92
1,242	1,645	10,517	42,111	338,018	11,782	3.5	資本金44.3百万ルーブリ	93
1,090	1,160	10,784	39,195	350,277	13,843	2.5	—	94
2,125	2,273	—	81,976	—	—	—	抵当貸付残高506百万ルーブリ	95
2,412	2,882	—	98,048	—	—	—	—	96
2,253	2,316	—	88,990	—	—	—	—	97
3,174	3,071	—	120,460	—	—	—	—	98
1,900	2,052	—	71,623	—	—	—	—	99
1,784	1,753	—	76,148	—	—	—	資本金60.2百万ルーブリ	1900
1,818	1,681	—	83,975	—	—	—	—	01
1,767	1,894	—	87,998	—	—	—	—	02
1,549	1,412	(百万デシャチナ)	66,523	(百万ルーブリ)	—	—	—	03
1,259	1,291	17.5	52,950	729	—	—	—	04
846	948	17.5	39,788	742	—	—	—	05
625	764	17.6	32,573	751	—	—	抵当貸付残高660.6百万ルーブリ	06
280	615	17.1	26,164	736	—	—	—	07
518	524	15.8	31,657	687	—	—	資本金71.8百万ルーブリ	08
786	825	15.1	49,701	665	—	—	—	09
1,248	1,083	14.8	87,125	664	—	—	抵当貸付残高1,093.7百万ルーブリ	1910
1,355	1,102	14.6	88,843	689	—	—	—	11
1,486	1,196	14.2	109,314	709	—	—	抵当貸付残高1,286.8百万ルーブリ	12
1,425	1,537	—	146,082	754	—	—	資本金91.1百万ルーブリ	13
1,292	1,124	14.3	114,290	831	—	—	抵当貸付残高1,333.4百万ルーブリ	14

Обзор Деятельности Министерства Финансов 1881-1894, Таблица；Ежегодник России 1911г.,

の営業活動を広範に展開している。②一斉に操業を開始した1870年代から第一次大戦まで行数はほぼ一貫して10行に限られ、全国主要地点に配置されている。③資本金規模は比較的に大型である。④貸付は、都市商工業者、地主、農民とさまざまの対象に対して行なわれるが、農地抵当貸付は主として中規模ないし大規模の土地所有者、富農に対して行なわれた模様である。⑤貸付利率は当初8％以上の割高の水準にあり、のち90年代以降5％台から4％台まで低下している。⑥経営的には当初不健全融資・金証券の発行等により不安定となったが、のちに政府の監督と金融的支援により安定した。⑦資金は抵当証券の発行によった。

次に農民土地銀行について、成立の経緯等を除いて営業活動の概要を示せば以下のとおりである。①農民（村団、組合、個人、後に農村住民も含む）という特定身分に対象を限定している。②国立銀行からの資金で創業し、大蔵省監督下にある国立の銀行である。③当初の主たる営業目的は、買戻金軽減・一時的義務負担解消を機に土地不足農民に対し土地購入のための資金を貸し付けること（有償農奴解放＝買戻制の延長、その金融的補完）にあり、ストルイピン改革以後は、周知のごとく共同体破壊と富農育成の槓杆へと重点を移している。④貸付は当初農民が相対取引で購入・所有した土地、のちには銀行が自己資金さらには抵当証券の発行によって得た資金で購入し農民に売却した土地を抵当にして、通常はその評価額の60％、特別の場合は75％（1895年からは場合によって90％、さらにストルイピン改革後は100％の場合さえあった）の額を現金で貸し付けるが、貸付金額の上限は村団が購入する場合は1人当たり125ルーブリを、個人購入の場合は500ルーブリを限度としていた。土地購入額と銀行の貸付額との差額は購入者の自己負担分となり、農民の購入、借入意欲を大きく制約していた。⑤返済は、当初24½ないし34½年の期間、年利5½％の利子を半年ごとに支払うものとし、これに1％（借用期間24½年の場合）ないし½％（同34½年間の場合）の元金償還分と銀行手数料½％分が加えられた。なお、利子はこのあと5→4½→4％と漸次引き下げられている。⑥以上の貸付のための資金は農銀抵当証券（当初年利5½％）と農民からの返済金によってまかなわれることになり、抵当証券の発行は当初年500万ルーブリ以内とされていたが、蔵相の承認があれば追

加発行も可能となっていた。⑦以上のような営業活動は11支店で開始されたが漸次各地に支店が増設され，94年には43支店を擁するに至っている。

　これに対して，貴族土地銀行は，次のような点を営業活動上の特徴としてもっていた。⁽¹³⁾①国立の土地銀行という点では農銀と同じであったが，対象は，フィンランドとポーランドを除く帝国全体の世襲貴族に明確に限定されていた。②その目的とするところは，帝国の柱石たる世襲貴族に特恵的な低利で土地抵当貸付を行ない，その土地所有を維持・安定せしめんとすることにあった。③貸付は，土地評価額の60％ないし75％の範囲内で行なわれる点では農銀の場合と同じであるが，面積は絶対的に広かったから貸付金額は当然ながら桁違いに大きかった。④そのうえ貸付期間が農銀の場合より遙かに長く36½ないし48½年に及び（後にさらに11→66½年に拡大された），返済額も年5％の利子を含め計5¼ないし6¼％と農銀に比して割安であった（後に利子はさらに4½→4→3½％へと低下している）。⑤貸付のためのファンドは当初5％（これも漸次低下し最終的には3½％まで落ちている）の貴族土地銀行抵当証券と返済金からなっており，貸付はこの証券を市場相場で直接債務者に交付するという方法をとった（これも後で現金交付の方式に変更になった）。⑥創業当初の営業範囲は36県にまたがり，1894年にはさらに51県にまで拡大されたが，支店数は24にとどまった。創業資金は国立銀行から借り入れたが，金額は300万ルーブリと農銀のそれを圧倒していた。⑦貸付制度の運用・管理にあたる支店の理事会には，農銀の場合ゼムストヴォ代表1名が参加したのに対して，貴銀の場合には県貴族団の代表1名が加わっており，特権的身分的機関という性格が端的にあらわれていた。

　以上が，三種類の不動産銀行の営業活動＝貸付制度の概要である。みられるようにこれら三種類の銀行を骨格とするロシアの不動産銀行制度は，明確な身分制原理をもち，それに応じて貸付期間・返済条件等の格差・序列を内包していた。ことに農銀と貴銀とはまさに国策的金融機関にほかならず，背後に農民の絶対的土地不足と貴族的土地独占，低生産力下の貧困と不生産的浪費という巨きな農業・土地問題を背負い込んだこの国策的金融機関を抱えて，ロシアの金融制度・金融市場は当初から重い負担に耐えていかなければならなかったといえよう。

ところで，上記の三種類の不動産銀行は相互にどのように関係しあっていたのであろうか。まず農銀と貴銀についていえば，両行は，土地購入者と土地所有者とをそれぞれに対象としていたから，営業上は相互に対立し合っていた。すなわち，貴族的土地所有の維持を目的とする貴銀の活動は，農民に対する大量の土地供給を抑えることによって農銀の活動を縛る。他方，農銀の活動の拡充は土地需要の増大・地価の上昇を招来して地主の土地売却の誘因となり，貴銀の活動を抑えていく。次節でみるように事実両行の営業実績は中・長期的にみればこのような趨勢を示した。しかし，まさにこのこと自体が，巨視的にみれば両行の補完的関係を物語るものであり，前半期における貴銀の活動の先行・優越，すなわち，地主的土地所有の維持・保護が農銀の一定の活動を自己の補完物たらしめ，後半においては，特恵によって死重と化していく債務者を抱え込んだ貴銀にとって農銀は新たな意味における補完物＝安全弁の役割を担うことになった。この両行の対立と補完の関係を貫いているものは，貴族的大土地所有の擁護（直接的保護ないし高地価に乗じた一部切り売り・売り逃げの仲介）ということにほかならず，両行はそのための二條の装置であったといえよう。(14)

以上の国立土地銀行の関係に対して株式不動産銀行は，一方で，都市不動産抵当貸付を行なっていたこと，部分的とはいえ短期信用業務を併持していたこと，両国立土地銀行がカバーしきれない時期（1870年代），地域，対象，融資条件をもっていたこと，等の利点によって割高の貸付利率を相殺しつつ国立の土地銀行と紛れもなく競合しながら，他方では，まさにその点で両土地銀行の活動を側面から支える役割も演じていた。後述のように，両国立土地銀行が本格的に活動を展開した後も長期にわたって優勢な営業実績を示し続けていたこと，両国立土地銀行の債務者が同時に株式土地銀行の債務者でもあり，しばしば後者の比重の方が高かった事実，(15) 3行の間に抵当債務の更新・肩代わり等をめぐって関連が生じていたこと等は，株式土地銀行が両国立土地銀行と複雑な対立と補完の関係にあったことを物語っている。

このように相互に複雑な対立と補完の関係にあったロシアの不動産銀行組織は，では中央銀行や株式商業銀行等とはどのような関係をもっていたであろうか。詳細な検討は今後の研究にまつとして，当面以下の点の指摘だけは

欠かせないように思われる。まず国立銀行は，同じ国立の両土地銀行に対して創業資金の貸付，抵当証券の引受・購入，利子補給等々の手段を通じて支援を行ない，そのための直接的融資額だけでも，例えば1880年代末には約8000万ルーブリに達し，このほかに国債・保証債（国立土地銀行抵当証券も含まれる）の保有額も1億5000万ルーブリに達していた（いずれも年初残高）。同じ時期の国立銀行による手形割引信用の残高が最大でも1億7000万ルーブリであったことを考えると，国立銀行の支援の強さとそれによる金融的負担の重さがわかるであろう。国立銀行の不動産銀行に対する支援は国立の両行にとどまらず程度の差こそあれ株式不動産銀行にも同様に及んでいた。

次に，株式商業銀行との関係をみると，株式商業銀行は一般に優良安定証券として抵当証券の保有選好に走り，とくに不況期の1880年代と90年代初めにかけては，商工業向け短期与信業務を犠牲にして証券保有，なかでも国債・抵当証券の保有を異常に拡張していた。また株式商業銀行と株式不動産銀行とは，抵当証券の発行，借換債の発行，さらには不動産抵当業務以外の業務等を通じて，また，後者が債務者に貸付金として交付した抵当証券が通常前者を通じて換金されるというメカニズムを通じて通常の業務的な連繋をもっていた。それのみか，株式不動産銀行10行中8行までが，大戦前夜の時期には大銀行と化した各株式商業銀行の支配下にあったといわれている。

このようにみてくると，強度や形態は不明であるから措くとしても，ロシアの不動産抵当金融組織が，相互に有機的関連を有しつつ，一方で国立銀行を通じて，他方で株式商業銀行を通じて国の金融組織全体，金融市場全体と深く絡まり，さらには，間接的ながら国際金融市場の中に深く編みこまれているということができよう。

最後に，創業期から第一次大戦前までのロシア不動産金融組織の展開過程を制度・政策面から段階区分しておこう。近代ロシアの不動産抵当金融制度の歴史は，次の四段階に区分される。

　第一段階　農奴解放から1880年代初めまで。
　第二段階　1880年代半ばから90年代半ばまで。
　第三段階　1890年代の半ばから1905年まで。
　第四段階　1906年以降。

第一段階は、国立土地銀行からみればいわば前史の段階にあたり、簇生した株式不動産銀行・都市信用組合等によって不動産抵当貸付制度が形作られ、形成期ロシア資本主義のために都市商工業不動産抵当貸付が開始される一方、農地抵当金融も始まるが、基本的には買戻金制度によって地主が潤う一方、土地不足に苦しむ農民は新たな負担を背負い込んでいる。この段階の後半から長期農業不況の蔓延とあいまってはやくも改革後の農業土地関係の内包する問題が露呈し始め、これを金融面から補強する必要が高まってきた。[21]

第二段階は、農銀と貴銀という身分原理・序列格差をもった大型の国策的土地銀行が出現する一方、これに合わせる形で株式不動産銀行が政府による一定の規制と監督を受けることによって、前述のごとき農地抵当銀行の体系が出来上がってきた段階である。この体系下で農地抵当金融は本格的な展開を遂げることになるが、農民の土地不足は一層進行する一方、深刻化する長期農業不況の下で返済額の滞納・延納が累積し、業務の伸びが鈍ってきた。そこで、一方では債務者の負担の軽減、他方では銀行の経営の改善が課題となってきた。

第三段階は、この課題に応え、1889年（貴銀定款改正）から95年の農銀新定款の施行を経て97年頃まで断続的に延滞納規制条件の緩和、返済利率の引き下げ、貸付・返済期間の延長・弾力化、銀行の業務の改善・拡充、抵当証券利率の引き下げ、低利借り換え、証券発行量の増大等の措置が講ぜられ、融資活動は再び活発になり、貸付残高は飛躍的に伸びた。だが世紀交前後でこの伸びもとまり、1904—05年には日露戦争と革命の勃発の中で落ち込みさえ示し、上記のごとき部分的改善措置をもってしても金融面からの農業・土地問題の解決に限界があることが明白となった。

第四段階は、1905年の革命によって農業・土地問題のもつ深刻さが改めて再確認され周知のストルイピン改革が打ち出されたことに伴い、これまでの農地抵当金融等による土地問題のなし崩し的解決という関係から土地改革の手段としての農地抵当金融への方向転換が行なわれる一方、その中で手段としての農地抵当金融が格段に強化された段階である。[22]この中で、第二段階で打ち出されていた農地抵当金融の体系・編成は実質的に大きく再編され、新たな展開を遂げていくことになった。

3　不動産抵当銀行の営業実績

　前節でみたロシア不動産抵当銀行の組織・制度の理解を前提において，ここでは株式不動産銀行，農民土地銀行，貴族土地銀行の営業動向を前述の四段階区分に応じて追い，各段階の活動規模，特徴，変動の要因，各行相互の関係等を明らかにし，もって次節で抵当証券の大量発行と金融市場の関係を検討するための諸条件を明らかにしてみたい。

　前述のごとく19世紀の80年代初めまでの第一段階においては，農地の抵当金融は株式不動産銀行（そして，都市不動産抵当金融は都市信用組合）によって主として担われていた。[23]その営業動向を詳細に明らかにすることはできないが，1881年の貸借対照表は，この間の活動の到達点を示すものとして役に立つ（表2-3参照）。これによれば，抵当貸付の残高は，すでに株式不動産銀行だけで2億2000万ルーブリ（これに都市信用組合の都市不動産抵当貸付残高3億4000万ルーブリを加えると計5億6000万ルーブリ）余りに達している。この金額は，中央銀行たる国立銀行の82年1月1日の全貸付残高が3億3000万ルーブリであったことや，表2-2の農銀，貴銀の貸付実績などと比較すると相当大きな数値といえよう。8％以上の高利にもかかわらず中・

表2-3　株式土地銀行貸借対照表
［単位：百万ルーブリ］

	年　　　月	1881.1.1	1895.1.1
貸方	土地抵当長期貸付	162,450	380,882
	都市不動産抵当貸付	60,164	125,170
	有価証券保有	21,273	41,205
	当座・普通預金	8,937	14,583
	短期貸付	3,911	13,157
	債務者滞延納等	7,533	25,280
	バランス	278,172	626,456
借方	6％抵当証券	206,670	―
	5％抵当証券	14,953	503,132
	4½％抵当証券	―	1,217
	減債留保金	24,078	41,622
	資本金	1,388	14,218

典拠：Министерство Финансов 1904-1913, стр. 31.

大規模地主，都市商工業者，富農の借入需要がそれだけ高かったことを示している。このほか表2-3からは，①主として利率6％の抵当証券によってほぼ同額の貸付資金がまかなわれていること，②都市不動産抵当貸付が株式不動産銀行の場合貸付残高中約4分の1強の比重を占め，これを凌駕している都市信用組合の貸付残高と合わせると，主として資本主義勃興期の商工業者を対象とする都市不動産抵当貸付が，農地抵当貸付あるいは1895年の実績と比較しても相対的に高いことを窺わせていること，③ほぼ10％弱の低い比重とはいえ，株式不動産銀行の場合有価証券保有や短期貸付の業務を行なっており，多様な形で顧客と結びつき，それだけ有利に長期貸付の業務を展開できたと思われること，④延・滞納額はいずれもバランスの3％以下で，利益を大きく割り込むほどのものにはなっていなかったこと，等がわかる。

みられるように第一段階においては，株式不動産銀行が，一方では資本主義形成期における商工業の旺盛な長期資金需要に都市信用組合とともに応え，他方では，1870年代から始まっていた長期農業不況の下で早くも買戻金を食い潰した地主等の農地抵当借入の要請を満たしつつ，急速に発展していたのである。しかしそれだけに，私行の不健全融資と抵当証券の過剰発行が問題となる一方[24]，農民・地主の窮迫も表面化し，低利の特恵的融資機関を設置する必要も高まっていた。

このような状況の下で前述のごとく農銀，貴銀があいついで設置される一方，株式不動産銀行も大蔵省の強い監督下に置かれ，ここに第二段階が始まった。表2-2が示すとおり，1883年に営業を開始した農銀は，農民の深刻化する土地不足と潜在していた資金需要に応えて貸付実績を急速に伸ばすが，その絶対量は決して大きいものでなく，86年から営業を始めた貴銀のほぼ6倍以上の貸出実績に圧倒され，むしろ縮小・停滞傾向を早くも示した。両行のこの対照的動きは，地主に対する貴銀の融資によって土地市場に対する供給を抑えたことの結果であると説明されてきた[25]。つまり，両行の活動は相互に対立的で，貴銀の活動が主原因だとされた。たしかに，前述のごとき特恵的条件によって貴銀は地主の土地切り売りを抑え，株式不動産銀行に堆積していた債務を有利に肩代わりすることによって，大幅に貸付実績を伸ばしえた。だが，そのことが直ちに農銀の活動を鈍らせたとはいえない。農銀の活

動の停滞は，むしろ相対的に高い利子率，土地購入額の最低4分の1以上は自己負担というような条件の厳しさ，さらには，農業不況の本格化（穀価低落）等によるものであるといえよう[26]。滞納額がこの間3％台に向けて並行的に上昇し続けていることはその証左といえよう。

ところで，農銀の貸付実績を圧倒した貴銀の側でも，数年後の1880年代末には貸付額は当初に比し半減し，滞納額も貸付残高の5.2％というところまで一挙にはね上がって，全体として活動は停滞している[27]。この事態は，貴銀創業当初たまっていた借入需要が満たされたことに伴って生じた一つの現象であるという面もあるが，基本的には，農銀より1％も割安の特恵的貸出条件をもってしても抑え難い農業不況の深刻な影響と，これによって一層触発・激化させられた地主経営の危機の表現にほかならない。危機下の地主は，もはや年利5％程の利率にも耐ええず，借入申請を手控えるか，申請しても窓口で却下されたのである。かくて，反動的貴族層は貴銀貸出条件の緩和・改善の運動を猛烈に展開し，89年から90年に利率の引き下げ（4½％へ），証券交付（＝市場相場での換金）から現金交付方式への転換，他行債務の肩代わり，抵当更新による追加貸付，借入＝返済期限の延長，滞納制裁条件の緩和等の数々の特恵措置を政府から引き出した[28]。これに対して，農銀の側では貸出利率を据え置きにしたまま滞納物件の強制競売等を延期する一方，債務者連帯責任制の導入・差押物件の銀行保有等の対抗措置をとっていったのである[29]。90年に両行の貸出実績と滞納率が一時的に回復したのはこれらの措置と1887―88年の豊作の結果であった。

だが，翌1891年と92年に未曾有の飢饉が襲来し，さらに長期農業不況が最終局面に達して農村における危機が最悪の様相を示すと，上記のごとき措置さえも効力なく，両行の貸出実績は再度停滞し，緩和された条件下でもなお滞納が増加し始めた。かくて，94年から95年にかけて，貴銀では貸出利率の一層の引き下げ（4％へ），営業対象県の拡張等の措置が，また農銀の場合，自己資金による銀行独自の新規の土地購入，貸出＝返済期限の延長，貸付限度枠の拡大（部分的に土地評価額の90％まで），農銀仲介なしで購入した土地に対する抵当貸付，返済延期の拡大措置，貴銀抵当地の農銀による債務肩代わりという方法による地主地の売却促進，等々の措置が新定款制定と同時

に実施された。なお，株式不動産銀行の場合は詳細は不明であるが，86年に債務履行条件の緩和が貴銀並みに行なわれた後，1890年代初めには貸出利率が6％から5％，5％から4½％まで引き下げられている。表2-3の95年の数値はこのことを確認している。みられるように，たたみかけるように貸付・返済条件等の改善が実施され，これを契機にして，また，折しも長期農業不況が最終局面を通過して穀価上昇等の回復局面が到来したこともあって，貸付規模は世紀交にむけて貴銀ではほぼ倍加，農銀では実に数倍まで，株式不動産銀行は，1895年バランスと1903年のそれを比較すると倍増と，いずれも顕著な伸びを示した。

　以上のように，農銀・貴銀の設立とともに始まった不動産抵当金融の第二段階は，不動産抵当金融の制度的枠組みを定置させ，その下での貸出規模を大きく拡大させるものであったが，長期農業不況の深化の時期と重なり，その重圧の下で停滞の様相を呈し，これを突破すべく無数の改善・特恵措置を導入させた時期であるといえるが，この段階についてなお，次節との関係で次の2点が注意されるべきであろう。第一点は，農業不況の深化という状況のもとで債務返済が結滞したうえに，返済条件・貸出条件が危機救済的意味を込めて特恵的に緩和されたため，銀行の経営状態が悪化し，これへの自衛措置として実質的な金融引き締め，貸出抑制が銀行の側から出され，このことが貸出実績の停滞をもたらしていたということである。第二は，このような状況のもとでさらに特恵措置が強化されると，銀行は勢い抵当証券等を増やして資金を確保するだけでなく，既発行の証券の低利借換や，貸出利率の引き下げに見合った低利の証券を発行し市場で実現していかなければならなくなったということである。これは金融市場への猛烈な割り込みを意味することになる。

　ともあれ，1890年代半ばの一連の危機救済的特恵措置の実施によって，不動産抵当金融制度は第三段階を迎え，前述のごとく各行は貸付実績を飛躍的に伸ばしていった。この段階については，特徴点としてさらに次の諸点が留意されるべきであろう。一つは，90年代後半に入っても特恵的措置の追加は止まず，例えば97年には，貴銀の側は貸出利率を4％からさらに3½％まで引き下げたうえ，この措置を既債務者にまで適用するという異例の措置を講

じて地主を潤す一方,農銀についても4％証券の発行を認めるとともに,なぜか数年遅らせて貸付利率の4％への引き下げを行なっていたということである(株式不動産銀行も4％借り換え債の発行を同じ時に認められた)。この措置が貸付実績の増加に拍車をかけるものであったことはいうまでもない。

第二には,この段階で農銀の営業実績が飛躍的に増大した結果,貴銀も,また株式不動産銀行も貸付を倍増させたにもかかわらず,3行の間の地位・序列には,未だ実際の変動こそないまでも,傾向としては既に明白に第一・第二の段階と逆の方向が示されていたということである。この傾向は,次の第四段階に至って顕在化する。したがって,この第三段階は,過渡的性格をもちながらも,ストルイピン改革に始まる第四段階の準備段階ということができる。このことは,農銀の新定款策定をめぐる論議の中にも既に看取される。しかしながら3行の貸付実績の変化は,農業不況脱出後の地価上昇がとくに農銀の活動に影響したものであって,貴族的大土地所有の農民への大規模な移動はいまだ生じていない。この点で明確な限界がある。

第三には,この第三段階で,農地抵当貸付が相次ぐ特恵措置によって飛躍的に伸びる一方,都市不動産抵当金融は,絶対額こそ倍以上の伸びを示しつつも,相対的な地位は大きく後退させていたということである。1902年に全不動産抵当債券中都市不動産抵当融資の残高が3分の1を超えてはならないという政策が打ち出されたことは,こうした傾向を政策的法制的に確認するものにほかならなかった。ここに,長期農業不況の重圧のもとで特恵的に助長されてきた農地抵当金融が商工業を圧迫するものであったということをみるべきであろう。

最後に,第三段階においてこのように農地抵当金融は飛躍的に伸長しながらも,20世紀はじめに入るとその伸びは明らかに鈍化・停滞の様相を示し始めていたということである。この点に,当段階の制度的政策的限界と銀行自体の経営的限界をみることができる。

こうした限界をとり払い,第三段階にあらわれていた動きに明確な制度的政策的保証を与え,これを本格的に展開させるものこそストルイピン改革にほかならなかった。この改革によってロシアの不動産抵当金融制度は第四の新たな段階を迎えることになった。すなわち,農銀は,この改革のための金

融的手段，土地変革の支柱として，新たに分与地抵当貸付の受け入れ，抵当証券の発行にもとづく大量の土地購入，オートルプ・フートルに対する特恵的貸付条件の付与，貴銀・株式土地銀行債務の本格的肩代わり等々の権能を与えられて，表2-2が示すとおり貸付規模を急膨張させ，これまで地主的大土地所有を金融的に支え温存する役割を演じ続けてきた貴銀の貸付規模を大きく追い抜き，大戦前夜にはついに株式不動産銀行さえも抜き去るところにまで至ったのである。これによって農銀，貴銀，株式不動産銀行3行の地位・序列が大きく変動するのみか，3行相互の位置・関係，すなわち，一言にしてロシア不動産抵当金融の体系が再編されていったのである。

いまそのことを表2-2の貸付実態に即してみるなら，まず貴銀では，1904―05年の日露戦争・革命期の異常状況の下で一時的に生じていた活動の低下が，1906年以降は，地主地の直接的売却・貴銀抵当債務の農銀への肩代わり（という形での既抵当地の売却）等によって加速度的に進行し，1906―10年の貸付件数，新規抵当面積は一挙に以前の数分の一に激減するのみか，抵当総面積・貸付残高さえも十数パーセントも縮小するに至った。1910年前後でこの動きはとまり，貸付件数・抵当面積・貸付額で再び顕著な上昇傾向があらわれているが，その内実は，地価上昇に便乗して既抵当地を二番抵当に入れ追加貸付を得ようとしたことによるものであり，抵当地総面積の絶対的減少は依然として進んでいた。株式土地銀行の場合も貴銀ほどに顕著ではないが，やはり同じような過程が進行したと考えられる。ここでも1906年以降抵当地総面積・貸付残高はほとんど伸びず，わずかに1910年頃から上昇傾向に転じるにとどまった。これに対して，農銀は，他の2行と1，2年の時間差を置いてまさに1907―11年の頃に抵当貸付を激増させ，他2行が上昇に転じた1910年代には，地価上昇と購入土地ファンドの減少の中でむしろ活動を鈍らせ，滞納額の増大さえ随伴している。

以上の3行の活動実態が示しているのは，1906年以降農地抵当貸付活動は農銀が牽引し，その増加分の大半も独りで担う一方，他の2行はこの動きに便乗し，従属する立場に座を移していったこと，日露戦争・1905年の革命に伴う経済的混乱とこれに続く不況という不利な条件のもとでこの過程がいわば強行されたこと，1910年前後からの好況の到来，地価上昇という新たな状

況のもとで，貴銀・株式土地銀行の融資活動が再び活発となり，農銀の活動の鈍化にもかかわらず，全体として貸付規模を急速に押し上げていったということ，全体を通じて，地価の上昇＝つり上げによって，したがってまた農民の負担増・地主の便乗的土地切り売り（土地売り逃げ）によって，農地抵当融資額は加速度的に押し上げられていたということである。

　以上，四つの段階を通してロシア不動産抵当金融の発展のあとを追ってきたのであるが，最後にその到達点を示す数値を挙げて本節の締めくくりとしたい。1914年1月1日現在，49県の全私的所有地のうち面積で51.6％の土地が貴銀と私立土地銀行の抵当に入っており，その借入残高は20億6200万ルーブリに及んでいた[40]（さらにこれに農民土地銀行の数値を加えると，計34億1000万ルーブリ，全抵当地面積は5818万1500デシャチナとなる）。17年1月1日の数値をつけ加えれば，ヨーロッパ・ロシアとカフカースの全私的所有地の実に60％，6650万デシャチナが抵当に入っていた[41]。ロシアにおける農業・土地問題の重み，土地所有に対する資本の支配の強度，逆にまた，土地所有のそれに対する死重をここに見るべきであろう。

4　不動産抵当金融と金融市場

　前節の検討を通してわれわれは，ロシアの不動産銀行が活発に貸付活動を展開し，その貸付残高を高いテンポで累積させていたことをみてきたのであるが，この不動産抵当貸付の累増という事態は，金融市場の側からみるならば，抵当証券の濫発と流通残高の累増を意味するものにほかならない。そこで，本節では，本章の主たる課題でもあるところの，深刻な農業・土地問題を背後に負っていた不動産＝農地抵当金融が，金融市場でいかなる位置を占め，いかなる影響を与え，逆にいかなる反作用を受けたかという問題，一言にして，ロシアの不動産抵当金融は金融市場においていかなる緊張関係をもったかという問題を検討してみることにしたい。この問題はさらに言い換えてみれば，ロシアの農業・土地問題は金融市場＝資本主義といかなる緊張関係をもったか，ということにもなろう。

　まず，不動産抵当証券の発行・累積状況を統計数値で総括的にみてみよう。

80　第1部　資本輸入体制の構造とその展開

表2-4　1904-13年ロシア有価証券の増減

[単位：百万ルーブリ]

年次	国債	抵当証券	都市債	銀行株	鉄道株・債券	商工株・債券
1904	186.3	151.4	1.6	11.3	62.0	67.7
05	499.2	127.7	8.9	2.6	－13.7	64.3
06	171.6	149.1	－6.6	8.4	52.1	107.1
07	73.9	150.7	3.3	6.7	1.2	126.5
08	131.0	179.6	28.4	9.5	27.1	132.7
09	70.4	174.8	0.1	17.9	9.0	72.4
1910	119.0	232.2	10.2	61.7	36.0	88.2
11	153.5	405.9	58.6	63.1	13.1	221.8
13	15.3	311.4	6.3	167.0	47.2	136.5
計	1,420.2	1,882.8	110.8	378.2	234.0	1,017.2

典拠：Министерство Финансов 1904-1904, стр. 31.

　第1章で利用した表1-1と表1-4は，ギンジンがつとに発表し，日南田氏によって大分以前にわが国にも紹介されているものであるが，その包括的な内容のゆえに，今日でもこれにかわりうる内容のものは出ていないので，あえて重ねて利用することにしたい。同表は，以下の点において不動産抵当証券の位置・影響・意義を包括的に示している。すなわち，①不動産抵当証券は国内長期金融市場で一貫してかつ急激に増大し続けていたこと。②反面，国外金融市場への進出は微弱であること。③国内市場では，鉄道債，一般会社株券・社債を圧倒しつつ，一般国債に次ぐかこれをも凌駕して首位に立つまでになり，大戦前夜には実に4割の線に肉迫するという高い比重を占めていること。④不動産抵当証券の中でも，農地抵当証券が，当初相対的に高い比重を示していた都市不動産抵当証券の伸びを抑えて急速に増大していったこと。⑤国内市場で不動産抵当証券に圧迫された一般国債，鉄道債，一般会社株券・社債は，国外市場で高いテンポの伸びと比重を占めており，⑥結論的には，不動産抵当証券，なかでも農地抵当証券が他の証券を国内市場で圧迫し，国外金融市場への依存に走らせていること。以上のことを補強・補足する意味で1904—13年の年次別有価証券発行高の構成を示す表2-4を併せて掲げておく。以上の統計数値から，農地不動産抵当金融のもつすさまじいばかりの圧力が確認できよう。

　このことは，フランス・ドイツの長期金融市場における不動産抵当証券の

第2章　資本輸入の国内的規定要因　81

表2-5　パリ証券市場上場証券内訳

[単位：百万フラン]

	額面価格		相場時価(年末)		1912年(末)	
	1891	1907	1891	1907	額面価格	相場時価
フランス国債・植民地債	26,018	26,795	25,470	25,568	26,059	23,378
パ　リ　市　債	1,564	2,145	1,630	2,017	1,993	1,735
その他の県・市債	243	171	246	168		
保険会社証券	172	115	658	666		
クレディ・フォンシエ証券	4,355	4,801	4,183	4,556	4,912	4,384
信用銀行・信用会社証券	1,986	1,619	2,416	2,927	銀行株式1,537	3,807
運　河　証　券	2,638	520	1,497	1,988		
幹線鉄道証券	17,075	17,946	18,314	18,135	鉄道債 18,621	15,381
鉄道支線・電鉄証券	1,475	2,387	1,124	2,210	｝鉄道債1,367	3,316
ドック・港湾・水道・製糸証券	361	482	439	669		
ガス・電力証券	449	920	956	1,012	工業株式1,054	2,846
製鉄・鉄工証券	182	588	176	907		
石炭・鉱山証券	171	349	497	1,436	｝工業債　698	687
運　輸　証　券	541	504	546	412		
その他有価証券	459	734	521	1,345		
内国証券小計	57,689	60,076	58,673	64,016	57,534	56,260
外国証券　ロシア国債	8,141	13,008	6,842	10,485		
その他国債	46,401	49,732	39,086	45,742		
その他証券	7,733	10,648	5,510	10,168		
外国証券小計	62,275	73,388	51,438	66,395		
総　　　　計	119,964	133,464	110,111	130,411		

典拠：Ed. Théry, *Les Progrès économiquês de la France*, 1908, p. 300; F. Eh. Winterthur, *Die Pariser Börse u. die französischen Aktienbanken im Krieg* 1914-1917, 1918, S. 11 (1912年の項のみ).

表2-6　ドイツ有価証券市場上場証券内訳

[額面単位：百万マルク]

	1909		1910		1911		1912		1913	
	内国	外国	内国	外国	内国	外国	内国	外国	内国	外国
国　　　　　債	1,301	237	604	1,103	518	777	1,033	348	911	1,055
自治体債	354	70	376	45	416	48	554	78	334	83
抵当証券｛ラントシャフト	169	126	174	—	169	—	201	48	194	—
｛不動産銀行	796	122	779	4	648	16	560	—	284	—
銀行株券	92	15	193	154	198	155	115	102	49	13
銀行債券	39	21	—	—	13	—	10	—	—	—
鉄道株券	44	1	7	132	16	—	6	—	20	84
鉄道債券	21	313	22	719	29	169	60	144	44	39
工業株券	433	58	440	67	408	17	522	111	347	20
工業債券	259	11	162	18	319	26	337	4	168	15
合　　　　　計	3,507	974	2,757	2,242	2,734	1,208	3,398	835	2,351	1,309

典拠：*Statistisches Jahrbuch für das Deutsche Reich*, 1914, S. 296.

82　第1部　資本輸入体制の構造とその展開

表2-7　1853-1921年のクレディ・フォンシエの貸付

	件　　数 (1,000件)	貸　付　額 (百万フラン)
市　街　地　貸　付	150.8	5,979.5
農　村　土　地　貸　付	56.2	1,452.0
混　　　　　　合	0.3	20.1
合　　　　　　計	207.4	7,451.6

典拠：小平権一『農業金融論』1930年，205頁。

表2-8　ドイツ帝国内証券発行残高

[単位：百万マルク]

年末残高	帝国債	邦公債	都市債	上級自治体債	ラントシャフト抵当証券	抵当銀行抵当証券	他の機関の抵当証券	工業証券
1880	268	5,305	835	150	1,275	1,452	400	400
1885	440	7,700	1,210	220	1,600	1,884	450	600
1890	1,318	9,256	1,605	295	1,975	2,927	500	1,000
1895	2,125	11,050	2,220	380	2,200	4,722	570	1,500
1900	2,396	10,987	3,430	520	2,715	6,362	866	2,100
1905	3,544	12,495	5,852	720	3,185	8,227	1,357	2,700
1909	4,914	14,500	7,750	900	3,490	10,316*	1,871*	3,964*

典拠：G. v. Schulze-Gävernitz, *Die deutsche Kreditbank*, S. 107-08.
注：＊は1910年の数値。

　動向と比較してみると一層明瞭となる。表2-5と表2-6が示すとおり，両国の不動産抵当証券もその規模は決して小さなものではないが，国内金融市場におけるその比重は，ロシアと比較すれば遙かに低い。とくに両国の場合，ロシアとは逆に外国証券を大量に受け入れている点で（資本輸出！），むしろ対照的位置に立っているといえよう。また，両国の不動産抵当証券の構成をみると，都市不動産抵当金融が農地抵当金融を完全に圧しており（フランスについては表2-7，ドイツについては表2-8参照。ドイツの場合は，ラントシャフト（Landschaft）と不動産銀行の区別によってほぼ窺い知ることができる）[43]，ロシアとはこの点においてもまったく対照的である。

　以上の諸表の検討によって，ロシアの農地抵当証券の金融市場への割り込みが概略的には明らかとなった。では，それは具体的にどのような形で行なわれたのであろうか。次にこの点を少しみておこう。

　まず，証券の発行条件についてみてみよう。株式不動産銀行・農銀・貴銀

表 2-9　ロシア国債の利率（1913年時点）

	件　数	総額(百万ルーブリ)	比　率 (%)
6 ％ 債	2	38.4	0.4
5 ％ 債	10	1,569.6	17.7
4½％ 債	4	775.3	8.8
4 ％ 債	45	5,530.3	62.7
3⅘ ％ 債	1	82.4	0.9
3½ ％ 債	1	141.9	1.6
3 ％ 債	9	486.9	5.5
永 久 公 債	—	66.2	0.7
大 蔵 省 証 券	—	150.5	1.7
計	72	8,841.7	100.0

典拠：Raffalovich ed., *Russia, Its Trade and Commerce*, p. 344.

の3行について，しかも全期間について発行条件の特徴を簡単にいうことはできないが，手がかりになる若干の事実を時期を追って指摘できるように思われる。第一段階の株式不動産銀行が主として土地抵当金融を担っていた時期には大体6％証券が発行されていたが，これは当時の証券相場からみて高いものではないにもかかわらず証券発行が伸びたのは，土地抵当貸付が一般に証券交付の形で債務者に対して行なわれ，債務者がこれを自らの負担，犠牲の下に額面割れの相当低い相場で市場で実現・換金したことによると思われ，例えば，当時国立銀行の公定割引歩合が6％であったのに対して，抵当債務の実勢利率は7—8％の水準にあったといわれる。こうした高利の抵当金融から脱却し，低利の融資を保証するためにこそ，次の段階で農銀・貴銀が設立されたことは前でみたとおりであるが，1880年代から90年代にかけて実際に貸付利率とともに証券額面利率も5％台から4％台へと引き下げられている。そして貸付も農銀の場合は当初から，貴銀の場合は途中から現金交付の形になっていた。

このような条件下でなお大量の証券発行が実現したのは，一つには後述のごとき市場の側の要因によるものであり，もう一つには，この時期に一般国債の大規模な低利借り換えが可能となるような市場利子率の低下が深刻な経済不況下で進行しており，抵当証券の利率引き下げが実質的にそれほどマイナスに働いておらず，とくに貴銀より1％ほど割高の農銀証券の場合にはこのことがあてはまること，第三に，利率の低い貴銀証券は，実は，富籤付証

券の形でしかも免税特恵を得て発行されるケースがあり,この点で有利な条件に支えられていたこと,第四に,何よりも,国立銀行の発行引受等の後支えがあり,安定優良銘柄の地位を獲得していったこと,等々によるものと思われる。このあとの段階について詳しく触れることはやめて,かわりに表2-9と表2-10を挙げておきたい。みられるように,一般国債と抵当証券の利率を比較すると後者の方が利率は大体高い。同じ4%債券の場合には,国債の方が高い相場にあることを勘案すれば,割高の利率で一般国債と競合し市場に食い込んでいるといえるのではないであろうか。

　不動産抵当証券の金融市場への割り込みを可能にしたのは,発行条件だけではなく市場の側にもあった。前述のごとく,1880―90年代前半の時期は,長期農業不況を含み込んだ深刻な不況期にあり,商工業の沈滞と銀行の営業内容の変化とともに,不動産抵当証券は優良安定銘柄として金融機関の保有選好の対象とされていった。私立商業銀行の貸借対照表の中で有価証券保有・証券担保貸付の項目が異常に高い数値を示すのは,そのことを証明している。この現象は,90年代の活況の到来,短期商業信用業務の拡大とともに後退するが,まさにこの段階で,国内各層の遊休貨幣を吸収・集中して成長した国立貯蓄金庫が大量の抵当証券を機関投資の対象にすえ,一時は証券投資総額の60%以上をこれに回している(表2-11)。前述のごとき貴銀等の国策的不動産銀行の特恵的融資活動の展開とこの国営投資機関の結合のもつ意味を注目する必要があろう。このあと抵当証券投資は,絶対額で増え続けながら保有比率を低下させていくが,日露戦争・1905年の革命・1907年恐慌による経済的混乱の一時期を経て,国内金融市場が次第に拡大・強化されると,一時相場が落ち込んだ抵当証券は,利率の引き上げ,国庫の利子補給等の特恵措置を受けて市場性を強め,今度は,市中消化の比重も高めていったと考えられる。

　以上,断片的な論点の指摘にとどまるが,抵当証券の国内長期金融市場への割り込みについてはある程度説明しえたと思う。では,国外金融市場との関係についてはどう考えたらよいであろうか。ロシア抵当証券は確かに外国金融市場にも上場されていた。だが,全体としてはその比重は低位にとどまり,圧倒的部分が国内市場で流通していた。このことと,一般国債・鉄道

第2章　資本輸入の国内的規定要因　85

表2-10　1917年抵当証券流通残高の内訳

[単位：百万ルーブリ]

信用機関	3½%債 信用ルーブリ	4%債 信用ルーブリ	4½%債 信用ルーブリ	5%債 信用ルーブリ	5½%債 信用ルーブリ	6%債 信用ルーブリ	1917年計 信用ルーブリ**	1917年計 金ルーブリ**	1914年計 信用ルーブリ**	1914年計 金ルーブリ**
貴族土地銀行	385.4	143.7	243.0	147.0	—	—	919.1	—	852.1	—
農民土地銀行	—	382.5	473.8	492.0	—	(257.3)	1,348.6	—	1,293.4	—
都市・ゼムストヴォ信用金庫	—	—	39.9	—	—	—	39.9	—	11.4	—
ヘルソン県地方銀行	—	—	197.6	—	—	—	197.6	—	202.0	—
株式土地銀行	—	—	1,313.9	—	(58.0)	—	1,313.9 (58.0)**	—	1,294.2 (91.0)**	—
都市信用組合	—	—	791.9	176.5	—	—	968.3	—	944.4	—
ポーランド不動産金融機関	—	14.8	240.9	155.6	—	—	411.3	—	395.8	—
バルト地方不動産金融機関	5,176.8*	20	87.9	28.4	71.2	(213.6)	207.4	5,176.8*	197.6	5,526.9*
カフカース不動産金融機関	—	—	3.7	106.8	—	—	110.7	—	105.6	—
計	385.4	561	3,392.5	1,106.2	71.2	(470.9)	5,516.7 (58.0)**	5,176.8*	5,296.5 (91.0)**	5,526.9*
	1,000ドイツマルク 5,176.8*							5,176.8*		5,526.9*

典拠：Статистический сборник за 1913-1917гг., 2-ой выпуск, М., 1922, стр. 104.
注：（ ）は単位1,000ルーブリ, *1,000ドイツマルク, **1,000金ルーブリ。

表 2-11 ロシア貯蓄金庫の証券保有

	国 債	鉄道債	不動産抵当証券		合 計
			貴族・農民土地銀行	私立土地銀行	
	(百 万 ル ー ブ リ)				
1903	63.4	216.9	388.8	38.2	707.3
1911	595.7	388.8	581.5	16.9	1,582.9
1912	667.2	384.9	632.2	16.9	1,701.2
1913	883.1	385.1	713.5	16.9	1,798.6
	(%)				
1903	8.96	30.67	54.97	5.40	100
1911	37.63	24.53	36.74	1.07	100
1912	39.22	22.63	37.16	0.99	100
1913	47.98	21.41	39.67	0.94	100

典拠：*Вестник Финансов*, 1914, No. 5, cited by M. Miller (*The Economic Development of Russia*, p. 154).

表 2-12 1893-99年のロシア有価証券増大の内訳

有 価 証 券	国内資金	外国資金	計
国債・政府保証債		(百万ルーブリ)	
(両国立土地銀行証券除く)	591	872	1,463
都 市 公 債	66	4	70
全 抵 当 証 券	789	76	865
株 券	621	442	1,063
社 債	54	84	138
計	2,121	1,478	3,599
抵当証券・都市公債以外計	1,266	1,398	2,644

典拠：Гиндин, *Русские коммерческие банки*, стр. 81.

債・株券・社債の国外発行の比率が高かったことをどう考えたらよいであろうか。この点についても今後の検討にまつべきところが多く，またこれ自体独自の検討を要する巨大な問題領域をなしており，本章で本格的に考究する余裕はない。したがって，ここでは，手がかりとなる若干の論点を以下に指摘しておくにとどめざるをえない。

まず第一点として，前述の通り抵当証券が当初貸付資金として債務者に直接交付され，この債務者の時価相場による換金を通じて市場に出回ったという発券方式の特徴があげられる。これにより土地抵当証券は，基本的に国内証券という枠を与えられている。(53) そのうえで，第二には，証券市場が当初は

第2章　資本輸入の国内的規定要因　87

幼弱なゆえに，次いでは不況の展開のもとで，安全な確定利付証券である不動産抵当証券の保有選好を示したことにより，国内証券市場で抵当証券は安定した地位を築いたと考えられる。第三には，会社株券は，銀行・不動産銀行株等一部優良銘柄以外は，その泡沫性，投機，金融市場の未整備，政府の規制等々の制約に加えて1873年恐慌等の金融的激動のもとで抵当証券と競合しつつも安定的投資対象の地位をもちえぬままに，盛況を迎えた90年代に入って外国資本と有力大銀行・有力産業の関係強化を通して外国大銀行を介する外国市場に進出していったこと，内外の市場利子率の格差と何よりも金本位制導入による為替相場の安定がこの過程を促進したこと(55)，があげられよう。表2-12はこのような過程を数量的に確認しているように思われる。

　最後に第四として一般国債との関係をみれば，抵当証券が国内市場で一般国債と競合してこれを外国市場に追いやるという関係にあるわけではない。同じ大蔵省の統轄下にあって国の金融財政政策によって両者はその都度調整を受けている(56)。前述のように，一時国の貯蓄金庫が国債を抑えてまでも抵当証券投資に向かったということもその一つのあらわれであろう(57)。また，一般的国債に関する限り，その国外市場における大量発行は恒常的ではなく，戦争・革命・金融逼迫等の特殊状況下の場合が多い（もちろん低利借り換え債等は別である）こと，しかも，例えば金本位制導入以前は，為替相場変動に耐えるために金国債という負担の重い形をとるなどして，特別の条件の下で(58)行なわれていたことを付け加えておこう。以上のような諸論点は，抵当証券が国内市場でのみ異常なまでに伸び続け，逆に他の証券類は相対的に高い国外市場依存度を示したという特徴的な証券市場の構成を考えるための有力な論点をなすように考えられるが，いずれにせよ，改めて専門的に検討してみる必要があろう。

　ところで，最後にもう一つ検討すべき論点が残されている。それは，前節でみたように，農業・土地問題の重圧が不動産銀行の貸付条件の改善，なかでも利子率の引き下げを迫っていく一方で，増加の一途を辿る抵当証券の市中消化のためには，より端的に国内金融市場への割り込みのためには証券利率を高水準に置くか，少なくとも急速な引き下げは避けなければならず，このジレンマは，銀行経営上はどう調整され解決されていたか，という問題で

ある。貸出利率と抵当証券の利率は基本的に同一だという原則の上に不動産銀行の経営は成り立っていたから，不動産銀行の実際の運営は不断にこの問題に直面していたが，解決はほぼ次のような方策によってなされていた。

まず第一は，上記の原則を破って貸出利率を低位に置く一方，証券を割高の利率で発行するという苦肉の策である。この場合，当然利子率の逆鞘が生じ，放置しておけば経営は破綻するので，国立銀行が国庫の負担において利子補給という救済策を講ずることになる。その代表的事例は，1908年頃から大戦直前の時期にかけての農銀の活動にみられる(59)。国庫の犠牲でジレンマは解消される。

第二の方途は，市場の側からの圧力によって，一定利率の証券をそれ以上発行しえなくなった段階で，銀行は，証券利率も貸出利率も下げつつ窓口規制等の運用上の引き締め措置を講じて自衛方針に転じていく。1880年代末から90年代初め，及び1900年代初めの時期における農銀，貴銀の営業政策はその代表的事例であり，借入申請件数に対する認可件数の減少という形で，債務者の側が犠牲にされていく。

第三の方策は，既述のごとく貸出利率とともに証券利率も下げながら，債務者に交付される証券の市場における相場低落を通して実質的負担を債務者に転嫁していくものであった。

第四の方策は，債務者の側の圧力に応えて利率を下げるかわりに富籤付等の特恵条件を証券に付していくものであり，前述のごとくこれこそ市場を攪乱しつつ，そこに強引に割り込んでいく方途であった。

最後に金融市場をめぐる環境が悪化し，証券の発行・消化が困難になった時には，証券利率の引き上げ，貸出利率の引き上げに転ずることも起こりえた。前述のごとく，利率は長期的にみれば5－6％台から3－4％台へとほぼ一貫して低下していったが，1904－07年頃の危機の時機における証券相場の低落の際には，一時的にこのような事態も生じている。このような自衛措置を通じて，一方では債務者の負担と犠牲において，他方で国庫の負担において，不動産銀行も抵当証券の割り込みを経営的に維持し推進していたのである(60)。

以上，抵当証券の国内金融市場における割り込みの実態を確認したうえで，

証券の発行条件,市場の側の受け入れ条件,内外金融市場の関係,銀行自体の経営上の対応,等々について不十分ながらみてきた。今後の検討にまつべきところを多々残しているが,農業・土地問題を背後にかかえたロシアの農地抵当金融が,金融市場においてさまざまの緊張関係をもちつつ,債務者自体,国庫,それから他証券の犠牲において,割り込みを強めていった過程の一端は確認できたように思われる。

5　結びにかえて

　以上,2節を通してまずロシアの不動産抵当金融組織・制度を概観したのち,3節で貸付の実態,貸付残高の累増過程をあとづけ,4節で,その結果,不動産抵当証券が金融市場との緊張関係の中で,ここに割り込み,他の証券類を国外金融市場に向かわせたことを確かめてきた。ここでは,若干の結論的論点と補足的論点を簡単に提示して本章の結びにかえることにしよう。

　まず第一に,土地抵当金融制度の展開は,地主的独占のもとにあった土地の流動化を促し,土地市場を形成・発展させ,その下で,地主から農民への大規模な土地移動(1863年に比して1914年にはヨーロッパ・ロシアの貴族所有地の面積は,じつに46.3%のところまで減少した)を促進する有力な装置の役割を担った。[61] 第二に,土地抵当金融は,土地の資本化を通じて地主に厖大な貨幣資本を提供し,その一部は金融市場に還流して証券投資を活発化させ,他の一部は地域によっては農業・土地経営の改善に資することとなった。[62]

　だが,積極的意味はそこまでであり,第三に,融資された資金の多くは地主の浪費・債務返済等に不生産的に消尽され,これによってロシアの限定されていた資本が長期間大量に不生産的対象に固定され,金融市場を圧迫した。第四に,そのことは同時に多くの土地不足農民を長期間新たな金融的繋縛の下に置き,地価つり上げと身分制的格差をもった割高の貸付条件のもとで相対的には狭少な土地を取得させる一方で,厖大な利子支払いを金融市場に対して行なわせた。第五に,それがまた大土地所有者に対して,その基幹部分を保持させたまま,土地の切り売り,売り逃げを可能にさせ,土地所有面積が減少すればするほど土地資産は逆に増大するという異常な状況をつくり出

した。第六に，農民の土地不足を基本的に解決するものにはなりえなかった。第七に，かくして，農地抵当金融は，その30—40年間にわたる活動にもかかわらず，否，そのゆえにこそ，ロシアの農業・土地問題を解決するものとはなりえず，むしろ改革後の雇役制的農業関係を維持・延命させることになった。

それのみか，第八に，土地抵当証券の金融市場における充満・飽和を通じて商工業投資を大きく制約し，国債・鉄道債・自治体公債を圧迫した。第九に，それによって，国内金融市場を硬直化させ，それら証券の国外金融市場への依存を構造的に規定したうえ，国外金融市場における交渉能力を弱め，発行条件等をめぐってそれらを従属的な局面に追いやることにもなる。第十として，かくて，ロシアの農地抵当金融制度は，ロシア資本主義そのものの対外依存的構造を基底から形成させ，特徴づけていくことになる。

（1）　山田盛太郎『日本資本主義分析』「序言」，『山田盛太郎著作集』第2巻，岩波書店，1984年，参照。
（2）　吉岡昭彦「帝国主義論と土地所有論」『社会科学の方法』第2号，1983年。なお，土地制度史学会創立30周年記念大会共通論題「資本と土地所有」における山之内靖氏のコメントも参照，土地制度史学会編『資本と土地所有』1979年，510頁。
（3）　日南田静眞『ロシア農政史研究』御茶の水書房，1966年，第2章第3節。なお，同「20世紀初頭におけるロシアの農業＝農民問題」，前掲『資本と土地所有』所収，も参照。
（4）　佐藤芳行「ヨーロッパ・ロシアにおける土地移動と農民土地銀行」『土地制度史学』第98号，1983年；同「帝国主義成立期の農業・土地問題」，大崎平八郎編著『ロシア帝国主義研究』ミネルヴァ書房，1989年，第1章第2節。
（5）　И. Ф. Гиндин, *Русские коммерческие банки*, М., 1948, стр. 235-39.
（6）　А. М. Анфимов, *Крупное помещичье хозяйство Европейской России*, М., 1970, Гл. 8；А. П. Корелин, Сельскохозяйственный кредит в капиталистической России, *Исторические Записки*, No. 106, 1981；его же, *Сельскохозяйственный кредит в России в конце XIX- начале XXв*., М., 1988.
（7）　たとえば，千葉正憲「19世紀末フランス銀行の金融政策と社会的対抗」『土地制度史学』第98号，1983年；高橋純一「19世紀中葉期イギリス土地

第2章　資本輸入の国内的規定要因　91

改良会社の性格」『土地制度史学』第97号，1982年；同『アイルランド土地政策史』社会評論社，1997年；浜田正行「『土地貴族』の『株式・債券保有貴族』への転身過程」，桑原莞爾・井上巽・伊藤昌太編『イギリス資本主義と帝国主義世界』九州大学出版会，1990年，所収；吉岡昭彦「帝国主義成立期における再生産＝信用構造の諸類型とポンド体制の編成」，前掲『資本と土地所有』所収；同，『帝国主義と国際通貨体制』名古屋大学出版会，1999年，とくに第4章参照。

(8) 中・短期農業金融については，以下の文献を参照されたい。Анфимов, *Указ. соч.,* стр. 330- ; Корелин, Указ. статья, стр. 172-; его же, *Указ. соч.* ; *Министерство Финансов 1802-1902*, СПб., 1902, стр. 369-74, 386-87; P. Steinberg, *Die Russische Reichsbank seit der Währungsreform*, Stuttgart u. Berlin, 1914, S. 104-10 ; *Государственный Банкъ – Краткий очеркъ деятельности за 1860-1910 годы*, СПб., 1910, с. 87-89；本書第5章参照。

(9) *Министерство Финансов*, ч. 1, стр. 439-42. ヘルソン土地銀行だけは単独で全期間を通じて相当の貸付実績を示しているが，本章ではあえて割愛した。このほか相互土地信用組合も初期には一定の役割を演じたが，いずれも経営破綻を来し，1890年前後に貴族土地銀行に吸収されている。なお，ここでいう長期信用銀行とは土地抵当証券を発行して長期の不動産抵当貸付を行なったものをさしており，不動産抵当の中・短期貸付を行なっていた金融機関は他にもあるが，いずれも除外した。

(10) 以下，株式不動産銀行については，*Министерство Финансов*, ч. 2, стр. 78-79 ; *Обзор деятельности Министерства Финансов 1881-1894*, СПб., 1902, стр. 278-81 ; И. Ф. Гиндин, *Государственный Банк и экономическая политика царского правительства* 1861-1892 гг., М., 1960, стр. 105; В. Л. Степанов, *Н. Х. Бунге – Судьба реформатора –* , М., 1998, стр. 179-92。なお，10行の名前を念のため下に掲げておく。ハリコフ銀行，ポルタワ銀行，ペテルブルク・トゥーラ銀行，モスクワ銀行，ベッサラビア・タヴリーダ銀行，ニジェゴロド・サマラ銀行，キエフ銀行，ヴィルナ銀行，ヤロスラヴリ・コストロマー銀行，ドン銀行。

(11) 成立の経緯等は，佐藤前掲論文を参照。

(12) 以下，農銀については，*Обзор деятельности Министерства Финансов*, стр. 41-57, 268-70; А. В. Красик, *Крестьянский Банк и его деятельность с 1883 по 1905г.*, Юрьев, 1910 ; С.М. Дубровский, *Столыпинская земельная реформа*, М., 1963, Гл. 6。ドゥブロフスキー著，有馬達郎等共訳『革命前ロシアの農業問題——ストルィピン土地改革の研究——』東京大学出版

会, 1971年, 第6章。
- (13) 以下, 貴族土地銀行については, *Обзор деятельности Министерства Финансов*, стр. 28-40, 260-68; Анфимов, *Указ. соч.*, Гл. 8; А. П. Корелин, *Дворянство в пореформенной России 1861-1904 гг.*, М., 1979, стр. 255-57, 267, 269, 277; Ю. Б. Соловьев, *Самодержавие и дворянство в конце XIX века*, Л., 1973, стр. 170-74, 185-88, 218.
- (14) Соловьев, *Там же*, стр. 211-17.
- (15) Красик, *Указ. соч.*, стр. 37-41, 90. ときには, 農銀の貸出条件の方が株式土地銀行より不利となり, 農民は後者の融資に頼った。
- (16) Гиндин, *Государственный Банк*..., стр. 92-93(表), 95, 106-14.
- (17) Гиндин, *Там же*, стр. 99, 101; его же, *Русские коммерческие банки*, стр. 47, 51, 55, 236-39.
- (18) Указ. *Обзор*, стр. 279.
- (19) 中山弘正「経済構造——大戦前夜好況期の資本蓄積をめぐって——」(江口朴郎編『ロシア革命の研究』中央公論社, 1968年, 所収) 244—45頁の表参照 (前掲『帝政ロシアと外国資本』第3章)。
- (20) この点についても既に日南田氏が大戦前夜ロシア長期金融市場の構造を包括的に明らかにするという画期的な作業の中で触れておられる。なお, ロシア不動産抵当証券の外国金融市場における直接的な取引は後述のごとく比較的小規模であった。
- (21) 地主は1861—77年の間に得た買戻金収入で旧債務を返済して, なお2億9550万ルーブリを手許に残したが, この間に私的金融機関に対して新たにほぼ2億9000万ルーブリの債務を抱えたといわれ, 事実上すでに買戻金を食い潰したことになる。Красик, *Указ. соч.*, стр. 10.
- (22) ストルイピン改革以後の農地抵当金融については, 以下の文献を参照。Дубровский, *Указ. соч.*, Гл. 6, 前掲邦書, 第6章; 日南田静眞「ストルィピン農業改革」, 江口編前掲書, 第4章; *Министерство Финансов 1904-1913*, СПб., 1914; С. М. Сидельников, *Аграрная реформа Столыпина*, (Учебное пособие), М., 1973.
- (23) 現実には, このほかに私的高利貸の抵当融資も無視しえない役割を演じていたといわれるが, 詳細は明らかではないのでここでは一切除外した。Анфимов, *Указ. соч.*, стр. 338-39; Гиндин, *Указ. Русские коммерческие банки*, стр. 253.
- (24) *Обзор деятельности Министерства Финансов*, стр. 278.
- (25) *Там же*, стр. 269.
- (26) Красик, *Указ. соч.*, стр. 34-38. なお, 長期農業不況とその影響について

は，H. A. Егиазарова, Аграрный кризис конца XIX века в России, М., 1959, Гл. IV.
(27) 貴銀では当初滞納分の取り立て規定の不備もあって返済がルーズになり，滞納の累増に苦慮したといわれる。各期日の滞納額の返済予定額に対する比率は，1886年10月31日で3％，87年4月30日は9.51％，同10月31日には21.14％，88年4月30日には実に26.83％にまで達したといわれる。もちろんこれは規定上の不備に主原因があるわけではなく，農業不況による穀価激落，債務者の当初からの支払能力の貧弱さによるものであろう。Обзор деятельности Министерства Финансов, стр. 262.
(28) Там же, стр. 34, 35, 263.
(29) Там же, стр. 51-54, 269 ; Красик, Указ. соч., стр. 42-44.
(30) Красик, Там же, стр. 82-99. 農銀新定款をめぐる論議については，Соловьев, Указ. соч., стр. 212-17.
(31) Обзор деятельности Министерства Финансов, стр. 279-80.
(32) 例えば貴銀は，まさに滞納増と貸出利率の引き下げのために，低利の証券を発行し，これが市場で額面割れの低い相場を示すと，富籤付証券を1889年に発行して危機の打開を図った。これに対して農銀は，割高の貸出利率を据え置き，これに見合う割高の利率の抵当証券を市場に出回らせていた。両行の身分制的格差と，その差にもかかわらず，長期金融市場の側からすれば国立土地銀行証券の氾濫，食い込みという点では同じ効果が出ていることに留意すべきであろう。Красик, Указ. соч., стр. 42-43.
(33) これらの措置をめぐる貴族層・政府部内の動きについては，Соловьев, Указ. соч., стр. 234-45 ; Корелин, Указ. соч., стр. 270-79. 1897年の特恵措置自体については，Министерство Финансов 1802-1902, ч. 2, стр. 383-84.
(34) Красик, Указ. соч., стр. 79-80, 83.
(35) Там же, стр. 111-13.
(36) Министерство Финансов 1904-1913, стр. 56; Гиндин, Русские коммерческие банки, стр. 237-38.
(37) Красик, Указ. соч., стр. 106-08.
(38) Министерство Финансов 1904-1913, стр. 58-61 ; 佐藤前掲論文，15—16頁。
(39) 1906—09年の貴族に対する貸付額において一番抵当による貸付額に対する二番抵当の追加貸付額の比率は35.7％であったが，1910—13年には，この比率は102.1％に逆転している。地価の上昇によって地主は無限に追加貸付のチャンスを得ていたのである。土地所有面積の絶対的減少にも

94　第1部　資本輸入体制の構造とその展開

かかわらず，その減少率を大きく上回る地価の上昇によって，所有地総評価額はむしろ急テンポで上昇し，貴族の資力は強化されさえしていた。Анфимов, *Указ. соч.*, стр. 326-27, 358-59.

(40) *Там же*, стр. 320, Таблица 64. なお，РАН, Институт Российской истоии, Россия 1913 Год, сп6., 1995, стр. 162-64 に，1900年と1913年の私有地抵当貸付と都市不動産抵当貸付の銀行別実績が総括的にまとめられている。

(41) Корелин, Указ. статья, стр. 165；*Статистический сборник за 1913-1917*, Вып. 2, М., 1922, стр. 103.

(42) 注3参照。

(43) フランスの不動産抵当金融がクレディ・フォンシエ Crédit Foncier 一行に集中・限定され，しかも，業務が地域的にも，また都市不動産抵当金融に偏っていること等については，E. Kaufmann, *Das französische Bankwesen*, 2-e Auflage, Tübingen, 1923, S. 61f.; F. E. Winterthur, *Die Pariser Börse und die französischen Aktienbanken im Krieg (1914-17)*, Bern, 1918, S. 195 ff.; U. S. National Monetary Commission, *Interviews on the Banking and Currency Systems of England, Scotland, France, Germany, Switzerland, and Italy*, Washington, 1910, pp. 277 ff.; M. Lescure, *Les Banques, L' État et Le Marché Immobilier en France*, Paris, 1982; 本多精一閲，豊崎善之助著『仏蘭西の銀行及金融』1916年，第5章；小平権一『農業金融論』1930年；杉本正幸『不動産金融機関論』1936年。ドイツの不動産抵当銀行については，上掲豊崎，小平，杉本氏の三書のほか，久保清治「プロイセンのラントシャフト制度」『社会経済史学』第39巻第1号，1973年；吉岡，前掲『帝国主義と国際通貨体制』第4章参照。

(44) Гиндин, Указ. *Государственный Банк*, стр. 105.

(45) この点については，とりあえず本書第3章3節参照。

(46) 農銀の証券の相場は，例えば1889年には額面以上になり，他方貴銀証券は額面割れをおこしていた。農銀の貸付利率はときには株式不動産銀行のそれよりも高くなり農民は後者の貸付を選んだとさえいわれる。Красик, *Указ. соч.*, стр. 43, 90.

(47) *С.-Петербургская биржа* 1913, стр. 119.

(48) *Министерство Финансов 1904-1913*, Гл. III, Диаграмма VIII.

(49) Гиндин, Указ. *Государственный Банк*, стр. 101; его же, *Коммерческие банки*, стр. 55. ヴォルガ・カマ銀行を除くペテルブルクの全商業銀行の場合，手形・商品担保貸付が1881年に1800万ルーブリ，93年に4360万ルーブリであったのに対し，有価証券の担保貸付と保有はそれぞれ3770万ル

　　　　　　　　　　　　　　　第2章　資本輸入の国内的規定要因　95

ーブリ，9960万ルーブリと2倍以上大きかった。短期商業信用業務が本来高い比重を占めるモスクワ地方の銀行の場合も，93年段階では，前者が1億2330万ルーブリ，後者が1億1820万ルーブリとほぼ互角になっていた。また，全銀行の有価証券投資額の商業バランスに占める比重は，1875年から1893年の間に23％から42％に増大し，これに国立貯蓄金庫の証券預金と証券投資を加えると29％から61％にもなるという。商工業への与信業務を犠牲にすることなしにはありえない数値である。

(50)　Министерство Финансов 1904-1913, стр. 61. この時，4％債は5％に引き上げられ，さらに，5％債には国庫の負担で1％の利子の上積みさえ行なわれた。

(51)　Министерство Финансов 1904-1913, стр. 30-31.

(52)　中山，前掲「経済構造」231頁，表18；Гиндин, Указ. *Коммерческие банки*, стр. 81. Crisp, *op. cit.*, pp. 198, 200.

(53)　もちろんこのことは，抵当証券の国外売り出しを一般的に排除することにはならない。証券の国内市場での売り出しが比較的困難であった1860-70年代には，むしろ，国外で売却して一挙に貸付資金を確保しようとする試みが行なわれ，大蔵省自体もそれを支持していた。だが，そのためには，当時は金本位制は未だ導入されていなかったから証券の安全性を保証する意味で金証券という形で発行せざるをえなかった。そして，このことが，その後の紙幣相場の低落によって，銀行に甚大な為替差損をもたらし，銀行経営の困難，この為替差損を転嫁された抵当債務者の著しい負担増，そして国庫の長期にわたる救済活動の必要といった一連の困難事をひきおこさせることになった。この問題は1890年代に入って大蔵省の負担と責任において結着をみるが，大蔵省はこの苦い経験にこりて抵当証券の国外持ち出しを警戒し，慎重になったと考えられる。なおここでいう銀行とは，一つは1866年に設立されたラントシャフト型の貴族向け土地抵当貸付銀行である「相互土地信用組合」のことであり，これは1890年代に貴族土地銀行に併合・吸収された。もう一つは，土地抵当貸付資金を融資するための特殊金融会社である「中央土地信用銀行」である。Гиндин, Указ. *Государственный Банк*, стр. 109-11.

(54)　Л. Шепелев, *Акционерные компании в России* Л., 1973, Гл. III, の初期の金融市場に関する叙述を参照。

(55)　Гиндин, Указ. *Коммерческие банки*, Гл. 2. 1890年代前半の農業不況の激化↔農地抵当金融における特恵措置の積み重ね↔貸出増加と抵当証券急増↔金本位制導入と外資の大量流入↔産業的盛況と対外金融依存の進展という関係がここに銘記されるべきであろう。

(56) いうまでもなく、この財政・金融政策的調整とは、当事者たる歴代大蔵大臣と保守的貴族層・貴族団・そのイデオローグとの対立、国家評議会における論議、皇帝の勅裁という緊張にみちた政治的対立・妥協の所産であり、その技術的表現にほかならない。この点については前掲のコレリン、ソロヴィヨフ研究参照。
(57) Olga Crisp, *op. cit.*, p. 132.
(58) 金本位制導入以前の1880年代・90年代の国債は軒並み金国債の形をとっている。Указ. *С.-Петербургская биржа,* стр. 4 ; *Ежегодник России 1914г.,* XII, стр. 26.
(59) 注50参照。
(60) なおこのほかに、農銀の場合2回ほど証券の利率を下げておきながら、貸出利率の引き下げを数年間ひき延ばすという術を使っている。Красик, *Указ. соч.,* стр. 43, 90.
(61) 土地市場・土地移動については、佐藤前掲論文；Анфимов, *Указ. соч.,* стр. 344- ; Анфимов, И. Макаров, Новые данные о землевладении европейской России, *История СССР*, 1974, No.1 ; Дубровский, *Указ. соч.,* Гл. VI.
(62) Корелин, Указ. статья, стр. 168-71; Olga Crisp, *op. cit.*, p. 156.
(63) Анфимов, *Указ. соч.,* стр. 358.
(64) 第九、十の論点については本章では触れることができなかった。別途検討が必要であることはいうまでもない。

第3章　資本輸入の国際的環境
——ビスマルクの「ロンバード禁止」と独露経済対立——

1　はじめに

　19世紀の最後の約30年間は，周知のように，ヨーロッパの各国資本主義が急速に発展し，激烈な世界市場競争に突入していく時期であり，同時に，その市場戦の中から，大不況と農業不況の重圧の下に，ヨーロッパの資本主義が巨大な構造変化を遂げ，独占資本の急速な成長とともに帝国主義段階への移行を開始する時期である。ドイツならびにロシアの資本主義も，この過程に沿って独自に発展し，長期の独露経済対立を展開させつつそうした巨大な構造変化の一環を構成していったことはいうまでもない。

　ところで，この独露経済対立，さらには政治・外交を含む両国間の国家対立の展開過程において一段階を画するとともに，対立を集中的に体現するものとしてビスマルクによるロシア有価証券の担保貸付の禁止（端的に「ロンバード禁止」）が外交史研究上重視されてきている。本章は，このロンバード禁止をとりあげ，それの必然性，この措置をめぐる諸階級・諸利害の対立の構造，の分析を通して独露経済対立の構造の一端を明らかにするとともに，ロシアの対外金融関係史におけるロンバード禁止の位置を明らかにし，もってロシアの資本輸入をめぐる国際環境の変化を確認しようとするものである。

2　「ロンバード禁止」の意味をめぐって

　1887年11月10日をもって，ビスマルクとそのドイツ帝国政府は，帝国銀行（さらにひきつづきプロイセン王立海外貿易会社）に対して，ロシア有価証券の担保による貸付を全面的に禁止した。内務大臣フォン・ベティヒャー

は、この措置について外務大臣ヘルベルト・フォン・ビスマルク宛に下記のように報告している。(1)

[秘密]

ベルリン、1887年11月10日

　昨日の報告に引きつづき貴下につつしんで以下のことをご通知申し上げますことを光栄に存ずる次第です。すなわち、写しの形で下に付記致しました帝国銀行理事会の指令により、本日をもって帝国中央銀行有価証券担保貸付部並びに全支店は、ロシア有価証券に対する担保貸付を今後認めないよう指示されております。〔なお〕この措置の公示はなされておりません。

フォン・ベティヒャー

[写し]　　　　　　　　添付

ベルリン、1887年11月10日
　本指令を受理して爾後、ロシア有価証券に対する担保貸付はもはや認められない。

帝国銀行理事会
署名　デヒェンド・コッホ
帝国銀行全支店並びに中央銀行担保貸付部　宛

　これが、有名なロンバード禁止の具体的内容である。ここで、本措置の意味と位置とを簡単に確認しておこう。
　いうまでもなく、一国の中央銀行または公的金融機関が外国有価証券の担保による貸付を禁じるということは、その外国証券の流動性を決定的に減じ、その価値を致命的に損うことによって、事実上その証券を自国金融市場に受け入れることを拒否し、既存のものも放逐することにほかならない。(2)現実に、この措置が実施された後、1894年に解除されるまでロシア公債に関しては、低利借換の分を除き、新規の起債は行なわれていないし、既存のものも短期間にドイツ市場から流出していったのである。さらに、次節で示すように、この時期にはロシアは国債・政府保証債の国外発行をほぼ全面的にベルリン金融市場に依存しており、しかもその規模は巨大な額に達していたから、

第3章　資本輸入の国際的環境　99

「大改革」以後既に「ヨーロッパ最大の借り手」(The largest borrower in Europe) となっていたロシアの金融・信用関係は, この段階でドイツに制されていたといっても過言ではない。したがって, この措置は, さしあたりは金融・信用のレヴェルでドイツがロシアに対して真っ向から威嚇をかけ, ロシアの信用体系全体を震撼せしめるか, しからずんばその全面的降伏・金融上の従属国化を迫るものにほかならなかった。

しかも, 実は, 同じ11月の半ばすぎにはロシア皇帝アレクサンドル三世が姻戚にあたる王室をコペンハーゲンに訪れての帰途, ベルリンを訪問することになっていたので, この措置は, こともあろうにその直前になされたことになる。王室間の親交と連繋がこの段階では外交関係の展開に対して依然として有力な影響力をもち続け, ことにかの三帝同盟以来, 独露接近外交においてこの要因が重要な役割を果たしてきたことが否定できないだけに, この「無礼な突発事件」,「かつてない振る舞い」(ロシア外務大臣ギールスの表現) は極めて強い政治的意味と効果をもったものといわなければならない。事態は, 単なる金融レヴェルの問題にとどまらず, というよりむしろ, さしあたりは意識的なものか結果的にそうなったのかということを問わないとしても, すぐれて政治・外交上の重大問題の性格を帯びてくる。事件の広がりの大きさ, 深刻さ, 政治的効果の強さに鑑みて, この措置は, 露独疎隔の所産であると同時に, それをさらにいちだんと強めるものであったことを窺い知ることができる。

ところで, この1887年という年を国際政治史的にみるなら, 普仏戦争以来, ベルリン会議を経て築きあげられてきたかのビスマルク体制が, 三国同盟の更新, 露独再保障条約の締結, 地中海秘密協定の締結等によりフランスの孤立化策を徹底させ, 一つの頂点に達する時期であると同時に, 他方で独・仏間緊張の極度の高まり (ブーランジェ事件, シュネーベル事件等にみられる開戦の危機!!), バルカンとりわけブルガリアをめぐる墺露の確執の急展開 (三帝協商の消滅), 後述の独露経済対立等の事態の進展により, 内政基盤の危機とあいまってその破綻の危機をにわかに現実化させてくる年でもあった。したがって, このビスマルクの措置は, 結果の如何によっては, この国際緊張の中に巨大な波紋を投げかけ, 精緻な外交上のバランスを大きく崩してし

まう意味をもたずにはいなかった。そして現に，88年以降，経済的のみならず政治的軍事的な露仏提携の強化，軍事同盟化，ビスマルクの退陣とドイツの「新航路」への出発，独露再保障条約の不更新，三国同盟の結束強化，等々の新たな局面が急激に展開していくことになったのである。要するに，ロンバード禁止の措置は，露独疎隔を重大な要因として生じた国際政治史上の転換の頂点に位置することになったのである。ここで，われわれは改めてロンバード禁止の措置のもつ巨大な意味に気づかされるのである。

　ところで，この措置の意義については，「ビスマルク体制」研究，または第一次大戦原因論の視角から，国際政治史，外交史，国際金融史の領域では既に十分な研究がなされており，ある意味では上の評価は常識に属するといえる。しかしながら，それらの研究は，視点の当然の帰結として，問題を絶えず政治史・外交史のレヴェルに昇華させて論じてしまう傾向をもち，しかも内政的基盤や基礎過程の認識に関しては概括的なものに留まるか，それらの構造的・統一的把握は必ずしも充分になされてはこなかった。その欠陥を補充し，外交史を基礎過程と連関させて，「構造的」=「社会学的」に追究するという画期的な研究を行なったのが，G. W. F. ハルガルテンであった。ハルガルテンは，ロンバード禁止をめぐる諸階級・諸利害の政策的志向の対立錯綜を構造的に追究し，露独対立の結節点としてのロンバード禁止の位置と意義を明らかにしている。しかしながら，和田春樹氏も鋭く指摘しておられるように，露独経済対立の中で関税対立が占めた位置については必ずしも充分に評価されてはいない。

　詳細な検討は後段に譲るとして，いま両国の関税政策の展開を一瞥してみると，われわれはそこに重大な論点が伏在していることに気づかされるのである。すなわち，両国間の通商関係は，ロシア側の1877年の関税金ルーブリ徴収とそれにある意味で対抗したドイツの79年関税を起点として関税引き上げのシーソーゲームを通じて急速に対立・険悪化の様相を強めており，特筆すべきことに，とくに86年から87年の前半にかけて通商対立は緊迫した状況をつくり出し，関税をめぐる激しい応酬を経たのちについに交渉が決裂した結果，87年の後半に対立の溝がさらに深まっていったのである。そして，ついにはドイツ内部に報復的関税引き上げか，しからずんば金融上の報復措置の

実施か，という二者択一を政府に迫る論調が急速に高まっていたのである。要するに関税問題はロンバード禁止と直結した形で，または同等の重みをもって注視されていたのである。この点，事実問題としても関税対立の問題を導入したうえでロンバード禁止の必然性は解明されなければならない。

ところで，論点がここまでたちいたると，われわれは改めて，この関税＝通商対立が背後にかかえている露独の全般的経済対立，さらにはこの全般的対立がその一環を構成しているところの19世紀末の世界市場競争の激化，大不況と長期農業不況の襲来，資本輸出の本格化，世界市場編成の再編という過程に注目せざるをえなくなる。要するにロンバード禁止の措置はこの過程といかなる論理でかかわりをもったのか，またいかなる位置を占めたのか，が問われてくるのである。

詳細な検討は次節以下で果たすことにして，最後に，ここでは上記のごとき重大かつ結果的に不利な事態を招来するに至ったドイツ側の該措置の政策的意図，主観的意図についてだけ触れておきたい。結論的にいえば，この措置の政策的ねらいは1886—87年の段階で両国間で激化してきたポーランド問題，バルカン（とりわけブルガリア），対墺外交姿勢，通商関係，金融関係をめぐる対立と両国軍部の危険な動向とによってにわかに表面化してきた全面的国家対立の危機を，最後の非常手段＝軍事力によらずしてしかも最も効果的な方法で，すなわちさまざまな側面での対立の激化にもかかわらずそれまで一貫して露独提携の維持を保障してきたところの露独金融連関，端的にはドイツの対露資本輸出の停止（＝ロンバード禁止!!）によって一挙に氷解せしめようとするところにあった。具体的には，諸々の対立の根たるロシアの反独勢力に対して一気に打撃を与え，親独派の勢力の回復を側面から援(たす)けようとする純粋に政治的意図，それを通じて経済上の諸懸案をそれぞれ有利な形で解決しようとする意図，さらに，そうした情勢を背景にして露独提携・対仏孤立化策の外交政策基調を維持・強化しようとする意図に基づくものであった。みられるように，この措置は，単なる報復措置の域を越え多少の犠牲は覚悟のうえで，金融上の威嚇の非常手段をもって諸懸案を一気に解決せんとする起死回生の術という性格を帯びていた。

主観的にはビスマルクがいかなる成算を目論もうとも，この措置は既に成

功の保障を見出すにはあまりにも大きすぎる広がりをもつもの,すなわち「賭け」の性格を帯びている。そして結果は前述のとおり,失敗と出た。この「賭け」にあえてうって出ざるをえないところに,ビスマルク外交それ自体の矛盾がはしなくも露呈しているといわなければならないし,そのビスマルク体制の重要な一基調をなし,その展開を許容していたところの「経済的関係と政治的関係とは,大国ではそれ自体何等関係がない」,あるいは「政治的には友好関係にありながらしかも経済的には闘争しうる」という原理が自己破綻をとげたこと,換言すればそれまで歴史の現実によって本格的に試される機会をもたなかったがゆえにあたかもビスマルク体制の秘密をなすかのようにみえながら,実は,19世紀末の経済対立の熾烈化の下では単なる神話にすぎなかったことが明示されているといわなければならない。けだし,この点に,19世紀末段階の露独関係の矛盾は象徴的に示され,ロンバード禁止の措置がもった意味が最終的に示されているというべきであろう。われわれは,そうした視点から次節以下で改めて露独経済対立の意味を問い直していかなければならない。

3　1880年代半ばまでの独露金融関係の特質

　ロンバード禁止の措置は,前述のとおり露独経済対立ないし国家対立の広がりと深みの中で起こってきたのであるが,それ自体は金融関係の領域の問題であるし,現実にこの領域でもさまざまの形で対立は表出し具体的に展開していた。したがって,われわれも問題をここではひとまず金融関係の次元に限定して検討していくことにしたい。

　まずロンバード禁止に至るまでの時期における両国の金融関係の特質をあらかじめ摘出しておこう。

　まず第一に両国間の金融関係を規定する基礎的要因として,ロシアが慢性的な信用不安・資本の欠乏の状態に置かれているのに対して,ドイツを含む西欧資本主義諸国が慢性的資本過剰の状態にあり,両者の間に資本の欠乏と過剰の関係が明確に形成されていたということが指摘されなければならない。すなわち,ロシアの長期金融市場に関していえば,かの「大改革」以降,国

立銀行の創立（1860年）を起点として金融・財政機構の再編・整備がなされ，そのパイプを通じて退蔵資金の動員・集中に加えてあの有償農地解放にともなう買戻制により一挙に大量の資本の強力的創出がはかられたのであるが，[17]その買戻金は，日南田氏も指摘されるように地主自身の旧国立信用機関への債務の償還のために，実は農民→国家→地主→国家という形で国庫に還流したのであるし，[18] その国庫自体が旧債務勘定の清算という重圧をもって新規国立銀行業務の一大部分に食い込んでいたから，1880年代に至るまで私的資本市場の発展は大きく制約されていた。[19] それに加えて，さなきだに狭隘な資本市場には地主・貴族に対する不動産抵当貸付のような不生産的要因が食い込みを強めており，結局，工業のための資本供給の一大部分を国庫に依存するというあの後進国工業化に特有な資本供給のパターンが形づくられていったのである。かくて国家財政がきわめて重要な意味をもってくるのであるが，当の国家財政自体が，鉄道建設を軸とする「工業化」政策を狭小かつ硬直的な歳入基盤と不生産的歳出構造（軍事費が歳出の３割以上‼）の下で推進するにはあまりに弱体であり，ほぼ恒常的に赤字を生ずることが避けられなかった。[20]

したがって政府は大規模な国債ないし政府保証債の発行政策に乗り出していくことになるのであるが，それは一方で国内長期金融市場を圧迫し，資本プロパーの起債の余地をさらに狭めつつ，自ら国内でなお実現できない部分を国外金融市場に依存していく傾向を強めていった。そしてその結果は，既に1880年代には国債利払い・元本償還のための支出が，新規国債収入とほぼ見合うまでになり[21]（表３-１参照），「国債利払いのための国債発行」という悪循環が露呈し始めていたのである。以上のような資本の欠乏，貨幣市場の狭隘・硬直という事態は，国際収支の面からみれば，貿易収支が穀物を大宗とする輸出の急増にもかかわらずそれを凌ぐ生産財輸入の激増によってほぼ恒常的に赤字を示した結果，後進国工業化に特有なその赤字部分の支払い手段の確保のための資本輸入を必要としたが，その資本収支においてすら70年代頃には外資の利払い・元本償還部分の増大により黒字幅が急速にせばまり，[22]総合収支は逆調となり，金の一方的流出か，さらに大規模な外資導入政策の[23]推進を迫られるに至ったのである。

第1部　資本輸入体制の構造とその展開

表3-1　ロシアの財政構造

歳　出　　　　　　　　　　　　　　　　　　　　　　　　　　　［単位：百万ルーブリ］

	国債利払い	陸海軍費	鉄道支出	その他官省	計
1866—75	938	1,758	736	2,086	5,518
75—85	3,478	3,333	787	2,634	10,232
86—95	6,239	2,917	2,023	3,281	14,459
計	10,655	8,008	3,546	8,001	30,209

歳　入　　　　　　　　　　　　　　　　　　　　　　　　　　　［単位：百万ルーブリ］

	直接税	間接税	鉄道収益	国有財産関税収益	内外国債	計
1866—75	1,015	2,505	239	1,176	730	5,665
75—85	1,310	3,705	428	1,263	3,552	10,238
86—95	1,798	5,324	1,295	1,419	4,861	14,677
計	4,123	11,534	1,962	3,858	9,143	30,600

典拠：А. Погребинский, *Очерки истории финансов дореволюционной России XIX-XXвв.*, М., 1954, стр. 93, 95.

表3-2　英・仏・独・露の割引歩合

公定歩合　　　　　　　　　　　　　　　　　　　　　　　　　　　　　　　　［単位：％］

年次	イギリス		フランス		ドイツ		ロシア		
	平均	最低	平均	最低	平均	最低	最高	最低	平均
1886	3.05	2	3	3	3.28	3	5	5	5
1887	3.34	2	3	3	3.41	3	5	5	5
1888	3.30	3	3.10	3	3.32	3	6	5	5.39

市中歩合　　　　　　　　　　　　　　　　　　　　　　　　　　　　　　　　［単位：％］

年次	イギリス		フランス		ドイツ		ロシア		
	最高	最低	最高	最低	最高	最低	最高	最低	平均
1886	4 1/8	7/8	3	1	4 1/2	1 1/2	5	3 3/4	4.41
1887	4 1/8	7/8	3	1 7/8	3 1/2	1 1/2	5 3/4	4 1/2	4.95
1888	4 1/4	1 1/8	4	1 3/4	4(ママ)	4 1/4	7	5 3/4	6.38

典拠：А. Ф. Яковлев, *Экономические кризисы в России*, М., 1955, стр. 163.
注：ドイツの1888年の市中歩合は最低より最高が低いが，原典どおり。

第3章　資本輸入の国際的環境

表3-3　有価証券の実際の利率

[％]

年	ロシア	イギリス	フランス	ドイツ
1881	5.83	—	3.60	3.93
1882	—	—	—	—
1883	6.32	—	—	3.99
1884	5.81	—	3.92	3.82
1885	—	—	—	—
1886	4.81	—	3.76	3.50
1887	4.86	—	—	3.51
1888	4.98	—	—	3.42
1889	4.77−4.65	—	—	3.57
1890	4.59	—	3.24	—
1891	4.18	—	—	3.55
1892	4.52	—	—	—
1893	4.48−4.38	—	—	3.46
1894	3.86	—	—	3.42
1895	3.80	—	—	—
1896	3.38	—	—	—
1897	3.00−3.78	—	—	—
1898	3.57	2.91	—	3.28
1899	—	3.71	—	3.53
1900	—	2.79	—	4.00
1901	4.26	2.91−3.55	3.00	3.45−4.03
1902	4.41	2.69	—	3.36
1903	3.91	—	—	3.28

典拠：В. Е. Власенко, *Денежная реформа в России 1895-1898гг.*, Киев, 1949, стр. 70.

表3-4　ロシア証券の国外発行の内容

年次	債券の名称	額面発行総額 （百万ルーブリ）	発行時価 ％	実質利子率 ％
1883	6％　金公債	75.0	95.0	6.32
1884	5％　金公債	30.0	88.4	5.66
1889	4％　第一回　金国債	187.5	83.5	4.98
1890	4％　第二回　金国債	135.0	90.0	4.59
1890	4％　第三回　金国債	112.5	91.0	4.52
1890	4％　第四回　金国債	15.7	94.0	4.40
1891	3％　金債券	112.6	76.2	4.22
1893	4％　第五回　金国債	66.8	93.7	4.38
1894	3½％　債券	150.0	91.1	3.86
1896	3％　債券	150.0	88.7	3.38

典拠：Власенко, *Указ. соч.*, стр. 69.

ロシアの当期の長期金融市場の動向については，第１章で表１‐１等に即してみてきたところであるが，一挙に創出された厖大な資本需要と未成熟で硬直的な資本供給体制とのギャップは，国内貨幣市場における利率の高騰を随伴しつつ（表３‐２参照）(24)，国外金融市場からの，しかもきわめて不利な条件での巨額の資本輸入を必然化させていった（表３‐３，表３‐４参照）。なお，最後の点に関しては，クリミア戦争にともなうルーブリ紙幣の濫発の結果生じた悪性紙幣インフレの抑制・改善のためにほぼ恒常的に通貨収縮政策がとられたため，国内金利水準が異常な高さに据え置かれていたという事情がさらにつけ加えられなければならない。(25)

これに対してドイツを含む西欧資本主義諸国の側では，周知のとおり，1870年代初めには既に本格的に確立・整備された資本市場の下で資本蓄積を推進していたが，73年恐慌に続く大不況の支配の下で，慢性的な資本過剰の状況が一挙に表面化し，豊富かつ安価な資本が有利な投資先を国外に求めるに至っていた。かくて，西欧諸国とロシアとの間に資本の輸出入の関係の基礎が据えられたのである。

ところで，この両者の間の資本の輸出入の関係を具体的にみていくと，そこにきわめて特徴的な事実があることにわれわれは気づかされる。すなわち，露土戦争に至るほぼ1860―70年代には，対露債権国の地位をイギリスがほぼ独占し，ロンドン金融市場における外国上場証券中のロシア債の比重も著しく高まったが(26)，70年代の後半に入って英露対立が激化しロシアの信用事情が悪化するとともに，イギリスの投資家層はロシア証券を一挙に市場に放出し，(27)この間に対仏戦勝にともなう巨額の賠償金の流入と国内金融機構の確立（帝国銀行の創立），金本位制の導入等を基礎に国際金融市場において急速に地位を高めていたドイツがそれを買い入れて対露債権国の地位をイギリスに代わって独占していったのである。(28)そしてさらにいえば，1870年代末―80年代にドイツが占めたロシアに対する独占的債権国の地位が，われわれの検討対象たるロンバード禁止を決定的契機として，それまでは対独賠償支払いのための国債の消化のために資本輸出の金融的余力をもたなかったフランスによって大きくとって代わられたのである。つまり，語弊を恐れずに要言すれば，対露債権国の地位は，1860―70年代にはイギリス，80年代にはドイツ，90年

第3章　資本輸入の国際的環境　107

代以降はフランス，と特徴的な変化を示しているのである。この対露債権国の地位のドラスチックかつ特徴的な交代という現象は，独自な検討を要するところであるが，いまさしあたりそれを問わないとして，ここではとくにドイツとの金融連関が強まったことに関して次の事情に留意しておかなければならない。一つは，この金融連関が強まっていく過程が両国の貿易関係の強化・緊密化の過程とほぼ並行しており，両者の間に一定の連関があったこと，別言すれば，対露資本輸出が露・独貿易関係を補完・促進するものとして機能したことである。二つには，それと密接にかかわることであるが，貿易関係の緊密化の結果としてロシア貿易の対外決済や貿易金融の面でドイツ金融市場が規制的地位を占めるに至っていたことがある。(29)

　次に，まさにロシアとの金融的結合を強めた1880年代に，ドイツ金融市場が特徴的構造＝段階的特質をもっていたことが指摘されなければならない。すなわち，ドイツの銀行がこの時期には特徴的に外国公債投資（間接投資!!）にむかっていたということである。これは，一つには，あの70年代初めの創業熱時代（Gründerjahre）における熱病的な産業投資（発行業務に主軸を置いていた）が恐慌とともに破綻した結果，銀行資本は産業資本との積極的な結合を行なわず正規の銀行業務の育成にむかったという銀行自体の業務の重心移動によるものであり(30)（「交互計算業務」による大銀行と産業との本格的結合は90年代以降!!），第二には73年恐慌に続く長期不況に際して産業株式への投資が低調となり，利子率・配当率が低下した結果，国債を中心とする確定利付証券の相場が上昇し，内外の公債の上場・取引の比重が高まっていったということによる（表3－5，表3－6参照）。第三に，より具体的事情として，プロイセンを起点としてこの段階で鉄道国有化政策が打ち出され，従来の私鉄株式・社債が国債に交換された結果，国債の人気が高まりつつも，80年代初めに内国債中，最大規模をもつプロイセン公債の発行引き受けが邦立ゼーハンドルング単独で行なわれるに至ったため，私行は，それに対抗してその他の証券とりわけ外国政府公債の引き受けに積極的にむかわざるをえなかったということがある。(31)そして最後に，それら内外公債の引受団には，「ベルリンの大銀行」（対露引き受けでは主としてディスコント・ゲゼルシャフト）のほかに，ロートシルト，ブライヒレーダー，メンデルスゾ

表 3-5　ドイツにおける年間平均証券発行額

[単位：百万マルク，(%)]

	1883—85年	1886—87年	1888—90年	1891—93年
総　　　　額	853 (100.0)	1,012 (100.0)	1,416 (100.0)	1,144 (100.0)
うち外国証券	446 (52.0)	448 (44.2)	546 (39.4)	253 (22.0)
内　国　債	57 (6.7)	112 (11.0)	429 (17.1)	371 (32.0)
地　方　債	56 (6.6)	135 (8.4)	34 (4.5)	73 (6.4)
土地抵当証券	178 (20.8)	233 (23.0)	347 (20.7)	353 (30.9)
銀　行　株	13 (1.6)	28 (2.7)	102 (4.1)	26 (2.3)
産　業　株	37 (4.3)	73 (7.2)	244 (10.0)	23 (2.0)
産　業　債	42 (4.9)	22 (2.2)	34 (2.8)	37 (3.2)

典拠：戸原四郎『ドイツ金融資本の成立過程』東京大学出版会，1960年，231頁。

表 3-6　ベルリン取引所公式上場証券数

	ドイツ公債	外国公債	鉄道証券	銀行・産業株
1870	63	32	175	55
1875	98	53	292	111
1880	162	63	284	103
1885	155	115	297	161
1890	179	183	341	366
1893	217	196	245	389

典拠：同上書，232頁。

ーン，ワルシャワー等のいわば前期的要因を払拭しきらない大「個人金融業者」が加わっており，彼らは，外国公債引受業務に支配的影響力をもっていたという事情が留意されなければならない。彼らは，外国公債相場が上昇し，その引き受けが有利な条件を提供している限り存続を保障されたし，またベルリン市場に外国債を積極的に持ち込んだが，90年代以降，工業のためのバンクグルッペが登場し工業金融の比重を高めていくと，急速に没落していったのである。(32)

　ここに，1880年代におけるドイツ長期金融市場の特異な構造，過渡的性格が確認されなければならない。とくに金融＝銀行利害の産業資本に対する相対的遊離，個人金融業者の相対的に独自な業務動向（対露公債引き受けへの沈潜）は，80年代の独露金融関係に独特な性格と矛盾を付与し，これがロンバード禁止の前後に表面化することになるのである。それはともかく，ドイツの対外投資は80年代に以上の事情を反映して急速に伸び，70年代以降第一次大戦に至る全期間を通じて伸び率・対国民所得比において最も高い水準を

示すことになった（対国民所得比5.0%‼）のである(33)。独露の金融関係が最も緊密化した時期とは，ドイツ金融市場が以上のような独自な内容をもっていた時期とちょうど一致していたのである。

　最後に，以上のことに規定された当段階の独露金融関係の具体的特徴についてみておこう。特徴の第一点は，ドイツの対露資本輸出が主としてロシア一般国債・鉄道債等の確定利付証券の引き受けといういわゆる間接投資の形態をとっており，残る直接投資については，それがロシアの西部国境，つまりポーランド地域を重点対象とするものであったということである(34)。第二の特徴点は，したがって，対露資本輸出が，一般的には商品輸出と一定の照応関係，相互促進的関係を示すとはいえ，なお直接的関係をもたず，国内産業利害との一定の背馳の危険を内包するものであったということである。第三に，資本輸出に際して，ビスマルクはこれを独露提携の維持の手段として最大限に有効に利用しようとしており，政治的意図が強く織り込まれていたこと，したがって，一方ではある程度までは通商関係の悪化にもかかわらず，というよりはそうなればなるほど金融連関が維持されるという側面があると同時に，他方で両国の政治・外交・軍事情勢の動向が逆に敏感にそこに反映していったことが特筆されなければならない(35)。第四に，ロシアがその資本供給をドイツにもっぱら依存していたこと，ロシアの金融事情の悪さ（1880年代に入り紙幣ルーブリ相場は60カペイカ台に低落‼），ドイツ金融市場におけるロシア証券の過度の割り込み（「外国有価証券の投資に対するドイツ民衆の偏愛」；ヘルベルト・フォン・ビスマルク，傍点は筆者）が，ルーブリ投機，ロシア証券投機を随伴しつつ，両国間に金融的支配・従属の関係を定置せしめる方向に作用し，この面で緊張が次第に高まっていったことに注目しなければならない。第五に，露独金融関係の緊密化，とりわけ銀行間の結合を通じて，両国間に独自な金融上の利害共同体，具体的にはドイツ側のロシア・シンジケートとロシア側のペテルブルク取引所・銀行グループの連繋が強化・定着していたことを指摘しておこう(36)。

　以上，1880年代における露独金融関係の特質をみてきた。最後に，このような特質をもって展開してきたドイツの対露資本輸出が，ロンバード禁止直前の段階でどのような規模に達していたかを数量的にみておくことにしたい。

110　第1部　資本輸入体制の構造とその展開

　まず対露投資総額は，ビスマルクの推計によれば，1887年1月現在で，12億ルーブリ，独貨20億マルクに達していたといわれ，この数字は，同時期のプロイセンの預金総額が22億6000万マルクであったといわれるから，それにほぼ等しいことになり，ドイツ金融市場における比重の高さを明示する。また，ドイツ資本輸出総額においてロシアが占める割合は20─25％といわれ，もちろん投資対象国中首位を占めることになる。今度は，ロシアの資本輸入の側からみれば，国外発行全公債の5分の3から4をドイツが占め，なかでも，国外発行の鉄道証券に関しては総額5億5000万ルーブリ中，実に9割以上の5億1000万ルーブリを，さらにその中でも株式総額2億8000万ルーブリのうち2億730万ルーブリをドイツが占めていたといわれる。以上のような実態を反映してロシア有価証券は，ドイツ帝国銀行がロンバードの対象とした外国有価証券40件のうち，実に30件を占めていたと外務大臣ビスマルクは報告している。ロシアのドイツ金融市場に対する依存＝従属関係は以上の数値の中に明示されている。

4　1880年代半ば以後の金融関係の矛盾の表面化

　以上のような特質をもって展開してきた独露金融関係は，1880年代半ばすぎ，ことに87年に入ってその内包していた矛盾を急速に表面化させていった。以下，矛盾の表面化について，その契機とあらわれ方に留意しつつ具体的に検討していくことにしたい。われわれは，以下の検討を通じて，ロンバード禁止の措置が打ち出された必然性はさしあたりは両国の金融関係それ自体の中に求められながらも，より根本的な両国の経済対立が実は金融領域で表出し，ロンバード禁止に収斂していったことを確認することができるであろう。
　両国の金融関係の中に生じた矛盾の第一点は，ロシア証券がドイツ金融市場へ過大な割り込みを行ない，遊休資本のみならず本来国内の農業・工業に融資さるべき部分まで吸収し，利子率を引き上げていったとみられた結果，表3-7に明示されるようにまさに1887年前後の時点で農業不況の重圧を直接受けて異常な穀価低落にみまわれ，不動産抵当債務を急増させていったユンカー階級と，まさに同じ時期に長期の不況の末期を通過し，そこから脱出

第3章　資本輸入の国際的環境

せんとして資本需要を増大させつつあった工業資本の両者の側から利子率の高騰に対する反発が強められていった[41]ということである。要するに資本の過剰ということによってのみ存在しえた資本の国内への供給と外国への供給の間の蜜月の時期は急速に去っていったのである。表3-5・6における当時期以降の外国債の比重の低下と銀行・産業株ならびに土地抵当証券の比重の増勢との交錯は、この

表3-7　ドイツ小麦価格の変動
[1871—75年＝100]

1871—75年	100
76—80	92
81—85	82.5
86	67
87	73
88	76
89	83
90	86
91	99
92	78
93	67

典拠：Яковлев, *Указ. Соч.*, стр. 165.

間の金融市場の動向を端的に示すものといえよう。なお、このような動向が、前述の公債のためのバンクグルッペに対する工業のためのバンクグルッペの漸次的優位の形成という90年代以降本格化する過程に接続していくものであることは明らかであろう。

　矛盾の第二点は、対露資本輸出の機能と効果をめぐってドイツ重工業ブルジョアジーの中に明白に疑念が生じ、対露投資の方針をめぐって不満が表面化したということである。すなわち、1880年代に入って資本輸出と商品輸出との照応関係が崩れ、両者の間に明白な乖離が生じていたために、対露資本輸出に対して消極的になるだけでなく、むしろ、それが競争相手たるロシア工業を利するものであるとの積極的反対論が重工業ブルジョアジーの中に生まれてきたのである。実際に、70年代半ばから80年代初めにかけてドイツの対露商品輸出は増勢の一途を辿り、80年にはロシア総輸入額中ドイツが実に46％という高い比重を占めるまでになりながら、以後逆にその比重は急速に低下し30％前後の水準にまで落ち込んでいった。なかでも重工業製品の輸出は、相対的のみならず絶対的にも顕著な減退傾向を示すに至った[42]。これは、ロシア政府が鉄道建設資材の自給化方針にもとづいて打ち出した強力な保護関税の結果にほかならないが（輸入代替産業の成長!!　第1章の表1-7参照）、ロシアに輸出されたドイツ資本はこの保護関税に守られたロシア工業の発展を助長することになり、ドイツ重工業の利害に真っ向から対立することになる[43]。このような事態の展開に関して特筆すべきことは、1887年の6月、

オーバー・シュレージェンのマグナーテン, グヴィド・ヘンケル・フォン・ドンネルスマルクが, ドイツ政府に対して, 対露報復関税政策かさもなければ報復的金融政策の採用を迫っていったということである。それは, 一つには, オーバー・シュレージェンが対露鉄鋼輸出の一大中心地域となっていたこと, 第二にヘンケル自身がある意味でドイツを代表する大鉄鋼業家であったことの二点においてロシア関税に対するドイツ側の不満・反発の論調を彼の発言が最も鋭く・現実的に体現していたからであり, 第三に, 彼自身がポーランド地域等に広大な農場を所有する大土地所有者であったという点においてユンカー階級と共通の利害に立ち, ビスマルクの政策の基調をなすと同時にその基盤をなしていたかの「穀物と鉄」の同盟の中枢に位置する人物であったが, その彼が, ビスマルクに対して強硬措置を強く要求していくことによって, ビスマルクの政治基盤そのものに一定の動揺が生じてきていること, さらにそのことを通じて, ビスマルクの政策体系が重大な矛盾と決定的岐路に逢着しつつあることが示されているからである。第四に, 「報復関税かさもなければ報復的金融政策か」という発言が, 一方で両者の緊密な連関を, 他方で, そのいずれにせよ, 経済対立の激化が不可避になってきているということを端的に物語っているからである。

第三の矛盾点は, 対露資本輸出が実質的に鉄道建設に集中し, その鉄道建設を通してロシア穀物の輸出体制が急速に整備・拡充され, 安価な穀物が陸路経由でドイツ市場に多量に流入することによって, いまや対露資本輸出はユンカー利害とも真っ向から対立するに至ったということである。この矛盾は, 1880年代には鉄道建設がロシアの西部地方, 独・墺国境周辺に集中する形で推進されたことによって一層顕在化したのであるが, より基本的には, 農業不況の影響が80年代半ばにむけて穀物高関税体制を敷いたドイツでも急速に顕在化し, 既述のとおり80年代半ばになって穀価が急激に下落したことによるものにほかならない。なお, この西部国境周辺におけるロシアの鉄道建設は, 全般的な露独疎隔の情勢の中で急速に抬頭してきたところのワルダーゼーを筆頭とする軍部内の対露強硬派＝予防戦論者を戦略的観点からさらに刺激するとともに, 結果的に彼らの立場を補強することになった。かくてユンカー階級は, 軍内部のこの動向と結合して対露強硬派陣営の主軸を構成

していくことになったのである。対露強硬派陣営にとっては，資本輸出は文字通り利敵行為とみなされるに至ったのである。

　第四の矛盾は，ロシアの側に外資導入政策に対する一定の変化があらわれ，独露金融関係に新たな緊張が持ち込まれてきたということである。すなわち，第一に，相次ぐ外資の導入の結果，利子・配当・元本償還の支払い額も新規導入額を凌駕するほどに累積し，国家財政・国際収支を危機的状態に至らしめるまでになり，ロシア政府自身が従来の手放しの外資導入政策を修正・抑制し，極端な場合には，新規起債を見合わせる動きすら示す一方，既存のものに対しては，低利借り換え（4％へ引き下げ）と利子への5％課税，印紙税賦課等の措置により支払い額を削減する政策をうち出していったのである。この動きは，工業利害と密着し強硬な保護主義論者と内外からみなされたヴィシュネグラツキーが大蔵大臣に就任した1887年の初めからにわかに表面化した。第二に，ロシアの信用状態の悪化と，ドイツ金融市場におけるロシア証券の充溢・飽和とは，ロシアのルーブリ紙幣・有価証券に対する投機を誘発・激化させ，ドイツの対露信用不安の空気を増長せしめるとともにロシア側に対しては，懸命の買い支え（場合によっては意図的投機への参加）等の形でドイツ金融市場への緊張にみちた介入，市場操作を強要していくことになり，対独金融従属への懸念・反発を強めさせていったのである。以上の2点は，両国間の金融情勢の悪化が既に一般的なものにとどまらず，固有の金融利害，ロシア債保有者の利害にも抵触し始めたことを示すものにほかならず，緊張は一段と強まると同時に反発が屈折した複雑な様相を呈するに至った。

　第五に，より直接的，歴史的なものとして，ポーランド地域に対する資本輸出をめぐる露独間の矛盾が特筆されなければならない。すなわち，ロシアの関税障壁が1880年代に入って急速に高められると，その障壁を迂回すべく，労働力・原料・市場・輸送条件（ドイツ国境に近接し，しかもロシア内陸部とも鉄道によって結合することになる）で有利なポーランド＝ロシア帝国西部地域にドイツの直接投資が集中的に行なわれていったのであるが，その結果，ポーランド地域が繊維工業，重工業等の急速な発展によってロシア帝国内第3位の工業地帯に躍進し，内陸部市場をめぐって他地域の工業との激烈な競争関係に入るに至った。そこで，綿業を主軸とする中央工業地帯のブル

ジョアジーや南部鉄鋼業の側から，ドイツ資本の進出に対して猛烈な反対の動きが出てきたのである。そして，この動きは，現実に87年の5月に外国企業の当地域への進出を制限する勅令に結実した。これは，ドイツ投資家，工業資本に対する直接の挑戦となるものであり，両国間の対立はこの問題を契機にして著しく過熱化し，抜きさしならない様相を呈してきたのである。なお，この問題について旧東独の史家ヨアヒム・マイは，独露の対立が通商対立の枠を越えて資本輸出の領域にまで実際に及んできたことを示すものであるとしている。けだし正当な評価というべきであろう。なおこのポーランド地域に対するロシア政府の措置は，実は金融次元にとどまるものではなく，関税・鉄道運賃率・土地投資の制限（上記のヘンケルを含めユンカー，貴族層はこの時期にポーランド地域への土地投資を活発に進めていた!!）等の領域にまでかかわりをもつものであり，露独の一般的対立の一つの焦点に位置するものであったことを付言しておこう。

以上，1886—87年の段階で独露金融関係をめぐって諸矛盾が急速に表面化し，全般的経済対立と密接に関連し，またその一環となって重大な政治問題に転化していく過程をみてきた。それらの矛盾の表出が意味するところは，資本輸出が，多かれ少なかれ対象国の経済の成長を促進させるという自己矛盾を内包しているという一般的なことのほかに，独露金融連関の緊密化を助長し規定したその同じ条件が，大不況と農業不況の深化，ならびにそのことに規定され露独通商対立の激化によって今度は反対物に転化し，逆に両国の金融関係に緊張を持ち込み，それを危機に追いやった，ということにほかならない。そのことは，ドイツにおいては，ユンカー・重工業利害・軍部等が対露強硬政策の推進を主張する陣営に結集していくことによってビスマルクの対露金融政策の政治基盤を崩壊させ，それと対立していくことを意味し，ロシアにおいては，ドイツ資本の輸入を主軸とする親独派と保護主義推進路線に立つ対独強硬派の二大陣営の形成ならびに対決を意味していた。ロンバード禁止の措置は，そうした両国内部の対立と両国間の対立とが収斂したところに位置するものにほかならなかったのである。

さて，最後に上述の金融関係をめぐる矛盾対立がロンバード禁止という形で政策的に具体化していく過程を簡単にみておこう。

第3章　資本輸入の国際的環境　115

　上述のとおり、1886—87年の段階で対露金融関係をめぐる強硬論がドイツの朝野で急速に抬頭してくるのであるが、政府筋からその方向が出てくるのはおそらく86年4月の外務省のベルヒェムの発言が最初のものと思われる(60)。その発言で特徴的なのは、両国通商関係の悪化という事態のもとで、対露報復関税か低利借り換えの阻止かという形で、金融上の強硬措置が提案されていることである。この強硬措置の提案はビスマルクによってひとまず拒否された。それは、金融上の強硬措置は、ドイツのとりうる最後の手段であって容易にその手の内をみせるべきでないとの判断によっていた。このことは、ビスマルクが、対露金融関係を独露提携の最後の保障とみなしており、したがって逆に金融上の強硬措置を実施した時には、その他の領域で既に妥協の余地が消滅していると同時に露独の決定的疎隔を阻止する手段も消滅することを物語るものにほかならない。ビスマルクのこのような判断にもとづいて、その後86年末まで通商関係の改善のために交渉が続けられることになるのであるが(61)、交渉はその場合報復関税導入の威嚇を手段として非妥協的な姿勢で進められた。結局この交渉はロシア側の強硬姿勢に直面して決裂し(62)、翌87年の5月、ロシアの関税は鉄鋼を中心に大幅に引き上げられ、露独間の経済関係は急速に悪化していった。

　このような情勢を背景にしてドイツの各新聞は政府の容認の下に一斉にロシア証券、ロシアの信用状態に対する非難・攻撃を開始した(63)。既に威嚇手段としての対露金融強硬政策は開始されたのである。そしてこの動きは、独露再保障条約が、独仏対立・露墺対立という双方の事情におされて6月に成立したあとも続き、夏には、前述のヘンケルの強硬論に収斂していったのである。この間ビスマルクは、対露金融強硬政策を威嚇手段として最大限に活用しつつも、同時に提携維持の最後の保障としてその実施を保留してきたのであるが、両国の対立が激化し、ことにロシア内部の対独強硬派の勢力が一層強まった結果、9月段階では、既に両国の政治・外交関係を最後のところで保障しているはずの再保障条約すらもがロシアで実効をもちえないのではないかとの判断に傾き(64)、結局、10月に入って外務大臣ヘルベルト・フォン・ビスマルクが外国証券一般のロンバード禁止を提議したのに対して欄外傍注において賛意を示すに至り(65)、11月10日ついにロシア有価証券を名指しでロンバ

ード禁止を指令したのである。

5 「ロンバード禁止」の諸結果

はじめに述べておいたように，ロンバード禁止は，巨大な「賭け」の性格をもっており，結果的に「賭け」は失敗に終わった。以下，その経緯をごく簡単に追っていくことにしたい。

まずロンバード禁止の直後の状況についてであるが，事態はもちろんドイツ側が意図したとおり，ロシア証券の相場を急速に低落させ，ロシアの信用状態に対する不安を急激に高めることになり，その結果1888年年頭には紙幣ルーブリの相場は実に49.98カペイカという史上空前の最低値を示すに至った（第4章の図4-1参照）。投機の渦の中でロシア政府は深刻な信用危機の状態に置かれ，懸命にロシア証券の買い支え等の対抗・防衛手段を講じつつ関税の譲歩案を用意するなどして明らかに動揺していた。[66] 88年段階でドイツ政府に届く報告はいずれもロシア政府の譲歩の動きが間近いことを予測させる楽観的なものであった。[67] しかしながら，時間の推移とともに「賭け」はドイツ側に不利なものであることが次第に明らかになっていった。

すなわち，一つには，1887—88年にたまたまロシアは異常な豊作に恵まれ，為替ダンピングの効果に支えられて史上空前の規模の穀物輸出を達成することができたため，貿易収支は巨額の黒字を計上することができ，為替相場も急激に上昇して十数年ぶりの高値を回復した。政府はこの好条件に支えられて従来の貿易収支の年間の差額分にもあたる巨費を一挙にロシア証券の買い支えに投入することができた。[68] その結果，ドイツ市場で安値で放出されたロシア証券が大量に国内に還流することになったが，それらは，まさにこの時期に預金残高を飛躍的に増大させることによって豊富な資金を蓄積することができた国内金融市場において順調に吸収・消化されていったのである。[69] 第二に，既に禁止の直後からフランス金融界はロシア証券の受け入れの意図を積極的に示し，1888—89年の時期にベルリン市場で放出されたものを買い入れたうえ，低利借り換えにも積極的に応えていったのである。[70] 以後も巨額のロシア証券を相対的に有利な条件で消化していった（表3-4参照）。これは，

第3章　資本輸入の国際的環境　117

フランス金融市場が，大不況と農業不況に規定された国内産業の沈滞に規定され本格的に国外投資にむかおうとした（表3-3参照）ことと関連しているが，対露接近という政治外交路線に沿う動きでもあった。かくてドイツでは，ロシア政府の意を受け，また自らの固有の利害にもとづいてドイツの銀行・取引所筋がロシア証券の買い支えに懸命の努力を払った[71]にもかかわらず，その努力は水泡に帰し，証券の減価にともなう巨大な損害だけがあとに残り，最終的には少額部分に至るまでロシア証券はドイツから流出してしまったのである。[72] ロシアの有価証券は，もはやドイツ政府の威嚇の効果の及ばないところまで遠ざかっていったのである。それどころか，露独提携の維持を依然として追求し続けるビスマルク自身が逆に動揺し，一方で反露キャンペーンを継続させながら，同時にブライヒレーダー等の金融利害に対して89年春にロシア転換債の引き受けを認めるという矛盾・動揺を示し，自らの破綻を示していったのである。[73]

　第三に，ロシアの反独勢力の牽制・親独派の側面援助というビスマルクとその政府の意図も，フランスの対露接近と1887年12月の穀物関税引き上げによって地主勢力を反独親仏の方向に押しやり，親独派の足場を決定的に弱めるという逆の方向に結果した。[74] もはや，ポーランド問題にしても関税問題にしてもドイツはロシアからの妥協・譲歩を期待しえないところまで進んでしまったのである。かくて，ロシアは一方で対独金融従属から離脱し，従来のドイツ市場に対する依存部分をパリ市場でより安価に肩代わりしてもらうとともに，さらに進んで，かのシベリア鉄道の建設（1891年起工）資金の供給[75]を積極的にパリ市場によって保証される見通しを得た。このような露仏金融関係の緊密化は，露仏の政治的軍事的結合を準備し，かの露仏軍事同盟成立の経済的基礎を提供した。これに対してドイツは，対仏孤立化政策の破綻に加えて，二正面戦争の事態を予想せざるをえない立場に立たされ，三国同盟の結束強化にむかわざるをえなくなった。[76] ドイツの従来の対露投資資金が，同時期にフランスと深刻な経済対立の関係にあったイタリアに流れていった事実は，[77] 露仏金融提携と合わせてこの段階のヨーロッパ国際政治の旋回過程を象徴的に示しているといえよう。ここに，二大軍事同盟ブロックが形成され，新たな勢力均衡がつくり出されていったのである。

第1部 資本輸入体制の構造とその展開

こうしてロシアは,「ロンバード禁止」という劇的な事態を旋回点として,金融連関＝資本輸入の主たるパートナーを,相互対立の局面を強めるドイツから,折しも「高利貸的帝国主義」の特徴を鮮明にしていこうとするフランスへと劇的に変えていったのであるが,このことは,資本主義を確立させてこれから帝国主義段階を迎えようとするロシアにとって,資本輸入のための「適合的」な国際的環境が新たに形成されたことを意味していた。この軌道のもとでロシア資本主義はフランスとの間に資本輸入＝利子貢納の関係を強め,この対外金融従属関係を第一次世界大戦に向けて一つの運命共同体へと転化させていくことになった。

(1) *Die Grosse Politik der europäischen Kabinette, 1871-1914*, Bd. V, Nr. 1142.
(2) ドイツの銀行におけるロンバード貸付（証券担保貸付）については,大矢繁夫「ドイツの銀行の証券信用業務」,酒井一夫・西村閑也編『比較金融史研究』（ミネルヴァ書房,1992年,所収）を参照されたい。
(3) H. Feis, *Europe: the World's Banker, 1870-1914* (paper back, N. Y. 1965), p. 210.
(4) 岡部健彦「Lombardverbot の成立とビスマルク的国際体制」『史林』第36巻第3号,1953年；В. М. Хвостов, *История дипломатии*, ч. 2, М., 1963, стр. 260.
(5) 岡部,上掲論文,210頁。
(6) 以下,当時期の外交関係の展開については,江口朴郎『帝国主義の時代』岩波書店,1969年；同「19世紀後半の世界政治」,岩波講座『世界歴史』19,1971年；岡部健彦「Das Europäische Staatensystem について」,奈良女子大文学会『研究年報』1966年；同「『露・独再保障条約』不更新問題の再検討」『史林』第50巻第2号,1967年；同「世界政策と国際関係」,岩波講座『世界歴史』22,1969年；Sigrid Kumpf-Korfes, *Bismarcks „Draht nach Russland"*, Berlin, 1968; Хвостов, *Указ. соч.;* G. W. F. Hallgarten, *Imperialismus vor 1914*, 2 Aufl., 2Bde., München, 1963; R. Ibbecken, *Das aussenpolitische Problem, Staat und Wirtschaft in der Deutschen Reichs Politik, 1880-1914*, Berlin, 1928.
(7) 岡部健彦氏の前掲の一連の研究は,ビスマルク体制を外交史レヴェルで一貫して追究した貴重な業績であるが,それにもかかわらず,というよりそうであるがゆえに,「矛盾を前提にしているが故にビスマルク体制は

無矛盾である」と表現されるような発想に貫かれており，基本的な点で問題をもつと思われる。この点，終始矛盾の体系としてビスマルク体制を捉える江口氏の観点は好対照をなす。

(8) Hallgarten, ibid. なお，同書については，大野英二『ドイツ金融資本成立史論』1956年，153—56頁；同「ハルガルテン『1914年以前の帝国主義』」『経済評論』1954年4月号，171—78頁に詳細な紹介がある。ハルガルテンは，大野氏の表現を拝借すれば「ビスマルクの五つの球をあやつる曲芸師の演技も，一定の具体的な経済的に制約されている情勢を前提にしており，この前提が変化するにつれて不可能となることを解明している」。

(9) 和田春樹「近代ロシア社会の発展構造——1890年代のロシア(一)」『社会科学研究』第17巻第2号，137頁；拙稿「独露通商対立とロシア機械工業」，福島大学経済学会『商学論集』第39巻第4号，1971年；拙稿「19世紀末独露通商対立と1894年の通商航海条約」『西洋史研究』新輯第1号，1972年。

(10) Kumpf-Korfes, a. a. O., S. 53-61.

(11) ドイツ軍部が，1888年参謀総長に就任するヴァルダーゼーを筆頭にして対露予防戦準備を主張し，好戦的姿勢を打ち出し，ビスマルクの対露宥和接近外交と対立していく一方，ロシア側軍部も，参謀総長オブルチェフをはじめ一部に露仏軍事提携論が抬頭してきていた。さらに，86年末，87年初の独仏開戦の危機に際してロシア政府は西部国境付近への軍隊の動員の用意を開始している。Хвостов, Указ. соч., стр. 253, 261.

(12) S. Kumpf, К вопросу о причинах и следствиях запрещения Бисмарком приема в залог русских ценностей германскими банками (Ноябрь 1887), Вестник Московского Унивеситета, История, 1968, Nr. 3.

(13) Die Grosse Politik, Bd. V, Nr. 1138; 岡部，前掲「Lombardverbot ……」212—16, 222—24頁。

(14) 岡部氏は，1887年6月の露独再保障条約締結とロンバード禁止の措置は矛盾するという従来の研究の理解を批判して，後者は前者の外交上の補足手段であって両者の間に矛盾はないと主張し，ロンバード禁止を再保障条約の補強手段たらしめようとしたビスマルクの「計画は，結果的に言って，充分成功的なものであったということは留保されるにしても，なお失敗でなかった」，「禁止令はビスマルク体制の一連の同盟協商網の中でやはり必要な一環を成していたと認められなければならない」と強調しておられる。たしかに主観的意図，「計画」という点までは仮に氏の見解に同意できるとしても，結果においてすら失敗でなかったと強弁さ

れる点についてはどうしても納得致しかねる。主観的意図と客観的効果・結果との区別の欠如等はいわずもがな、ビスマルク体制についての氏の基本的視角に問題の根が伏在しているように思われる。なお、ハルガルテン、イベッケン等に主として依拠された氏の経済対立の理解についても、関税政策対立の相対的軽視という点等において必ずしも説得的ではない。

(15) たとえば、「反ドイツ的輿論の中に皇帝個人の責任において輿論に対して秘密裏に締結された再保障条約が露独関係の提携を維持する上でどれ程の実効性を持ち得たかは甚だ疑問である」うえ、「条約締結後三ヵ月を経た9月には、……ギエルスは国内輿論とドイツの抗議との板挟みになって、その苦衷を打明けなければならなかった」ほどに政府の立場は弱く、ビスマルクをして「条約に適合したロシアとの関係に重点をおくことは、次のごとき問題によってその値打が減ずる。即ち、我々がフランスから攻撃を受けた時に、ロシア皇帝は沸騰する輿論に対して将来この条約を維持しうるか否かという問題がある。ロシアの新聞が（今日）得ている力によれば、この疑問は絶対的な確信をもっては答えられない」と判断させるに至ったためである（岡部前掲論文，215頁；Ibbecken, a. a. O., S. 96 f.）。それだけにビスマルクがあせったということは理解されるとしても、上記のような状態で、禁止措置が目的を達する成算がありえたか大いに疑問であり、せいぜい挑発に終わると考える方が自然ではなかろうか。

(16) 岡部前掲論文，216頁。

(17) ロシアの当時期の金融構造については、さしあたり、П. А. Хромов, *Экономическое развитие России*, М., 1967, Разд. II, Гл. IV；И. Ф. Гиндин, *Государственный Банк и экономическая политика царского правительства 1861-1892 гг.*, М., 1960, Гл. 1；Погребинский, *Указ. соч.*, Гл. II.

(18) 日南田静眞『ロシア農政史研究』御茶の水書房、1966年、170—73頁。

(19) Погребинский, *Указ. соч.*, стр. 119-24. なお、レーニンも1880年代以降の銀行取引と資本蓄積の増大についてふれている。『レーニン全集』第3巻、586—89頁。

(20) 中山弘正「ロシア資本主義成立期の諸問題——工業をめぐって——」『経済志林』第31巻第4号、1963年、第1章（同、前掲『帝政ロシアと外国資本』第1章）。

(21) 1880年代半ばのロシア国債発行残高は、仏・英に続き世界第3位を、利子支払額では第2位を占めていたといわれる。Хромов, *Указ. соч.*, стр. 382.

(22) 後進国の場合、「資本の輸入は、可能な資本としての使用価値と、……

第3章　資本輸入の国際的環境　121

生産手段輸入のための外貨不足を補なう世界貨幣としての機能とを，期待されているのである」(傍点は原著者)。行沢健三『国際経済学要論』ミネルヴァ書房，1967年，145頁；なお，拙稿「旧露資本主義における貿易問題」(下)，福島大学史学会『福大史学』第7号，1968年，参照。

(23)　ロシアの国際収支については，1866—75年の概況は，拙稿「旧露通商対立とロシア機械工業」(『商業論集』第39巻第4号，1971年，45頁）表 VII，1881—97，1898—1913年については，拙稿「旧露資本主義における貿易問題」(下) 末尾付表126を参照。他に，Власенко, Указ. соч., стр. 57-；С. А. Покровский, Внешняя торговля и внешняя торговая политика России, М., 1947, стр. 269-71. 本書第5章の表5‐1参照。

(24)　Яковлев, Указ. соч., стр. 389.

(25)　Там же, стр. 196-201; Власенко, Указ. соч., стр. 38-39.

(26)　H. Feis, op. cit., pp. 17-19；エリ・ア・メンデリソン，飯田貫一ほか訳『恐慌の理論と歴史』第3分冊，青木書店，1960年，19，22—23頁；中山前掲論文，167頁。

(27)　C. K. ホブソン，楊井克巳訳『資本輸出論』日本評論社，1968年，106—07頁。

(28)　大野前掲書，47頁；Feis, op. cit., p. 68, 75, 172；Kumpf-Korfes, a. a. O., S. 137-39. なお，同時期のフランスについては，Feis, op. cit., pp. 44-46.

(29)　Olga Crisp, Russian Financial Policy and the Gold Standard at the End of the Nineteenth Century, The Economic History Review, Vol. 6, 1953—54, p. 164.

(30)　大野前掲書，5，45—50頁。戸原四郎『ドイツ金融資本の成立過程』東京大学出版会，1960年，168—69，228—29頁。Feis, op. cit., pp. 78-79.

(31)　戸原前掲書，229頁。

(32)　大「個人金融業者」については，大野前掲書，第1章，第2章第1節；Feis, op. cit., p. 65.

(33)　Feis, ibid, pp. 68-72.

(34)　ドイツによる対露投資の地域別分布の状況をVerstraeteは次のように算定している（算定の時期は1900年現在となっており，時期的にはややずれるが，直接投資が主であることを考えれば，ほぼ一般的傾向を看取することかできよう）。すなわち，総額2億6100万フランの投資額中，ポーランドに9260万フラン，北部・バルト海沿岸部地方に8260万フランが投下され，その他の地域はいずれも3000万フラン以下である。ちなみに，フランスは総額6億9200万フラン中，南部の2億7520万フランを筆頭に，

第2位のポーランドに1億630万フランを投下，ベルギーは，総額8億3100万フラン中（うち約1億フランはフランス資本といわれる），南部に5億5000万フランを，ポーランドには僅かに3200万フランを投下，大英帝国は2億3550万フラン中，コーカサスに1億4680万フランを投下しており，ポーランド投資はほとんどない。Verstraete, *Les capitaux étrangers*, cited by J. P. Mckay, in *Pioneers for Profit*, Chicago & London, 1970, p. 36 ; J. Mai, *Das deutsche Kapital in Russland, 1850-1894*, Berlin, 1970, Kumpf-Korfes, *a. a. O.*, S. 150-51; ローザ・ルクセンブルグ，肥前栄一訳『ポーランドの産業的発展』未来社，1970年，参照。

(35) 例えば，ドイツ帝国陸軍参謀本部ヴァルダーゼーの対露好戦演説によるロシア証券の相場低落の例（J. Mai, *a. a. O.*, S. 125），1883-84年のロシア証券引受態勢の変化の例（岡部，前掲「Lombardverbot の成立……」208頁）等々をみよ。

(36) J. Mai, *a. a. O.*, S. 156 ff.; Kumpf-Korfes, *a. a. O.*, S. 146. ペテルブルクの取引所・銀行界は終始親独派の一中心をなしていたといわれる。

(37) Ibbecken, *a. a. O.*, S. 109.

(38) Kumpf, Указ. статья, стр. 73-74 ; E. Cyon, *Histoire de l'Alliance franco-russe*, (p. 337), zitiert von Ibbecken, *a. a. O.*, S. 109.

(39) *Die Grosse Politik*, Bd. V, Nr. 1140.

(40) 当時期のユンカー層の不動産抵当債務の増加については，藤瀬浩司『近代ドイツ農業の形成』御茶の水書房，1967年，511-12頁；同『資本主義世界の成立』ミネルヴァ書房，1980年，172頁。本書第2章も参照。

(41) Hallgarten, *a. a. O.*, S. 253ff.; J. Mai, *a. a. O.*, S. 131; Feis, *op. cit.*, p. 160 ; *Die Grosse Politik*, Bd. V, Nr. 1140; Kumpf-Korfes, *a. a. O.*, S. 154. 1886-87年のドイツの不況の回復状況については，メンデリソン，前掲邦訳書，4，57頁。

(42) この貿易比重の変動については，前掲『商学論集』所収の拙稿の表Vをみよ。

(43) この点については，Kumpf, *a. a. O.*, S. 50ff. u. 115ff..

(44) Hallgarten, *a. a. O.*, Bd. II, S. 515-17. なお，ヘンケルについては，とくに大野英二『ドイツ資本主義論』未来社，1965年，107，110-14頁。

(45) それは，ヘンケル家が専制支配にもとづく巨大コンツェルンを形成したという量的な側面のみでなく，この経営が，半封建的ユンカー的生産関係をもつ巨大土地所有との前期的結合によって，帝政ドイツの社会構成の特質を代表する「資本類型」の一典型をなしていた，ということにもとづく。なお，大野英二・住谷一彦「ドイツ資本主義分析と『資本類

第3章　資本輸入の国際的環境　123

型」』（上），（下）『思想』1964年2号，1965年2号，も参照。
(46) Kumpf-Korfes, *a. a. O.*, S. 157f., なお，ヘンケルは，ポーランド地域に鉄工企業投資も行なっている。*Ebenda*, S. 151; J. Mai, *a. a. O.*, S. 181. オーバー・シュレージェン鉄鋼業のポーランド地域への直接投資とロシア関税との関連については，大野，前掲『金融資本成立史論』79，82—83頁；肥前訳，ローザ・ルクセンブルグ前掲書；J. Mai, *a. a. O.*, S. 126.
(47) Kumpf. Указ. статья, стр. 75 ; Hallgarten, *a. a. O.*, S. 263.
(48) Kumpf-Korfes, *a. a. O.*, S. 143.
(49) *Ebenda*, S. 155 ; Hallgarten, *a. a. O.*, Bd. I, S. 226f..
(50) Olga Crisp, *op. cit.*, p. 162.
(51) Kumpf. Указ. статья, стр. 75.
(52) Th. von Laue. *Sergei Witte and the Industrialization of Russia*, N. Y. & London, 1963, pp. 23-32 ; Kumpf-Korfes, *a. a. O.*, SS. 60, 118-21, 156 ; Гиндин, *Указ. Государственный Банк* ...., стр. 62.
(53) 注52に記載のもののほかに，Власенко, *Указ. соч.*, стр. 63-68 ; Olga Crisp, *op. cit*, pp. 164.
(54) 肥前訳，ローザ・ルクセンブルグ前掲書；Kumpf-Korfes. *a. a. O.*, S. 152 ; J. Mai, *a. a. O.*, S. 129.
(55) Mai, *ebenda*, S. 129-30 ; Ibbecken, *a. a. O.*, S. 104ff. なお前掲ヘンケルのビスマルク宛書簡参照。
(56) J. Mai, *a. a. O.*, S. 131f. ; Hallgarten, *a. a. O.*, Bd. I, S. 236f.；岡部，前掲「Lombardverbot の成立」2 の (b)，(c) 参照。
(57) Mai, *ebenda*.
(58) 注46参照。
(59) Hallgarten, *a. a. O.*, Bd. I, S. 253ff. ; Kumpf-Korfes, *a. a. O.*, SS. 95f., 152-58; 以上の独露経済対立のさまざまの局面については，下記の学位論文が有益である。M. W. Shoemaker, *Russo-German Economic Relation, 1850-1914*, Ph. D. Dissertation, Syracuse Univ., 1979, Chap. I-III.
(60) Kumpf-Korfes, *a. a. O.*, S. 156.
(61) *Ebenda*, SS. 53-61.
(62) 既に1886年末，ロシア政府は関税引き上げの方針を発表した。注目すべきことに，この直後ビスマルクはロシア有価証券の放出を促す発言をしている。
(63) 注56に同じ。注目すべきは，農・工利害の側から金融利害（ロシア証券保有者）に対しても非難が向けられ，金融利害もこの論調に加わった後，非難がロシア側の信用不安，ロシア政府の為替操作等に向けられて

いったことである。
(64) 岡部前掲論文，215頁。
(65) *Die Grosse Politik*, Bdv, Nr. 1140 u. S. 334, Marginalie.
(66) 実際に，ヴィシュネグラツキーは，関税譲歩案を用意して妥協の成立や経済対立の激化の回避を図ったといわれるし，金融，軍事等の面でもドイツを刺激しないよう配慮を示したエピソードが伝えられている。Kumpf-Korfes, *a. a. O.*, S. 158ff. こうした状況はほぼ一年間ちかく続き，この間に，ロシアの親独派とドイツ金融界の双方で事態の打開のための努力がさまざまの形で行なわれている。
(67) たとえば，1888年9月，10月のペテルブルク駐在ドイツ領事 Lamezan の報告をみよ。Kumpf-Korfes, *a. a. O.*, S. 161.
(68) 穀物輸出の増加ぶりについては，拙稿「旧露資本主義における貿易問題」(中),『福大史学』第6号，1968年，巻末付表参照。なお，このあと穀物輸出は好調を持続し，貿易収支の大幅黒字，対仏借款の実現等により1890年9月にはルーブリ相場が実に80.47カペイカに急騰するまでに至った。またロンバード禁止にともないドイツ保有ロシア証券のうち約1億8000万マルクがロシア本国に還流したといわれる。Ibbecken, *a. a. O.*, S. 114f.; Kumpf-Korfes, *a. a. O.*, S. 161.
(69) *Ebenda*, S. 170. なお，注3参照。
(70) フランスがまさにこの時期に本格的に国外投資に進出する画期を迎えていたことに注意。Feis, *op. cit.*, pp. 44-46. また，この時期の前後には，フランス内部およびロシア内部（かのカトコフ主導のロシア保護主義勢力＝工業家層と軍部）に金融上・軍事上の親露・親仏勢力が急速に抬頭して，その動きは，既に1887年初めからさまざまの形で推進されていたという背景を考慮に入れておかなければならない。Kumpf-Korfes, *a. a. O.*; Feis, *op. cit.*, pp. 213ff.; Хвостов, *Указ. соч.*, Гл. 8; J. Mai, *a. a. O.*, S. 131f.; Helga Deininger, *Frankreich-Russland-Deutschland 1871-1891*, München/Wien, 1983; A. Th. Conlin, *The Financial Factor in the Franco-Russian Connection, 1888-1918*, Ph. D., Dissertation, California Univ., 1991; А. З. Манфред, *Образование русско-французского союза*, М., 1975；菊池孝美『フランス対外経済関係の研究』八朔社，1996年，第1章参照。
(71) ドイツ金融界は，自己の利益擁護のためにも，密接にロシア政府と連繋しつつ，ビスマルクの方針に反対し，被害の波及を最小限に抑えるためにロシア証券の積極的な買い支えにまわった。Kumpf-Korfes, *a. a. O.*, SS. 161ff.; его же, Указ статья, стр. 79-80.

(72) Aufzeichnung Raschdaus von 24. 10. 1894, zitiert von Hallgarten, a. a. O., S. 266.

(73) 1888年の夏から秋にかけての時期に既にビスマルクは一定の政策変更を余儀なくされたと判断される。とくに，88年末にむけて，ロシアの大規模な対仏借款の成功の見通しが生まれてくるにおよんで，そのことは決定的になったと思われる。なお，このようなビスマルクの態度変更には外交上の判断とともに，ビスマルクと個人的関係において密接であったブライヒレーダー（彼はビスマルク家の管財人!!）等の金融業者が一定の影響を与えたと考えることも可能であろう。それはさておき，このようなビスマルクの態度変更は，88年に即位したヴィルヘルムⅡ世，同年参謀総長に就任したヴァルダーゼー等の対露強硬派，一般の反露論調との対立をひきおこすことになり，ビスマルクの政治的立場は急速に弱体化していく。このような矛盾は，反露プレス・キャンペーンを一方で容認し継続させながらロシア転換債の引き受けを容認するという事態の中に象徴的に示されている。このような彌縫策はかえってドイツ政府内部の対立・矛盾を一層激化するだけであり，この間に，ロシア国立銀行のパリ支店開設，50万フランの対露武器輸出協定の成立，軍部間の接触緊密化等により露仏提携が急速に進展していただけに，かえって露独疎隔を確認してしまうことになる。

(74) ドイツへの穀物輸出という利害に規定されて伝統的に親独派を構成していたロシアの地主・貴族の中にも，相次ぐドイツ穀物関税の引き上げによって対独強硬論が抬頭（J. Mai, a. a. O., S. 132）するとともに，ドイツ側においても，1887年来の関税引き上げにもかかわらず，農業不況の一層の展開と，既述1887―88年のロシアの豊作による穀物の輸入増によってユンカー層は苦境を打開しえず，反露論調がかえって強まっていったといわれる。

(75) ヴィシュネグラツキーの金融政策には，外務大臣ギールスとともにベルリン金融市場とパリ金融市場とを相互に対立させることによって有利な地位を確保し，ロシアの金融の自立化を図ろうとする意図があったといわれる。Olga Crisp. op. cit., p. 160. なお，より基本的に，金準備の増加政策を通じて金本位制の導入を図り，その基盤のうえで直接投資を促すことによって安定的な資本輸入政策を確立しようとするのが彼の金融政策の基調をなしていた（本書第4章参照）。

(76) Хвостов, Указ. соч., стр. 260 ; Feis, op. cit., pp. 212ff. いうまでもなくその帰結が独露再保障条約の不更新（1890年）であった。

(77) Feis, op. cit., pp. 75, 175, 235ff.; Хвостов, Указ. соч., стр. 269.

第2部　ロシア金本位制の成立と展開

第4章　ロシア金本位制の成立
——旧露資本主義の通貨流通と1897年の通貨改革——

1　問題の所在

　本章は，19世紀半ば以降のロシアにおける通貨制度・通貨政策の問題をとりあげ，1880年代半ば以降に展開されたいわゆる「金蓄積政策」(Goldpolitik)[1]とその所産たる通貨改革＝金本位制導入の必然性，特質，意義を究明しようとするものである。

　はじめに，問題の輪郭と問題設定の意味を明らかにしておくために，二，三の数値を示しておこう。表4-1は，1880年代から90年代はじめの時期における国際的金移動の動向を示したものであるが，みられるように80年代には最大かつ一方的な金の流出国であったロシアが，数年の後には，逆の動きを示したアメリカ合衆国とは好対照をなして最大の金流入国へと劇的な転換を遂げている（後掲総括表4-3・4の16項も参照）。しかも，このような劇的変動は，金の移動のみならず，金保有の絶対量の変化にも明確に反映しており，表4-2にみられるように，1897年時点で西欧各国の中央銀行の金準備量を比較してみるとロシア国立銀行のそれが断然他を引き離している（もっともこの時点での金貨の流通量は他国に比して著しく少ないが，その意味は行論の中で明らかにされる）。ところで，その同じロシアが，ヨーロッパの中で最も後進的農業国の性格をもち続けるとともに，「ヨーロッパにおける最大の借り手」(フェイス)であったことは周知のところであろう。たとえば，国債の発行残高は1880年代にはフランス，イギリスに次いで世界第3位，その利払額は世界第2位，対外債務の国富に占める比重は，イタリアやオーストリア等に比較すれば低いものの，ドイツやアメリカ合衆国より遙かに高かったといわれている。[2]それだけに，上のようなの金移動の変化はいっ

第2部　ロシア金本位制の成立と展開

表4-1　1881—92年の国際金移動

[単位：百万ドル]

1881—1888年				1889—1892年			
流入		流出		流入		流出	
アメリカ合衆国	141.9	イギリス	6.4	イギリス	119.8	アメリカ合衆国	122.5
ドイツ	8.5	フランス	14.3	フランス	92.0		
オーストリア	35.8	ロシア	146.2	ドイツ	50.8		
				オーストリア	36.7		
				ロシア	132.5		
	186.2		166.9		431.8		122.5

典拠：H. B. Russell, *International Monetary Conferences, Their Purposes, Character, and Results*, N. Y. & London, 1898, pp. 354-55.

表4-2　各国中央銀行の金準備と金貨・銀行券の流通(1897年)

[単位：百万ルーブリ]

	金準備(A)	金貨流通(B)	銀行券流通(C)	(A)+(B)	(A)／(C)
イギリス(イングランド銀行)	461	756	234	1,217	197%
フランス(フランス銀行)	971	930	1,340	1,901	72%
ドイツ(ドイツ銀行)	390	970	456	1,360	85%
ロシア(国立銀行)	1,315	155	999	1,470	132%

典拠：B. C. Endelman, *Le monometallisme-or en Russie. Histoire de la réforme monétaire et de la circulation fiduciaire russe depuis* 1897, Dissertation, Berne, 1917, p. 147. 1903年の各国中央銀行の金準備については、K. Helfferich, *Das Geld im russisch-japanischen Kriege*, Berlin, 1906, S. 29.
注：この時期には、フランス銀行に次いで第2位、イングランド銀行、ライヒスバンクの約2倍強であった。

そう劇的であったといわなければならないが、同時に、いかにしてかかる事態が起こりえたか、また、激変ともいうべき事態が起こりえたからには、その過程で当然鋭い緊張と矛盾が新たに加わったと想定されるが、いかなる結果がこの激動の中から生じ、そもそもいかなる事情がかかる事態を必然化させたのか、これらが直ちに問われなければならないであろう。

ところで、このような国際的な金移動の激動が生じた時期とは、ほかならぬ大不況、農業不況が最も深刻な局面を迎え、国際的に通商対立が激化した時期でもあったから、なおさらにロシアにおける厖大な金蓄積は異常な事態であったといわなければならないが、さしあたりは、この国際通商戦の渦中にあって、たとえば、ドイツによるロシア証券のロンバード禁止やその後の関税戦争という犠牲を賭してまで強行されたロシア通商政策の一つの結果に

すぎないということもできる。しかし,その場合には,なぜそれほどまでに強引な政策が推進されたのかが問われなければならない。

われわれがこれまでに検討を加えてきたロシアの貿易・関税史は,厖大な金蓄積がたんなる通商レヴェルの問題にはとどまりえないことを示している。たとえば,原料・半製品にまでおよぶ禁止的高率関税,穀物の飢餓輸出は,通商政策が個別産業部門や諸階級の利害のたんなる総和から生じたものというよりは,より高次の包括的政策基調に貫かれ,その有機的一環を構成していることを示唆しているといえよう。端的に言おう。ここで示唆されている包括的政策基調とは金蓄積政策のことにほかならない。金蓄積は,通商戦のたんなる結果というよりは,あらゆる通商政策を最大限に動員して追求さるべき目標であり,最終的には通貨・金融政策に収斂すべきものであったと考えられるのである。そして現に,この厖大な金蓄積を大前提にして1890年代半ばすぎにロシアはともかくも近代的な通貨制度＝金本位制への移行,つまり通貨改革を断行できたのである。

そこで,問題は,改めて通貨・金融政策の観点から次のように問い直されてこよう。

まず第一に,通貨改革の必然性如何という問題である。この問題は,より一般化してみれば,先進国の政治的経済的インパクトの下で,旧い経済構造を抱え込んだまま資本主義化をはからなければならなかった後進国ロシアの通貨流通・通貨政策のあり方,さらには,総じて旧露資本主義の金融構造の変革について問うことになる。この問題を検討することは,いずれも,しばしば対外均衡の優先・国内均衡の犠牲を強要される一方,内部では不換紙幣制下で通貨流通の混乱・不安定に苦しんだ後進国における通貨制度の変革に共通する類型的特質,さらには,同じ後進国におけるロシアの類型的特質の一端を明らかにすることになろう。

第二には,厖大な量の金蓄積とそれを基礎にした通貨改革＝金本位制導入が,大不況と農業不況が激化する中で,しかも,それにともなう世界市場競争の激化,金銀比価の変動とあいまって熾烈な国際的金獲得戦（the struggle for gold；ロシアの Goldpolitik との対応に注意）を展開させている状況のもとで,基底に旧い共同体的諸関係と厖大な半隷奴的農民層を抱え,それ

ゆえに生産力的にも絶対的低位に置かれていたロシアのような国において，いかにして可能であったのかが問われなければならない。この場合，ドイツや日本の金本位制への移行が，いずれも普仏戦争，日清戦争の戦勝による多額の賠償金の獲得という特殊な歴史条件を契機としていたのと対比して，ロシアの場合にはこのような特殊な事情はみあたらず，いわば通常の歴史条件のもとで，既有の構造と力量のもとで事態が展開したことが注目される。それだけに，いかなるメカニズムによってかかる事態が可能になったのか，方法と形態の特徴如何，また，これにともなう矛盾の所在如何ということが問われなければならない。この問題は，特殊な「型制」をもつロシア資本主義の構造とその矛盾の理解にかかわってくる。

　第三には，ロシア資本主義の構造的特質とのかかわりにおいて，Goldpolitik に続いて打ち出されてくるところの通貨改革＝金本位制導入はいかなる論理によって推進され，新通貨制度がいかなる位置と特質をもっているかが問題になってくる。この問題を考える際，たとえばイギリスに関して，市民革命のあとにイングランド銀行の創立があり，産業革命のあとにピール条令が打ち出されるというように，金融制度の変革は先行する政治的経済的変革に対していわば画竜点睛の位置を占めるということがいわれていることが想起される。このアナロジーをロシアにもかりに機械的に適用すれば，通貨改革は，ほぼ1880年代後半と目されるロシア産業資本の確立に対して画竜点睛の位置を占めるということになるが，果たしてそういいうるであろうか。かりにいいうるとすれば，どのような意味においてか。

　他方，通貨改革が行なわれ，金本位制が導入された1897年という年は，同年に金本位制を導入した日本をはじめとしてアジアや中南米諸国が金本位制ないし金為替本位制をつぎつぎに採用する時期の中に位置しており，要するに国際金本位制の完成という潮流にも棹さしているといえる。この事実をいかに考えるべきであろうか。また国際金本位制の完成という観点からは，ロシアの金本位制はいかに位置づけられるのであろうか。

　最後に，1897年という年は，帝国主義の成立に直接先行する時期に位置している。したがって，ロシア帝国主義，広くは帝国主義の国際体制の成立という問題と通貨改革＝金本位制の導入とはいかなる内的連関をもつものかと

いう,より根本的な問題も生じてこよう。

　金蓄積と通貨改革＝金本位制導入は,およそ上のような諸問題を含んでいると考えられる。もとより,これらの問題に全面的にこたえていこうとすれば,旧露資本主義の全機構的分析が並行的に進められるべきであり,なかでも通貨・金融制度の改編を問題とする限り,ロシアの金融・信用構造の基礎的理解は欠かせないものといえよう。しかしながら,わが国の研究史は,通貨・金融問題に関して個別的には言及しつつも立ち入った系統的分析を果たすまでには至っていない。したがってこのような研究状況に鑑み,さしあたり本章では,通貨制度・通貨政策の側面に視点をほぼ限定し,上の諸問題に一つのアプローチを試みることを課題としていきたい。

2　旧露資本主義の通貨流通とその特質

　本節では,1839―43年以降1897年に至る期間の通貨制度,その実態,その矛盾,対応的諸政策を諸段階に分けて考察し,Goldpolitik の展開の必然性,並びに通貨改革の方向を規定する諸要因を明らかにしてみたい。

(1) カンクリンの通貨改革（1839―43年）

　1897年に至る期間のロシアの通貨制度の骨格は,1839―43年の時期に大蔵大臣カンクリンが推進した改革によってつくられたものである。そこで,カンクリン幣制の内容と特質とをあらかじめ確認しておくことにしよう。

　カンクリンが改革の対象にした通貨制度とは,遠くは兌換国家紙幣アッシグナツィヤを最初に導入したエカテリーナ2世のそれ（1768年法）であるといえるが,直接的には,このアッシグナツィヤ紙幣が,農奴主国家の財政破綻と1786年の露土戦争やそれに続くフランス革命・ナポレオン戦争にともなう厖大な出費を補塡すべく濫発された結果,紙幣相場（紙幣の銀貨に対する逆打歩。以下,異種の通貨の打歩・逆打歩を相場と称する）が激落し（最低で1アッシグナツィヤ・ルーブリは20銀コペイカにまで落ちた）,1793年の兌換停止の後,崩壊寸前にまで達した段階の通貨制度である。より厳密には,1810年法によって銀本位制の正式採用,紙幣の最高発行限度,紙幣の回収が

決められながら，その直後のナポレオンのロシア侵入によって，これが実質的に無効に帰し，1812年に不換紙幣アッシグナツィヤが強制通用力をもった無制限法貨たることを宣言されたのちのものをさしている。

改革は，アッシグナツィヤ相場が25―28銀コペイカの低い水準ながら相対的に落ち着きをみせてきた1820年前後以降，この状態を長期にわたって固定したのち，39年になってようやく開始された。改革の経緯は一切省略して，新たにつくり出された通貨制度の骨格とその特徴を示せば，次のとおりになる。[15]

第一に，1810年法をひきついで，銀単本位制が採用され，銀貨は，本位貨インペリアールの10分の1をもって1ルーブリと定められ，無制限法貨の資格を与えられた。

第二に，金貨は，15.45対1という公定金銀比価にもとづいて鋳造されるが，市場での実勢比価15.5対1との差額を額面3％の課税によって調整されたのち制限法貨の資格を与えられた（後に，公定比価の改定〔1885年法〕にともない3％課税が解除され，これによって金貨は法貨の資格を喪失し，比価変動につれて相場が浮動するところの純粋の商業貨幣に転化する）。[16]なお，銅ルーブリ貨も，補助貨幣として鋳造された。

第三に，旧アッシグナツィヤ紙幣は，相場を固定化されたうえで，3.5ルーブリをもって1銀ルーブリと等価とされ，これにより実質的に進行していたデヴァリュエーションの形式的追認がなされた[17]のちに，アッシグナツィヤ紙幣3.5ルーブリは新たに発行（1841年）された紙幣クレジット・ビレット（кредитные билеты）の1ルーブリと置換され，回収されていった。したがって，ここに，1銀ルーブリ＝1クレジット・ルーブリという銀を価値尺度として確定的度量標準をもった新紙幣が流通することになったのである。

第四に，3.5アッシグナツィヤ・ルーブリ，のちには，1クレジット・ルーブリは，1840年に制定され，間もなく回収されていった金・銀預託証書[18]（депозитные билеты）を媒介にして，銀または金1ルーブリと無制限に兌換されるとともに，金・銀の自由鋳造が保証されたため，長期にわたって続いた不安定な不換紙幣体制に終止符が打たれ，銀本位制（実質的に跛行本位制）が名実ともに確立した。

第4章　ロシア金本位制の成立　135

　第五に，クレジット・ビレットの発行は，比例準備制をとる西欧諸国の準備率に比してかなり低いと思われる発券量の6分の1以上の金・銀等の準備にもとづいてなされることになったが，発行限度額が明示されるわけでもなく，このルーズな準備制度のもとでは，紙幣が準備率の限度いっぱいに発行され，その後，何かの契機で正貨が流出した場合には，迅速な紙幣の回収が思うようにならず，兌換の停止に追い込まれる危険性が多分にあった。要するに，この発券制度は，紙幣の過剰発行に対する明確な歯止め・保障を欠いていたといえよう。
　第六に，実際の紙幣の発行や兌換の業務は，大蔵省造幣所（Экспедиция）と国立商業銀行兌換部，国庫地方部の附属支所などが行なうことになったが，これらの機関は，いわば事務的窓口業務を行なうにすぎず，最終的な発行権は大蔵省がもっており，このことは，新紙幣が，アッシグナツィヤ同様に国家紙幣にほかならないことを明示している。なお，上の業務は，1860年6月1日からは，新たに設立された国立銀行に移管・集中され，同行の発行部に兌換ファンドが移されるとともに，兌換ファンドに見合う恒久発行分の紙幣は同部から，臨時発行分は，国立銀行に対する国の無利子債務，または臨時兌換ファンドとひきかえに銀行部から，それぞれ発行されることになったが，発行権は大蔵省が保持し続けていたから，国家紙幣の本質には変更はなかったといえよう。[19]そして，何よりも問題にされなければならないのは，貨幣市場における通貨需要の変動に対して，国立銀行が弾力的な通貨供給を行なえる態勢になく，まして信用創造は望むべくもなかったということである。
　カンクリン幣制の骨格とその特質とは，ほぼこのようなものであった。この新通貨制度は，銀単本位制（実質跛行本位制）の統一的通貨体系を創出する一方，既成の事実となっていたデヴァリュエーションを法的に追認するという現実的な行き方をとったため，大きな混乱を招来することもなく，安定的通貨流通に途を拓くかにみえた。しかしながら，この改革は，農奴制下の信用体系の全般的未成熟，というよりは絶対的低位と顕著な歪みという背景[20]のもとで，農奴主国家の主導のもとに推進されたものであって，内容的にも発券制度にみられるように，重大な弱点をもつものであった。

(2) 1844年以降の通貨流通

では，改革後の通貨流通の状況はどうであっただろうか。また，通貨政策はどのように遂行されていたであろうか。以下，1844年から80年代半ばまでの期間を対象とし，これを次のような諸段階，すなわち第一期（1844年からクリミア戦争まで），第二期（クリミア戦争終結後70年代半ばすぎまで），第三期（70年代後半の露土戦争から80年代半ばすぎまで）に分け，この区分に応じて検討していこう（以下，表4-3，4-4を参照）。

　i　第一段階
　　（1844年からクリミア戦争）

この段階の通貨流通は，兌換の維持，正貨準備の増大，それに見合った程度の健全な紙幣発行によって，おおむね安定しており，紙幣相場は，ほぼ97-99銀コペイカ台を維持していた。表4-3の各数値は，いずれもこのことを証明している（ただし，国際情勢の悪化した1849年には一時的に兌換が停止され，通貨危機にみまわれた）。[21] これは，西欧の農産物市場の拡大にともなう輸出の好調によって貿易収支，さらには国際収支も全体として好調を示し，金・銀の流入をみる一方（表4-4の12-15，16-20項参照），財政の方も，経常財政が恒常的赤字を示したにもかかわらず経常外財政の大幅黒字によって，全体として相対的に安定を示していたことによる。すなわち，貿易収支の大幅黒字が，国内資金を豊富にさせ，国庫への正貨の流入を促す一方，高率の利子を約束する官営信用機関への預金量の増大を可能にし，財政赤字がこれらの預金の短期借入によってカバーされた結果，紙幣の過度の増刷をみずにすんだからである。改革は，順調な滑り出しをみせ，この段階に関する限りでは成功したかにみえたのである。

　ところが，1853—56年のクリミア戦争は，成功裡に定着するかにみえた新通貨制度の弱点を露呈させ，これの展開を大きく乱すことになった。すなわち，戦争は，経常財政規模の2倍にも達する多額の軍事支出を迫ることになり，このために生ずる財政赤字は，大規模な国債発行，対外借款，次いで，開戦前の2倍にも達する多量の紙幣の臨時発行（いずれも表4-3の10項，表4-4の4・8項参照。なお，紙幣発行残高は，1月1日現在のものであることに注意されたい）によってまかなわれることになった。かくて，紙幣が濫発され続けた反面，当初高水準を示した兌換ファンドが正貨の流出によ

第4章　ロシア金本位制の成立　137

って急減し，準備率の激落，紙幣相場・為替相場の急落と激動が生じていったのである。要するに悪性軍事インフレの状態が典型的な形で展開したといえる。事態のこのような進展に対して，政府は，紙幣の臨時発行に際してはそのつど総額の6分の1の正貨準備という法定準備率を極力維持することに努める一方，正貨兌換の制限，金貨の輸出の事実上の禁止によって，兌換の形式を保持せんとし，たとえば，56年には貿易収支の好調，正貨流入とあいまって一時的にルーブリが平価を回復するというような結果さえ生じたのである。したがって，戦時非常体制という特殊事情とあいまって，カンクリン幣制の枠組は辛うじて維持されたかにみえたのである。しかしながら，この正貨兌換期が，エカテリーナ2世以来百数十年におよぶ長い不換紙幣制の期間の中で例外的ともいうべき短期の命運しかもちえなかったことがこの直後に明らかとなっていた。

　ii　第二段階
　　　（クリミア戦争終結から1876年）

クリミア戦争にともなう悪性軍事インフレにもかかわらず辛うじて維持されたかにみえたカンクリン幣制は，1857年以降さらに危機的状態を迎えていった。すなわち，戦時債務の清算と財政赤字の補塡が57年以降も続いたために，紙幣は回収されるどころか却って増刷される一方，57年の世界市場恐慌が西欧諸国の通貨供給を逼迫させ，たまたま56年時点での通貨事情の相対的好調を機にロシアが行なった金輸出の解禁，無制限兌換への復帰（57年）に乗じて大量の正貨が国外に流出することになり，正貨の準備率は10％台にまで落ちこみ，法定の最低準備率である16.7％に急速に接近していくまでになった。かくて，58年に入って，紙幣回収方針が出され実施されたにもかかわらず，戦後の経済政策の基調が鉄道建設を基軸とする「工業化」へと大きく転換していったのにともなって，貿易収支の黒字幅の縮小，国際収支の逆調，したがって金・銀の流出が進行し，58年5月，政府はついに兌換を停止せざるをえなくなったのである。ここに，カンクリン幣制は，成立以来14年にして重大な後退を示し，以後，1862—63年の一時期を除いて97年に至るまで長期の不換紙幣体制の下で，混乱と動揺とにさらされることになった。

　このあと数年にして農奴解放を基軸とする「大改革」が実施され，政策基調の組織的転換がはかられていくのであるが，この「大改革」が，上にみた

第2部　ロシア金本位制の成立と展開

表4-3　総括表

			年次　単位	1844	1845	1846	1847	1848	1849	1850	1851	1852	1853	1854	1855
紙幣ルーブリの相場	最低	1	金コペイカ	—	—	—	—	—	—	—	97.49	97.70	98.14	85.35	89.59
	最高	2		—	—	—	—	—	—	—	99.61	102.91	103.17	101.03	97.08
	平均	3		(98.5)	(98.1)	(98.6)	(99.5)	(95.0)	(95.7)	(98.7)	98.35	99.61	100.33	94.16	93.39
金貨・銀貨・紙幣	銀貨の対紙幣打歩	4	紙幣ルーブリ	←　自　由　鋳　造　→											
	金の対銀比価	5		15.85	15.93	15.91	15.82	15.87	15.81	15.72	15.46	15.58	15.33	15.33	15.36
	銀貨の金貨表示	6	金コペイカ	—	—	—	—	—	—	98.69	—	—	—	—	—
為替相場	ポンド	7	ペンス	—	—	—	—	—	—	—	—	—	—	—	—
ルーブリ	フラン	8	サンチーム	403	405	406	411	412	385	387	399	393	401	404	372
	マルク	9	ペニヒ	—	—	—	—	—	—	—	—	—	—	—	—
紙幣発行残高	発行残高	10		30.4	121.8	189.4	226.2	289.6	306.6	300.3	301.6	303.8	311.4	333.4	356.3
	国立銀行保有分	11		—	—	—	—	—	—	—	—	—	—	—	—
金属準備	金属準備　金	12	百万ルーブリ	—	—	—	—	—	—	—	—	—	—	—	—
	銀	13		—	—	—	—	—	—	—	—	—	—	—	—
	全兌換準備	14		35.9	50.4	86.8	101.3	147.2	146.8	136.9	137.2	139.4	140.3	161.3	151.8
	全金属準備	15		—	—	—	—	—	—	—	—	—	—	—	—
	兌換準備率	16	%	118.1	48.4	45.8	44.8	50.8	47.9	45.6	45.5	45.9	45.1	48.4	42.6
	全金属準備率	17	%	—	—	—	—	—	—	—	—	—	—	—	—

注：銀貨の対紙幣打歩の1860—76年までは銀貨100ルーブリの紙幣ルーブリ価格。同じくポリ）。

第4章　ロシア金本位制の成立　139

A(1)

1856	1857	1858	1859	1860	1861	1862	1863	1864	1865	1866	1867	1868	1869	1870
91.22	87.60	90.62	81.30	90.24	85.00	85.90	86.77	76.20	71.51	66.30	78.09	84.03	75.68	73.43
101.55	99.67	97.28	96.09	95.75	92.11	93.38	98.43	90.35	83.32	84.00	87.36	86.64	85.59	82.36
98.40	95.81	93.30	91.09	92.55	83.38	89.92	94.42	83.39	81.62	76.39	84.71	85.58	79.46	77.33
—	—	—	—	1.08	1.12	1.07	1.06	1.19	1.21	1.29	1.16	1.15	1.24	1.27
15.34	15.27	15.36	15.21	15.29	15.26	15.35	15.37	15.37	15.44	15.43	15.57	15.59	15.60	15.57
—	—	—	—	101.26	—	—	—	—	—	—	—	—	—	99.570
—	—	—	—	67.15	70.42	69.12	65.68	74.09	76.05	80.99	73.66	73.01	78.66	80.67
375	381	384	354	374	360	361	374	329	323	303	330	343	324	309
—	—	—	—	—	—	—	—	—	—	—	—	—	—	—
509.2	689.3	735.3	644.6	678.2	713.0	713.6	691.1	636.5	679.5	677.9	709.0	715.1	724.4	721.8
—	—	—	—	—	—	—	—	—	—	—	—	—	—	—
—	—	—	—	52	51	47	55	44	48	53	53	60	122	137
—	—	—	—	35	—	—	23	—	—	—	—	—	10	—
138.0	146.6	141.5	110.8	95.7	92.9	97.3	92.0	67.7	82.5	82.0	81.0	89.0	156.4	153.8
—	—	—	—	—	—	—	—	—	—	—	—	—	—	—
27.1	21.3	19.2	17.2	14.1	13.0	13.6	13.3	10.6	12.1	12.1	11.4	12.4	21.5	21.3

ンドの1860年以降の数値は10ポンド・スターリング手形のペテルブルク相場（紙幣ルーブ

第 2 部　ロシア金本位制の成立と展開

表 4 - 3　総括表

		年次単位		1871	1872	1873	1874	1875	1876	1877	1878	1879	1880	1881	1882
紙幣ルーブリの相場	最低	1	金コペイカ	79.64	83.68	82.83	84.75	80.12	73.68	58.19	57.73	58.89	61.78	62.97	60.11
	最高	2		86.15	86.21	85.01	87.35	87.12	82.46	77.93	64.73	67.35	67.96	68.16	65.14
	平均	3		83.30	84.83	83.96	86.46	85.13	80.27	67.61	63.57	63.12	65.24	65.40	62.70
金貨・銀貨・紙幣	銀貨の対紙幣打歩	4	紙幣ルーブリ	1.18	1.15	1.14	1.20	1.08	1.08	1.44	1.48	1.47	1.37	1.33	1.37
	金の対銀比価	5		15.57	15.65	15.92	16.17	16.62	17.77	17.22	17.92	18.37	18.06	18.19	18.25
	銀貨の金貨表示	6	金コペイカ	—	—	—	—	93.46	—	—	—	—	85.86	—	—
為替相場ルーブリ	ポンド(71年以降)	7	ペンス	32	33	32	33	33	31	26	24	24	25	25	24
	フラン	8	サンチーム	349	349	345	350	345	325	272	257	255	264	266	254
	マルク	9	ペニヒ	268	275	271	281	278	263	223	207	205	212	213	203
紙幣発行残高	発行残高	10		715.8	772.9	771.0	796.9	797.3	797.3	790.0	1039.9	1188.1	1162.5	1133.5	1133.5
	国立銀行保有分	11		—	—	—	—	—	—	—	—	35.6	32.6	48.5	105.4
金属準備	金属　金	12	百万ルーブリ	137	151	190	205	218	218	139	142	148	151	170	170
	準備　銀	13		—	—	—	—	—	—	—	—	—	1.9	—	—
	全兌換準備	14		149.7	158.1	197.8	226.2	231.2	231.2	180.5	180.0	176.7	173.2	171.5	171.5
	全金属準備	15		—	—	—	—	—	—	—	—	—	—	291.1	235.6
	兌換準備率	16	%	20.9	20.4	25.6	28.4	29.0	29.0	22.8	17.3	14.9	14.9	15.1	15.1
	全金属準備率	17	%	—	—	—	—	—	—	—	—	—	—	22.4	18.9

典拠：1, 2, 3項は, В. В. Власенко, *Денежная реформа в России*, 1895—1893гг., стр. 217; Хромов, *Экономика России периода промышленного капитализма*, стр. 243); 6は, В. Покро-7, 8, 9は, В. Endelman, *op. cit.*, pp. 29-30, 32, 34, 119-120. (ただし, 7の60—70である); 10は, П. Хромов, *Указ. соч.*, стр. 243, 276; 11は, В. Власенко, *Указ. соч.*, *Указ. соч.*, ; 15, 17は, F. Moos, *a.a.O.*, SS. 80-81. (15, 17には, 国庫・国外金保有も

第4章 ロシア金本位制の成立

A(2)

	1883	1884	1885	1886	1887	1888	1889	1890	1891	1892	1893	1894	1895	1896	1897
	60.52	60.52	59.81	58.08	54.55	49.91	63.22	67.78	59.04	61.27	63.83	66.72	66.66	—	66.67
	63.12	66.06	66.40	63.29	59.43	63.07	67.06	80.37	75.81	63.65	67.30	68.11	67.72	67.67	66.67
	61.57	63.38	62.90	60.90	55.73	58.22	66.08	72.65	68.73	62.98	65.75	67.46	67.47	—	66.67
	1.38	1.34	1.31	1.27	1.37	1.28	1.11	1.09	1.07	1.11	1.04	—	—	—	—
	18.58	18.62	19.45	20.79	21.13	22.07	22.12	19.77	20.98	23.83	26.69	32.74	31.57	30.59	34.20
	—	—	79.81	—	—	—	—	78.46	—	65.37	58.44	47.55	49.03	50.53	—
	24	24	24	23	21	22	25	26	23	23	24	26	25	26	—
	249	256	254	246	226	235	267	294	277	254	265	271	272	268	—
	201	206	205	198	181	189	214	235	225	203	213	220	220	217	—
	1133.5	1103.5	1073.5	1046.4	1046.4	1046.3	1046.3	1046.3	1046.3	1121.3	1196.3	1196.3	1021.3	1121.3	1121.3
	1603	144.2	173.8	139.8	105.4	75.1	73.2	117.9	138.9	66.5	122.2	124.4	—	—	—
	170	170	170	—	—	—	—	—	—	—	—	—	—	—	—
	—	—	—	—	—	—	—	—	—	—	—	—	0	0	0
	171.5	171.5	171.5	171.5	171.5	211.5	211.5	211.5	211.5	286.5	361.5	361.5	351.9	450.0	500.0
	216.7	224.3	273.2	311.1	281.5	273.8	297.1	372.4	483.8	495.2	581.6	598.6	—	—	—
	15.1	15.5	16.0	16.4	16.4	20.2	20.2	20.2	20.2	25.6	30.2	30.2	31.4	40.1	44.6
	18.2	18.2	24.0	26.6	23.8	22.6	24.5	32.4	43.0	39.0	45.1	46.3	—	—	—

4，5は，F. Moos, *Die Finanzen Russlands*, SS. 94-95（ただし5の1859年までは，П. вский，ред. *Сборник сведений по истории и статистике внешней торговли России*, том I, стр. 324；年のものは，ロンドン宛10ポンド・スターリング手形のペテルブルグ相場〔紙幣ルーブリ〕стр. 38；F. Moos, a.a.O., S. 80；12, 13は，B. Endelman, *op. cit.*, p. 108；14, 16は，П. Хромов, 含まれる）；他に，部分的に若干の文献から補正・追加を行なっている。

第2部 ロシア金本位制の成立と展開

表4-4 総括表

				1843	1844	1845	(43-45)	1846	1847	1848	1849	1850	(46-50)	1851	1852	1853	1854	1855
財政	通常会計	収支	1	−12	−16	−22		−32	−25	−64	−53	−64		−50	−28	−48	−101	−256
		歳入	2	200	206	202		213	220	220	217	223		231	252	265	283	270
		歳出 総額	3	212	222	224		245	245	284	270	287		281	280	313	384	526
		A	4	27	30	30		34	34	41	36	43		46	45	53	54	65
		B	5	—	—	—		—	—	—	—	15%		—	—	17%	—	12%
	特別会計	収支	6	+23	+20	+21		+17	+37	+42	+57	+79		+37	+25	+46	+93	+263
		歳入 総額	7	23	20	21		17	37	42	57	79		37	25	46	93	263
		うちC	8	7	6	6		—	9	1	2	31		—	—	以上外債17		31
		D	9	(1842年)(462)											(732)			
		歳出 総額	10	—	—	—		—	—	—	—	—		—	—	—	—	—
		E	11															
貿易および金銀輸出入	貿易収支	収支	12	+7	+15	+9	輸出中%	+15	+59	−3	−0	+4	輸出中%	−6	+14	+45	−5	−33
		輸出 総額	13	82	93	92		102	148	88	96	98		97	115	148	66	40
		F	14	14	17	18	(16)	30	73	23	20	21	(31)	23	36	57	17	59
		輸入総額	15	75	79	83		87	89	91	96	94		104	101	102	70	73
	金・銀輸出入	収支 金ル	16	+0.9	+5.7	+3.3	(+3.4)	−1.8	+9.3	−6.4	−0.6	+2.5	(+0.6)	−9.8	+5.8	+18.9	−5.4	−3.9
		輸出 金ル	17	9.6	4.7	5.5	(5.7)	12.9	12.9	12.2	5.9	5.2	(9.8)	16.1	6.6	6.9	11.3	5.7
		うち金輸出 紙ル	18	7.5	2.7	3.6	(3.6)	10.6	11.1	9.1	4.3	3.0	(7.6)	16.4	6.7	7.0	11.9	6.1
		輸入総額 金ル	19	10.4	10.4	8.9	(9.1)	11.1	22.5	5.8	5.2	7.7	(10.4)	6.3	12.4	25.9	5.9	1.8
		うち金輸入 紙ル	20	2.2	3.0	2.9	(2.8)	3.0	8.2	1.5	1.4	2.5	(3.3)	1.8	7.1	21.9	4.8	0.6

注：括弧内は5年間平均値。貿易収支の「輸出中%」とあるのは，輸出総額中の穀物輸出の比重。表中の記号は以下を示す。

A：国債利払・償還　　金ル：金ルーブリ
B：同対歳出比　　　　紙ル：紙幣ルーブリ
C：国債収入
D：国家債務累積額
E：鉄道建設
F：うち穀物

第4章 ロシア金本位制の成立

B(1)

［単位：百万ルーブリ］

(51-55)	1856	1857	1858	1859	1860	(56-60)	1861	1862	1863	1864	1865	(61-65)	1866	1867	1868	1869	1870	(66-70)
	−329	−51	−70	−16	−79		−6	−17	−49	−90	−54		−57	−10	−19	−2	−1	
	290	297	293	335	359		408	376	383	347	374		356	415	422	457	481	
	619	348	363	351	438		414	393	432	437	428		413	425	441	469	482	
	66	63	49	56	(112)		51	52	57	74	72		75	82	83	88	86	
	—	18%	—	16%	—		12%	—	—	—	17%		18%	19%	—	—	18%	
	+267	+49	+65	+14	+79		+10	+21	+46	+44	+27		+61	+33	−3	−25	+49	
	267	49	65	14	79		10	21	46	44	27		86	68	48	41	81	
	48	11	1	—	50		—	15	39	44	27		60	19	7	—	0	
					(1,264)													
	—	—	—	—	—		—	—	—	—	—		25	35	51	66	32	
	—	—	—	—	—		—	—	—	—	—		25	35	51	66	32	
輸出中%(30)	+38	+18	+2	+6	+22	輸出中%(35)	+10	+28	−0	+11	+45	輸出中%(33)	+18	−21	−34	−78	+24	輸出中%(40)
	160	170	151	166	181		177	180	155	187	209		223	245	227	264	360	
	58	55	52	61	65		70	59	49	58	66		78	105	80	95	167	
	123	152	149	159	159		167	153	155	176	164		205	265	261	342	336	
(+1.1)	+10.3	−14.3	−22.9	−21.6	−2.6	(−10.2)	−7.7	−29.3	−64.7	−19.3	−16.9	(−27.6)	−17.5	+17.4	+28.6	−10.0	−16.5	(+0.4)
(9.3)	5.7	22.8	29.1	23.9	9.3	(18.2)	14.0	33.6	69.6	23.3	19.7	(32.1)	19.5	13.1	4.9	12.0	18.6	(13.6)
(9.6)	5.7	22.2	29.3	28.2	8.8	(18.8)	13.0	33.6	60.7	23.7	19.3	(30.1)	21.0	13.0	4.2	14.4	23.0	(15.1)
(10.5)	15.9	8.5	6.2	2.4	6.7	(7.9)	6.3	4.3	5.1	4.0	2.8	(4.5)	2.0	30.4	33.6	2.0	2.1	(14.0)
(7.2)	4.3	3.8	1.1	1.4	1.9	(2.5)	1.8	1.7	3.6	1.9	1.7	(2.1)	1.9	27.7	35.5	1.3	1.9	(13.7)

第2部　ロシア金本位制の成立と展開

表4-4　総括表

			年次	1871	1872	1873	1874	1875	(71-75)	1876	1877	1878	1879	1880	(76-80)	1881	1882
財政	通常会計	収支	1	+8	+1	-1	+18	+34		-13	-36	+25	+19	-43		-65	0
		歳入	2	508	523	538	561	577		561	551	626	663	652		667	709
		歳出 総額	3	500	522	539	543	543		574	587	601	644	695		732	709
		国債利払・償還	4	85	88	94	94	107		109	115	140	172	173		196	201
		同対歳出比	5	17%	—	17%	—	20%		19%	20%	23%	27%	25%		27%	28%
	特別会計	収支	6	+23	+11	+6	-18	+9		-72	-204	-130	+135	-9		+47	-51
		歳入 総額	7	80	71	79	41	71		58	330	345	303	90		155	28
		うち国債収入	8	—	—	—	—	—		—	310	306	288	12		91	—
		国家債務累積額	9					(2,950)									
		歳出 総額	10	57	60	73	59	62		130	534	475	168	99		108	79
		鉄道建設	11	57	60	73	59	62		79	105	67	36	44		28	27
貿易および金銀輸出入	貿易収支	収支	12	+1	-103	-79	-40	-149	輸出中% (48)	-77	+207	+23	+40	-124	輸出中% (56)	-11	+51
		輸出 総額	13	369	327	364	432	382		401	528	618	628	494		596	618
		うち穀物	14	187	138	169	214	187		210	270	374	369	232		248	329
		輸入総額	15	369	435	443	471	531		478	321	596	588	623		518	567
	金・銀輸出入	収支 金ルーブリ	16	-8.7	+4.4	+4.9	-0.8	-18.5	(-3.7)	-78.9	-5.6	+1.4	+2.9	-10.6	(-18.1)	-38.8	-44.6
		輸出 金ルーブリ	17	15.1	6.7	12.4	15.1	24.1	(14.7)	83.2	13.0	9.1	6.4	18.5	(26.1)	45.3	50.7
		うち金輸出 紙幣ルーブリ	18	16.9	6.6	14.3	17.1	27.6	(16.5)	101.8	13.6	6.8	5.8	25.9	(30.8)	66.9	68.6
		輸入 金ルーブリ	19	6.3	11.1	17.2	14.4	5.6	(10.9)	4.4	7.4	10.6	9.3	8.0	(7.9)	6.5	6.2
		うち金輸入 紙幣ルーブリ	20	6.3	8.1	2.5	6.6	1.7	(5.0)	1.5	9.4	10.2	7.4	7.0	(7.1)	5.4	4.5

典拠：1，2，3，4，6，7，8，10，11は，В. Власенко, *Указ. соч.*, приложение；( )の数字は，表4-6参照，他は，K. Golowin, *Russlands Finanzwirtschaft*, S. のである）。( )の数字とことなるのは，無利子紙幣債務や短期債務が加えられているВласенко, *Указ. соч.*, エリ・ア・メンデリソン著，飯田貫一ほか訳『恐慌の理論と歴史』*сведении по истории и статистике внешней торговли*, стр. 3-6; 16，17，18，19，20は，*Там* の数値は5年間平均額）。

第4章 ロシア金本位制の成立　145

B(2)

[単位：百万ルーブリ]

1883	1884	1885	(81-85)	1886	1887	1888	1889	1890	(86-90)	1891	1892	1893	1894	1895	(91-95)
−13	−19	−42		−49	−4	+61	+91	+81		+25	+69	+112	+175	+138	
711	709	765		783	832	901	949	959		900	980	1,059	1,166	1,276	
724	728	807		832	836	840	(858)	(878)		(875)	(911)	(947)	(991)	(1,138)	
201	209	264		264	281	279	271	263		243	251	267	271	285	
28%	29%	33%		32%	34%	33%	32%	30%		28%	28%	28%	27%	25%	
−9	+136	−35		+65	+50	−32	−42	−70		−203	−11	+60	−85	−221	
71	224	72		178	145	55	63	104		37	194	174	79	162	
54	221	51		149	132	51	41	72		2	166	165	52	157	
			(4,418)	5,412	5,662	5,743	5,324	5,434	(4,905)	5,385	5,658	5,819	5,854	6,553	
80	88	107		113	95	87	105	174		240	215	114	164	383	
30	38	57		63	45	37	37	114		44	101	63	78	102	
+78	+53	+103	輸出中%	+58	+218	+398	+319	+286	輸出中%	+336	+76	+150	+115	+163	輸出中%
640	590	538	(53)	484	617	784	751	692	(52)	707	476	599	669	689	(49)
357	321	292		233	323	442	376	339		354	164	296	382	336	
562	537	435		427	400	386	432	407		372	400	496	554	526	
−15.4	+0.5	−1.8	(−20.0)	−9.6	−15.7	−7.1	−9.3	+2.2	(−7.9)	+77.0	+109.1	+24.0	+86.7	+36.2	(+66.6)
21.6	5.3	8.5	(26.4)	16.7	21.8	39.1	20.5	20.9	(23.8)	6.0	4.6	7.3	44.2	1.4	(12.7)
19.2	3.0	5.3	(23.0)	14.3	18.9	35.0	17.5	16.9	(20.5)	0.6	0.2	0.2	35.5	0.2	(7.8)
6.6	5.9	6.8	(6.4)	7.2	6.0	31.9	11.2	23.2	(15.9)	82.9	113.8	31.3	130.9	37.6	(79.3)
3.0	2.4	2.5	(2.9)	2.4	2.2	21.0	2.7	15.8	(8.8)	72.3	104.4	13.2	109.1	23.2	(64.4)

Министерство Финансов, 1902, ч. 1, стр. 626-29, 632-39, ч. 2, стр. 640-49; 9 については 228（これは紙幣ルーブリ債務と金ルーブリ債務の合計を紙幣ルーブリで表示したもからと考えられる。詳細は不明。; 5 は筆者が算出したもの; 12, 13, 14, 15は、В. (青木書店, 1961年) 第4分冊, 巻末付表より; 穀物の輸出中比重は、*Указ. Сборник же*, стр. 328-31 (金の輸出入は, 紙幣ルーブリでしか表示できなかった。なお括弧内

ような混乱と動揺の度を強めている旧通貨制度のもとで推進されていったことには十分留意する必要がある。

　もちろん政府は，通貨事情の悪化を放置しえないどころか，改革にともなう通貨需要の増大に直面して，事態の早急な打開に乗り出さなければならなかった。

　打開策の一つは，紙幣の増刷を抑えるだけでなく，可能な限り回収していくという方針，すなわちデフレ政策であった。しかし，このいわば既定の方針は，大規模な改革の推進とは容易に両立し難く，現に1859年から61年にかけて紙幣は増刷されている。とはいえ，兌換ファンドが1億ルーブリの大台を割り，準備率が法定最低限を下まわるという事情のもとでは，紙幣の増発の抑制は至上命令となる。したがって，財政サイドからの紙幣増刷の要請は国債発行によりカバーしていくという新たな傾向が，このあと定着していくことになるし（表4-3の10項参照），鉄道建設等にともなう資金需要は，政府保証債の内外市場における発行によって満たされていくことになる。

　第二の方策は，紙幣の増刷を抑制しつつ，金融制度の創出・拡充を通じて信用の創造をはかり，これによって増大する資金需要に応えていこうとするもので，1860年6月1日に営業を開始した国立銀行，64年以降次つぎに認可され設立されていった株式銀行等は，「大改革」の全体系において戦略的位置を占めるとともに，特殊的に通貨サイドからの上の要請に対応していくものであった。なかでも国立銀行は，前述のとおり通貨業務を移管・集中され，明確に中央銀行としての地位を与えられていったばかりでなく，「最大の商業銀行」として国内貨幣市場に対して君臨していったから，その創設は十分に注目に値する。だが，その業務内容にたち入ってみると，安定的な通貨の供給と調整という目標は，紙幣の発行権が最終的には依然として大蔵大臣に帰属し，国庫の必要に応じて紙幣が増刷される余地を広く残していたから，きわめて不十分にしか達成されないものであった。また商業信用の創造という課題も，設立当初の業務の主力が，旧官営信用機関の債務の清算とか，農奴解放にともなういわゆる買い戻しの金融業務，国庫への短期貸付等にさかれていたため（表4-5参照），十分には果たされなかったのである。不十分というよりは，むしろ，貨幣市場の全般的未成熟，商業信用の絶対的低位と

第4章 ロシア金本位制の成立　147

いう事情に加えて,「大改革」にともなう諸業務が山積しているという事情のもとで,設立されたばかりの国立銀行に中央銀行としての機能を完全な形で期待する方が無理といえよう。

　第三の方策は,たんなる通貨安定対策の域を越えて大改革の一環をなすとの意味づけを与えられて採用された兌換再開政策である。この政策は,1862年5月に開始されたが,前提条件の十分な整備なしに断行されたもので,たとえば,正貨準備率は,額面1億ルーブリの特別対外借款による正貨準備の増強策にもかかわらず,法定率ぎりぎりのところに低迷していたほどであっ

表4-5　国立銀行における預金と貸付の動向
[単位：百万ルーブリ]

	国庫からの預金マイナス国庫への貸付	民間からの預金マイナス商業的貸付
1865年	-151	+121
70	- 97	+100
75	- 81	+109
80	- 9	- 39
85	+ 9	+ 69
90	+134	- 22
91	+201	+ 43
92	+133	+ 27
93	+147	+107
94	+174	- 29
95	+325	-130
96	+328	-182
97	+387	-178

典拠：А. Погребинский, *Очерки истории Финансов дореволюционной России XIX-XX вв.*, М., 1954, стр. 120.

たから,破局が当初から予想されるようなおよそ無謀な試みとしかいいようがないものであった。現に兌換再開後,6カ月にして正貨の引き出し,国外への流出が投機の様相を呈しつつ大規模に進行し（表4-3の14項,表4-4の16・17項参照),翌年11月5日には再び兌換を停止せざるをえなくなったのである。この政策が,事態を何ら改善しえないのみか,通貨制度の混乱を加速化しさえするものであったことは,翌64年の紙幣相場がはじめて70金コペイカ台に落ち込む一方,正貨準備率が実に8.4％台にまで低落したという事実の中に明示されている[30]（表4-3の1項)。

　かくて,大改革と並行し,その一環としての位置を占める通貨安定策は,いずれも成果をあげえず,かえって事態を悪化させたうえ,長期にわたる不換紙幣体制に最終的に途を譲っていったのである。これ以後の通貨政策は,さしあたり平価回復を目標にして紙幣の増刷の抑制ないし回収と,兌換ファンドの減少の阻止ないし増加とを並行的に進めていくというものになった。前者の課題,すなわち紙幣の増刷抑制ないし回収は,1860年代後半までは,経常財政が恒常的に赤字であったため国債発行の継続によって（表4-6参

148　第2部　ロシア金本位制の成立と展開

表4-6　ロシア国債の増加

[単位：千ルーブリ]

期　　　　　間		累積残高	期間増大高
エカテリーナⅡ末期	1796年	35,402	
パーヴェル帝末期	1801年	53,528	18,126
大蔵大臣グーリエフ末期	1832年	213,623	160,095
大蔵大臣カンクリン末期	1842年	462,269	248,646
大蔵大臣ヴロンチェンコ末期	1852年	732,245	269,976
農奴解放期	1861年	1,264,349	532,104
露土戦争開始	1876年	2,949,569	1,685,220
大蔵大臣ブンゲ末期	1886年	4,418,057	1,468,488
大蔵大臣ヴィシュネグラツキー末期	1892年	4,905,410	487,353
大蔵大臣ヴィッテ末期	1903年	6,679,144	1,773,734
1910年1月1日現在		9,055,000	2,375,856

典拠：П. Мигулин, *Русский государственный кредит*, Харъков, 1901−03, cited and supplemented in *Russian Public Finance* II, pp. 234-35.

照），次いで60年代末から70年代前半までは財政事情の好転によって実現していった。各年次の通貨発行残高は，減少というよりは横ばいないし微増の傾向を示しているが，これの一部は兌換ファンドの並行的増加をともなうものであるからさしあたり問題外として（表4-3 Aの10・12項），全体としても，商品流通の急激な拡大と通貨需要の急増を対置してみた場合，十分に所期の効果をあげたとみなしえよう。なお，ここでいう財政事情の好転とは，歳出がほぼ横ばいないし漸増にとどまったのに対して，歳入が大幅に引き上げられた結果として生じたものであり，この間に租税収奪がいちだんと強化されていったこと[31]に注目しなければならない。

　他方，金属準備については，1860年代半ばまで貿易収支がかなりの黒字を示していたにもかかわらず，その他の費目で大幅な持ち出しが続いたため，国際収支は大幅赤字となり大量の金・銀の流出が続いた結果，低い水準を低迷していた。だが，60年代後半から70年代前半にかけては，鉄道建設にともなう関連資材の輸入増などにより貿易収支が赤字に転化した（68年に関税率引下!!）反面，鉄道関連証券の国外での発行等によりその他の項目で収支は大幅に好転し（表4-7参照），総合収支の一定の回復，金・銀流出量の縮小をみることができた。そして世界総生産の6分の1を占める国内産金の一部が，とくに67年以降，国立銀行の手持ち紙幣またはそれの臨時発行とひきかえに兌換ファンドに繰り入れられていったのである。

表4-7　ロシアの国際収支 (1866—1913年)

[単位：百万ルーブリ]

	1866—75	1881—96	1898—1913
貿　易　収　支	－396.8	＋2,480	＋4,122
国　債　の　国　外　発　行	＋ 31.0	＋ 988	＋2,000
鉄　道　債　国　外　発　行	＋543.8	—	—
民　間　資　本　輸　入	＋ 41.6	＋ 612	＋1,825
利子・配当・債券元本支払	－453.5	－2,730	－5,000
(うち鉄道債利子・元本支払)	－210.0	—	—
個　　人　　持　　出	—	－1,035	－2,000
そ　　　の　　　他	－ 72.0	－ 58	－ 175
収支差額（金外貨輸入）	－305.9＋x	＋ 257	＋ 772
収　支　総　額	922.3＋x	4,080	7,947

典拠：1866—75年は，С. А. Покровский, *Внешняя торговля и внешняя торговая политика России*, М., 1947, стр. 269-71. 1881—96年，1898—1913年は，А. Погребинский, *Указ. соч.*, стр. 113-14; В. Власенко, *Указ. соч.*, стр. 196.

注：(1) 鉄道債国外発行は1881年以降は，国債および民間資本輸入に含まれる。同利子・元本支払もおなじ。
(2) 本表は，異なる試算例を並記したものであり，趨勢の把握以上のものは期待できないし，算定基準も不統一である。
(3) —は，不明のもの。

このようにして，1870年代の半ばには，紙幣発行残高がクリミア戦争終結時点のそれを若干上まわる程度の8億ルーブリ弱にとどまったのに対して，兌換ファンドは2億3000万ルーブリ台という空前の規模に達したため，準備率は30％弱にまで上昇し，紙幣相場は，遠からず平価を回復するものと期待できるほどの上昇ぶりを示した。これにつれて為替相場が急騰していったことはもちろんである（以上，表4-3の各項参照）。通貨安定政策は結果でみる限り成功したということができるであろう。だが，この過程が，恒常的貨幣不足，したがって恒常的高利子率体制を布くことによって，クリミア戦後のインフレ下に胎動を開始した経済活動，商品流通一般に抑圧的に作用するとともに，次第に内的条件を成熟させている産業循環が変動に応じて生み出す通貨需要に対しては硬直的な供給で対応していくものであったこと，他方，この過程が，農民に対する租税収奪の一方的強化と国民経済の対外金融依存の傾向を強化し，全体として，特殊ロシア型原蓄過程の一環を構成し，自ら，産業資本確立期に先行するところの体制的沈静期をなすばかりか，基底における恒常的農民収奪と金融的対外依存とを重要な局面としてもつロシア資本

主義の型制の成立に大きくかかわっていくものであったことに注目しなければならない。

ともあれ，1875年の時点でカンクリン幣制への復帰が期待されるところまで通貨流通は安定した状態を示していた。しかし，この状態は，次の二つの事情により急速に悪化し，これに後述の露土戦争が重大な影響を与えるにおよんで，カンクリン幣制への復帰による通貨安定という政策路線は事実上不可能となっていった。

第一の事情は，1875年末から76年末にかけて到来した金融危機である。これは，75年末から始まった金融逼迫に，同年の貿易収支の大幅赤字，アフガニスタン方面の露英間緊張という事情が加わって生じた大規模な為替投機にともなうもので，政府および各金融機関の懸命の対抗策にもかかわらず，76年末には大規模な金の流出が進行し（表4-4の16項参照），政府はついに為替平衡操作を放棄せざるをえないところまで追い込まれたのである。その結果，金準備の激減，為替相場の急落が続き，70年代前半期の政策の成果を無にするとともに，続く露土戦争期の新たな通貨不安に接続していったのである。このことは，弥縫的通貨安定策がきわめて脆いものであったことを明示しているといえよう。

もう一つの事情は，金・銀比価の激動，端的には銀貨の急落にともなう銀の自由鋳造停止という事態である。1860年代まではともかくも一応の安定をみせていた金・銀比価は，銀生産方法の改良による生産量の増大と，それに促されてドイツ（1871—73年），アメリカ合衆国（73年），スカンジナビア諸国（73年）が金単本位制の採用に踏み切るとともにベルギー，オランダなどが銀自由鋳造の停止を宣言したことによって，70年代半ばには激動し，銀価が惨落していった（表4-3の5項参照）。とくに，76年に入って6月—7月の時期には，一時的とはいえ比価は，19.59対1にまで一挙に落ち込んだのである。このため，それまで依然として銀に対する逆打歩をもちながらも相場を急速に回復してきた紙幣は，これ以降，逆に銀に対して5％もの打歩を生ずることになり，制度上は銀本位制を維持し，兌換の停止後も銀の自由鋳造の途を用いていたロシア政府は，西欧諸国の側からの銀投機の攻勢にあい，ついに76年10月9日，銀の自由鋳造の停止に追い込まれてしまったのである。

これによって，銀単本位制が事実上機能を停止し，これから解放され逆に銀に対して打歩をもつにいたった紙幣が，金を実質的価値尺度としながら（現に，対外金属準備は，表4-3の12項にみられるように金に集中してきている），明確な法的制度的認定をうけず，相対的に独自の動きを示したために，一見「紙幣本位制」とも称すべき現象を呈することになった。また，この際の銀投機が，前述の金流出の増大に作用したことはいうまでもない。カンクリン幣制の実質はこの事態によってさらに大きく崩れていったのである。

　iii　第三段階
　　　（露土戦争――80年代半ば）

前段でみたように，1875年まで安定化の傾向をみせた通貨流通は，76年に入り再び大きく崩れる傾向をみせたが，この傾向は，翌年に勃発した露土戦争によってさらに強められ，破局的状況を呈するまでになった。すなわち，軍事費の急増は，4億ルーブリを超える紙幣の増刷と，6億ルーブリを超える国債の発行とによってまかなわれることになり，紙幣相場が一挙に60金コペイカ台に激落したうえ，その変動幅は実に平価に対して35％台を示すまでになったのである（図4-1参照）。そして76年段階でいったん銀ルーブリに対する打歩を生じた紙幣も，77年以降，再び銀に対する大幅な逆打歩をもつことになり（表4-3の4項参照），ここに悪性戦時インフレが席捲することになった。そして，戦争の終結とともに，軍事需要が後退すると，戦時インフレは投機的色彩をもった人為的ブームに転化し，ブームは早くも70年末には過熱化し，81年から82年にかけて急速に崩壊し，深刻な恐慌に転化していったのである。[38] 82年恐慌が，以後6年から7年間におよぶ長期の深刻な不況期を招来するものであることは，詳論を要しないところであろう。

このように，露土戦争以後1880年代の初めにかけての異常な経済変動は，悪性紙幣インフレによって加速化されたものであると同時に，このインフレが通貨の信用をさらに低落せしめるものであったから，政府は早急に濫発紙幣の回収によって通貨安定をはからなければならなかった。そのための対策は，ブームが末期的な症状を呈し，現金供給が逼迫してきた最中の81年1月1日に臨時発行紙幣の回収令としてまず具体化した。本法は，初年度1700万ルーブリ，次年度以降，年5000万ルーブリずつを，紙幣の臨時発行によって生じた国庫の国立銀行に対する債務の返済にあてることを規定したもので，

152 第2部 ロシア金本位制の成立と展開

図4-1 ルーブリ紙幣の為替相場変動

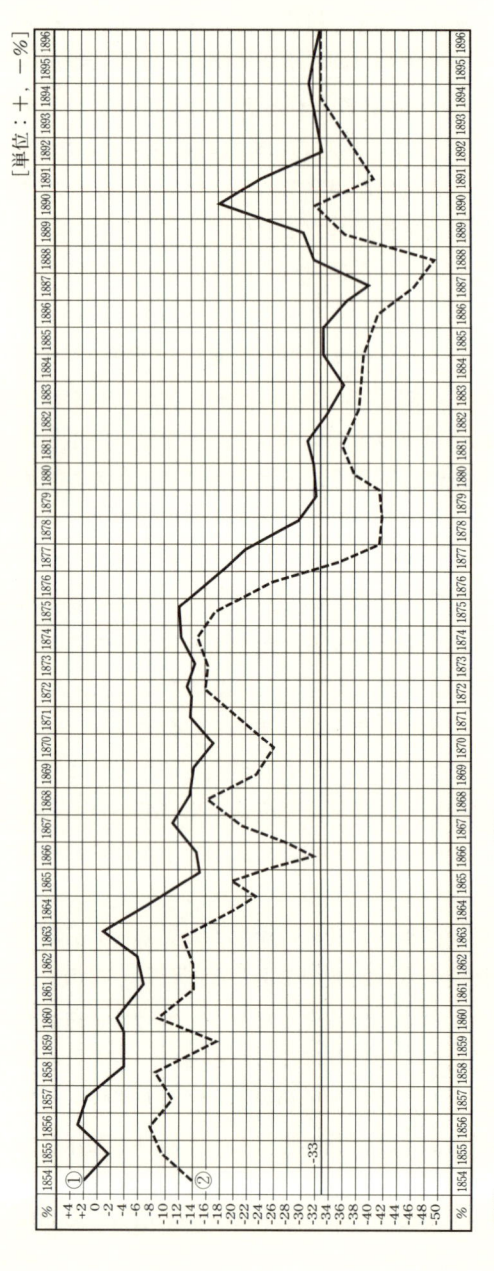

[単位：＋，－％]

典拠：A. Raffalovich, *Marché Financier en 1897*, Paris.
注：％欄の0は金ルーブリ平価＝4フラン。
　　％欄の－33は66 2/3金コペイカ＝2.66フラン。
　　①は相場の最高値、②は最安値。①②の差は各時点の相場の変動幅をあらわしている。

第4章 ロシア金本位制の成立

1881—83年の3年間は忠実に実行された。しかしながら，このような強引な紙幣回収方法を長期に持続することは，財政事情の悪化と国際収支の悪化によってきわめて困難となった。(39)

まず財政の動向からみると，歳入では，国民経済の順調な発展のためには，生産者，とりわけ疲弊した農民経営を回復させ，彼らのもとにおける生産力の発展をまたなければならないとする大蔵大臣ブンゲの政策路線にしたがって，人頭税等の直接税が一部廃止ないし軽減されたこともあって，彼の任期中は税収の伸びが相対的に緩慢であったのに対して，歳出では，露土戦時に発行された多額の国債の利払いが，それ以前のものに上積みされて急増し，歳出のほぼ3分の1を占めるまでになり（表4-4の5項），全体として財政収支は赤字を計上し続けていた。したがって，この赤字の補塡のためには，予算執行の繰り延べや金融機関からの短期借り入れに加えて，再度国債発行に依存していかざるをえないが，対外借款についてみれば，相次ぐロシア国債の発行（表4-6参照）とロシア財政・通貨制度全般に対する信用の低下とによって，外国，とりわけドイツにおける人気が低下し，ときには反発を招くまでになり，(41)発行条件が次第に不利なものになっていた（表4-8参照）。1883年に，銀・紙幣借款の利払いが金に統一されるという事態はこのことを端的に物語るものといえよう。(42)

他方，国際収支についてみれば，累積した国債・政府保証債・民間社債・株式等の利子・配当・元本償還のために対外支払が急増する一方，貿易収支では，輸出が，為替相場の急落にともなういわゆる為替ダンピングの恩恵を受けながらも，大不況・農業不況の激化にともなう価格低落と関税障壁の拡大によって，横ばいないし減少すら示したのに対して，輸入が，保護関税体制の強化によって相対的のみならず絶対的にも減少したために，収支尻で黒字となっていたが，総合収支では大幅な赤字が続き，大量の金が流出し続けていた（表4-4，および表4-7も参照）。

したがって，紙幣の回収を強行しうる余地はどこにも存在しえなかったのである。むしろ，全体としてはロシアの信用状態は悪化の傾向を示し，たとえば，為替相場は下降し，最低水準を示すありさまであった。にもかかわらず，相変わらず平価の回復を意図するブンゲの政策路線にあっては紙幣回収

第2部　ロシア金本位制の成立と展開

表 4-8　ロシアとイタリアの公債の国外市場における売出条件と実勢利率

［額面に対する%］

発行年次	6%金	5%金	4½%金	4%金	3½%金	3%金	イタリア4%金公債	ロシア実勢利率**
1859	—	—	—	—	—	64.3	—	—
60	—	—	89.22	—	—	—	—	—
62	—	91.25	—	—	—	—	—	—
64	—	83.48	—	—	—	—	—	—
66	—	83	—	—	—	—	—	—
70	—	76	—	—	—	—	—	—
71	—	79*	—	—	—	—	—	—
72	—	87*	—	—	—	—	—	—
73	—	91*	—	—	—	—	—	—
75	—	—	91	75	—	—	—	—
77	—	79*	—	—	—	—	—	—
80	—	—	—	75 / 80*	—	—	—	—
81	—	—	—	—	—	—	—	5.83
83	95〜98	—	—	—	—	—	—	6.32
84	—	86⅛	—	—	—	—	—	5.81
85	—	88.35	—	—	—	—	—	—
87	—	—	—	—	—	—	102	4.86
88	—	—	—	83	—	—	—	4.98
89	—	—	—	83.5	—	—	—	{4.77―　4.65
90	—	—	—	90〜94	—	—	—	4.59
91	—	—	—	—	76.2	—	—	4.18
93	—	—	—	93.7	—	—	80	4.52
94	—	—	—	{97―　97⁴/₁	91.1	—	—	{4.48―　4.38
95	—	—	—	97	—	—	—	3.86
96	—	—	—	—	—	88.7	—	3.38
97	—	—	—	100	—	—	—	{3.78―　3.0
98	—	—	—	102	—	—	—	3.57

典拠：В. Власенко, *Указ. соч.*, стр. 60-70；B. Endelman, *op. cit.*, pp. 64, 84；Б. Ананъич, *Россия и международный капитал 1897−1914*, Л., 1970, стр. 14；Schulze-Gävernitz, *a.a.O.*, S. 553；*Министерство Финансов*, ч. Ⅰ, стр. 444-54, ч. Ⅱ, стр. 82-88.

注：(1)　*は，鉄道コンソル債。
　　(2)　**は，別個の算定数値のため他の項と正確には対応しないことがある。
　　(3)　発行条件は他にもあるが詳記しなかった。したがって本表は厳密には長期的趨勢のみを示す。

第4章　ロシア金本位制の成立　155

の方針は堅持されねばならず，1883年以降もこの方針は継続されたし，国立銀行も，表4‐3の11項に示されるように，この方針に沿って大量の紙幣を鎖却こそしないまでも流通から引き上げていったのである。

このような強引な紙幣の回収方針，すなわちデフレ政策（1886年段階の紙幣流通量は，79年のそれに比して21.4%の減少となっている）は，貨幣市場が一般には依然として未成熟ないし脆弱なままにとどまり，預金通貨や手形の流通が低位にあったうえに[43]，その預金すらもが国庫への貸付という非商業的目的に向けられていたという事情（表4‐5参照）のもとでは，82年恐慌の後の不況をさらに深刻かつ永続的なものにさせる作用をもち[44]，とりわけ穀価の激落によって深刻な不況にさらされていた農業利害の強硬な反発をまねくとともに，インフレーショニスト的主張の高揚をうながすことになったのである。いうまでもなく，貨幣数量説的観点に立つインフレーショニストの主張の背後には，インフレの再来によって不況期に累積した債務を実質的に軽減させると同時に，為替相場の一層の低落によって輸出プレミアムを確保せんとする現実的利害関心が潜んでいた。このようなインフレーショニストの主張はさて措くとして，87年前後の段階に入って，不況がその底を脱して回復局面に移行し，通貨需要が現実に高まってきたとき，デフレ政策の継続は重大な困難に直面せざるをえなくなるであろう[45]。

いったいこのような困難な状況のもとで通貨安定を期すような余地はありうるのであろうか。かりにありうるとすれば，それはいかなる方法により実現されうるのか。次節においてこれらの問題を検討していくことにしよう。

3　通貨改革の準備過程
――いわゆるGoldpolitikの展開――

1880年代半ばすぎから90年代の初めまでの時期に推進された諸経済政策は，同一の政策基調に貫かれ，相互に密接な連関をもっているため，この期間に大蔵大臣をつとめたヴィシュネグラツキーの名前をとって，ヴィシュネグラツキー体制（Systém Wyschnegradski）とか，金蓄積政策（Goldpolitik）と総称されるが[46]，この政策体系こそが，本章の冒頭に示した金準備の劇的増加を

もたらし，それによって通貨改革の基礎を準備するとともに，後任の大蔵大臣ヴィッテのもとで改革が具体的に推進されるための諸条件を整備していったのである。

さて，ヴィシュネグラツキーの政策体系の起点に位置するのは，ブンゲ段階まで続いてきたルーブリの平価回復，それによる兌換の再開という方針を放棄し，ルーブリの時価相場での固定＝安定をはかるという新方針の決定であった。この方針は，1887年6月28日にヴィシュネグラツキーが議長をつとめる財務委員会で決定されたが（同時に，ルーブリ相場の法定変動幅が，18.16％と決められた），この決定をみるに至った理由は，第一に，平価回復のためには巨額の財政支出が継続的に必要となり，これは受け容れ難い，第二に，デフレ政策の継続が不況を長期化するだけでなく，地主・工業資本の犠牲の上に貨幣貸付資本を富ませるという所得の再分配をもたらすことによって社会不安を招来しかねない，第三に，為替相場の回復にともなって貿易収支は大幅黒字から逆調に転じ，これにともなう国際収支の悪化が金の流出を招くことによって，ルーブリは逆に不安定になる，というものであった。この決定は，ブンゲ期まで続いてきた通貨政策の無力・破綻を確認する一方，さしあたりは通貨制度の危機に対する暫定的対応策という性格をもちながらも，最終的には，通貨政策がまったく新たなベースの上で展開し，結局は通貨改革の実施を必然化するという意味をもつものにほかならなかった。

ところで，この新方針によれば，通貨安定の方向は，デフレ政策による不況の長期化を回避し，新たに増勢を示している通貨需要に応えていかなければならないという現実の要請とあいまって，重点をブンゲが推進したような紙幣の回収にではなく，現に流通している紙幣に信用の裏付けを与え，これを安定的水準で固定させることに置くというものになる。したがって，紙幣の信用を確保するための最強の保障たる金属準備を極力増加させることがこの政策の基本線になる一方，紙幣の回収に対しては，可能な場合にはこれを継続するが，それが無理な場合には，1対1の比率で金属準備の裏付けを与えたうえで臨時発行分の紙幣を恒久発行分に繰り入れていくという方針（金属準備は増大する反面，紙幣発行残高は結果的に不変），さらには必要な場合，同じ条件で新たに臨時発行さえ行なう（たとえば1888年の3000万ルーブ

第4章 ロシア金本位制の成立 157

リの臨時発行)という方針が採られていくことになった。いずれにせよ，金属準備の大幅引き上げということが決定的に重要な意味をもってくる。なお，ここで金属準備という場合，銀本位制下にありながら実質的には金のことをさしている。これは，ロシアの主要取引国(19世紀半ばすぎまではイギリス，オランダ，フランス，70年代以降は，このときまさに金本位制に移行したドイツ)との決済の必要上，対外準備における金の比重が高められる一方，カンクリン幣制の当初から金は銀と並んで無制限兌換の対象とされており，兌換停止後は，紙幣は銀から離れて事実上金と結びつき，これを価値尺度としていたうえ，続いて起こった金銀比価の変動，端的に銀価の低落が上の傾向を決定的なものにしていたからである(48)(金・銀・紙幣の価値関係の変動については，表4-3の1から4，6項を参照)。

　もちろん，この過程に並行して国際的には複本位制論が強力に主張され，数次の国際貨幣会議を通じて緊迫した情勢が続いていたから(49)，その帰趨如何によっては，ロシアの側も重大な変更を迫られるという余地がまったくなかったわけではない。しかしながら，たとえば，この貨幣会議におけるロシア代表の態度が複本位制論に対して否定的であり，事態の現実的な解決に注目するものであったことからも明らかなように(50)，ロシアの政府筋は，金本位制化の傾向を世界の趨勢，既定の事実と認めていたし，実は，不換紙幣体制下で事実上金と結びついていたロシアには，対外債務・対外決済の関係からして選択の余地は与えられていなかった(51)(銀本位の一般的なアジアとの貿易の比重はほぼ1割以下)。そして，現に，表4-3の12項にみられるように，金属準備は，1880年代に入るとほぼ金に統一されていたし，83年には対外借款の支払いは金によることを強要されており(52)，さらに87年1月1日からは，国立銀行の準備は，金勘定に全面的に集中されるまでになっていたのである。したがって，ヴィシュネグラツキーの通貨安定政策とは，端的には金を蓄積するということにほかならなかったのである。

　ところで，では，前節にみたような困難な経済事情のもとで多量の金を新たに蓄積する余地はあるであろうか。かりにあるとすれば，それはいかなる方法によってか。ヴィシュネグラツキーの政策路線が示すところでは，財政の均衡をはかり，その歳計剰余をもって金の購入にあてるが，購入の対象と

第2部　ロシア金本位制の成立と展開

表4-9-A　低利借換政策の効果
[単位：百万新ルーブリ]

	対外債務残高	利子（A）	償還（B）	（A+B）
1887	4,342	212	50	262
1893	4,371	202	39	241

典拠：B. Endelman, *op. cit.*, p. 65.

表4-9-B　低利借換政策による金・紙幣債務元利払いの軽減
[単位：百万紙幣ルーブリ]

	金ルーブリ債務				紙幣ルーブリ債務			
	88年		98年		88年		98年	
総額	1307.5		2133.7		2461.43		2900.70	
年支払	73.18	5.6 %	93.88	4.4 %	156.43	6.35%	131.15	4.5 %
｛利子	61.58	4.71%	82.78	3.88%	121	4.91%	121.79	4.18%
償還	11.59	0.89%	11.09	0.52%	35.42	1.44%	9.35	0.32%

典拠：Schulze-Gävernitz, *a. a. O.*, S. 557.

表4-10　対外新規借款の年平均増大額

年平均	百万ルーブリ
1861—1876	100
1877—1886	70
1887—1892	29

典拠：И. Гиндин, *Указ. соч.*, стр. 63.

なる金は，国際収支の超均衡（即ち金の流入）から生ずる。ところでこの国際収支の均衡は，貿易外収支が赤字幅の拡大の傾向を示す状況のもとでは（表4-7参照），この赤字幅の拡大を抑える一方，貿易収支の大幅黒字を確保することによってのみ可能となる。要するに，貿易収支の黒字こそが金蓄積の唯一かつ最後の保障である，というものであった。以下，この政策路線が具体的にどのように推進されたかをみていくことにしよう。

まず，国際収支の中の貿易外収支についてみよう。貿易外収支は，ことに露土戦争以後，厖大な規模に膨れあがった対外債務（その大部分は国債および政府保証債）の利子・元本の支払いが激増した結果，新規の借款によっても到底償いきれない赤字幅を示していた（表4-6，4-7参照）。したがって，これを黒字にすることは不可能であり，当面，赤字幅の増大を抑えることが課題となる。この課題は，新規の借款を可能な限り見合わせる一方，既存の公的債務の大規模な低利借り換え・償還延期政策によって果たされていった。(53) この政策は，結果的には大成功に終わり，利率5％以上の旧債務は，軒なみ4％以下に借り換えられ，借換債券の発行条件も表4-8にみられるように急速に改善されていった。利払い・償還総額も表4-9-A，Bのよう

第4章 ロシア金本位制の成立

表4-11 各国の利子率の動向

A．年次別

	ロンドン	パリ	ベルリン	ブリュッセル	アムステルダム	セントペテルブルク	ウィーン	ローマ	平均
1886	3.0	3.0	3.3	2.7	2.5	—	4.0	—	3.1
87	3.3	3.0	3.4	3.1	2.5	5.1	4.1	5.5	3.7
88	3.2	3.1	3.3	3.3	2.5	5.3	4.2	5.5	3.8
89	3.5	3.1	3.7	3.5	2.5	5.8	4.2	5.2	3.9
90	4.5	3.0	4.4	3.2	2.8	5.9	4.5	6.0	4.3
1891	3.3	3.0	3.8	3.0	3.1	4.9	4.4	5.8	3.9
92	2.5	2.7	3.2	2.7	2.7	4.9	4.0	5.2	3.5
93	3.0	2.5	4.1	2.8	3.8	4.7	4.2	5.2	3.8
94	2.1	2.5	3.1	3.0	2.6	4.5	4.1	5.7	3.5
95	2.0	2.2	3.2	2.6	2.5	5.0	4.3	5.0	3.4
96	2.5	2.0	3.7	2.9	3.0	6.1	4.1	5.0	3.7
97	2.8	2.0	3.8	3.0	3.1	5.9	4.0	5.0	3.7
平均	3.0	2.7	3.6	3.0	2.8	5.3	4.2	5.4	3.7

典拠：M. G. Mulhall, *The Dictionary of Statistics*, 4th edn., London, 1909, p. 640.

B．長期平均

	1871—80年	1881—85年	1889年
イギリス	3.28	3.30	3.55
フランス	3.94	3.34	3.18
ドイツ	4.30	4.20	3.70
オーストリア	4.79	4.71	4.12
イタリア	4.85	4.74	—
オランダ	3.40	3.56	2.50
ベルギー	3.60	3.66	3.62
ヨーロッパ	3.71	3.93	3.44

典拠：M. G. Mulhall, *ibid.*, p. 76.

に絶対的な減少すら示し，表4-10にみられるような新規借款の抑制とあいまって財政支出に占める比重も，表4-4の5項にみられるように低下していったのである。この政策が成功しえたのは，一般的には，大不況が長期化するなかで西欧の金融市場における利子率が，表4-11-A，Bにみられるごとく低下していたため，ロシア借換債は，利子率を下げても依然として相対的に有利な投資対象とみなされたという事情によるものといえよう。

しかし，より決定的な理由は，かのビスマルクによるロシア証券のロンバード禁止に帰着する独露金融対立のあと，露仏の政治的接近という新たな事情を背景にしてフランス金融市場がロシア証券に対して開放されるという周知の事態に帰せられるべきであろう。この露仏金融提携の強化という有利な

条件によって，借り換え・償還繰り延べ政策は，ほぼ順調に進み，1890年恐慌にともなう西欧の金融逼迫による一時的困難（91年3％金公債の未消化）をはさみつつも，94年段階でほぼ成功裡に終了し，翌年以降，はやくもパリ金融市場およびフランス政府から反発を受けるようなところにまで達していったのである。なお，この方針は，外国資本の流入一般を抑制しようとするわけではもちろんなく，財政負担とのかかわりにおいて国債等の新規の発行を見合わせ，借り換え政策を優先させたのであって，外国民間資本の直接投資はこの政策に対立しない限りにおいてむしろ積極的に助長さるべきものであり，ある意味でこれこそ全政策体系の中心課題であった。このことは，ヴィッテ期に入って貿易収支の黒字幅が縮小していくにつれますます現実的な問題になっていったのである。とはいえ，当面，ロシアの信用状態が悪化しているという現状からして，そのための条件を準備することこそが急務であったのである。

とにかくこの借り換えといういわば借金操作を通じて支払い超過の傾向はある程度抑制され改善されていったのであるが，それにしてもこれだけで経常収支全体の赤字基調まで変えることは不可能であり，したがって，国際収支の黒字を確保するためには，貿易収支の大幅黒字を確保することが至上命令となっていた。そして貿易収支対策こそが，Goldpolitik の政策体系の最大の支柱であり，最後の保障となるべく位置づけられていったのである。

いま貿易収支政策の結果を，表4–4の12・15項によって先まわりしてみてみると，輸出は，ブンゲ期には5億から6億ルーブリ台で低迷していたのに対して，1887年以降は6億から7億ルーブリ台に達する一方，輸入は，同じく，5億から4億ルーブリ台であったものが4億から3億台にまで減少しており，収支の差額は，実に輸入額に匹敵しかねないほどの大規模な黒字を計上している。貿易収支対策は，明らかに「成功」したとみなしえよう。このような成果をあげえた原因は，まず輸入政策からみると，77年に始まりブンゲ期を通じて強化されてきた高率関税政策が，87年以降さらに継続強化され，91年関税の段階で禁止的高率関税体制にまで徹底されたこと，しかもその際，為替相場の変動にともなう課税効果の変化（縮小）を直ちに税率の引き上げによって補強するという細心かつ徹底した措置が講ぜられる（90年の

第4章　ロシア金本位制の成立

表4-12 ヨーロッパ・ロシアの50県における穀物の国民1人当たりの生産・輸出・残余量　［単位：チェトヴェルチ］

農業年　（平均）	純生産A	輸出B	B／A (%)	残余	
				A－B	1871－75年に対する指数
1871/72－1875/76	2.47	0.32	13.0	2.15	100.0
1876/77－1880/81	2.47	0.43	17.4	2.04	94.9
1881/82－1885/86	2.52	0.45	17.9	2.07	96.3
1886/87－1890/91	2.56	0.60	23.4	1.96	91.2
1891/92－1895/96	2.65	0.57	21.5	2.08	96.7
1896/97－1897/98	2.51	0.59	23.5	1.92	89.3

典拠：В. Власенко, *Указ. соч.*, стр. 61.

一律20％税率引き上げをみよ）一方，国内の生産コストの増大という犠牲を払って原料・半製品にまで高率の課税がなされたこと（92年段階では，総輸入額に対する関税収入の比率は33.1％，同じく原料・半製品での比率は，22.4％に達しており，後者は，70年代末80年代初めに比してほぼ倍加している）などに求められよう。[57]

他方，輸出政策の面では，輸出品目における大宗をなす穀物の輸出促進策が戦略的地位を占め，金蓄積政策の性格を明示する強引な政策が採用された。[58]すなわち，一般的な輸出促進政策として内陸穀物の輸出を助長するための鉄道運賃率の改定，長期間の穀物抵当金融の認可，為替相場の引き下げ操作，等の措置が採られたが，これらはまだ補助的副次的なものにすぎず，何よりも輸出意欲を強要することが必要であり，しかも低価格を維持することが必要であったから，このために，穀物の価格が最低値を示す刈取り直後にその大部分を農民から放出させるべく租税徴収をこの時期に集中的に行なうという措置がとられていったのである。[59]この措置は，当然，需要変動に逆行した穀物の大量放出とその買い叩きを招くものであり，農民に対して生産費を割るような低い価格を押しつけ，一方的な犠牲を強要する反面，年間を通じて市場価格が最も低い時期の国際農産物市場においてさらにそれを下まわる価格で大部分の農産物を売却することを可能にし，それとともに輸出業者には輸出プレミアムを，農村の寄生的高利貸やクラークには，穀物抵当融資制度を通じて買い占め投機と高利潤をそれぞれに保障するものであった。この政

策が現実にいかなる効果を発揮したかは，表4-12が明瞭に示している。このような政策は，対外的には組織的ダンピング政策にほかならず，対内的には，深刻化する農業不況をさらに激化させるものであることはいうまでもないであろう。

ともあれ，このようにして貿易収支政策は，前述のような巨額の黒字をあげたばかりでなく，貿易外収支の赤字をもカバーして，ヴィシュネグラツキーの在任中に，経常収支をも一時的に黒字に転化させ（表4-4の12，16項参照），さらには，過去十数年間の貿易収支の赤字分を数年にして取り戻すという驚異的な「成果」をあげることになったのである。このような事態こそ，さなきだに強まっていた国際的金獲得戦（struggle for gold）をさらに激化させたうえ，1890年代初めには，同様の経過をやや早目にとっていたオーストリアとならんでロシアをして最大の金流入国たらしめたのであるが，それは，同時に，この金獲得戦の背後でこれと緊密に関連して展開していた国際通商戦をさらに激化させるものでもあり，93年から翌年にかけて戦われた露独関税戦争はその所産であり帰結にほかならなかった。このような事態は，観点を変えれば，国際通商戦と金獲得戦が，既定のレール上にあるロシア経済，とりわけ基底の農業をレールの延長線上で競争の渦中に組み込み，その位置と構造を固定したうえで，崩壊の危機にまで追いやっていくものであることを意味しているといえよう。為替相場が88年に一旦49.91金コペイカの最低値を示したあと90年に十数年ぶりに80コペイカ台にまで高騰を示していく過程（図4-1参照）と並行的に，40%から100%以上におよぶ租税の滞納が進行し，1891-92年にかけて未曾有の凶作が農村を荒廃させたという事実は，上の論点を象徴的に示すものといわなければならない。

ところで，では国際収支・金保有の著しい好調と並行して財政政策はどのような変化を示したであろうか。結論を先取りすれば，数十年間ほぼ一貫して赤字基調を持続していた財政収支は，ほかならぬ1888年から黒字，しかも大幅な黒字に転化したのである（以下表4-4の1，6項参照）。これは，歳出が，前述の低利借り換え政策等による国債利払いの抑制や軍事費の増加の抑止によって微増ないし漸増を示すにとどまったのに対して，歳入が，ブンゲの試みた税制を放棄し間接税の大幅引き上げという大衆収奪の強化の路線

第4章　ロシア金本位制の成立　163

に転じたことによって（第1章表1-6も参照），税収を大幅に伸ばし，80年代前半期に6億から7億ルーブリ台であったものを，87年以降，一挙に8億から9億ルーブリ台に伸ばしたことによるものであり，しかも，予算額を決算額がかなり下まわるという執行面にもおよぶ徹底した超均衡政策の結果であった。ただし，経常外予算をみると，明らかに大幅の赤字が続いており，結局，財政均衡なるものも，粉飾されたものであって，対外信用の強化という効果をねらったものにすぎないともいえるのであり，財政構造の基調が根本的に変化し改善されたわけではない。それどころか，大衆収奪の強化が，前述のように，1880年代末から90年代前半にかけて租税の滞納率の急上昇をひきおこしていったという事実は，財政基盤の脆弱性を端的に示すものといえる。その意味で，91年の凶作とともに財政収支（経常外を含む）が大幅赤字になった事実は象徴的といわなければならない。まことに，農民収奪の強化こそが金蓄積政策の全過程の基礎であり，後者の「成功」裡の展開は，農民経営とその共同体の崩壊を結果していったのである。

　ともあれ，このようにして得られた歳計剰余は，紙幣増刷の必要をなくすことはもちろんのこと，国際収支の黒字によって国内に大量に還流した金・金為替・外貨の国内貨幣市場における直接購入か，または外国銀行における政府の預金勘定の増加に向けられていったのである。これらの政府資金は，将来，紙幣の臨時発行にともなって累積していた国立銀行に対する債務の償還にあてられ，兌換ファンドの一部に繰り入れられていくことになる。

　ところで，ヴィシュネグラツキーの任期中の金・外貨保有の増大には，実は，国立銀行の方が国庫よりは重要な役割を演じていた。これは，当面財政均衡の確保をはかることが急務であったため，金の購入・蓄積の課題を国立銀行に大きく転嫁したことによるもので，この点，国庫が金蓄積のために前面に出て，積極的に局面をリードしていった1893-94年以降のヴィッテの方針とは明瞭なコントラストをなしているといえる。国立銀行がこのような課題を果たしえたのは，創立直後から政府によって課されていた旧官営銀行債務の返済業務や，農奴解放にともなういわゆる買い戻しの金融業務，国庫への貸付等の負担から70年代半ばに解放された結果，はじめて手形割引や有価証券担保貸付等の短期授信業務との比率を逆転し後者の発展をゆるした（表

4-5参照)のに続いて，85年以降は，対国庫勘定のバランスをプラスに転じたうえ（同年，旧官営銀行債務の返済業務は国庫に移管した），87年以降は国庫の預金量の激増（財政均衡の所産にほかならない）によって豊富な資金を得て，88年には，普通預金・当座預金・自己資本等を大幅に上まわる規模の授信業務・有価証券業務を展開させ，営業内容を大幅に改善していったからである。なお，これと並行して，農業不況の深刻化に対する救済措置として国立不動産銀行（貴族土地銀行・農民土地銀行）や地主（!!）への融資が一時的に急増していったことにも十分注意しなければならないであろう。ともあれ，国立銀行が，営業内容を改善し，通貨の増刷が抑制されていた事態のもとで，ときには手持資金の不足から臨時発行にうったえてまで授信業務を拡大し，増大する通貨需要をさばいていこうとしたことも明らかである。

さて，このような営業動向を示していたところで，国立銀行は金・外貨の買い入れの課題を果たしていくことになったが，この課題は，1890年恐慌に続く通貨需要の一時的減退を契機に内外の市場で果たされたと考えられる。しかし，この契機によってのみ大量の金の蓄積を説明することは困難であり，手形割引が1890年から91年にかけてほぼ3分の2の線にまで，また有価証券業務が89年から91年にかけて実に2分の1にまで低落した事実は，これらの業務を犠牲にしてまで強引に金の買い入れが行なわれたことをうかがわせるものといえよう。また，前述の不動産銀行への融資額も，兇作にみまわれた91年には，89年のほぼ10分の1弱，危機の続いた翌92年にはかなり増大したとはいえやはり5分の2以下，93年には再び10分の1以下にまで減少したという事実は，金蓄積政策と農業危機の深化との関係を金融の側面から垣間見させるものといえよう。いずれにせよ，国立銀行は，この期間にほぼ国庫と同程度に大量の金を購入し，その一部を臨時発行分の紙幣の準備にまわし，残りを来るべき通貨改革にそなえて用意していくことができたのである。

かくて，ロシアは，飢饉輸出と大規模な対外借金操作，農村解体に帰結する租税収奪を通じて，本章の冒頭にみたような巨額の金を蓄積し，対外的にも，たとえば，1890年のベアリング恐慌に際してはイングランド銀行にも多量の金を融通するという事態にも象徴的に示されるように，有数の金保有国の地位を確保していったのである。このような事態が，ロシアの財政とその

第4章 ロシア金本位制の成立 165

信用体系に対する国際的信用を高めるものであることはいうまでもない。

ところが，現実の通貨流通は，逆に不安定の様相を濃くしていた。すなわち，為替相場の変動，それにともなうルーブリ投機がこの時期に集中的にあらわれてきたのである。なぜこのような事態が生じたのであろうか。

一つの要因としては，1890年恐慌の際に震源地となった西欧諸国，とりわけ英国など相手国側の金融事情の影響を考えることができよう。また，たとえばベルリン市場において行なわれたルーブリ紙幣に対する組織的投機も重大な作用をおよぼしていたであろうし，87年から93年に至る時期において農業の大幅な作況変動が起こっていたことも為替相場の変動に無関係ではありえない。しかしながら，たとえば，ドイツの同時期における取引所問題の際に，取引所が投機の原因ではなく，むしろいうなれば逆の関係にあると指摘された(71)ように，ロシアの為替相場，紙幣の金に対する逆打歩の変動の場合にも，投機は変動幅を拡大しこそすれ，決してその主たる原因ではなく，変動の基本的原因は，不換紙幣制そのものにあったのである。そしてこの不安定な基礎の上で，本来二者択一をせまるはずの次のような問題を両立させようとして複雑な操作をともなう金融政策が推進されていく場合，投機は不可避的随伴物となり，相場はさらに激しい変動を示すことになるのである。すなわち，厖大な量の金を蓄積するために一方的に金の「買い」にまわることは金価格の高騰を招くであろうし，他方，国際収支の一方的順調は，為替相場の上昇を通じて貿易収支を不利にし，なかでも，ほぼ3分の2という高率の輸出依存度を示し，さなきだに世界的農業不況のもとで危機的状況にあるロシア農業に壊滅的打撃を与え，ひいてはGoldpolitikの継続そのものを困難にしかねなかった。こうしたジレンマを政府は，複雑な為替操作を通じて（ときには金の売り手にまわり，ときには意図的相場引き下げ策により）解決せんとしたが，この事態は投機に絶好の機会を提供するものにほかならず，相場は激しい変動を繰り返していくことになったのである(72)（図4-1参照）。

他方，1880年代末から90年代初めの時期は，長期の不況からの脱出・盛況局面への移行，90年恐慌，続く大飢饉と他方での大規模な鉄道建設活動の展開（91年シベリア鉄道建設開始）と経済変動が続き，通貨需要は大きく揺れ動いていたが，これに対して多量に蓄積された金準備は，不換制下ではさし

あたりそのものとしては依然として死蔵物に留まる一方，紙幣の発行残高は，臨時発行分を除けば一定水準に抑えられていたから，利子率や物価変動は逆に強まらざるをえず，通貨供給の硬直性を早急に打開する必要が生じていた。この課題は，後刻回収が困難となる紙幣の臨時発行（たとえ100％の金準備を裏付けようとも）では解決し難いものといえよう。[73]

こうして，厖大な金準備は安定的通貨流通のための基礎を確保するものではあったとはいえ，そのものとしては通貨流通の安定を直ちにもたらすものではなかった。これに加えて，1890年恐慌のあと回復から高揚に向かおうとするロシア経済は，財政の膨脹，貿易収支における黒字幅の縮小，通貨・資本需要の拡大という新たな局面をむかえることになり，Goldpolitik をそのままの形で継続することができなくなっていた。この事態は，通貨政策が金蓄積の増大を当面の主要目標にしたものから，増大した金準備を通貨流通に具体的に反映させ，結びつけていくものへと転換することをせまるものであったが，この政策の転換は次第に通貨改革に帰着していくことになるし，それなしでは所期の目標は完全には達せられないことが明らかとなっていった。

4 通貨改革の展開とその特質

前述したとおり，Goldpolitik が精力的に推進された結果，安定的通貨流通のための基礎条件は確保されていったのであるが，さしあたりは，現行通貨制度の枠組みと不換紙幣の体制に制約されて，通貨流通は安定しきれないどころか，一定の新たな動揺すら示していた。したがって，厖大な量の金準備を前提とし，さらにはこれらを活用して金属貨流通・兌換の再開をはかることによって，これらの動揺・矛盾を解決するばかりか，弾力的な通貨流通の態勢を確保することを通じて経済過程の諸要請に積極的に応えていくことが緊急の課題になっていたのである。これらの課題は，結局通貨制度の大幅な改革をまってはじめて解決されていくことになるが，この改革は，一個の包括的な改革立法によって一挙になしえず（理由は後述），当面の必要に現実的に対応しつつ全体としてかなり長期の年月をついやして完成されていったのである。この過程は，改革の諸条件を具体的に準備し整備する段階，改

革の基本線が確定される段階，基本線が確定されたのち改革が制度面において体系的に整備され完成される段階，の三段階に分けられる。このうち，第一段階と第二段階の間に，改革をめぐる政策論争が激しく展開する一段階を設定することも可能である。以下，われわれもこの段階区分に応じて安定的通貨制度がいかにして確立されていったかを検討していくことにしよう。[74]

(1) **第一段階**（通貨改革の直接的準備過程）
 i ルーブリ投機の抑制と相場安定政策　　前節で述べたとおり厖大な金準備にもかかわらずルーブリ相場の変動は続き，大規模な投機すら行なわれるに至ったため，通貨安定の課題は，さしあたりこの投機を沈静させ，相場の変動を一定水準に収斂させることに向けられた。

　さて，この段階の投機は，前述の基礎的要因に加えて，複雑な為替政策が推進されたことによって誘発されたものであったが，それは主として独特な紙幣ルーブリ市場をもったベルリン金融市場の側から（一部パリ市場で）行なわれた。このベルリンの紙幣ルーブリ市場とは，ロシアの金融組織の未発展（支店網の絶対的不足と外国為替業務の未発達，一般的には対外決済機構の不備）のために，独露国境地帯における貿易取引が紙幣ルーブリによって直接決済されたことに端を発し，これが次第に拡延し，最終的にベルリンに集中し，先物・定期取引を出現させることによって，成立したものであった。[75] 投機は，本来相場変動のリスクを回避するはずの定期取引に鞘取引が入りこみ，これがさらに純然たる思惑による紙幣の売買に発展した結果生じたものであった。

　したがって，投機の抑制は，国境における紙幣の移動の抑制（持出し額制限と，統計目的を名目とする搬出紙幣に対する1％課税），投機そのものに対する政府の対抗的市場介入，投機を媒介する独・露金融機関に対する監督権と規制の強権的発動，ルーブリ紙幣の国外からの回収，等を通じて行なわれ，[76] たとえば，1894年のベルリンの投機に対しては，2日間で3000万ルーブリも投じてこれを決定的に鎮静させ，以後ルーブリ投機を行なわない旨の一札をドイツの投機筋からとりつけるというような積極的対抗策を講じていったのである。その結果，88年に平価を基準にして18.16％という高い数値を

示した相場の変動幅は, 93年には3.42%, 95年には1.02%といういわば金現送点内にとどまるようなところまで収斂してきたのである (表4-3の1-3項参照)。この事態は, たんなる投機対策の結果というよりは, 豊富な金準備と外国為替手形の保有をたのみとして, 継続的に徹底して推進された大蔵省の為替政策の所産にほかならなかった。なお, この結果ほぼ固定された相場は, ほぼルーブリの実勢にあったものということができるが, 正確には, 実勢 (67.3金コペイカ台) よりかなり低めの水準 (62.5金コペイカ台) に固定し, 輸出の好調持続とそれによる農業の救済をはかろうとしたヴィシュネグラツキーの路線と, インフレの昂進を回避し通貨改革の実現を容易にするとの観点から実勢に近い水準 (66.67%, すなわち平価の3分の2の水準) で固定化しようとするヴィッテの路線の対立を経て, 後者の路線に落着いていったものであり, いずれにせよ実勢よりはやや低めのところに抑えられ, 資本家や地主の利害に応えていこうとする人為的相場であることに留意する必要があろう。[77] ともあれ, 紙幣ルーブリ相場の安定は, 対外取引・対外決済の一大障害を取り除くとともに通貨改革のための一方の重要案件が解決されたことを意味していた。

 ii 銀の自由鋳造の停止と銀の実質的廃貨化 2節でみたとおり, 1876年に銀の自由鋳造が停止され, ロシアの銀本位制からの実質的離脱は決せられたかにみえたのであるが, その直後, 露土戦争にともなう紙幣の濫発は, 紙幣相場を激落させ, 再び銀貨の紙幣に対する打歩を生じさせるまでになり, 81年には, 実質的意味はともかく, 銀の自由鋳造が再開されることになり銀本位制の枠組は形式的には維持されていた (ただし, 85年以降, 銀自由鋳造は大幅に制限された)。そして, その後紙幣は, 銀貨に対して逆打歩をもち続けながらも, 不換紙幣制下で, 金との結びつきの方を強めつつ実勢に応じて持続的に比価の低落にさらされていた銀貨に対して独自の変動を示していった。[78] この傾向は, 80年代末になって, 銀価が惨落する一方, 紙幣の相場 (金コペイカで表示) が安定するにおよんで, 銀貨の紙幣に対する打歩が急速に縮小するという新たな傾向にとってかわられつつあったのである (表4-3の4, 6項参照)。この新たな傾向は, 90年にアメリカ合衆国のシャーマン銀買上法の制定にともなう銀比価の一時的上昇によってひとまず抑

えられたかにみえたが，93年段階で再びインドの銀自由鋳造が停止されると，急テンポの銀価の惨落とともに再び前面に出て，今度は，76年の場合と同じように，また，70年代末以降92年までのオーストリアでみられたように紙幣の銀に対する打歩を生じさせるまでになった。かくて，ロシア政府も銀の自由鋳造を同年7月に最終的に停止するとともに，翌94年には国内産銀の買上価格を引き下げざるをえなくなり，ここに銀本位制からの事実上の最終的離脱，銀の廃貨が画されるに至ったのである。このことは，実質的結びつきを強めてきた金・紙の関係が，いまや明確に確定されるべき段階に入ってきたことを意味していた。

iii 金貨流通の開始　さて，この間にも，通貨需要は増勢を示し，政府は，紙幣の増刷によってこれを満たすか，さもなければ，紙幣の増刷抑制という基本路線を変更せずに何らかの手段を講じなければならないという岐路に立たされていたが，通貨流通の安定を早急に確立するという目標に照らしてみた場合，選択さるべきはいうまでもなく後者の方向であり，この方向は現実に可能となっていた。すなわち，現に多量に蓄積されていながらそのものとしては死蔵物に留まっていた金を流通させることができれば，上の必要は満たされることになろう。しかも，金貨流通は，繰り返し政府によって意図されながら実現をみなかった過去の事例と異なって，いまや，多量の金準備と銀の廃貨化，紙幣相場の相対的安定という条件が出揃ったことによって実現可能となっていた。これに加えて，金貨流通は，弾力的通貨供給に途を開くばかりでなく，ルーブリ紙幣の安定にも寄与していくとともに自ら金・紙の混合流通を通じて紙幣との実質的結合を強め，本格的な通貨改革の展開に大きく途を開くという積極的効果をもつものであった。かくて，政府は，1895年5月8日法によってこの政策を具体化するに至ったのである。

　本法は，強制通用力をもったルーブリ紙幣を法定支払手段としつつも，金にも，大蔵省の定めた変動幅の中で時価相場による運用を認め，国税納付等の国庫に対する支払にも使うことができるように定めていた。政府は，本法の成立とともに，これを最大限に拡張運用することにつとめ，国家機関は総て金貨での支払いを受け入れるとともに，相手の同意のもとで金で支払いを

表 4-13 通貨改革以後の通貨流通

[単位:百万ルーブリ]

	通貨流通残高（1月1日）						全金準備 (D)	同準備率 D／C (%)
	金貨(A)	%	銀貨(B)	%	紙幣(C)	%	総量 (A+B+C)		
1895	—	—	101.9	8.3	1,121.3	91.7	1,222.3	—	—
96	1.5	0.1	102.0	8.3	1,121.3	91.6	1,224.8	—	—
97	36.0	2.8	112.9	8.9	1,121.3	88.3	1,270.2	—	(132)
98	147.8	11.3	162.9	12.4	999.0	76.3	1,309.7	1,184.6	118.6
99	451.4	32.6	206.9	14.9	725.0	52.5	1,382.9	1,008.0	139.0
1900	641.3	42.7	231.3	15.4	630.0	41.9	1,502.6	843.0	133.8
01	683.1	44.2	232.7	15.0	630.0	40.8	1,545.8	737.4	117.0
02	694.2	44.7	228.3	14.7	630.0	40.6	1,552.5	709.4	112.6
03	731.9	46.1	226.5	14.3	630.0	39.7	1,588.4	769.2	122.1
04	774.8	47.6	223.2	13.7	630.0	38.7	1,628.0	909.0	144.3
05	683.6	37.4	214.0	11.7	930.0	50.9	1,827.6	1,031.6	110.9

典拠：В. Власенко, *Указ. соч.*, стр. 182, 185.

行なえるようにする一方，国立銀行は金の支払・受取りにくわえて，金の預け入れに対して金預託証書を発行し，この証書をもって国庫への支払にあてることも認められた。要するに実質的兌換再開の効果が次第に生じていった。また銀行間相互の取引は金のみによるべきことが命ぜられた。かくて，本法は，その成立に際して国家評議会が考えていたデフレ政策に対するたんなる補完物という意味をはるかに越えて改革のための準備の終了を意味するのみか通貨改革の核心に直接接続していくような重要な意味をもつに至ったのである。[84]

しかしながら，実際の金貨の流通量は，政府の意図にもかかわらず微量にとどまっていたし（表4-13参照），金価格は実際に低落しさえした。これは，相場変動に対する思惑・懸念と時価相場取引の不便，相場の安定した紙幣の通用上の便利さによるものであり，否定的現象というよりは，改革の着手が急務であることを積極的に示したものと考えるべきであろう。

(2) **第二段階**（通貨改革案と論争の展開）

この間秘密裡に検討されていた改革案は，1895年末に改革断行の意図が公表されたのち，翌年3月に公表され，翌4月に国家評議会に上程された。改革案の骨子はほぼ次のようなものであった。[85]

すなわち，①金貨を無制限法貨とし，自由鋳造を認める（金本位制）。②旧金ルーブリ貨は，1対1.5の比で新金ルーブリ貨に置きかえられる（すなわち，本位貨インペリアールの10分の1が旧1金ルーブリであったのに対して，新金ルーブリは，インペリアールの15分の1とされる。ルーブリの切り下げ）。③銀貨は，支払能力を50ルーブリ以下に制限される（銀本位からの離脱，銀貨の補助貨幣化）。④新ルーブリ紙幣は無制限に支払能力をもつ。⑤紙幣の発行は，国立銀行がその商業的目的のためにのみ行なう（国家紙幣から銀行券へ），発行紙幣を負債，発行準備を資産勘定，既発行分の紙幣は国庫の国立銀行に対する負債勘定にそれぞれする。⑥紙幣の発行は，10億ルーブリまでは50％以上の金準備をもって（したがって無準備発行の限度額は5億ルーブリ），それ以上の額の紙幣発行は100％の金準備にもとづいて行なわれる（比例準備制を含んだ保証〔無準備〕発行制限制）。⑦以上の紙幣に対して国立銀行は無制限に兌換に応じる（無制限兌換制）。⑧既発行分の金属ルーブリ債務は，本改革（ルーブリ切り下げ）にもかかわらず，損失を受けることのないように扱われる。

　要するに本改革案は，金（貨単独）本位制，ルーブリ切り下げ，中央発券銀行制度，厳格な保証（準備）発行制限制度，無制限兌換制を骨子とし，銀貨の一定度の採用，特徴的切り下げ方式，旧債務の実質履行の保障等を通じて宥和的に新通貨制度への移行を図ろうとするものであるといえよう。つまり，金属貨流通によって弾力的通貨供給を一定程度確保しつつもかのピール条令をもつ英国以上に厳格な形で金本位制を布こうとしていたのである。

　では，このような政府側の通貨改革構想は，いかなる論理とねらいをもって出されてきたのか，また旧露資本主義の発展構造とのかかわりにおいて，いかなる特質をもつものであろうか。

　政府，なかでも大蔵省によって立つ改革推進派は，いずれも明白にいわゆる金属貨幣論，貨幣＝商品論の立場に立つ[86]のみか，いまや西欧諸国が大勢として銀行学派的立場に移ったなかにあって，依然として通貨学派的志向をうち出していた[87]。もちろん，これは，改革主導派が頑迷に古典的通貨理論を信じ，これを受け売りしていたことを直ちに意味するわけではない。それどころか，改革の中心人物ヴィッテが理論的に大きな影響を受けたカウフマン

(ペテルブルク大学教授，貴族土地銀行の理事，改革の理論的イデオローグ)は，マルクスを正確に理解しうるほどの能力をもって，各国の通貨制度の理論と実際を周到に分析したうえで，トゥックやフラートン等の英国銀行学派の主張に与していたといわれる。[88] したがって，改革案の中に通貨学派的志向が強く打ち出されたのは，彼らの理論的立場によるというよりは，ロシアの現実，すなわち，金融市場や銀行組織の未成熟，手形や預金通貨の流通の未成熟ならびに偏崎，他方での大蔵省＝国立銀行主導型の通貨政策とそのもとでの国家紙幣の長期の流通，によってせまられた選択の結果にほかならなかったと考えた方が妥当であろう。要するに近代的発券制度や銀行券，広範な手形流通を知らないロシアにあっては，銀行学派的発想が根づく現実的基盤はほとんどなかったのである。この意味において，「ロシアは，通貨学派の原理が最もよく妥当する最後の国であった」というシュルツェ＝ゲヴァーニッツの言葉はまことに示唆的といわなければならない。[89]

この場合われわれは，イギリスとロシアが同じように対外均衡を強調する立場から同じ通貨学派の原理を採り入れながらも，この原理の採用を必要とする経済過程・金融構造・世界市場に対する政策志向が，実は全く対照的・対極的位置と意味をもっていることを銘記しなければならない。端的にいえば，旧いうえに混乱した通貨制度をもったまま世界市場連関・国際金融連関の中に編みこまれていったロシアは，まさにイギリスとは逆の顚倒した構造と論理とをもって，最先進国の対外均衡の原理を受け入れ，それとともに通貨学派の政策原理の採用をよぎなくされたのである。このことは，ピール条令以上に厳重な枠をはめられている発券制度に象徴的に示されているといえよう。金融的対外依存，端的には従属的金融構造をもち，それが飢餓輸出という支柱によって経常的に支えられなければならなかったロシアでは，厖大な量の金準備にもかかわらず，発券制度は二重にも三重にも守られていなければならなかったのである。また，このことは，国内の利子率を対照的に高位に保つことによって，外資の流入をさらに促す方向に作用するものであり，それは政府の意図するところでもあった。

同じことは，より一般的に金本位制の採用の論理と実際の過程にも明白にあらわれている。すなわち，厖大な農民層とこれを支配する地主階級という

第4章 ロシア金本位制の成立 173

有力な政治勢力とを抱え，しかも農業不況によって深刻な状況にあったロシアは，国際複本位制論争が高揚するなかにあって，当然その一方の主唱勢力になるものと想定されるのであるが，事実はまったく逆に，金本位制の採用が疑問も選択の余地も与えられない当然のこととして受け容れられていた。事実，前節でみたように，政府・大蔵省は，本位制問題に関してはこれをいわば与件としてその国際的展開動向に応じてきわめて現実主義的対応を示しており(90)，事態の経過とともに，本位制問題では選択の余地がなくなっていたのである。本位制問題に関する対応のこうした現実主義的姿勢は，実は，ロシアの対外的決済関係(91)（貿易の対外決済構造，恒常的資本輸入とその支払等）と，長期にわたり不安定な不換紙幣体制をとっていたうえに有力産金国(92)であったというような国内条件とによって，いわば強いられたものにほかならず，ここでもロシアの対外依存，端的には従属的位置が明瞭に示されているといえよう。

次に，ルーブリ切り下げの問題をみると，ここでも，現実主義的観点から，対外均衡の優先の原則とそれに対応した国内における現状固定の路線とが明白にあらわれていた。すなわち，ほとんど金債券の形態をとった対外債務に関しては平価の切り下げにともなう損害の回避を保障することによって対外均衡優先の実を示すとともに，対内的にはルーブリ相場の実勢をほぼそのまま固定するという切り下げ方式によって物価等の変動を回避する一方，実質的に進行していた旧紙幣債務と財政負担の軽減を制度的に確認したうえ，為替相場の低位据置きを確認することによって輸出の持続を保障しようとしたのである(93)。まことに，ルーブリの切り下げ（それは実質的に既に過去数十年の間に進行していた）を公的に宣言することは，ロシア経済の位置と現状を内外に確認するものにほかならなかった。この観点からする限り，平価回復の試みや，切り下げ幅を大きくすることは，いずれも「非現実的」であった(94)。

改革主導派の論理と志向はほぼ上のようなものであったが，大工業資本家と銀行資本ならびにその背後にある西欧金融資本もほぼ同じような見解をもってこれに同調していったのである。したがって彼らの論理をすべて紹介することは避け，政府・大蔵省の見解と異なる論点だけを示せば，ほぼ次のようなものであった(95)。まず，工業資本家は，いっそう厳格な発券制度を要求し

ていたが,とくに発券銀行制度,端的には国立銀行のあり方に対しては批判的であり,改革案においても国立銀行の大蔵省・政府に対する従属的性格は基本的には排除されてはいないと批判し,財政的見地からする国家の介入を排除するために,国立銀行を株式銀行に改組し,完全に自立的な活動を行なえるように保障すべきであると主張している(96)。これは,経済的のみならず政治的にも発言権を強化しつつある資本家の階級利害の率直な表明とみなされよう。

次に,銀行資本は,内部に対立するいくつかの立場を含んでおり,たとえば,一部には平価回復や中央銀行の自立化,さらには複本位制の要求すら生まれているが(97),大勢は大蔵省原案を承認する方向に変化してきたのである(98)。これは,ロシアの金融資本が,国民経済において確保しつつある主導的立場から,急激な現状変更を避け現実的方法で通貨安定を期すことを優先させるとともに,それによって西欧金融資本の意を迎えたうえ,厳格な通貨流通(高利子率!!)によって自己の地位をさらに固めようとする志向を示したものといえよう。全体として銀行資本の立場は,産業資本のそれと共通するところが多く,このことは,両者の金融資本への融合が進行し,単一の利害共同体が成立しつつあること(99)と,通貨改革に際してヴィッテ自身は孤軍奮闘の感を強くしていた(100)にもかかわらず,実は,独走しているかにみえた政府・大蔵省の背後に改革を基本的に支持し,それに重大な利害をもつところの階級が明確にあったことを示すものといえよう。

しかし,このような金融資本による利害の表明は,実はその背後にある西欧金融資本とその政府の意向を反映するものであった(101)。すなわち,西欧金融資本は,一般的には,金本位制にもとづく通貨改革の進展を,既投下資本の安全,安定的投資対象の拡大,高収益性の確保という固有の観点から歓迎するとともに,金本位制の土俵の上で通商関係が拡大し,対ロシア輸出貿易が伸長することをそれぞれに自国利害に応じて期待していたのである。しかしながら,他方ではフランス政府のように,自国保有の銀をロシアに買い取らせ,銀の減価にともなう財政等の損失を転嫁させるために銀本位制の実施を要求するものや(102),英国等の複本位制論者による同調の働きかけなどもあって,外国からの圧力は必ずしも足並みがそろっていたわけではない。この点では,

第4章　ロシア金本位制の成立　175

対ロシア貿易の比重が高く，競合品目を多数抱えていたドイツは，ロシアの為替変動や為替ダンピングの脅威を排除し，ロシア高関税体制に対抗して民間ベースで進められる資本輸出に安全の保証を与えるためにもロシアの金本位制には重大な利害と関心をもっていた。たとえば，ヴィッテが通貨改革の原案をドイツの大銀行家メンデルスゾーンに事前にみせていたという事実は，(103)この点に鑑みまことに示唆的といわなければならない。

　このように，外国の足並みは，細部においては必ずしも揃っていたわけではないが，全体として好感をもって対していたことは明らかであり，事実，改革の実施直後に西欧諸国の政府と金融資本はこぞって大歓迎の意思を表明したといわれる。このような経緯のうちに，われわれは世界史の帝国主義段階への移行，とりわけ資本輸出を槓桿とする西欧金融資本の成立の事実が色濃く影をおとしていることを読みとることができるであろう。

　ところで，上にみたような改革の推進ないし支持勢力をバックにして出されてきた改革案は，公表と同時に反対派の激しい批判と抵抗にさらされることになり，結果的には包括的立法を意図した改革案はとりさげられることになった。そこで，次に反対派の動向とその論理とを簡単にみておこう。この反対派は，慎重論・銀本位論・複本位論等の各種の見解をもつ評論家・大学教授・一部銀行家の第一のグループ，すなわち（ツガン＝バラノフスキー，П. ストルーベ，Л. ホーツキー，И. ブリオフ，A. イサーエフ，Л. スロニムスキー，B. レベヂェフ等），第二にいわゆるゴローヴィン・サークルの一群，すなわち，K. ゴローヴィン（著述家，エコノミスト），Ю. ジューコフ（国立銀行理事），П. シュヴァーネバッフ（大蔵省財務委員会委員・財政専門家），B. グールコ（内務省農民部部長），第三に反動的地主・貴族の立場を代表するC. シャラポフ（スモレンスク県地主）やA. シチェルバトフ（貴族）等のインフレーショニストのグループ，第四に輸出業者・債務者等のその他のグループ，から構成されているといえる。(104)

　このうち，第四のグループ，すなわち輸出業者・債務者層が，固有の利害にもとづいて，ルーブリの時価相場での固定という平価の切り下げ方式とその切り下げ幅に満足しえず，輸出プレミアムや債務の実質的軽減のために大幅な切り下げを主張するものであったことは容易に理解できよう。次に，第

一のグループは，内部にさまざまの見解をもつものであるから共通点をひき出すことは困難であるが，あえていえば，金属貨幣論の立場をいずれもとりつつ，政府・大蔵省の強引な方式にもとづく改革の実現の可能性，効果等について危惧し，時期尚早論，複本位制に立つより現実的改革，改革の基礎条件（国際収支等）の改善等を主張するものであるとみてよいであろう。そして，いずれも基本的にはブルジョア的観点に立つものであるとみなしえよう。これに対して第二のいわゆるゴローヴィン・サークルは，地主・貴族の中の相対的にリベラルな部分の見解を代表しているものであり，ヴィシュネグラツキーとヴィッテの改革路線が荒廃する農業を踏み台にし，対外借款と租税収奪によって推進されるもので，工業資本家と外国投資家の利益にのみ奉仕する顛倒したものであると強く批判し，農村とりわけ中央黒土地帯の荒廃を救済することが急務であり，とるべき改革の路線とは，あくまでも国の基礎である農業を，機械の導入，低利の資金の融資，鉄道政策の改善，租税の軽減，農産物市場の整備・調整等によって改善し，繁栄させ，そのうえで工業の発展を期するというものになる，と主張している。そしてこの観点から銀本位制ないしは複本位制が採られるべきであると結論づけるのである。みられるように，この派の立場は，地主・農業利害を代表し，その限りでヴィッテ等の改革路線の矛盾と危険性とを鋭く衝き，政府およびブルジョワに対する鋭い反対勢力となっていったのであるが，他方では，企業者化しつつあるかまたは「合理的」な農業経営を志向する地主・貴族の利害を一定程度示す限りにおいて，多数をなす反動的地主・貴族とは立場を異にし，通貨制度については金属貨幣論の一線は崩していないのである。ただし，彼らの立場を金属貨幣論の枠内で生かそうとすると，金本位制はもとより複本位制にも与しえず，基本的には急速に減価している銀を本位貨に選ばざるをえず，インフレーショニスト的志向をたどるという点では，シャラポフ等の「紙幣本位論」から遠く離れているわけではないのである。

　さて，最後にシャラポフやシチェルバトフ等のグループについて簡単にみておこう。彼らは，経済的基盤においては，農業不況の打撃に対応しきれず債務者の性格を強めている地主経営を，イデオロギー的には，ツァーリズム体制を至上のものとし，農奴解放以前の農民関係への復帰を理想とする一方，

第4章　ロシア金本位制の成立　177

資本主義の発展と外国資本の流入とを排撃するという保守的反動的立場をそれぞれ代表し，理論的には，ジョン・ロー，ロードベルトゥスの系譜に立つかまたはその影響を受けて名目貨幣論＝紙幣本位論をとるが，その志向においては要するにむき出しのインフレーショニスト的発想に立つものであった。彼らのこのような発想からは，ツァーリの権威とそれに対する人民の信仰とを基礎とし，金属の裏づけを一切絶った「絶対紙幣」なるものが想定され，国家はこの紙幣の発行によって無から資本を創出し，外資への依存を断つ一方，物価の低落を抑え，国内農業とそれに結びついている限りでの工業の発展を期すことができ，それは，輸出の伸長，輸入の抑制にもつながる，という主張が生まれてくるのである。このような見解は，一部は，ロシアにおける長期の不換紙幣の流通という事実が与えた幻想の影響ということができるが，他方では通貨理論としての外見は，彼らの志向の単なる外被にすぎないということもでき，事実，大蔵省原案が出されると平価の切り下げ幅をもっと拡大せよとの主張をし，自己の見解が首尾一貫しないことをさらけ出していたのである。

　反対派の構成とその主張の要点は，ほぼ上のようなものであり，彼らは，1895年から97年にかけてこれらの見解をもって政府案に批判の論陣を張ったのである。そしてこの反対派の多くは，改革が実施されたのちには，外資流入反対の新たな論陣を築いていくことになる。[107]

　なお，この時期には金銀比価の激動を契機として国際的に複本位制論争が激しく繰り広げられており，その点では，ロシアにおける論争もその一環をなすものであったといえるが，では，ロシアにおける論争はいかなる類型的特質を示していたといえるであろうか。ロシアの場合，金本位制反対派の見解は多様ではあるが，現実に長期の不換紙幣制下におかれていたという事情もあって銀本位制論・複本位制論と並んで紙幣本位制論が独自に主張され，金本位制反対の同一歩調を示したのみか，前二者がその理論にオリジナリティをもたず，政治勢力としても相対的に小さかったために，紙幣本位論を主張するインフレーショニストの潮流に圧倒されていったこと，西欧諸国やアメリカ合衆国に比してもロシアの反金本位制勢力は大きく強力であるかにみえながら，金本位制論が政府によって強引に貫徹されていったこと，に類型

的特質があるといえよう。

(3)**第三段階**（通貨改革の実施過程）

　さて，1896年に出された通貨改革案に対しては，上にみたように激しい反対運動が展開されていた。この対立は，改革案を貫く基本線がロシア経済の既存の構造と矛盾とを前提とし，これを増幅させつつ国際金本位制の土俵に上らんとする対外均衡の優先を強引に志向するものであったから，改革の方式に関する選択の有効性をたんに競い合うというような域を遙かに越えて，対内均衡優先（＝対外均衡放棄）か対外均衡優先（＝国内矛盾の放置）かの選択をせまる深刻なものたらざるをえなかった。したがって，対立は，当然に在野のたんなる論戦の域を越え，政府部内にも及ぶ（たとえば大蔵省と内務省の対立）のみか，大蔵省が孤立させられつつもなお実際に改革政策を強行していくという緊張した状態をつくり出していた。かくて，大蔵大臣ヴィッテは，通貨改革の実現の方法に関して，単一の包括的立法による同時・全面改革という当初の意図を放棄して，多数の行政措置による長期のなしくず・・・・し路線を選ぶ一方，決定的に重要な問題に関しては，ツァーリの絶対権を・・もってこれを乗り切るという非常手段を採り[108]，個別的問題に関しては各種の妥協を行なうという途をえらぶことによって，ともかくも既定の方針を貫いていくことになったのである。

　いま，1897年以降99年に至る時期における改革立法の展開を簡単に追ってみるならほぼ次のようになろう。

　まず，改革への具体的着手は，1897年1月3日法[109]によってなされた。本法は，前述の95年5月8日法と，これをうけて暫定的に金貨と紙幣の交換比率（15紙幣ルーブリ＝10金ルーブリ）を確定した96年8月8日法とを前提として，その延長線上で，旧本位貨インペリアール（その10分の1が1旧ルーブリであった）に対して15ルーブリの額面標示をもった金貨を新たに鋳造することによって，平価の3分の1切り下げを確定したものである。本法によって，以前に鋳造された金貨は，10ルーブリをもって紙幣15ルーブリと交換されることが確定される一方，新たに鋳造された金貨1ルーブリは，1ルーブリ紙幣と等価とされ，金貨は，その流通を妨げていた障害が最終的に除去さ

れることになったから，急速に流通量を増大させていくことができたし（表4-13参照），特徴的な平価の切り下げ方式，すなわち，1新ルーブリの代表する金量は，いずれにせよ3分の1だけ減少はするものの，その際に，旧金貨の額面標示に金価格を合わせる（旧ルーブリの金量を3分の2に減らす）のではなく，逆に，現行金価格に金貨の額面標示を合わせる方式を採用したために，物価の変動等の混乱を招くこともなく平穏裡に平価切り下げは実現したのである。

このように，本法は新たな貨幣制度の骨格を決め，改革に途を拓くという重要な意義をもつものであるが，それだけに，本法の成立には強硬な反対が予想され，ことに地主・貴族利害を強く反映する国家評議会における審議が難航することは明らかであった。そこで，ヴィッテは，国家評議会における改革案の審議に際して金本位制を基礎にした通貨改革の必要性を繰り返し説得し，説得が不可能と判断したのちは，改革の断行かしからずんば紙幣の増刷かの二者択一を国家評議会にせまる態度に出たが，国家評議会が依然として改革反対の態度を崩そうとはしなかったため，大蔵省財務委員会の審議だけを済ませると一挙にツァーリの裁可を仰ぐという非常手段によって本法を成立させる挙に出たのである。このような本法の成立の経緯は，通貨改革をめぐる対立の深刻さ，さらには，その背後にあるロシア経済における内・外均衡の調整の困難さを端的に示すものといえよう。

この1月3日法にともなう一連の法的措置（たとえば，2月3日の金自由鋳造を個人に認める細則の決定）が実施されたのち，同年8月29日には，発券制度に関する法が成立した。(110)本法は，兌換ファンドの事前の強化（対外借款による）や紙幣の一部回収を決めた2月4日法を前提にして，国立銀行が紙幣の発行権を独占すること，その発行は，総額6億ルーブリまでは50％以上の金準備を要し，それを越える額については，同額の金準備を要すること，したがって，（無準備）保証発行額は最大限3億ルーブリになることを決めたものであり，これにともない，紙幣クレジット・ルーブリはともかくも銀行券の性格をもつことになる(111)とともに，その発行・流通量は，通貨需要の変動に厳密に対応するものとされたのである。なお，これと並行して銀行部と発券部に二分されていた国立銀行の勘定が統一されるとともに，国庫や国立

銀行各部に分散していた金が国立銀行の発券準備に統一されたのち，平価切り下げに応じて評価換えをうけ（9月8日法），以前の臨時発行分の紙幣に関する国庫の国立銀行に対する債務が清算される（1899年にほぼ完了し，1900年4月28日法で返済の終了が確認された）のとあいまって，発券準備制度の体制も整えられてきたのである。

ただし，保証（無準備）発行については，保証内容が明記されず，短期商業手形（商品手形）の裏付けを欠くことになったため，国庫の必要にもとづく紙幣の過剰発行の余地が実質的には残されていたし，通貨供給の弾力性も完全には保証されなかったのである。このことは，ロシアの信用制度の未発展（端的には短期商業手形の流通の未成熟に示される）と中央銀行制度の未成熟と偏崎（国立銀行の大蔵省・大蔵大臣への従属性，業務内容に占める国庫勘定の比重の肥大，「銀行の銀行」としての機能の脆弱性と反面での株式銀行との競合性〔国立銀行は，「ロシア最大の商業銀行」——ギンジン〕，不動産抵当融資への直接介入等）とを反映するものであった。

ところで8月29日法に関しては，改革原案との関連で注目すべきことが一つある。それは，紙幣の無準備発行限度額が，当初の5億ルーブリから，大蔵省の財務委員会による修正額4億ルーブリを経て，最終的に3億ルーブリという狭い枠内にまで引き下げられたことである。いかなる事情と経過によってかかる変更が生じ，実現したかは残念ながら明らかではない。いずれにせよ，立法過程で，原案に示された大蔵省の意図がさらに強化された形で実現したこと，すなわち，無準備発行の紙幣量にさらに限定を加えることによって，通貨安定＝インフレ排除，ルーブリの対外信用の強化，通貨量の限定による高利子率の維持＝外資導入の促進，等の効果をさらに強めようとしたことは疑いの余地がない。

続いて同年11月14日には，1月3日の貨幣制度にかかわる法と上の8月29日の発券制度に関する法律とを統一するものとして，兌換制度（それは，実際には1895年から明確な宣言なしに始まっていた）に関する法律が正式に整備された。すなわち，本法は，銀本位制に対応した紙幣の標記を改め，形式的には紙幣＝実質国立銀行券が無制限兌換券たること，金が唯一の兌換準備たること，紙　幣＝国立銀行券は，金貨同様に強制通用力をもって流通し

うる法貨たることを明示し，旧銀本位制の残影を最終的に一掃する一方，新たに，10，5ルーブリ金貨を鋳造することを規定し，平価の切り下げを金貨の鋳造面においても最終的に確定するものとなったのである。かくて，97年末までに新通貨制度の骨格は出揃い，改革は主要な段階を通過したことになった。

翌1898年以降も改革にともなう立法措置が続けられるが，これらは，97年段階の諸立法に対する補足・調整等の意味をもつものであって，改革が最終段階に入ったことを示している。この段階の重要立法は次の二つのものである。一つは98年3月27日法で，本法は，これまで直接触れられなかった銀貨について，その総流通額を国民1人あたり3ルーブリと算定し，1回あたりの支払能力を25ルーブリ以内に抑えることによって，これを補助貨幣（制限法貨）の地位に落とす一方，銀ルーブリの切り下げ（本位貨1インペリアールの15分の1を1銀ルーブリとする），鋳造権の政府による独占をあわせて明示したものである。本法によってかつて本位貨幣であった銀貨の地位は決定的に低められるとともに，通貨学派的流通量抑制原則にそって，支払能力に関して原案以上に厳しい制限を受けることになったのであるが，銀貨が現実にほとんど流通していない状況のもとでは，本法は，大量の銀の国外からの買い入れとそれの貨幣流通への投入によって，インフレーショニスト等の要求に部分的に応ずるという効果をもったのである。

最終段階を代表する第二の法は，1899年6月7日の新通貨条令である。本条令は新たな通貨制度の細部の補足・諸立法の統一・調整・施行細則を総括的に整備したものであり，金本位制を正式に宣言し通貨改革が完了したことを確認するものであった。

かくて，実質的に1895年から開始された通貨改革は97年の主要段階を経て，ここに完了することになった。それは，あたかもロシア経済が，また世界市場そのものが大不況と長期の農業不況を脱し，かつてない経済的高揚を迎え，帝国主義段階の成立を画するところのかの1900年恐慌のための内的諸条件を急速に成熟させていた時期（あるいは，恐慌の直前）のことであった。このことは，とりもなおさずロシアの金本位制導入＝通貨改革の実現を容易ならしめた歴史状況をなすものであり，同時にロシアの帝国主義段階への最終的

移行の条件の一つが成立したことを意味するものにほかならなかった。

5 結びにかえて
——通貨改革の意義——

　ここでは，通貨改革直後の時期に限ってその直接的諸結果と意義を明らかにし，結びにかえることにしたい。
　まず，改革の直接的結果としての通貨流通の状況については，表4-13から次のことが確認される。すなわち，まず改革の主眼点であった金貨の流通量は，改革直後から急増し，1900年代に入ると実に40％台にまで達しており，かつての「紙幣本位制」下の状況から面目を一新すると同時に，西欧諸国の水準にほぼ近接したといえよう（西欧諸国との比較は，1897年の数値ではあるが，前掲表4-2を参照）。
　次に紙幣＝銀行券は，改革直後から急減し，1900年代に入ると通貨流通総量の40％前後にまで落ち，金貨の流通量を下まわるまでになるとともに，ほぼ5年間発行残高が一定値を維持するという特異な状況を呈している。これらの事実は，紙幣発行が安定的通貨流通の確保という方針に基本的に沿うものになったことを示すと同時に，極力発券量を抑えようとした政策の結果，通貨需要に対する安定的弾力的通貨供給という機能までも制約され，前述のとおり銀行券が金証券（warrants on gold）にさせられたことを意味する。この点においては，ロシアの銀行券は西欧諸国のそれと性格・機能を異にする面が大きかったといえる。同じことは，第1節にみた厖大な金保有とあいまって銀行券に対する金準備の異常な高さという事実（表4-13，表4-14参照）となってあらわれている。金準備率は，みられるように，1906年の危機の時機を除き，一貫して100％以上を維持しており，国際的にみても異常に高い水準を示しているが，この数値は，イングランド銀行のそれと近似しており，両者がピール条令に具現される通貨学派的志向を共に代表し，西欧・中欧の中央銀行とは異なる立場に立っていることを明示している。しかしながら，他方では，銀行券・預金等の負債に対する金・銀貨等の現金準備の比率においては，ロシアとイギリスとはむしろ対極をなし，前者は，オースト

第4章 ロシア金本位制の成立　183

表4-14　各国中央銀行の金準備率と負債（銀行券・預金）に対する現金（金・銀貨）比率
[%]

	ロシア国立銀行		イングランド銀行		フランス銀行		ドイツ帝国銀行		オーストリア・ハンガリー銀行	
	A	B	A	B	A	B	A	B	A	B
1903	138.3	69.5	119.1	43.5	57.8	72.8	52.1	52.3	74.4	53.3
04	132.1	69.9	121.6	44.0	60.0	72.6	52.9	53.3	73.4	82.8
05	109.0	72.0	123.8	43.0	64.8	75.1	55.8	53.1	72.9	81.6
06	90.9	65.8	117.5	41.0	61.8	71.1	48.6	48.3	66.9	75.7
07	101.1	72.1	120.5	42.1	56.2	65.8	42.9	46.0	62.8	70.0
08	107.2	73.3	129.1	45.6	63.3	71.2	51.5	51.0	64.2	73.9
09	115.2	76.7	128.1	44.8	71.4	75.7	50.4	49.4	70.0	78.6
10	121.2	77.2	130.7	44.4	65.3	71.2	48.4	50.7	67.1	74.4

典拠：A. Raffalovich, *Russia, Its Trade and Commerce*, London, 1918, p. 370.
注：A＝銀行券に対する金準備。
　　B＝負債に対する現金比率。

リア・ハンガリーに近似しているといえる。この事実は，ロシアの通貨政策が，オーストリア・ハンガリー等の後進国と並んで手形流通の低位等総じて信用関係の脆弱性を反映し，それに対応していこうとするものであったことを示唆しているといえよう。以上のことから，ロシアの銀行券の流通は，国際的にみてもきわめて狭い枠内に抑えられ，自国の信用関係の脆弱性に繋縛されると同時にこれをひたすら通貨安定・信用関係の維持という観点から守っていこうとするものであったということができよう。

最後に銀貨流通についてみれば，通貨流通総量の6分の1から7分の1という水準を占めるにすぎないが，絶対額においては倍加しており，金貨とともに銀行券の発券量を抑え，通貨需要に対して金属貨供給をもって対応していこうとする政策の一環をなしているものといえよう。比価を激落させていた銀貨の流通は，銀行券の流通を一部代位補強していたのである。(122)

ともあれ，改革後の通貨流通は，このような特徴的構成をもちつつ，全体として伸びを示し，以前の硬直的通貨供給の限界を脱し，1890年代末の景気の盛況・過熱，続く1900年恐慌とその後の長期不況に対して一定の弾力性をもって対応していくことができたのである。また，その限りでは，80年代に産業資本の確立をみたロシア資本主義は，90年代の経済的高揚の中でともかくも近代的通貨制度を確立したということができるのである。

ところで，この通貨改革＝金本位制の確立は，一定の弾力的通貨供給を保証すると同時に，第 1 章においてすでにみてきたとおり，もう一方の重大な経済的要請たる外国資本の輸入に対して大きく途を開くことになったのである。表 4-15, 16 は，ロシアに対する外国資本の投下が，貸付資本の形態であれ機能資本の形態であれ（実際にはとりわけ後者の激増が注目されるが），改革を機に急増したことを明示している。また，表 4-6 は，それにともなって対外国家債務が累増したことを明示しているし，したがって，また，民間債務を含めて国際収支における利子・配当・元本償還のための支払も急激に増加していた（表 4-7）。このようにして，通貨改革とそれにともなうロシアの対外信用の増大は，外国資本の大規模な流入によって国内の資本不足を解決するものであったが，このことは，反面，ロシア経済全般が西欧の金融資本に対する従属度を高めることにほかならなかった。

いまそのことを措き通貨制度そのものに問題を限定してみた場合でも，厖大な金準備が，実は新規の対外借款・対露直接投資によって支えられていること，すなわち，急増する対外債務という不安定な基盤の上で維持されたものであることが明らかである。したがって，外国資本が何かの契機（1900年恐慌，日露戦争，1905年の革命を想起せよ）によって一斉に国外へ引き揚げ，正貨の大量流出をみた場合，厖大な金準備にもかかわらず，否，そうであればあるほど，成立したばかりの通貨制度は一挙に破綻の危機に追いやられてしまうことになりかねないのである。このような事態は十分に予想されるところであったからこそ，国内の通貨供給は厳格な発券制度のもとで極力抑えられる一方，国際収支の順調維持のために，高率関税体制の維持・農産物輸出体制の強化がますますはかられなければならなかった。それは，資本の輸出入という帝国主義段階に特有な契機がロシア経済に対して規定的作用を及ぼすという新たな段階にあっては，対内均衡の犠牲・対外均衡の優越という Goldpolitik の展開にみられた特徴と矛盾を再出・増幅し，ロシアの対外金融依存の体制を構造的に定置していくものにほかならなかった。

そしてこの矛盾は，通貨改革が，厳格な発券制度や「高くつく」金本位制の導入を通じてロシア貨幣資本，端的に銀行資本のロシア経済における優位を側面から助長するとともに，外国資本の輸入を契機として彼らの西欧金融

第4章 ロシア金本位制の成立　185

表4-15　ロシアの株式会社における外国資本の導入
[単位：百万ルーブリ]

	全株式資本金	うち外国資本	外国資本の比率（％）	同年間増加額 全資本金	外国資本
1888	662	178	27	—	—
89	704	179	25	42	1
90	734	186	25	32	7
91	794	198	25	60	12
92	831	202	24	37	4
93	850	203	24	19	1
94	900	210	23	50	7
95	954	244	25	54	34
96	1,200	321	27	246	27
97	1,381	379	27.5	181	58
98	1,538	476	31	157	97
99	1,879	644	34.5	341	168
1900	2,030	762	37.5	151	118
01	2,192	814	37.1	162	52
02	2,281	815	36	89	1
03	2,304	829	36	23	14
04	2,432	851	35	128	22
05	2,391	850	36	−41	−1

典拠：А. Яковлев, *Указ. соч.*, стр. 391. これは，Эвентов の算定したものである。

表4-16　ロシア国債の累積残高
[単位：百万ルーブリ]

	総額	国内発行	国外発行	同　％
1895	5,775	4,042	1,733	30
99	6,122	3,857	2,265	37
1904	6,651	3,592	3,059	46
09	8,850	4,779	4,071	46
14	8,811	4,582	4,229	48

典拠：L. Pasvolsky, H. G. Moulton, *Russian Debts and Russian Reconstruction*, New York, 1924, p. 17.

資本との結合を強めさせ，彼らの金融資本として成長，その支配の確立が実現したとき，今度はロシア帝国主義そのものの矛盾として深化し，1905—06年の未曾有の政治的経済的危機を準備していったのである。[125]

最後に，国際金本位制の最終的確立との関連についてふれておくなら，ロシアの金本位制の成立は，日本の金本位制導入（1897年），インド通貨法の成立（1899年），アメリカにおける複本位制論争の終結・金本位制の確立（1900年）と並んで，70年代にヨーロッパ諸国において支配的地位を確保した国際金本位制が複本位制論争を乗り越えて最終的に完成期を迎えたことを意味し，自らも厖大な金保有を固守することによってその完成を側面から促進したといえよう。表4-3の5にみられるとおり，96年から97年にかけて金銀比価が一挙に激落した事実はこのような事態を反映したものということができる。[126]

(1) Goldpolitik の用語法とその意味内容については，V. Wittschewsky, *Russlands Handels-, Zoll- und Industriepolitik*, Berlin, 1905, SS. 139-43, 247-54.

(2) П. А. Хромов, *Экономическое развитие России*, М., 1967, стр. 382. なお，1890年代後半には，国債累積総額においてイギリスを抜いて世界第2位になっている。*Die Finanzwirtschaft Russlands*. Aus dem Russischen, Leipzig, 1902, S. 81.

(3) ビスマルクのロンバード禁止については，本書第3章，独露間の関税戦争については，拙稿「19世紀末独露通商対立と1894年の通商航海条約」『西洋史研究』新輯第1号，をそれぞれ参照。

(4) 対外均衡と国内均衡の対立する原理によって先進・後進国間の商品・貨幣循環，広くは金融連関の構造の特質を捉え，後進国の貨幣金融市場の構造的特質を理解しようとする視角については，関口尚志「イギリス産業資本の確立と金融改革――その世界史的インパクトを中心に――」（大塚久雄・松田智雄・安藤良雄・関口尚志共編『資本主義の形成と発展』東京大学出版会，1968年所収），同「イングランド銀行と産業革命」『社会経済史学』第38巻第2号，1972年から教えられるところが多かった。

(5) H. B. Russell, *International Monetary Conferences, Their Purpose, Character, and Results*, N. Y. & London, 1898, chap. VII.

(6) 日本の動向については，伊牟田敏充「日本銀行の発券制度と政府金融

『社会経済史学』第38巻第2号,1972年参照。
(7) この点に関しては,山之内靖「後進資本主義に関するマルクス主義古典の再検討」『歴史学研究』第308号(1966年)の鋭い問題提起が念頭に置かれるべきであろう。
(8) 関口,前掲「イギリス産業資本の確立と金融改革」参照。
(9) ロシアで産業革命が,後発国特有の歪みや遅れを伴いつつ,終了し,特有な型をもつ資本主義が成立した時期を,筆者は19世紀の80年代後半と捉えている。拙稿「ロシア産業革命に関する覚書」『福大史学』第29号,1980年。
(10) 19世紀末段階の国際的な金本位制問題の動向については,H. Russell, *op. cit.*; J. L. Laughlin, *The History of Bimetallism in the United States*, N. Y., 1898; Marcello de Cecco, *Money and Empire. The International Gold Standard, 1890-1914*, Oxford, 1974. 邦書では,主として本庄博『貨幣論』岩波書店,1952年によった。他に,井上巽「19世紀末大不況期におけるイギリス本位制論争――1888年『金銀委員会最終報告書』分析――」『商学討究』第23巻第1号,1972年,同『金融と帝国』名古屋大学出版会,1995年,序章,第1章から第3章;吉岡昭彦『近代イギリス経済史』岩波書店,1981年,第6章;同『帝国主義と国際通貨体制』名古屋大学出版会,1999年参照。
(11) わが国のロシア史研究において,通貨改革に言及ないし概説したものには下記の論文がある。和田春樹「エス・ユ・ヴィッテ――帝国主義成立前夜のツァーリズムの経済政策――」『歴史学研究』第253号,1961年;同「近代ロシア社会の発展構造――1890年代のロシア――(一)」『社会科学研究』第17巻第2号,1965年;中山弘正「帝国主義段階のロシア資本主義(一)」『経済志林』第34巻第4号,1966年(同『帝政ロシアと外国資本』岩波書店,1988年,第2章)。
(12) ロシアにおける通貨流通の段階区分を試みる際,В. Яковлев, *Экономические кризисы в России*, М., 1954, стр. 386-89; B. C. Endelman, *Le monometallisme-or en Russie. Histoire de la réforme monétaire et de la circulation fiduciaire russe depuis 1897*, Dissertation, Berne, 1917, Partie I を参照した。
(13) 以下,カンクリン幣制とその前史については,A. Schmidt, *Das Russische Geldwesen während der Finanzverwaltung des Grafen Cancrin von 1823-1844*, ST. Petersburg, 1875; Министерство Финансов, ч. 1, СПб., 1902, Царствование Императора Александра I и Николая I, Гл. IV; П. Хромов, *Очерки экономики феодализма в России*, М., 1957, Гл. Б; И. Спасс-

кий, *Русская монетная система*, М., 1957, стр, 93-116.
- (14) Vid. A. Schmidt, *a. a. O*, SS. 25-26, Tabelle.
- (15) 通貨改革に関する法令は，ドイツ語訳でシュミット前掲書末尾に一括掲載されている。A. Schmidt, *a. a. O.*
- (16) G. v. Schulze-Gävernitz, *Volkswirtschaftliche Studien aus Russland*, Leipzig, 1899, SS. 466-67 ; B. Endelman, *op. cit.*, p. 85. 1885年法は，公定金銀比価を西欧のそれと同一にすることによって，半インペリアール（5金ルーブリ）をほぼ20フランと同価にさせるものであったから，国際金融市場，とりわけパリ市場におけるルーブリ金公債の売り出しが容易になるという効果をもった。
- (17) カンクリンの通貨改革と1897年の通貨改革とは，この点において共通のデヴァリュエーション方式をとることになる。
- (18) *Министерство Финансов*, ч. I, стр. 243-57.
- (19) 国立銀行の通貨業務については，B. Endelman, *op. cit.*, pp. 31, 43, 108-10 ; *Министерство Финансов*, ч. I, стр. 436 - 39 ; И. Ф. Гиндин, *Государственный Банк и экономическая политика царского правительства, 1861-1892* гг., М., 1960, Гл. 2 ; *Государственный Банк — Краткий очерк деятельности за 1860-1910 годы—*, СПб., 1910, стр. 5-15.
- (20) 農奴解放以前の段階における信用構造とその歪みについては，С. Я. Боровой, К истории промышленной политики России в 20-50 годах XIX в., *Исторические Записки*, т. 69 ; А. П. Погребинскии, *Очерки истории финансов дореволюционной России XIX-XX вв* ., М., 1954, Разд. I, стр. 37-45 ; И. Гиндин, *Указ. соч*., Гл. 2-2 ; А. Гурьевъ, Очеркъ развития кредитных учреждений в России, СПб., 1904, в кн. *История России, кредитная система*, М., 1995. 農奴制段階の信用構造の歪みは，端的には，財政赤字→官営銀行からの大量借入→高利率による預金の吸収→商工業貸付利率の高騰・農奴主に対する特恵的融資という形であらわれてくる。
- (21) *Министерство Финансов*, ч. I, стр. 258-60.
- (22) *Там же*, стр. 260-62, 455-57.
- (23) *Там же*, стр. 458-61.
- (24) この事態は，カンクリン幣制の欠陥・限界の帰結にほかならなかったといえよう。B. Endelman, *op. cit.*, p. 31.
- (25) 財政の赤字補填方式は，クリミア戦争のあと大改革期に至る時期を画期として国債発行方式へ大きく転換していったといえる。L. Pasvolsky, H. G. Moulton, *Russian Debts and Russian Reconstruction*, New York, 1924, chap. II, p. 14.

(26) 1861年以降,80年までの期間における有価証券投資は,国内での投資が53%,外国からの投資が46%と後者の比重が急速に高まり,しかも,前者のほぼ4分の3が非生産的目的に向けられたのに対して,後者の72%が鉄道証券,株式等の生産的目的に向けられているという特徴的な構造を示していった。И. Гиндин, *Указ. соч.,* стр. 50-.

(27) 株式銀行の増加動向は次のとおりである。1864年― 1 行,66年― 2 行,68年― 4 行,69年― 6 行,70年―12行,71年―21行,72年―29行,73年―39行。П. Хромов, *Экономика России периода промышленного капитализма,* М., 1963, стр. 268 ; Министерство Финансов, ч. I, стр. 439-42 ; С. Ф. Памфилов, *Акционерные коммерческие банки в России в прошлом и настоящем,* Нижний Новгород, 1924, ч. 1 ; С. А. Саломатина, Формирование системы акционерных банков коммерческого кредта в 60―е―перовой половине 70―х годох XIX века, В. И. Бовыкин, ред., *Экономическая история ― Ежегодник 1999―,* М., 1999.

(28) А. Погребинский, *Указ. соч.,* стр. 118-25. 前掲注19参照。

(29) П. Хромов, Указ. *Экономика России,* стр. 274.

(30) 以上の兌換再開政策の詳細は,Министерство Финансов, ч. I, стр. 462-66 ; Указ. *Государственный Банк за 1860-1910,* с. 5-7.

(31) とくにこの時期には間接税の歳入における比重(約5割弱)が高まり,関税収入も含めると,歳入の半分以上をゆうに占めていた。これに人頭税やオブローク税(両者で直接税の約4分の3を占める)等の直接税(税収中約3分の1)を加えると,歳入の基盤は大衆収奪に全面的に依拠していたということができる(国債収入の比重はまだ10%台にとどまっていた)。А. Погребинский, *Указ. соч.,* стр. 95-101 ; *Die Finanzwirtschaft Russlands,* S. 45ff. 以下,農奴解放後の国家財政の動向については,拙稿「ツァーリズム国家の財政」,大崎平八郎編著『ロシア帝国主義研究』ミネルヴァ書房,1989年参照。

(32) K. Golowin, *Russlands Finanzpolitik und die Aufgaben der Zukunft,* aus dem Russischen, Leipzig, 1900, S. 10.

(33) 山之内前掲論文参照。

(34) 山田盛太郎『日本資本主義分析』(岩波書店,1934年,10頁)の把握をみよ。

(35) Министерство Финансов, ч. I, стр. 469-70.

(36) 金銀比価の変動については,注10参照。詳細は,J. Laughlin, *op. cit.,* appendix VI.

(37) 銀投機のメカニズムについては,H. Russell, *op. cit.,* pp. 145-46.

(38) 露土戦争とそれに続くインフレについては，В. Е. Власенко, *Денежная реформа в России 1895-1898*, Киев, 1949, стр. 24-30, 38-40 ; В. Л. Степанов, *Н. Х. Бунге, Судьба реформатора*, М., 1998, стр. 97-98, 197-201.
(39) 1881年法については，В. Власенко, *Там же*, стр. 83-86 ; B. Endelman, *op. cit.*, pp. 109-10.
(40) ブンゲの政策路線については，И. Гиндин, *Указ. соч.*, стр. 56-61 ; B. Endelman, *op. cit.*, pp. 40-42, 119 ; В. Власенко, *Указ. соч.*, стр. 77 ; В. Степанов, *Указ. соч.*.
(41) 本書第3章参照。
(42) B. Endelman, *op. cit.*, p. 96.
(43) ロシアにおける手形流通と手形割引については，И. Гиндин, *Указ. соч.*, стр. 85, 114-19 ; Schulze-Gävernitz, *a. a. O.*, SS. 485-87. 1898年にはじめて国立銀行に手形交換所が設立され，以後，本格的に交換所の各地での設立，手形交換量の増大が始まった。В. Власенко, *Указ. соч.*, стр. 165 ; Указ. *Государственный Банк за 1860-1910*, стр. 33-56.
(44) В. Яковлев, *Указ. соч.*, стр. 387-88.
(45) 1880年代末は，通貨政策が明らかに一つのジレンマに逢着し，一定の転換を遂げていく画期となっていた。В. Власенко, *Указ. соч.*, стр. 39-42 ; В. Степанов, *Указ. соч.*, стр. 201-04.
(46) V. Wittschewsky, *a. a. O.*, SS. 137-43, 247-54; Th. von Laue, *Sergei Witte and the Industrialization of Russia*, New York & London, 1963, pp. 23-33 ; K. Golowin, *a. a. O.*, SS. 8, 15-30 ; И. Гиндин, *Указ. соч.*, стр. 61-63; *Министерство Финансов*, ч. 2, стр. 111.
(47) В. Власенко, *Указ. соч.*, стр. 88-89 ; *Министерство Финансов*, ч. 2, стр. 105-107. 平価回復政策の危険性については，Schulze-Gävernitz, *a. a. O.*, SS. 471-74.
(48) K. Golowin, *a. a. O.*, S. 10; Schulze-Gävernitz, *a. a. O.*, SS. 474-75, 502.
(49) 以下，国際複本位制論争と国際貨幣会議，ならびにその際のロシア政府代表の意向については，H. Russell, *op. cit.*.
(50) たとえば，H. Russell, *ibid.*, pp. 231, 286-87.
(51) ことに対外債務にかんしては，銀本位制を採用ないし継続した場合には，国内歳入が銀によるのに対して対外決済は比価の上昇した金によるために，財政負担等が急増し，財政・金融の破綻が避けられないことは明らかといえよう。Schulze-Gävernitz, *a. a. O.*, S. 468 ; B. Endelman, *op. cit.*, p. 96 ; K. Helfferich, *Das Geld im russisch-japanischen Kriege*,

Berlin, 1906, S. 26. メキシコやインド等後進国に共通するこのような問題については，とくに，H. Russell, *op. cit.*, p. 445ff.

(52) B. Endelman, *op. cit.*, p. 96.

(53) ヴィシュネグラツキーからヴィッテにかけての低利借り換え政策については，前掲書の中でもとくに下記の文献を参照。K. Golowin, *a. a. O.*, SS. 25-29, 42-43, 47-49; Schulze-Gävernitz, *a. a. O.*, SS. 550-58; Министерство Финансов, ч. 2, стр. 85-90.

(54) 本書第3章参照。H. Feis, *Europe: the World's Banker, 1870-1914*, N. Y., reprint, 1965, pp. 172-74, 210-17, 224-26; J. Mai, *Das deutsche Kapital in Russland, 1850-1894*, Berlin, 1970, SS. 121-34.

(55) Б. Ананьич, *Россия и международный капитал 1897-1914*, Л., 1970, стр. 13-19.

(56) 当該段階のロシア国際収支の分析については，Schulze-Gävernitz, *a. a. O.*, S. 562ff.; В. Власенко, *Указ. соч.*, стр. 57-59; А. Погребинский, *Указ. соч.*, стр. 112-15; B. Endelman, *op. cit.*, pp. 47-86.

(57) 関税政策については，とりあえず前掲拙稿「19世紀末独露通商対立と1894年の通商航海条約」；同「19世紀末ロシアの関税政策——農業機械関税問題を中心にして——」，吉岡昭彦編『政治権力の史的分析』御茶の水書房，1975年所収参照。

(58) 以下，穀物の輸出促進政策の概要は，В. Власенко, *Указ. соч.*, стр. 59-63; V. Wittschewsky, *a. a. O.*, SS. 140-41, 248-50.

(59) 穀物の月別輸出動向については，Под. ред. В. И. Покровского, *Сборник сведений по истории и статистике внешней торговли России*, том I, СПб., 1902, стр. 40-42.

(60) 前掲ゴローヴィンの書は，全巻文字通り地主の側からの告発文となっている。K. Golowin, *a. a. O.*

(61) オーストリアの通貨流通および金本位制採用については，本庄博「1878—1892年に於ける墺太利本位制度について」，坂西由蔵博士還暦祝賀論集『経済学経済史の諸問題』坂西会，1939年所収；H. Russell, *op. cit.*, pp. 205, 230, 246, 253, 333, 354, 374ff., 445; 1892年の通貨改革＝金本位制採用の立法内容は，J. Laughlin, *op. cit.*, Appendixに英語訳で掲載されている。なお，周知のように「貨幣国定説」を主張したクナップの所論は，オーストリアの「紙幣本位」の実態に対する誤った理解に由来する面も強いが，程度の差こそかなりあるものの，同様の現象，同様の誤解はロシアの場合にも起こっているといえる。本章が，В. Власенкоと並んで種々の面で依拠したB. Endelmanの研究は，台頭しつつあるクナ

192　第2部　ロシア金本位制の成立と展開

ップ学派に対して金属貨幣論の立場からロシアを例にとりあげて批判を試みたものである。B. Endelman, *op. cit.*, Avant-Propos et Introduction. 佐藤勝則「オーストリア・ハンガリー中央銀行政策と世界市場」,藤瀬浩司・吉岡昭彦共編『国際金本位制と中央銀行政策』名古屋大学出版会, 1987年所収参照。

(62)　ロシア農業の荒廃状況については, Н. Егназарова, *Аграрный кризис конца XIX века в России,* М., 1959, приложение ; K. Golowin, *a. a. O.*, Teil 2.

(63)　租税政策の変更とその実況については, В. Власенко, *Указ. соч.,* стр. 77-79 ; И. Гиндин, *Указ. соч.,* стр. 57-59, 62 ; V. Wittschewsky, *a. a. O.*, SS. 135-39 ; B. Endelman, *op. cit.*, pp. 80-86 ; Указ. *Министерство Финансов,* ч. 2., Гл. VI, VIII, и таблицы государственных доходов и расходов за время с 1882 по 1902г.; *Die Finanzwirtschaft Russlands*, S. 43ff. なお, 間接税は, 1880年代前半から90年代前半にかけて, 税収総額中の比重で70％台から80％台という高い数値を示すとともに, 約10％の伸びを示し, 絶対額においては, 約1億ルーブリ増大している。拙稿, 前掲「ツァーリズム国家の財政」178—81頁参照。

(64)　K. Golowin, *a. a. O.*, SS. 23-25.

(65)　K. Golowin, *ibid.*, SS. 26-28 ; В. Власенко, *Указ. соч.,* стр. 74-45 ; И. Гиндин, *Указ. соч.* , стр. 98-99 ; B. Endelman, *op. cit.*, pp. 106-08 ; F. Moos, *Die Finanzen Russlands*, Berlin, 1896, SS. 80-81. このモーズの表は, 国庫および国立銀行による国の内外における金蓄積の変化をつかむために便利である。他に, Указ. *Государственный Банк за 1860-1910,* стр. 93. なお, ロシアの当期における金蓄積量の増大が国際的にみてもアメリカ合衆国と並んでいかに突出したものであるかは, Marcello de Cecco, *Money and Empire. The International Gold Standard, 1890-1914*, Oxford, 1974, pp. 244-45, の1889年と99年の数値を見られたい。

(66)　ギンジンは, 金蓄積の主体をヴィシュネグラツキーの段階とヴィッテの段階とで区別し, 後者の段階で国庫が全面に出てきたとしている。И. Гиндин, *Указ. соч.,* стр. 99.

(67)　国立銀行の営業動向については, В. Власенко, *Указ. соч.,* стр. 82-83 ; А. Погребинский, *Указ. соч.,* стр. 118-29 ; И. Гиндин, *Указ. соч.,* стр. 84-123 ; P. Steinberg, *Die russische Reichsbank seit der Währungsreform 1897 bis 1910*, Stuttgart und Berlin, 1914 ; A. Raffalovich ed., *Russia, its trade and commerce*, London, 1918, pp. 362-63.

(68)　И. Гиндин, *Указ. соч.,* стр. 92-93 (таблица), 98-99.

(69)　1892年以降の紙幣の臨時発行に対しては, いずれも100％の金準備がな

第4章　ロシア金本位制の成立　193

されている。B. Endelman, *op. cit.*, p. 112 の表を見よ。
(70) エリ・ア・メンデリソン，飯田貫一ほか訳『恐慌の理論と歴史』第4分冊，青木書店，1961年，63頁。
(71) マックス・ヴェーバー，中村貞二・柴田固弘共訳『取引所』（未来社社会科学ゼミナール，1968年），R・ベンディクス，折原浩訳『マックス・ウェーバー——その学問の全体像——』中央公論社，1966年，第2章。
(72) 以上，ルーブリ投機については，Schulze-Gävernitz, *a. a. O.*, SS. 499-536 ; B. Endelman, *op.cit.*, pp. 125-28 ; В. Власенко, *Указ. соч.*, стр. 93-97 ; Министерство Финансов, ч. 2, стр. 117-20.
(73) В. Власенко, *Указ. соч.*, стр. 110 ; B. Endelman, *op. cit.*, pp. 111-13. たとえば，穀物の収穫期であると同時に大規模な輸出期にあたる秋には，通貨需要が急増する反面，輸出によって大量の金が流入しながらも，法貨ではないためにこの膨張した通貨需要を満たせないという皮肉な現象が繰り返されていた。この点については，B. Endelman, *ibid.*; P. Steinberg, *a. a. O.*, S. 11.
(74) ロシア通貨改革＝金本位制導入の時期について内外の概説的記述は，しばしば，1895—97年，97年，97—99年とまちまちの時期設定を行ない，一定の混乱を残している。以下，通貨改革にかかわる諸立法については，А. И. Букобецкий, под ред., *Материалы по денежной реформе 1895-1897 гг.*, вып. 1, Петроград-Москва, 1922, 参照。80年代以降の法令等で重要なものはすべて収載されている。
(75) ルーブリ紙幣の為替投機については，注72の文献を参照。とくに，シュルツェ=ゲヴァーニッツのものは詳細である。Schulze-Gävernitz, *a. a. O.*
(76) 投機対抗策についても注72の各所参照。とくに *Министерство Финансов*, ч. 2 が詳しい。
(77) В. Власенко, *Указ. соч.*, стр. 89-92 ; B. Endelman, *op. cit.*, pp. 120-23.
(78) 金・銀・紙幣の相互の打歩関係については，これに注目しているアンドルマンの研究が詳しい。B. Endelman, *op. cit.*, pp. 88-91.
(79) 1890年代初めの金銀比価の動向と各国の通貨政策並びに本位制論争については以下を参照。H. Russell, *op. cit.*, chapter VII, VIII, IX. 吉岡昭彦「イギリス綿業資本と本位制論争」，岡田与好編『近代革命の研究』下，東京大学出版会，1973年（同『帝国主義と国際通貨体制』第3章）。井上巽「19世紀末大不況期におけるイギリス本位制論争」，小樽商科大学『商学討究』第23巻第1号，1972年。同「インド金為替本位制の成立とシティ金融資本」『西洋史研究』新輯2号，1973年。同「19世紀末『大不況』

期におけるドイツ複本位制論争」『西洋史研究』1975年度西洋史研究会大会共通論題報告，新輯5号，1976年。同「アメリカ本位制論争と金融資本」『土地制度史学』第75号，1977年。同，前掲『金融と帝国』。佐藤恵一「アメリカ金本位制確立過程の特質——1890年代における政策抗争とその帰結——」『西洋史研究』新輯8号，1979年。同「19世紀末アメリカにおける本位制問題——銀立法の展開と本位制の動揺——」，鈴木圭介編『アメリカ独占資本主義』弘文堂，1980年。

(80) 　前掲注61参照。
(81) 　В. Власенко, *Указ. соч.,* стр. 98-99. 銀本位制からの全面的離脱のためには，無制限法貨としての銀貨の通用能力の制限が残るのみとなった。
(82) 　金貨の時価相場による自由流通は，歴代の大蔵大臣（レイテルン・1877年，ブンゲ・1882年，ヴィシュネグラツキー・1888年）によって意図されたが，いずれも実現しなかった。В. Власенко, *Указ. соч.,* стр. 99-100 ; *Министерство Финансов,* напр. ч. 1, стр. 471, ч. 2, стр. 101, 108.
(83) 　1895年法については，*Министерство Финансов,* ч. 2, стр. 408-10. 同法の執行過程については，*Там же,* стр. 410-14 ; В. Власенко, *Указ. соч.,* стр. 100-08.
(84) 　このような重要な法案が，通貨改革に反対する勢力の強い国家評議会を通過しえたのはなぜかということが当然疑問になるが，この点については，国家評議会が，通貨改革の重大な布石という本来の意図を隠して臨時的暫定的性格を強調した大蔵省の説明を軽率に信じ込んで，単なるデフレ克服策の一つとみなしたことによるといわれ，法律の成立後，ヴィッテの欺瞞に気づき，態度を急激に硬化させる一方，自己の手抜かりについては，審議期間の短さとその会期中にあった「復活祭」（!!）とを言い訳にあげたといわれる。В. Власенко, *Указ. соч.,* стр. 108-09.
(85) 　В. Власенко, *Там же.,* стр. 111 ; А. Корелин, С. Степанов, *С. Ю. Витте——финансист, политик, дипломат,* М. М., 1998, стр. 37-39.
(86) 　*История русской экономической мысли,* том III, ч. 1, М., 1966, стр. 72-73, 216-20.
(87) 　B. Endelman, *op. cit.*, p. 144.
(88) 　*История русской экономической мысли*, том III, ч. 1, стр. 218-19.
(89) 　Schulze-Gävernitz, *a. a. O.*, SS. 482-85. ロシアにおける手形流通の特徴を一言にしていえば，商品流通の回転速度ののろさと短期金融市場の未成熟とを反映して，平均5カ月，長いものでは12カ月以上に及ぶ長期手形の流通，平均1800ルーブリに達する高額手形の流通，したがってまた流通総量の僅少，融通手形の未発達，優良手形のみに対する割引業務

の集中,ということにある。注43参照。他に P. Steinberg, *a. a. O.*, SS. 26-27, 64-79. なお,本書第5章2節も参照。

(90) 前掲注50参照。

(91) 前掲注51でも述べておいたことであるが,ロシアが進んで複本位ないし銀本位制の採用または復活に踏み切った場合,貿易収支においては,決済が順調になされる限りにおいて,ひとまず有利な局面(輸出伸長・輸入停滞)がみられるとしても,国際収支中過半をなす貿易外収支,とりわけ資本収支では,ルーブリ公債の対外支払いの増加と,場合によっては新規流入の困難によって,不利な状況があらわれるし,対外支払いの増加は税収を銀によるかぎり財政負担を急増させ,別の面で破綻を生じさせることになる。この点,ヴィッテ自身も十分に自覚しており,国家評議会の席上,この点を強調したといわれる。В. Власенко, *Указ. соч.*, стр. 148-49. Речь о денежной реформе, произнесенная на общем заседания Государственного Совета 28, декабря 1895г., в Указ. *С. Ю. Витте,* прило стр. 375-408 ; Указ. *Матемиары*, с. 130-51.

(92) ロシアの産金状況については,указ. *Сборник сведении по истории и статистике внешней торговли России*, том I, стр. 322-26 ; B. Endelman, *op. cit.*, pp. 97-103. ロシアは,19世紀末後半から通貨改革期にかけての時期には,世界産金総額の約6分の1を生産し(銀では1%以下で,事実上無に等しい),産金国中上位第3位から5位を常時占めていた。この点,産銀利害,いわゆるシルバーマンの勢力が強かったアメリカ合衆国において複本位制が異常なまでに高揚をみたという例にならって,ある国の貴金属産出状況が本位制を決するというのであれば,ロシアこそは,すぐれて金本位制国となるという,アンドルマンの指摘を参照。B. Endelman, *ibid.*, p. 97.

(93) いうまでもないことであるが,為替相場の低位固定は,輸出の伸長ないし持続のための全能の神ではない。輸入価格の高騰,物価の上昇等を通じて反発作用を生ぜしめ,やがては輸出の鈍化を招来することが充分予想される。しかしながら,高率関税体制と農業不況下に飢餓輸出の体制をもったロシアの場合,内部に鋭い緊張と対立をはらみつつもデフレ政策の推進を通じてルーブリは相対的にみて従前の購買力を維持し続けていたと考えられる。たとえば,K. Golowin, *a. a. O.*, S. 11.

(94) 以上,改革推進派の主要論理とその内容は,上掲箇所のほかに,В. Власенко, *Указ. соч.,* стр. 141-53 ; *Министерство Финансов,* ч. 2, стр. 416-21.

(95) 以下,主としてВ. Власенко, *Там же,* стр. 113-26.

(96) 国立銀行は,通貨改革に先立って1894年に定款の大幅改正を行ない,

通貨流通の調節・安定と商業信用業務の拡大・強化を定款第１条にうたうことになった。А. Погребинский, *Указ. соч.,* стр. 125-27；*Министерство Финансов,* ч. 2, стр. 46-53；И. Гиндин, *Указ. соч.,* Гл. 2, 1. この定款改正は，時期からみても，審議をヴィッテが主宰したことからみても通貨改革とのかかわりを暗示するものであり，事実60年の定款で商工業信用の拡充という課題の後におかれていた通貨の調整・安定の課題は，いまや冒頭にかかげられ，銀行組織等の整備等とあいまって，改革のための基礎を中央銀行の側からある程度準備したものであるとみなすことができる。しかしながら，同改正は，主眼を商・工・農業信用の拡充に置くものであって，通貨改革のための新たな規定を積極的にもち込むものではなかったし，主眼たる商・工・農業に対する信用業務の拡充も，むしろ12カ月に及ぶ長期手形への割引拡大とか農業に対する不動産抵当融資の拡大等の中央発券銀行の性格とは矛盾する機能が付加されていた。また，同行は，これまで大蔵省に対していわば付属機関として強い従属性を示していたが，この点は，一定程度改善されたとはいえ，大蔵大臣の直接的監督下にある限りにおいては，基本的には変わっていなかったといえる。ブルジョワ層が批判するのはこの点にほかならない。なお，改革の具体的過程とのかかわり，および問題点を先まわりして示せば，改革が後述の困難な政治事情のゆえに，主として勅令と行政措置とで推進されたため，同行の定款は改革に見合ったものに充分に再編されきれずに，そのまま機能しており，法制上は，通貨条令と国立銀行条令とが不一致，矛盾するという奇異な事態が生じたが（たとえば，銀行条令では同行の主たる業務の中に発券業務が列記されていないこと），なかでも，改革が後述のように発券権を国立銀行に独占させたにもかかわらず，定款では大蔵大臣が発券権を国庫目的のために濫用しうる条項が改変されないままに残されており，通貨改革のアキレス腱として不備が危惧された。これは，94年の定款改正の限界を明示するものにほかならない。*Russian Public Finance,* edited by P. Vinogradoff, New Haven, 1928, III, Monetary Policy by M. Bernatzky, pp. 343-46.

(97) ただしこの見解は後述のゴローヴィン・サークルに属するメンバーのものであるとみなされる。

(98) указ. *История русской экономической мысли,* том III, ч. 1, стр. 218.

(99) В. Власенко, *Указ. соч.,* стр. 122, 125-26.

(100) указ. *История русской экономической мысли,* стр. 74.

(101) 外国金融資本の動向については，В. Власенко, *Указ. соч.,* стр. 136-41.

(102) フランス政府のこの要求は，ロシアの金融的な対仏従属の一端をはし

なくも示すものであるが，このような一方的要求を受け入れる余地はロシアにはない。ただし，改革は銀貨を補助貨幣として多量に流通させることになり，そのために，一時的に大量の銀がヨーロッパから買い付けられている。買付先は不明であるが，フランスからということも考えられないことはない。Указ. *Сборник сведений по истории и статистике внешней торговли России,* стр. 331. なお，このような外国からの働きかけは，国際的複本位制問題の展開動向に対して形式的には銀本位国でありながら多量の金を蓄積しているロシアの動きが，オーストリア等と並んでかなり重要な位置を占めるものであることを間接的に示唆しているといえよう。

(103) В. Власенко, *Указ. соч.,* стр. 141.
(104) 以上の分類は，下記の文献の記述を筆者が独自に整理したものである。
   В. Власенко, *Указ. соч.,* стр. 126-36 ; Указ. *История русской экономической мысли,* том III, ч. 1, стр. 72, 74-77, 216-18, 220-21.
(105) ゴローヴィン・サークルについては，Th. von Laue, *op. cit.*, pp. 276-84. ゴローヴィン自身の主張は，K. Golowin, *a. a. O.*
(106) В. Власенко, *Указ. соч.,* стр. 126, 128-32, 133-36 ; Указ. *История русской экономической мысли*, стр. 74-79 ; Th. von Laue, *op. cit.*, pp. 282, 284-90.
(107) Ю. Соловьев, Противоречия в правящем лагере России по вопросу об иностранных капиталах в годы первого промышленного подъема, в сб. статей, *Из истории империализма в России*, М.-Л., 1959, стр. 371-81.
(108) *Russian Public Finance*, pp. 342, 346 ; В. Власенко, *Указ. соч.,* стр. 156-58.
(109) 1897年1月3日法については，В. Власенко, *Там же,* стр. 158-60 ; Министерство Финансов, ч. 1, стр. 424-25.
(110) 8月29日法については，В. Власенко, *Там же*, стр. 166-67 ; B. Endelman, *op. cit.*, pp. 144-48 ; Schulze-Gävernitz, *a. a. O.*, SS. 482-84.
(111) ただし，紙幣の名称は，クレジット・ビレットという以前のままのものであることに注意。同法が国家評議会の審議と承認を経ず勅令によったため，銀行条令の変更をともなわなかったからである。形式的にいえば，その限りで紙幣は，国家紙幣であった。*Russian Public Finance during the War*, III, p. 346. なお，これと別に，この実質的銀行券は，その実際に100％以上におよぶ高率金準備と現実の通貨流通における金貨流通量の比重の高さ（最高時約50％台）のゆえに，金証券（warrant on gold）の性格を帯びており，通貨流通の弾力性を確保するという機能においては，西欧諸国の銀行券流通に比してかなりの差異をもっていたということができる。*Russia, its trade and commerce*, chapter XV, p. 355 ;

P. Steinberg, *a. a. O.*, S. 12.

(112) 国立銀行と政府の在外金保有は，当座の対外決済用として厳密には発券準備勘定としての「金」には含まれなかったが，前者はのちに（1905年の革命期）準備率の低下とともにこれをも総準備率の中に組み入れて辛うじて発券制度の外見を維持することになったのである。В. Власенко, *Указ. соч.*, стр. 167-68; *Russian Public Finance*, III, p. 349; P. Steinberg, *a. a. O.*, SS. 22-24; *Russia, its trade and commerce*, chapter XV, pp. 369-70. 在外金保有は，全金保有のほぼ1，2割を占め，1ないし2億ルーブリに達している。本書「補論1」参照。

(113) 同法により，1881年から開始された国庫の国立銀行に対する全債務の返済が完了することになるが，この間の決済総額は，じつに9億6000万ルーブリに達している（うち，3億6000万は，金の評価換えによるとはいえ）。В. Власенко, *Указ. соч.*, стр. 86. なお，同法は，改革の終了と国庫目的にもとづく紙幣発行の最終的放棄とを宣言している点において重要な意味をもっている。

(114) 国立銀行は，その総轄者たる大蔵大臣の命令に応じて，発行限度額の枠内とはいえ，政府債券とひきかえに即座にいかなる額でも貸付を行なえる権利＝義務をもっていた。このことは，政治的危機等の場合に，通貨需要とは無関係に紙幣が増刷される余地を残すものにほかならない。

(115) この機能が強化されてくるのは，20世紀に入ってからのことである。この点については，*Russia, its trade and commerce*, chapter XV, pp. 363-64; И. Гиндин, *Указ. соч.*, стр. 114, 117 Таблица; А. Погребинский, *Указ. соч.*, стр. 210-13.

(116) В. Власенко, *Указ. соч.*, стр. 166.

(117) 改革の法制上の手続きの不備のため，紙幣の名称は，国家紙幣たるクレジット・ビレットにとどまっており，形式的には不換紙幣であったといえる。注111参照。

(118) В. Власенко, *Указ. соч.*, стр. 152, 170-71; *Russian Public Finance*, III, p. 347.

(119) 詳細は，*Министерство Финансов*, ч. 2, стр. 430-31. なお，同法は，1895年法以来ひさびさに国家評議会の審議と承認を得て成立したものであるが，このことは，国家評議会が従来の改革反対の態度を大きく変え，基本的に同調していったことを意味しており，改革が，その内容・手続きにおいて強引なものでありながらも，ルーブリの切り下げ幅とか銀貨流通の点において妥協的内容を盛り込んでいたことの一つのあらわれにほかならない。もちろん改革反対の動きはこれによって氷解したわけでは

第4章　ロシア金本位制の成立　199

なく，新通貨体制のもとで，前述のように外資流入反対と農業・土地問題の打開の方向に形を変えて続いていくし，シャラポフ等の強硬派は引き続き反対活動を強めていたのである。

(120) ヴラセンコは，改革の実施を可能にした歴史的条件として，1890年代後半の経済的高揚が外国資本の流入（直接投資）の必要を強め，そのための金本位制の早期確立という要求をブルジョアジーの間で強めたこと，農業不況が同じく90年代の後半に終了し，地主・貴族の反対を相対的に後退させたこと，90年代後半の銀貨の激落（金銀比価は，30対1の線を割るところにまで達していた）によって，銀本位・複本位の要求がいまや完全に非現実的なものとなり，不安定な「紙幣本位制」を選ぶのでない限り金本位制を受け入れざるをえなくなってきたこと，国際関係が一時的に平静期を迎えていたため財政・国際収支（貿易・資本輸入）が好調を維持し，改革の推進を円滑ならしめたこと（独露通商条約体制，三国同盟と露仏同盟の緊張を孕んだ新たな均衡関係の成立，等を想起せよ）をあげている。けだし妥当な指摘といえよう。В. Власенко, *Указ. соч.*, стр. 173.

(121) 以下，通貨流通の概況については，さしあたり，*Russia, its trade and commerce*, chapter XV; M. Miller, The *Economic Development of Russia, 1905-1914*, 2nd ed., London, 1967, chapter VI; В. Власенко, *Указ. соч.*, Глава V; *Russian Public Finance during the War*, III, chapter I; P. Steinberg, *a. a. O.* 改革後の通貨金融問題については第5章において本格的に検討する。

(122) 銀貨流通の比重が法的制度的にではなく，実際の導入方法によって相対的に高められていることを指して，ロシアの通貨制度が「跛行」的であるとM．ベルナツキーは特徴づけている。*Russian Public Finance*, p. 347.

(123) 改革期とその後の外国資本の流入状況については，本書第1章の叙述と，注121の文献のほかに，B. Endelman, *op. cit.*, pp. 75-78; 和田，前掲『社会科学研究』（一）所収論文，181—82頁; Ананьич, *Указ. соч.*, В. Соловьев, Указ. статья; П. Лященко, *История народного хозяйства СССР*, том II, М., 1952, стр. 156-89. アンドルマンによれば，外国人によるロシアの企業に対する直接投資は，1851—1894年に僅かに9800万ルーブリであったのが，95—99年の5年間で3億700万ルーブリまで急増したといわれる。Endelman, *op. cit.*, p. 76.

(124) 1905—06年の政治・経済的危機に際しては，大量の正貨流出のために，金準備は，在外銀行保有分を含めて辛うじて法定準備率を維持していた

第2部　ロシア金本位制の成立と展開

といわれるし，政府は兌換停止のための立法の準備に入っていたといわれる（第5章参照）。

(125) とくに農業・土地問題について日南田静眞『ロシア農政史研究』御茶の水書房，1966年参照。金融関係とのかかわりでは，中山弘正「経済構造──大戦前夜好況期の資本蓄積をめぐって──」，江口朴郎編『ロシア革命の研究』中央公論社，1968年所収（前掲『帝政ロシアと外国資本』第3章）。

(126) やや旧いが，前田美稲『銀及銀政策』（1936年）を参考にした。各国の状況については，他に，H. Laughlin, *op. cit.*; de Cecco, *op. cit.*, chap. 3, および注9，国際的複本位制論争の終結経緯については，吉岡前掲論文のほか，注79の文献を参照。

補論 1　金本位制下の短期在外資金積立政策

(1)

　近年，古典的帝国主義に関する国際経済史的研究が，S. B. ソウルの研究等を画期としてめざましい進展をみせ，その一環として各国の金融構造との相互連関を追究しようとするすぐれた研究があいついであらわれてきたことは周知のところであろう。このような研究動向の中で，長期資本移動の研究と並んで短期資本の動向についても，ブルームフィールド等の研究に呼応するかのようにわが国においても具体的な研究が出はじめ，日本やインドの在外残高の問題が実証的に明らかにされてきたことは，国際金本位制の構造を全体的に明らかにするものとして十分に注目されよう。

　ところで，このような研究動向の中でロシア資本主義に関する研究状況はどうであろうか。ロシアの金融史に関しては，周知のように同国が最大級の資本輸入国であったがゆえに，対外依存の程度や形態をめぐって研究はむしろ先行し，長い研究史が対外従属論やこれに続く革命の内的前提論をめぐってすでに展開してきた。だが，その研究史において，例えば周知の「ロシア資本主義従属＝半植民地」論のドグマの下で，視点が西欧金融資本のロシア銀行支配→ロシアの銀行による各産業の支配→西欧金融資本によるロシア経済の全般的支配，という側面に跼蹐し一面化しがちになり，対外依存型経済＝信用構造の全面的把握や多様な局面をもつ西欧金融市場との関係の解明が軽視されていったことは否定しえない。もちろん，研究史の中で上のロシア資本主義半植民地説＝西欧金融資本の出店説のもつ問題点や限界は正当にも明らかにされ，巨額にのぼる対外国家債務こそが対外金融依存の主舞台をなすとしたうえで，財政・通貨・国際収支・対外借款交渉の諸側面をもとり込んだ新たな研究方向がシードロフやボヴィキン，アナニイチ等によって打ち出され，西欧金融市場におけるロシア政府と西欧金融資本との緊張にみちた関係も解明されてきた。

しかしながら，長期資本移動についてはこのように研究史が進展をみせているにもかかわらず，短期資本，なかんずく公的在外残高については，ブコヴェツキーの論文(6)を例外として，一般には断片的に言及されるのみであって，その独自の意味づけや全信用構造との関係は追究されることがなかった。わが国の研究も，中山氏がわずかに関説された(7)のを除けば，上のようなソヴェト史学の動向に影響されてか黙するのみである。後述のごとくロシアの公的在外残高が第一次大戦直前の段階で世界一の規模を誇っていたという事実に照らしてみて，この研究状況は奇異としかいいようがない。実態の解明が強くまたれているというべきであるが，前述のごとく内外の研究が近年国際的短期資本市場の動向に着目し始め，ロシアについても言及しているだけに，なおさらロシア経済史研究の側からも積極的に素材を提供していくことが求められているように思われる。そこで，以下，金本位制成立後のロシアの公的在外残高について若干のデータを提供してその輪郭を描くとともに，いくつかの論点を提供して帝国主義期ロシアの金融構造と国際金融市場の理解の一助としてみることにしたい。

(2)

ロシアの公的在外資金については前述のブルームフィールドやリンダートの研究がごく概略的なデータを示しているが，独自にこれをとりあげてまとまった説明を加えたものはまだない。そこで，まず第二次文献等によりつつ概要を紹介しておこう。(8)

ⅰ 構成　ロシアの公的在外資金は大別すると，ロシアの中央銀行たる国立銀行（以下「国銀」と略す）在外勘定と政府在外残高に二分され，後者はさらにロシア内外の金融活動の監督権を一手に掌握する大蔵省財務特別官房（Особенная канцелярия по кредитной части）の在外勘定と同官房在外事務所勘定に区別される。このうち，国銀残高は，対外決済準備の役割を担うとともに在外正貨として本国の発券準備に組み込まれた。その規模は，絶対量を急増させた1903/04年以降全在外残高のほぼ3分の1を占め，一連の金融的危機の時期に例外的に過半を占めていた。これに対して政府残高は通常公的在外残高の過半を占めており，その主要部分をなしている

といえる。政府在外残高は，国債の売出し・元利払い等財政活動に直接かかわるもののほか，国銀と緊密に提携しつつ後述のごとき多様な機能を担っていた。なお財務特別官房勘定と同在外事務所勘定の内容・機能上の差異は定かではないが，前者の変動・振幅が大きいことは注目される。

ii 規　模　　1904年以降についてみれば，総額は最低2億ルーブリ，最高で8億ルーブリに達するが（第1章表1-9参照），1913年末の数値でも，インド・日本の公的在外残高を凌いで文字通り世界最大の規模を示す（表【補1】-1参照）。それは，ロシアの経常収支の赤字2年分を超え，年度歳入のほぼ5分の1に相当する。フランス残高だけでもフランス銀行の全金属準備の2分の1にまでなるといわれている。国内金準備と比較すると，1906年に例外的に国内の金準備額に接近したことを除けば通常は5割以下の水準にとどまっている。それにしても絶対額では国際的にみて巨大な規模になっていることを銘記すべきであろう。

iii 存在形態　　一部はイヤーマークされた金の形で，大部分は恐らくは外貨の形で保有され，いずれの勘定とも多くは西欧の有力大銀行の当座預金として低利で預金され，一部がロシア商業銀行の外国支店に低利で預金されていた。なお，政府残高が国銀在外支店に預金され，国銀も他方で自国商業銀行に低利で預金するという複雑な関係が生じていた模様である。こうした短期資金はいわゆるホットマネーとして利鞘稼ぎにも運用され，大戦直前段階で国際収支における短期資金の利子項目は黒字に転じている。

iv 原　資　　政府在外残高の原資は，19世紀の80年代から本格的に姿をあらわしてきたいわゆる「政府自由剰余金」（свободная наличность, 主として予算執行残，歳計剰余，国債収入の繰り入れ等からなるが，「剰余」とは名ばかりのものであり，実質的には借金財政の帳簿上の数字操作から生み出される）からなり，政府はこれを原資とし，貿易収支の黒字や政府保証債の売出しによって得た外貨をほぼ一方的に買い上げ，集中した。国銀在外残高の原資も，複雑な金融上の操作を経てこの政府残高から供給され補充されていた模様である。

表【補1】-1　1913年末時点の諸外国による主要国為替の保有
[1913年時価，単位：百万ドル]

	総額	保有為替の内訳				
		イギリス	フランス	ドイツ	その他の国	国名不特定
(1)ヨーロッパ計	1,030.5	76.4	262.1	115.5	44.9	531.6
1)公的保有計	663.4	76.4	262.1	115.5	44.9	164.5
オーストリア・ハンガリー銀行	17.1	3.9	—	8.3	—	4.9
フィンランド銀行	20.9	3.3	1.1	5.4	4.0	7.1
ドイツ帝国銀行	49.6	14.0	5.0	—	14.4	16.2
ギリシア国立銀行	43.9	10.9	19.0	0.1	—	13.9
イタリア3発券銀行	38.1	2.2	—	17.8	2.9	15.2
イタリア政府	12.7	3.5	7.5	0.8	0.9	—
ノルウェー銀行	10.9	3.1	1.2	3.1	3.5	—
ルーマニア国立銀行	15.9	2.0	3.3	10.5	0.1	—
ロシア政府・ロシア国立銀行	305.6	23.7	221.8	53.0	7.1	—
スウェーデン銀行・政府国債局	43.4	6.2	0.9	15.4	11.8	9.1
スイス国立銀行	8.6	3.6	2.3	1.1	0.2	1.4
他の公的保有	96.7	—	—	—	—	96.7
2)全民間保有	367.1	—	—	—	—	367.1
(2)西半球計	266.9	34.3	—	34.8	141.6	56.2
1)公的保有計	64.8	25.0	—	34.8	—	5.0
カナダ大蔵省	13.2	13.2	—	—	—	—
チリ国家特別基金	46.6	11.8	—	34.8	—	—
その他公的保有	5.0	—	—	—	—	5.0
2)民間保有	202.1	9.3	—	—	141.6	51.2
カナダ諸銀行	150.9	9.3	—	—	141.6	—
その他民間	51.2	—	—	—	—	51.2
(3)アフリカ・アジア・オーストラリア等合計	420.3	344.8	13.0	2.0	17.4	43.1
1)公的保有計	403.9	330.2	13.0	2.0	17.4	41.3
オーストラリア政府	2.3	2.3	—	—	—	—
セイロン政府	3.1	3.1	—	—	—	—
インド政府	136.3	136.3	—	—	—	—
日本銀行・日本政府	120.2	101.7	13.0	2.0	3.5	—
横浜正金銀行	115.7	86.8	—	—	—	28.9
フィリピン政府	11.4	—	—	—	11.4	—
その他公的保有	14.9	—	—	—	2.5	12.4
2)民間保有計	16.4	14.6	—	—	—	1.8
オーストラリア・アジアの諸銀行	6.7	6.7	—	—	—	—
南阿の銀行	8.9	7.9	—	—	—	1.0
その他民間保有	0.8	—	—	—	—	0.8
世界計　公的保有	1,132.1	431.6	275.1	152.3	62.3	210.8
民間保有	585.6	23.9	—	—	141.6	420.1
総　　計	1,717.7	455.5	275.1	152.3	203.9	630.9

典拠：P. H. Lindert, *Key Currencies and Gold 1900-1913*, 1969, pp. 18-19.

ⅴ　所在　　政府在外残高についていえば，ロシアの対外経済構造に対応して10カ国前後の金融市場に（国銀残高は11カ国の42の銀行に）分割・配置されていたが，ロシア残高は移動の激しいことで国際貨幣市場でも有名になっており，不断に変動する残高を国別に確定することは困難である。当初ベルリン市場とパリ市場とが決済の必要上相当額を集めて首位を占め合っていたと思われるが，大戦前の数年間にはパリ市場がベルリン残高を吸収して断然首位に立った[9]。ロンドン市場残高はやや水をあけられて第3位の地位にあったが，大戦前夜にはこれまたベルリン残高の一部を吸収して急速に膨脹していった（以上，本書第1章表1-9参照）。

　ⅵ　目的と機能　　在外残高は複雑かつダイナミックな金融操作を通じて多様な機能を果たしていたが，整理してみるとほぼ以下のようにまとめられよう。

　①対外決済・同準備機能　　ロシアの国際収支は，巨額の貿易黒字にもかかわらず貿易外収支の赤字急増のゆえに，年2・3億ルーブリ前後の経常収支の赤字を計上していた。したがって，金現送の空費を節約し西欧金融市場で遅滞なく直接決済を行なうために予め相当額を積み立てる方策をとった。その際，政府在外残高は，自ら対外国家債務の元利払いや国外発注艦艇建造費等の支払い等を行ない，国銀の負担を軽減するとともに随時国銀に決済資金を融通したといわれる。

　②為替相場の維持　　日露戦争・1905年の革命・これに続く金融危機・1907年恐慌等にともなう為替投機や相場の大変動に対抗するほか，ロシア特有の対外決済における季節変動（外貨の受取りが穀物を輸出する秋に集中する一方，支払いは年間を通じて継続的に進行していた）に起因する相場変動を回避し，安定的水準を確保することは通貨当局の重要な課題となっていた。在外残高の一部は秘密裡に西欧の金融市場に介入し，複雑な相場操作を行なうために活用されていた。

　③対外信用の維持・誇示機能　　外国一流銀行に預金されたロシア残高は，たんなる決済準備の域を超えて対外的信用の維持・誇示機能を発揮し，既発行のロシア債券に対する信用維持と新規証券発行のための担保の意味をもち，またそうさせられたことは否定しえない。本国工業界の再三の批判にもかか

わらず，年間経常収支赤字分を大幅に超過する過剰な残高があえて維持されたのはこの点とかかわっているといえよう。

④本国正貨準備防衛機能　ロシアの国際収支は最終的には巨額の外資輸入に依存していたので，戦争・革命・国際緊張にともなう信用不安によって大量の正貨が瞬時に流出して後述のごとき硬直的な金本位制と信用構造を一挙に洗い流してしまう危険性が常に底流にあった。他方，その対錘をなす貿易収支の黒字も，穀物の作況変動と旺盛な輸入需要に左右されて振幅が大きいうえに対外債務の利子・配当支払いさえ満たしえない水準に止まっていたから，正貨防衛の安定的保障には到底なりえなかった。かくて，正貨防衛＝金本位制維持のためには，輸入外資による原資補塡を不可欠の環としつつ，国内の金準備とは形式的ないし実質的に区別された第二の準備，金本位制のルールの直接的作用を回避する独自のバッファー・別個の調節弁が必要であり，さらに，余裕さえあればロンドンの金市場における金購入によって本国の正貨準備を補強して不時に備えるうえに硬直的な通貨の発券・流通制度を補強する必要もあった。在外残高こそはこうした役割を担うものであった。比較的に安定的なカーブを描く本国の正貨準備量と変動＝振幅の大きい在外残高の対照的関係，後者の犠牲による前者の補強，前者の増大と後者の増大の並行等々の事実は，如実に本残高の正貨防衛機能を物語っている。[10]

⑤政治的外交的効果　最後に在外残高はその巨大な規模のゆえに，所在の如何によってもはや金融的レヴェルにとどまりえない独自の効果，端的に政治的外交的意味をもってくることを指摘しておこう。日本とインドの公的残高のロンドン金融市場との結びつき，ロシア残高と同盟国たるフランスの金融市場との緊密な関係，独露緊張にともなうベルリン残高の引揚，一時期までの英露疎隔に照応するロンドン残高の僅少さ，その後の増大等々の事例は，ホットマネーとしてのロシア残高がもつ政治的性格を窺わせてくれる。なお，こうした効果が第二次的には軍事的戦略的レヴェルにまで波及することも否定しえないであろう。

(3)

上に紹介した古典的帝国主義期＝古典的金本位制期におけるロシア残高は，

その規模・存在様態・機能のゆえに，ロシア帝国主義研究はもとより国際経済史的視点からみても多くの興味深い論点を提起しているように思われる。以下，さしあたり3点を摘記してみることにしたい。

i 西欧金融市場における　前述のように巨額のロシア残高は低利の当座
　　ロシア残高の位置　　　預金勘定という形で西欧各国の一流銀行等に
提供された。これが各金融センターの資金量を豊富にし，その地位をいちだんと補強するものであることはいうまでもない。すなわち，ロシア残高は，一方では，two needs for every mark（フェイス）のゆえに「長期貸し・短期借り」の状態にあるドイツ金融市場に対して，「長期借り・短期貸し」の形で多量の短期資金を供給し，そのドイツ金融市場をして今度はロシアの商業銀行に対する短期資金の供給者たらしめていたが，他方では，パリ金融市場に対しては，「ポンド体制の補完要素」にして「金の貯蔵庫」という地位をさらに補強するとともに，短期資金の供給能力を高めさせ，当のロシアの民間市場のみかベルリン市場に対しても短資を提供して利鞘の獲得を可能にさせたと考えられる。こうしてみてくると，ロシアは，その巨大な在外残高を通じて「長期借り・短期貸し」の国となり，ポンド体制とそれを内実とする国際金本位制を周辺から補強する役割を演じたといいうるのではあるまいか。

とまれ，このようにして西欧金融市場に深く食い込んだロシア残高は，一方では厖大な対外長期債務の動かし難い担保と化し，他方では受け入れ側にとってももはや引き揚げられては困る性質の資金に転化する。かくてロシアと西欧金融資本の間には一種の利益共同体が出現する[11]ことになるが，これは，在ベルリン残高がパリ市場に引き揚げられ集中してゆく段階でさらに運命共同体にまで発展してゆく。すなわち，ロシア残高は，自らの対外貿易・金融連関に基礎づけられてベルリン・パリ・ロンドンの三極に配置され，しばしばホットマネー的様相を帯びてこれらの間を揺れ動いていたが，ほかならぬこの三極の間に国際緊張の亀裂が走り対決の様相が強まるのと相互規定的にかかわりつつ，ポンド体制の「敵対要因」たるドイツを離れてポンド体制の本陣たるイギリス並びにその補完・安定要因たるフランスに集中し，政治同盟の紐帯に転じたうえ，大戦勃発後は戦時借款の事実上の担保へと化していったのである。

ii　ロシア在外残高　　ロシアは周知のように「ヨーロッパ最大の借り手」
　　の基本的特質　　（フェイス）であると同時に「最大の金保有国」で
あった。したがって，世界一の規模をもつロシア残高の基本的特質を問うと
すれば，いずれも最大という形容詞を伴った上の三つの現象が三位一体とな
っている点に求められるべきであろう（なお，民間レヴェルの短資の貸借に
限ってみれば，ロシアはこれまたヨーロッパで最大級の借り手であるという
一項を加えることもできよう。(12)もちろん公的短資残高を算入すれば最終的短
資ポジションはプラスとなっている）。すなわち，ロシアは，最大級の債務
国であることによって最大級の金保有国になり，逆に最大級の金保有こそが
一層の借入れを可能にするという関係を基礎にして，最大級の在外残高が，
一方では，最大級の対外債務から原資を補塡されつつ逆にその債務のために
元利払いの役割を担って膨れ上がるのみか，新規債務の担保の役割をも担い，
他方では，最大級の金保有＝正貨準備を防衛するために自らも厚い防壁を構
える必要があったのである。ここには，まさに在外残高を調節弁・緩衝体・
結節点とし，対外債務と金準備とを両翼に配した間然するところなき対外金
融依存の三位一体の像が浮かび上って来る。ロシアのごとく金融組織が未成
熟で資本蓄積が遅れている国の場合，あとに残された課題は，このトリアー
デを革命や恐慌の試練に耐えうるだけの規模——不断に危機を孕んでいるロ
シアの場合，それは世界最高の水準にならざるをえない——に不断に拡大さ
せていくことだけである。民間レヴェルにおける最大級規模の短期借りとい
う矛盾するかにみえる事態もこのトリアーデの随伴物であり，メダルの裏面
でしかすぎないといえるのではなかろうか。

iii　ロシア在外残高　　後進諸国が帝国主義段階で大規模な公的在外資金
　　の類型的特質　　を西欧の金融センターに積み立て，なかでも日本
とインドとがロシアに迫る規模で在外残高をもっていたことは周知のところ
といえよう。また，各国在外残高の存在様態には様々の差異が現実にありう
るとしても，その機能においては共通するところは多かったといえよう。し
かし，だからといってロシアに関して摘出されるトリアーデがどこでもあら
われるというわけでもない。ここに在外資金の特殊ロシア類型を問う余地が
生ずる。ここでは，残高の規模で上位3位までを占めるインド・日本・ロシ

アのうち，植民地として本国イギリスから金為替本位制の採用を強要されて多額のロンドン残高を積み立てたインドを除外して，とりあえず日露の異同を検討してみることにしたい。

さて，日露両国の在外残高は，その規模・機能・メカニズム等において驚くほど多くの共通点をもっていると思われる。また，外資への依存という点でも共通しているといってよい。したがって，在外資金の制度やメカニズムから直ちにその類型的特質を析出することはできない。むしろ，金本位制の構造・内外の金融連関の全体の中で在外資金を位置づけてみることが重要と思われる。この点で，ロシアの在外残高が通常国内金準備の数分の1の比重を占めるにとどまり，1905—07年の変動期を除けば増勢を示したのに対して，日本のそれが逆に国内正貨準備を大幅に凌ぎ，しかも急増・急減という大きな振幅を描いていることは大いに注目される。このちがいが意味するところを敷衍してみれば以下のようになろう。すなわち，両国金本位制において在外資金に与えられた位置・比重の差は歴然としており，日本の場合を仮に「能動型」と規定するならば，ロシアの在外残高制度は「受身型」と呼ばれるような対照的性格をもっている。日本の在外資金の場合は，一部が「在外正貨」として金正貨準備において特段の役割を与えられているし，対外債務の元利払いに加えて貿易赤字の決済まで負担させられ，この両者の機能を両立させなければならないというジレンマの中で，多い時には保証準備発行が発券高の7・8割を占めるという，よくいえば高度に弾力的で悪くいえば不安定な発券制度と結びついて複雑かつダイナミックな金融操作が行なわれ，そのあげくに在外残高が食いつぶされて大戦直前には深刻な正貨危機が到来している。

これに対して，ロシアの場合，金準備の主軸はあくまでも国内にあり，硬直的な発券制度（保証準備発行の余地はピール条例同様に極度に限定されており，手形・小切手流通の低位等総じて弾力的な通貨流通の条件が欠如している状況にあって，通常発券量は金準備量を下まわった〔つまり，準備率は通常100％を超えていた〕）が，際限なく金を自己の下に引き寄せていたから，在外資金は，この鈍重（中山弘正氏の表現）で硬直的な金本位制を防衛すべく，自らも厚い防壁を築いて，金本位制のルールの国内通貨流通への直接的

連動を遮断し，外債元利払いの確実な履行と対外信用の確保にひたすら努めたのである。日露両国における在外資金制度の重要さの軽重を直ちに問うことはできないとしても，ロシア残高が，その金本位制の類型的特質に対応した「受身型」の類型的特質をもつものであることは明らかといえよう。なお，何故にこのような類型的差異が生じたのかという問題がさらに問われるべきところであるが，筆者にはいま全面的に論ずる能力も余裕もない。ただ，両国の信用構造や国際収支の構造，経済政策の基調等々のおよそ国民経済の類型的特質にかかわる基礎的条件にまでたちかえって検討する必要があることはいうまでもなかろう。

(4)

以上，これまで経済史研究では比較的検討対象とはなりにくかった短期資本移動について，ロシアという極めて限定された場からみてきたのであるが，改めてここで感ずるのは，ロシア帝国主義研究が一国史分析的方向に内向するのではなく，また，国際金融市場をただ与件とするような形で長期資本の輸入を取りあげていくのではなく，ロシア資本主義を世界市場の一環，その有機的構成部分として，また，多様な経済連関を通じて立体的な緊張関係を世界市場との間にもつものとして捉える視点がますます必要となっているということである。もう一つは，すでに侘美・吉岡氏等によって明らかにされつつあることであるが，国際金本位制をそれぞれに類型的構造的特質をもった各国（とりわけ後進国）金本位制の合成物・立体構成として捉えていくことがますます重要となってきたということである。[16]

(1) 侘美光彦『国際通貨体制』東京大学出版会, 1976年；吉岡昭彦「国際金本位制の成立に関する覚書」，岡田与好・広中俊雄・樋口陽一共編『社会科学と諸思想の展開』（創文社, 1977年）所収；同「帝国主義成立期における再生産＝信用構造の諸類型とポンド体制の再編」，土地制度史学会編『資本と土地所有』（農林統計協会, 1979年）所収；同『帝国主義と国際通貨体制』名古屋大学出版会, 1999年；藤瀬浩司『資本主義世界の成立』ミネルヴァ書房, 1980年；藤瀬浩司・吉岡昭彦共編『国際金本位制と中央銀行政策』名古屋大学出版会, 1987年；酒井一夫・西村閑也編著

補論1　金本位制下の短期在外資金積立政策

『比較金融史研究』ミネルヴァ書房，1992年；井上巽『金融と帝国』名古屋大学出版会，1995年。

(2)　A・ブルームフィールド，小野一一郎・小林龍馬共訳『金本位制と国際金融　1880—1914年』日本評論社，1975年，P. H. Lindert, *Key Currencies and Gold 1900-1913*, 1969.

(3)　井上巽「インド金為替本位制の成立とシティ金融資本」『西洋史研究』新輯2号，1973年，能地清「日清・日露戦後経営と対外財政1896—1913——在外政府資金を中心に——」『土地制度史学』第92号，1981年（後に，同『日本帝国主義と対外財政』能地清遺稿・追悼集編集委員会，1985年に収載）。

(4)　К. Н. Тарновский, *Советская историография российского империализма*, 1964.

(5)　А. Л. Сидоров, *Финансовое положение России в годы первой мировой войны*, 1960；Б. В. Ананьич, *Россия и международный капитал, 1897-1914*, 1970；В. И. Бовыкин, К вопросу о роли иностранного капитала в России, *ВМУ.,* 1964, No. 1.

(6)　А. И. Буковецкий, 《Свободная наличность》 и золотой запас царского правительства, в кн. "*Монополии и иностранный капатал в России,*" 1962；его же, Об архиве особённой канцелярии по кредитной части, *История СССР,* 1970, No. 6.

(7)　中山弘正「ロシア国立銀行の金準備(1)」『経済志林』第35巻第4号，81頁以下（同『帝政ロシアと外国資本』1988年，第1・2章）。

(8)　以下の紹介は下記の文献によった。紙幅の都合上とくに必要な箇所以外はその都度引用箇所を詳記することをやめた。Сидоров, *Указ. соч.,* стр. 82-106；Ананьич, *Указ. соч.* стр. 102-03, 152-59, 263-66, 288-91；Буковецкий, Указ. статья；*Министерство Финансов 1904-1913*, Гл. IV；И. Ф. Гиндин, *Русские коммерческие банки,* 1948, стр. 247-51；С. Ронин, *Иностранный капитал и русские банкн,* 1926, Гл. V；Под ред. Е. А. Преображенского, *Русские финансы и европейская биржа в 1904-1906 гг.,* 1926, стр. 32-62；Lindert, *op. cit.*, pp. 9-31；Marcello de Cecco, *Money and Empire. The International Gold Standard, 1890-1914*, Oxford, 1974；Olga Crisp, *Studies in the Russian Economy before 1914*, 1976, pp. 172-73, 183；M. Bernatzky, Monetary Policy of the Russian Government during the War, in *Russian Public Finance during the War*, 1928, pp. 350-53；V. A. Mukoseyev, Money and Credit, in A. Raffalovich, *Russia : Its Trade and Commerce*, pp. 349, 369f；P. Steinberg, *Die russische Reichsbank seit der Währungsreform*, 1914, SS. 23-28. ブルームフィールド，前掲邦訳書，*Государственный Банк - Краткий очерк деятельности за 1860-1910 годы*, СПб., 1910.

(9) R. Girault, *Emprunts russes et investissements français en Russie 1887-1914*, 1973, pp. 34-35, 98-101 ; R. Poidevin, *Les relations économiques et financièrs entre la France et l'Allemagne de 1898 a 1914*, 1969, pp. 706-07 ; de Cecco, *op. cit.*, pp. 104-09, 国銀の在外準備・為替取引については，*Указ. Государственный Банк*, стр. 91-99.

(10) ブルームフィールド，前掲邦訳書，96頁にグラフが掲出されている。便利なので参照されたい。

(11) Girault, *op. cit.*, p. 37 ; Lindert, *op. cit.*, p. 30f ; Тарновский, *Указ. соч.*, стр. 207.

(12) ブルームフィールド，前掲邦訳書，124—25頁。

(13) 能地氏の前掲論文における精緻な研究をあわせて参照されたい。なお，日本に関しては，他に石崎昭彦「日本の資本主義化と外資」，神奈川大学『商経論叢』第2巻第1号，1966年；肥後和夫「昭和初期までのわが国正貨政策と財政」，成蹊大学『政治経済論叢』第10巻第1号；桜谷勝美「貿易構造の変化と国際収支」；山本義彦「資本輸出入の推移と危機激化」（いずれも山崎隆三編『両大戦間期の日本資本主義』下，大月書店，1978年所収）；伊藤正直「日露戦後の日本金本位制と中央銀行政策」（藤瀬・吉岡共編前掲書所収）；同『日本の対外金融と金融政策 1914—1936』名古屋大学出版会，1989年。

(14) 山口和雄「工業化過程における中央銀行の役割」，伊牟田敏充「日本銀行の発券制度と政府金融」いずれも『社会経済史学』第38巻第2号（1972年）所収。

(15) ロシアの金本位制については，中山弘正「帝国主義段階のロシア資本主義」Ⅰ，Ⅱ，Ⅳ(1), (2)『経済志林』第34巻第4号，第35巻第1号，第35巻第4号，第36巻第1号（前掲『帝政ロシアと外国資本』所収），本書第4章参照。

【補説】　短期在外資金をめぐる大戦前夜の議論について

短期在外資金の問題は大戦前夜になってロシアの朝野で激しく論議された。ここでは本補論執筆後に閲読できた二つの文献に基づいてその議論について補足しておくことにしたい（以下，本補説に関する註記は一切省略した）。

1913年にこの在外短期資金を激しく批判する無署名の冊子『ロシアの在外金準備』(*Русский золотой запас за границей*, С.-Петербург) が出版された。本書は, 反独・親仏の論調を張る当時の代表的大衆紙『ノーヴォエ・ヴレーミャ』が実質的に編集し, 在外短期資金積み立て政策 (制度) に関して, 財政・金融にかかわる政・官・財界の要人10名に対して行なったインタビューの内容と編者の意見とを収載したものである。編者の問題関心と批判的視点は序文に示されている。すなわち, バルカン戦争後の独墺勢力の反発は全欧州を巻き込む巨大な決戦が近いことを物語るものであるが, 大戦の接近は, 総額6億ルーブリとも取り沙汰され, その少なからざる部分がドイツに積み立てられている在外資金のことについてロシア国民の重大な懸念を引き起こしている。ドイツに預託されている資金はトルコ借款の実現やルーマニアの軍事力増強を助けるうえ, 開戦という事態になればこの資金のありかたは巨大な軍事的政治的意味を持つことになる。この巨額の在外資金の操作がロシア国民に隠されたままで不安を助長しないようこの問題を可能な限り明らかにしようと努めたとされている。このような観点から, 10人の要人に対して執拗に問い掛けがなされている。

　質問の内容は, 在外資金の実態 (規模・所在・形態・預け入れ金利・資金操作のメカニズム), 目的・機能 (発券準備との関係), 資金引き揚げの可能性, 国内貨幣市場との関係, 独墺銀行への配分の危険性等の多くの問題にわたっていた。要人の回答の内容は, 立場の違いに応じて多少の差は認められるが, 大筋は本補論に述べておいたことと重なるので割愛し, ここでは, この質問と最後のまとめの論説に窺える編者の主要な論点とその特徴だけをまとめておくこととしたい。

　編者は, この在外資金が, ①外国の銀行に当座預金として預けられた場合, その預金利子が相手国公定歩合・国内銀行預金利子・国債利子率のいずれに比して数％も低く, その分だけ不利であるというより損失になる, ②その低利の在外預金は相手国の銀行に潤沢な資金を供給し, 自国銀行等に高利の貸付を可能にするという矛盾した動きをつくりだすだけでなく, 独墺勢力にトルコ・ルーマニアに対する長期資金の融資を許すことになる, ③対外決済の必要という点については, 貿易収支は黒字であるから不要であるし, 対外債

務の元利払いのためには，年間総額（約3億ルーブリ）の2倍もためておく必要は少しもなく，1年分もしくは半年分を用意しておけば十分であり，そもそも全額をロシア国内から送金すればすむことである，④国内産業は低利の信用供給を待ち望んでいるのであるから，巨額の資金を低利で外国に寝かせておくことは，国民経済的には多大の損失と犠牲をもたらすことになる，⑤現在の国際緊張が戦争という事態に発展した場合には，この資金がもつ軍事ファンド・政治資金としての意味はきわめて重大になる，⑥したがって，いまこそ国民にとって秘密の多いこの政策をやめて巨額の在外資金は国内に引き揚げるべきである，と批判した．全体として，この政策（制度）は，国民経済の現下の苦境を無視して貧しい国のロシアが豊かな西欧諸国に貸付を行なうという顚倒したもの（西欧の「金融的ヴァリャーグに対するロシア人民のダーニ〔貢納〕」）であり，ロシアの公衆と国会はこのような反民族的反国家的な政策路線を転換させるためにあらゆる努力を払うであろうと結んでいる．

　見られるように，編者の姿勢は，緊張の度を増す国際関係を背景として反独墺の対決姿勢を鮮明にしつつ，経済停滞と危機の現状に対する苛立ちと金融資本勢力の支配に対する反発を募らせ，政府・議会の対外従属的金融政策を経済的ナショナリズム・金融的ショーヴィニズムの立場から全面的に攻撃し，在外短期資金積み立て政策を廃棄・転換させようとするものであった．本書は，複雑な内容を持つ在外短期資金制度に関する素朴な誤解・無理解に基づく立論を多く含んでいると思われるのであるが，仮に正確に理解していながらあえて暴論ともみえる強硬な主張をぶつけているとすればなおさらのこと，この政策（制度）の特異性とロシアが国際金融関係においてもつ特異な位置とを改めて浮き彫りにしているといえよう．

　この批判を無視しえないと判断した政府の大蔵省財務特別官房は，直ちに反批判の冊子を匿名で出したが，翌1914年にさらに『「ロシアの在外金準備」に関する問題によせて』（*Къ вопросу о "Русскомъ золотомъ запасѣ заграницей"*, C.-Петербург）という一書を公刊し，包括的に弁明と反論を試みた．その反論と上記インタビューに対する当局の回答のうち，本補論と重複する部分を除いて注目すべき点だけを挙げれば以下のとおりである．

まず最初に注目されるのは，短期在外資金制度を規定する要因としてロシア国際収支の構造上の特質を相当の比重を割いて力説していることである。すなわち，国際収支項目で黒字を計上しているのは農産物輸出を主軸とする貿易収支のみであり，巨額の対外債務の元利払い，株式配当の支払い，短期商業信用・社債・都市債の返済，保険料支払い，海運運賃，旅行者支払い等のその他のすべての項目はいずれも一方的に赤字となっている。唯一の黒字項目の貿易収支も，年々の変動幅が大きいうえに，輸入支払いが年間に均等に継続するのに対して輸出収入は秋から冬にかかる時期に集中している。したがって，為替相場の激変を避けつつ対外決済を安定的に行なうためには一般に為替政策と呼ばれている特別の操作が必要となってくるうえ，西欧金融市場におけるロシア証券の大量放出等の予測不能な変動に対応することも勘案すれば相当の額を用意しておくことが必要となるとしている。批判派がこの国際収支構造の特質とこれに規定された円滑な対外決済を持続することの困難性を見ようとせず，予定調和的な対外決済の進行を素朴に前提としているかぎりで，大蔵省のこの弁明は説得力をもつといえよう。

　次に注目されるのは，在外資金の規模と機能について，巨額の対外債務残高は絶えず大規模な国外流出の危険性を抱えており，この危険に備えて対抗資金を積み増ししておく必要があるとして，例えば1894年のベルリンのルーブリ投機，1906年のロシア証券の投げ売り，1911年のアガジール危機，1912年秋の金融逼迫等にこの対抗措置が功を奏したという事実を指摘していることである。後者の自画自賛的な指摘がどこまで説得力をもつかは措くとしても，対外金融従属の構造のもとでの対外決済の厳しい現実を批判派が正確に見ようとしないかぎりで説得力をもつとしなければならない。

　第三に，在外資金が国内で預金される場合に比して数パーセントも低い利率で外国の銀行に預託されているのは不当であるという批判に対して，在外資金の預託の目的は自由な資金をいつでも引き出せる状態にしておくところにあるから，利子取得の問題とは一応切り離しておく必要があるうえ，国庫資金であれ国立銀行資金であれ国内にまわした場合は無利子の当座預金か金準備になるだけであるからもっと不利ということになる，国内利子率が割高なのは国内の信用不足に起因するものであり，これを補うために，むしろ公

定歩合を割高に設定して外国の短資を引き付ける政策を講じていると当局者が明言していることである。

第四に, 外国に積み立ててある巨額の資金は国内に引き揚げて中央銀行による国内での通貨発行＝信用創造に活用すべきであるという批判について, 外貨の形で預託されている国立銀行の在外資金は, 19世紀末から20世紀初めにかけての論議（1907年決着）をとおして在外正貨として国内の発券準備に組み入れることになっており, 現実に発券業務はこの原則に基づいて行なわれていることを再確認していることも注目される。この立場から, 批判派はこのシステムに対して正確な理解を欠いており, 国内に引き揚げてみても通貨発行・短資供給量は変わらないこと, 国内通貨需要はむしろ低調で発券量はまだ限度額まで達しておらず, 十分に余力を残しているという事実を無視していること, 総じて短期資金の供給の問題と長期資金不足の問題を混同していることを批判している。

第五に, 巨額の在外資金を一挙に国内に引き揚げることについては, この資金の上記のような諸機能を犠牲にするうえに, 外国銀行による短期資金の引き揚げ等を通じてルーブリの信用不安・ロシア証券の投げ売り等を誘って, ロシアの信用体系にかえって重大な悪影響を及ぼすことになるから問題外であり, 国内に引き揚げるとしても在外残高のうち過剰とみなされる部分のみを徐々に慎重に移すだけである, 仮に戦争勃発という事態になった場合には敵国資産の保全に関する国際法の規定の遵守を主張し期待することができるとしてる。

最後に潜在的敵国である独墺の銀行にこの資金が預金されていることが, 両国の金融市場とトルコ等への借款供与を有利にするのではないかという点については, この資金が間接的にそのような役割を演ずることを全面的に否定することはできないが, 両国とは貿易取引・鉄道債の発行等の金融依存による緊密な決済関係が続いているという事情があるうえ, ロシアによる短期資金の預託と独墺による長期借款の供与とは資金の性格・取引銀行の面から直接結び付いているとは言い難いとして批判をかわしている。政治的には緊張・対決の度を高めながら経済的金融的には強い関係を持続するという大戦前夜の複雑な関係, 端的にジレンマがこの点では浮き彫りにされているとい

えよう。

　以上のように在外短期資金積み立て政策をめぐる朝野の論争は，批判派の素朴ともいえる批判が政策当事者によってほぼ一蹴されるというかたちで終わったと見ることができるが，ロシア短期在外資金をめぐる諸問題（必然性・特質・メカニズム・妥当性等）をほぼはじめて公衆の前に明らかにするとともに，国際的金融市場連関の中に深々と編み込まれた大戦前夜のロシア資本主義の位置と特質とを浮き彫りにするものであった。

　最後に，論争がどう決着したかについて一言しておきたい。『ノーヴォエ・ヴレーミャ』は，上記の大蔵省の反論書が出版された直後の旧暦1914年3月28日（4月10日）付けの紙面で，早速本書をとりあげて，本書の「著者の正当性を認めなければならない」としてひとまず弁明の説得性を承認しつつも，なお，年間の経常支払いの2年分に相当する巨額の資金を外国に積み立てておくという現実離れした政策の必然性は全書を通して結局明らかにされていないと批判し，経常収支の赤字がますます増大し，しかも唯一の黒字項目である貿易収支さえも急速に縮小している状況のもとでは，在外資金の源泉は対外借款しかないという危機的状況を見据えると，今こそ在外資金政策を抜本的に転換し，この資金を国内で活用し，わが国の生産力を高めることを考えるべきだと結論付けている。同紙はこの時期に貿易収支悪化の元凶である対独貿易問題，とりわけ露独通商条約更新問題について強硬な論陣を張り対独強硬姿勢を強めていたから，この文脈と重ねあわせて見ると，在外資金をめぐる論争はここで終息するどころか，大戦前夜に向けてロシア資本主義の基本問題（特質と矛盾）に立ち返り，国際政治問題まで巻き込んでますます深刻な局面に発展したといえよう。

第5章　ロシア金本位制の展開
――中央銀行（国立銀行）の政策展開――

1　はじめに

　ロシアは，19世紀半ば以降，遅れた農業を抱える後発の周辺資本主義国として，初発から対外金融依存の特徴をもちつつ，世界市場に本格的に編入された。当初形づくられたロシア資本主義のこうした特徴や世界市場との位置関係は，当該資本主義のその後の急速な発展にもかかわらず，国際的金融連関が格段の強まりをみせた19世紀末から第一次大戦前夜の時期に至ってもなお，基本的に保持されていた。(1)

　したがっていま，大戦前夜国際金本位制下のロシアの中央銀行政策並びにそれと国際金融市場との関係を明らかにしようとするなら，中央銀行たる『ロシア国立銀行』（Русский Государственный Банк　1860年創立。以下，単に国立銀行と記す）が，国内信用構造と国際金融市場との結節点に位置して，上に指摘したロシア資本主義の特徴や位置関係をどのように体現し，またこれらにどのように規定されていたかということがまず問われてこよう。

　ところで国際金本位制下のロシア資本主義と国際金融市場との関係については，①ロシアがヨーロッパ最大の資本輸入国である一方，②フランスと並ぶヨーロッパ最大級の金保有国であるという特徴的事実がすでに周知のところとなっている。これに加えて，③インドや日本をも凌いで世界最大級の短期在外資産の保有国であるという事実も明らかにされてきた。(2) また，④ヨーロッパ金融史研究の常識には必ずしもなりえていないが，ロシアがヨーロッパ随一の厳格かつ硬直的な発券制度と極度に抑制的な発券政策とを推進してきたことがロシア金本位制の一大特徴となっている。(3) したがって，先に指摘した課題をより具体的に示せば，ロシアの金融・通貨制度を特徴づける上の

四つの点がどのようにして生じてきているのか，相互にどのようにかかわりあっているのか，また，国立銀行の主要勘定や政策の中で具体的にどのようにかかわりあっているのかを問うことになろう。

研究史についてみれば，従来の国立銀行史研究はせまく伝統的な銀行史の観点にとどまるか(4)，金融資本形成史や銀行と国家・工業化との関係などの特殊な観点からなされたものが多く，ロシア資本主義の構造的特質の比較・検討を踏まえて国際金融市場とのかかわりを積極的に問う視点は弱かったといわざるえない(5)。まして，広く資本主義の国際体制の中で各国資本主義の信用構造の類型的特質とその相互連関とを明らかにしようとする近年有力化しているような視点は希薄といってよい(6)。以下本章は，研究史のこのような状況を踏まえ，ロシア金本位制とその下での国立銀行の実態とを明らかにすることによって，新たな研究動向に多少とも架橋を試みようとするものである。

2　ロシア金本位制の成立

クリミア戦争の敗北のあと形成期にあるロシア資本主義を通貨制度の面から支えたのは，1839—43年の改革によって実現したいわゆるカンクリンの幣制であった。この幣制は，もともと銀本位制にもとづく欠陥の多い旧式のものであったが，クリミア戦争の直後からさらに兌換停止の状態に陥り，以後約30年間にわたって混乱と動揺を繰り返していた。ルーブリ紙幣相場の年間変動幅が平価のじつに三十数パーセントに達するというような事態が生じていた。19世紀末の金銀比価の激動もこの幣制の基礎を激しく動揺させていた(7)。このような通貨体制が出立期のロシア資本主義に対して幾多の混乱をもち込み，大きな制約となっていたことは改めて指摘するまでもなかろう。

1897年の前後数年におよぶ幣制改革こそは，この通貨制度の混乱に終止符を打ち，金融資本が成熟しつつある西欧金融市場にロシア資本主義を最終的に結びつけるものとなった。すなわちロシアの通貨当局は，折からの金銀比価の激動に対応して90年代初めに事実上銀本位制から離脱したあと，濫発した政府紙幣の回収，金蓄積の強行（いわゆる Goldpolitik の展開）(8)等の準備作業を積み上げたうえで，94年に西欧貨幣市場での投機を抑えてルーブリ相

場を平価の3分の2の水準で最終的に安定させ，翌95年には，時価相場で金貨の流通を実現させるに至った。続いて97年には，まず平価の切り下げと新金ルーブリの鋳造を行ない，次いで金貨の自由鋳造を法認し，8月には後述のような独特の内容をもつ発券制度を勅令により導入した。さらに同年末には国立銀行が発行する紙幣（クレジット・ビレット＝銀行券）が強制通用力をもつ法貨であり，無制限に金に兌換しうることを確定した。こうして，通貨改革の骨格は個々の法令を積み上げるという特徴的な形で97年末までに出来上がってきたが，なお，翌98年に銀貨を補助貨幣とし，99年に先行諸立法を整備したうえで金本位制を正式に宣言するという仕上げ作業が続いた。

　通貨改革立法の展開は上のとおりであるが，このうちで最も重要な位置を占めているのは，いうまでもなく1897年8月の発券制度に関する勅令である。本法は，①国立銀行による発券権の独占，②国立銀行による発券のための金準備の統一と独占，③総額6億ルーブリまでは50％以上の金準備を要し，これを超える額について同額の金準備を義務づける（したがって無準備発行限度額はいかなる条件の下でも3億ルーブリを超えてはならない）という保証準備発行直接制限制の導入の3点を骨子とし，従来，大蔵省の国家紙幣の発行業務を担当する発券部と商業銀行業務を行なう銀行部とに二分されていた国立銀行の勘定を一本化するという同年9月の法によって補強されていた。国立銀行はこうしてともかくも中央発券銀行となったのである。また，従来紙幣は，国立銀行発券勘定の貸方に計上された政府の無利子債務にもとづいて，大蔵省の意思で借方から一方的に発行され，国立銀行はこうして発行された紙幣の安定と流通の調整の義務だけを一方的に押しつけられていたのであるが，今や紙幣は，国から債務相当額の金を返済されたうえ，自ら蓄積するなどして巨額に達した国立銀行の金準備に厳密にもとづき，専ら市場の通貨需要変動に対応して自律的かつ弾力的に発行される銀行券へと転換し，無制限兌換制度・金貨自由鋳造制と結びついて安定した価値と確実な制度的裏付けをもつ法貨となったのである。

　ところで，このようなロシア金本位制の成立経過と制度的枠組みについては，ロシアの特質を示すものとしてさしあたり以下の点に注目しておきたい。
　まず第一に，外債の発行，国庫と国立銀行の資金の投入等のあらゆる手段

第5章　ロシア金本位制の展開　221

を動員してただひたすらに金を蓄積するという政策が推進され，これが改革の主軸をなしたということである。一般的にいって，通貨体制の確立にあたって金属準備を強化すること自体は当然のことであるが，ロシアの場合は，戦勝による莫大な償金を基礎にして金本位制を確立したドイツ帝国や日本の場合とは異なって，この金蓄積政策（Goldpolitik）が，既有の政策手段を動員して，特別の強度と規模をもって，しかもほかならぬ大不況と長期農業不況が激化するさなかに追求されたところに特徴があるといえよう。実際に，ロシアの金準備は改革作業の進行過程で劇的な増加を示して一挙にフランスに次ぐ水準に達している。改革の準備過程でみられたこの特徴は，ロシアの金本位制の全生涯の特徴にもなったのである。

　第二に，国立銀行がかのピール条令の再来を思わせるきわめて厳格かつ硬直的な発券制度をとったことである。各国の中央発券銀行がいずれも弾力的な発券制度や発券政策をとっていただけに，時代の大勢に逆行しているといわざるをえない。ロシアの場合，銀行券は事実上巨額の金の単なる対価にすぎなくなる。このような発券制度の下で通貨供給量を拡大しようとすれば，他の条件が変わらない限り，ただ金準備を増大させるしかない。なぜこのような硬直的な制度をロシアが敢えて採用したかが当然にも問われてこよう。

　第三に，これだけ厳格な発券制度をとっているにもかかわらず，3億ルーブリまでの無準備発行については保障準備規定を一切欠いていることも注目される。この点は，国立銀行が大蔵省の強力な指揮・監督下にある国立機関にすぎないということとかかわって，経済外的要因によって過剰発行に走る危険性をなお孕んでいるといわなければならない。

　第四に，1897年9月法によって国立銀行の商業銀行的業務と発券業務とが一本化されることになったのであるが，改革は商業銀行としての国立銀行の活動にまで及ぶものではなかったということである。むしろ，まさに改革直前の94年に行なわれた定款改正は，それまでの活動が商業信用に限定されすぎていたという判断に基づいて，手形割引以外の方法で工業や農業に対しても積極的に融資を行なうことを目標として謳うことになり，中央発券銀行のあり方に逆行するものとなっていた。したがって，立法による外見的変化にもかかわらず，国立銀行の活動内容は改革の前と後とで本質的には変わらず，

他方，商業銀行機能と発券銀行機能との統一は，いわば木に竹を接ぐような弱点を残していたのである。[15]

では，このような特徴的な内容をもつ改革がどうして行なわれたのか，また，実際にそれはどのように作動したであろうか。この問いに対する解答の試みは，ロシア金本位制の展開過程に関する次節以下での検討の際に行なうこととし，ここでは若干の基礎的論点を確認しておくことにしたい。

まず改革の必然性については，多くを語る必要はない。通貨流通が過去三十余年にわたって混乱をきわめ，歴代大蔵大臣が再三兌換再開，もしくは通貨流通の安定を政策目標に掲げてきたという事実[16]，従来激しい為替相場の変動によって流入を妨げられていた外国資本に対する要請が「工業化政策」の展開する1890年代に入って切実なものとなっていたこと[17]を指摘しておけばさしあたり充分であろう。次に，改革がどうしてこの時期に可能となったのかという点については若干の検討が必要となる。

通貨流通の混乱の元凶は金の裏付けをもたない国家紙幣を濫発した政府そのものであったから，通貨改革の成否を決めるのが国家財政の動向であることは改めて指摘するまでもない。そこで財政収支の動向をみると，1876年からの10年間で黒字になった年は2回しかないのに対して，1886年から10年間にはこれが7回に増え，とくに経常予算については，88年以降黒字基調が定着している。この財政事情の好転が紙幣の増刷を抑え，その回収を可能とし，恒常的に購入された巨額の金をもってこれに裏付けを与えた。財政の動向は通貨改革の全局を支配する位置を占めたのである[18]。その際注意すべきは，財政の好転の内実が，一方では，累積した国債の低利借り換えと新規国債の低利での追加的発行とによって，他方では，間接税増徴による農民等に対する租税収奪の強化，これにともなう農産物のいわゆる飢餓輸出の急増によって達成されたということである[19]。つまり通貨改革は対外金融依存の強化と国内大衆収奪の強化とによって実現されたのである。ここにわれわれは，ロシア金本位制成立過程の基本的特質をみることができよう。

ところで，通貨改革の成功，金本位制の導入を支えたより基礎的な条件は国際収支の変化であった。19世紀半ば以降の国際収支の動向をみると（表5－1参照），当初工業関連品目を中心として急増する輸入貿易が，穀物を主力

第5章 ロシア金本位制の展開　223

表 5-1　ロシア国際収支の7期間の推計

[年平均、単位：100万ルーブリ]

		①1866-75	②1879-87	③1881-97	④1888-95	⑤1898-1913	⑥1911-13	⑦1881-1913
貿易収支	輸出	—	+355.3	+633.8		+1,089.7	+1,543.4	—
	輸入	—	-325.0	-478.8		-832.1	-1,252.3	—
	収支	-39.7	+30.3	+155.0		+257.6	+271.1	+199
貿易外収支	利子・配当支払	-45.4	-80.7	-170.6		-312.5	-361.2	-216
	個人・サーヴィス	x	-59.6	-75.7		-150.9	-181.7	-103
	その他・受取	-7.2	+6.7	+7.4		+15.0	+21.4	—
	収支	-(52.5+x)	-133.5	-238.9		-448.4	-521.4	-379
経常収支		-(92.2+x)	-103.2	-83.9	-40.6	-190.8	-230.3	-120
資本収支	国債発行	} +61.6	+27.4	+61.8	} +42.3	+125.0	+220.0	—
	株式・社債等		+53.1	+44.1		+139.1	+230.3	—
	その他・流出	—	—	+5.9		-25.0	+219.9	—
	収支	+61.6	+80.5	+100.0	+42.3	+239.1	+230.3	—
総合収支		-(30.6+x)	-22.9	+16.1	+1.8	+48.3	0	—

典拠：①C. A. Покровский, Внешняя торговля и внешняя торговая политика России, M., 1947, с. 270, ②Там же, с. 302 (原表はСабуровのもの), ③⑤は, О. Энгеев, О платёжном балансе довоенной России, Вестник финансов, No. 5, 1928, с. 82, ④R. Girault, Emprunts russes et investissements français en Russie, Paris, 1973, p. 100, ⑥A. Буковецки, «Свободная наличность» и золотой запас царского правительства, в кн. Монополии и иностранный капитал в России, Л.-М, 1962, с. 374-75. ⑦は, P. Gregory, Russian National Income 1885-1913, Cambridge, 1982, pp. 97-98 より。

として増大する輸出を凌駕した結果，貿易収支が赤字となったうえ，対外債務の元利払いなどで貿易外収支は恒常的に赤字であったから，経常収支は大幅な赤字となり，追加的な対外借款による資本収支の黒字にもかかわらず，総合収支も赤字を示していた。だが，1880年代に入ってほかならぬ大不況のさなかに穀物輸出が飢餓輸出によって高い水準を示す一方，保護関税が一方的に強化された結果，貿易収支が大幅な黒字基調に転ずるとともに，外債等の低利借り換えによって伸びが抑えられた貿易外収支の赤字を資本収支における黒字が相殺した結果，総合収支は大幅な黒字を計上するという転換が生じた。[20] この国際収支の構造の転換と定着，これにともなう金・外貨の流入という事態が前述の財政収支の好転と通貨改革の成功を支える基礎的条件となったのである。

　この国際収支の構造は第一次大戦まで続き，ロシア金本位制を基礎的に支えることになるので，ここで各項目の問題点をあらかじめ確認しておくことにしたい。

　まず貿易収支の黒字は国際収支の順調を支える最終的基礎をなすものとなった。したがって，黒字基調を持続するためには，高率保護関税体制は堅持されなければならなかった。これは対外通商摩擦と国内工業の跛行的展開，反面での独占への早熟的傾斜を招来することとなった。他方輸出の主力をなす穀物は，低生産力と地主的土地独占の下で作況変動の大きな振幅をともなうことになり，国際収支全体に大きな影響を与えることになる。[21]

　貿易外収支では，外国資本の輸入に対する元利払いが不可逆的に増大傾向を示して，貿易収支の黒字を上まわっていたから，この元利払いの履行は，対外信用確保のための最重要課題となっていた。[22]

　経常収支の慢性的赤字という状況下では，資本輸入の動向が総合収支の行方を決定的に左右することになった。新規資本の追加的輸入の確保と既存の資本の国外流出の防止は，さなきだに農地抵当金融の重圧を不断に受け，資本の絶対的不足に悩むロシア資本主義の死活問題であった。[23] ロシアの金本位制はこのための保障装置でもあったのである。

　上のような国際収支の構造を市場構造と貿易・決済構造の側面から見直してみれば，ロシアは，ドイツを筆頭とする西欧諸国との間の貿易を通じて大

第5章　ロシア金本位制の展開　225

幅な黒字を獲得する一方(24)，フランスを中心とする西欧諸国から資本を輸入し続け，こうして累積した対外債務の元利払いがフランスを中心とした西欧諸国に対する貿易外収支の一方的な支払い超過となってあらわれた(25)，とまとめることができよう。要するにロシアの対外決済関係においては，ドイツとフランスが決定的に重要な位置を占めており，対独通商関係と対仏金融依存という二極化・重層化した決済連関がロシアの国際収支，さらにはその上に展開するロシア金本位制の不可欠の環をなしていたといえよう。

　最後に，発券制度の特質把握にかかわる論点として，通貨改革前夜の国立銀行の特徴についてみておこう。

　まず第一には，国立銀行は，ロシア最大の商業銀行，預金銀行だったということである(26)。国立銀行は，創立以来全国に支店網を拡大し，未成熟なロシアの信用体系の中にあって文字通り中軸的な役割を演じ続けてきた（表5－2参照）。すなわち，預金についてみれば，普通預金はもとより当座預金にまで及ぶ特徴的な利付け政策によって国内の資金を吸収し(27)，1880年代には私的預金だけでも全株式商業銀行のそれを上まわり，95年には国庫預金まで含めれば銀行預金総額のじつに半分以上を独占するという状態にあった。他方の貸付においても当然ながら同様に優勢な地位を占めており，表5－3にみられるように，手形割引では，95年に全株式銀行のそれを上まわって，国内全体の3分の1以上を占めていた。国立銀行の商業預金銀行としてのこのようなあり方に通貨改革によって初めて発券銀行機能が接ぎ穂されたとしても，本来の構造は容易に変え難いし，二つの銀行機能は容易には統一され難いといえよう。むしろこのような活動実態に即して前述のような特徴的な内容をもつ発券制度が上乗せされたとみることができよう。

　第二の特徴は，国立銀行が政府の銀行，国策的銀行という性格を強くもっていたということである。国立銀行は設置形態からして国の機関にすぎず，大蔵大臣の強い指揮・監督権の下に置かれていたが，活動内容においても，旧官営銀行債務の返済業務，国債や官営不動産銀行の土地抵当証券の保有と売捌業務，公金出納業務（1896年法による国庫出納業務の国立銀行への集中・一元化）等の国にかかわる業務を直接担ったほか，政府の命により定款外貸付や農業・工業に対する政策的融資を行なわされていた(28)。また，改革以

226　第2部　ロシア金本位制の成立と展開

表 5-2　全国金融機関の預金量

[1月1日現在]

	国立銀行					株式銀行		相互信用銀行		都市公営銀行		総計		貯金局
	小計		うち国庫預金		同私的預金										
	百万ルーブリ	%	百万ルーブリ	%	百万ルーブリ	%	百万ルーブリ	%	百万ルーブリ	%	百万ルーブリ	%	百万ルーブリ	(%)	百万ルーブリ
1875	255.7	32.7	30.3	3.9	224.7	28.8	299.4	38.3	110.6	14.2	115.1	14.7	780.8	(100)	5.0
80	267.7	37.4	42.1	5.9	224.8	31.4	191.6	26.8	84.5	11.8	171.7	24.0	715.5	(100)	8.1
85	357.4	—	65.9	—	290.7	—	219.2	—	—	—	—	—	576.6*	(100)	16.9
90	389.3	—	162.0	—	224.6	—	230.1	—	—	—	—	—	619.4*	(100)	111.3
95	579.6	52.8	331.2	30.2	197.7	18.0	307.7	28.1	109.6	10.0	87.2	8.0	1,096.8	(100)	330.3
97	559.6	49	332.4	29.1	199.3	17.4	354.0	31	135.6	11.9	87.2	7.6	1,142.2	(100)	409.4
1900	812.6	48.9	594.0	35.7	195.6	11.8	547.9	33	168.1	10.1	97.0	5.8	1,662.3	(100)	608.3
01	671.3	44.1	479.8	31.5	167.6	11.0	536.1	35.2	177.9	11.7	97.3	6.4	1,521.7	(100)	661.9
02	737.6	45.8	499.3	31.0	183.9	11.4	544.9	33.9	179.8	11.2	98.0	6.1	1,609.7	(100)	723.3
03	726.0	42.7	354.0	20.8	257.5	15.2	613.3	36.1	198.2	11.7	103.9	6.1	1,698.9	(100)	784.0
04	854.3	43.6	553.6	28.3	231.0	11.8	722.1	37.1	213.6	10.9	106.6	5.4	1,959.4	(100)	860.0
05	650.0	35.9	351.2	19.4	255.1	14.1	775.6	42.9	214.6	11.9	108.7	6.0	1,810.0	(100)	910.8
06	553.6	34.6	289.8	18.1	263.8	16.5	671.4	41.9	190.0	11.9	108.4	6.8	1,602.3	(100)	831.3
07	586.8	33.4	301.2	17.1	249.2	14.2	760.9	43.3	202.8	11.5	108.8	6.2	1,757.3	(100)	1,035.0
08	639.8	34.1	357.4	19.1	231.1	12.3	818.1	43.6	228.9	12.2	111.4	5.9	1,875.6	(100)	1,149.2
09	795.1	35.5	433.4	19.3	309.7	13.8	970.8	43.3	270.1	12.1	115.8	5.2	2,240.7	(100)	1,207.8
1910	738.6	28.5	427.2	16.5	273.7	10.6	1,262.2	48.7	329.5	12.7	128.3	5.0	2,590.1	(100)	1,282.9
11	936.5	29.3	651.2	20.4	261.3	8.2	1,675.0	52.4	405.7	12.7	146.1	4.6	3,197.6	(100)	1,396.9
12	1,133.6	31.1	857.0	23.5	258.3	7.1	1,817.3	49.9	487.3	13.4	160.0	4.4	3,639.9	(100)	1,503.1
13	1,154.0	27.4	872.9	20.7	266.0	6.3	2,294.3	54.5	545.0	12.9	183.5	4.4	4,212.4	(100)	1,594.3
14	1,228.2	26.7	951.2	20.7	263.1	5.7	2,539.0	55.3	595.3	13.0	198.3	4.3	4,592.7	(100)	1,685.4

典拠：И. Гиндин, *Русские коммерческие банки*, с. 410-11.
注：＊国立銀行・株式銀行のみの合計額。

第5章 ロシア金本位制の展開　227

表5-3　全国金融機関の手形割引残高

[1月1日現在]

	国立銀行		株式銀行		相互信用銀行		都市公営銀行		その他共合計	
	百万ルーブリ	%	百万ルーブリ	%	百万ルーブリ	%	百万ルーブリ	%	百万ルーブリ	%
1875	71.0	16.0	217.8	49.2	64.3	14.5	90.0	20.3	443.1	(100)
80	96.4	23.2	131.6	31.7	68.4	16.5	118.9	28.6	415.3	(100)
85	103.7	—	150.1	—	—	—	—	—	—	—
90	133.3	—	135.9	—	—	—	—	—	—	—
95	198.5	37.8	197.3	37.6	65.1	12.4	59.3	11.3	525.3	(100)
97	194.4	34.1	231.1	40.5	73.0	12.8	63.2	11.1	570.2	(100)
1900	226.9	27.5	387.6	47	102.5	12.4	70.2	8.5	825.4	(100)
01	235.5	28.6	411.4	46.4	114.0	12.9	69.6	7.8	886.9	(100)
02	303.6	31.1	433.8	44.5	126.3	13	68.5	7.0	975.0	(100)
03	247.4	24.3	523.4	51.4	133.4	13.1	69.1	6.8	1,018.1	(100)
04	260.3	22.8	611.2	53.6	139.8	12.3	71.1	6.2	1,140.0	(100)
05	181.2	17.3	609.4	58.3	139.9	13.4	68.2	6.5	1,044.9	(100)
06	297.9	27.4	528.1	48.6	135.7	12.5	67.3	6.2	1,087.5	(100)
07	211.0	21.1	518.1	59.1	137.8	13.8	69.0	6.9	999.2	(100)
08	234.7	21.1	582.8	52.3	158.3	14.2	72.2	6.5	1,114.0	(100)
09	214.1	17.5	682.4	55.8	195.0	15.9	76.1	6.2	1,222.6	(100)
1910	205.6	14.8	806.9	58.1	240.1	17.3	79.5	5.7	1,388.8	(100)
11	262.0	14.7	1,053.4	59.1	364.1	20.4	89.3	5.0	1,783.5	(100)
12	354.6	16.3	1,209.1	55.5	493.9	22.7	105.8	4.9	2,180.2	(100)
13	376.7	15.1	1,413.2	56.5	573.9	23	117.0	4.7	2,499.2	(100)
14	416.3	15.6	1,498.7	56.3	604.1	22.7	126.1	4.7	2,662.1	(100)

典拠：И. Гиндин, *Русские коммерческие банки*, с. 412-13.

前から，活動資金の中で国庫当座預金に依存する度合いもすでに高まっていた（表5-2参照）。したがって，第一の特徴として挙げておいた商業預金銀行としての機能も活動内容もさまざまの面で歪んだものとならざるをえなかった[29]。まして，新たに付与された発券権においては，国立銀行の独自性は大きく制約されざるをえなかった。要するに国立銀行は，政府の強い主導力や国家財政の大きな役割を共通の特徴としてもつところの後発資本主義国における中央銀行の特質と限界とを体現していたのである。

　最後に，国立銀行そのものの特徴ではないが，最大の商業銀行としての国立銀行の活動を大きく制約した国の信用関係の全般的未成熟ということにふれておきたい。ロシアはもともと広大な領土を擁していたが，交通・運輸制度は，ヴィッテの鉄道建設政策にもかかわらず，未発達または不完全であった。そのうえ広大な経済の底辺を支えるのは農業であった。したがってこれ

第2部　ロシア金本位制の成立と展開

表 5-4　手形流通の発達

年平均	手形平均額 （ルーブリ）	手形期限平均 日数（日）
1870—1874	}1,866	156
1875—1879		138
1880—1884	1,769	149
1885—1889	1,071	149
1890—1894	777	137
1895—1899	582	109
1900—1904	475	96
1905—1909	428	92
1910	351	56
1911	376	53
1912	398	56

典拠：Боголепов, Указ. статья, с. 311-12.

らの条件に規定されて，商品の流通速度は緩慢であり，通貨の流通速度も信用関係の回転速度も遅かった。以上のことを象徴的に示すのが表5－4の数値である。改革直前の1890―94年に国立銀行が割り引いた手形の平均期限は，137日，つまり4カ月半にもなっていた。フランス銀行の同じ時期の数値が25日前後であったから，ロシアのそれは約5.5倍にもなっている。この信用関係の回転速度の遅さは，硬直的といわれる発券制度のあり方と無関係であるはずがない。発達した西欧の貨幣市場と上にみたような「鈍重」な国内信用構造とのはざまにあって，ロシアの通貨当局は前述のような独特の内容をもつ発券制度を一つの結節点として選択し編み出したといえよう。

3　金本位制下の国立銀行（1897―1908年）

1897年の通貨改革によって成立したロシア金本位制は，第一次大戦の開戦時まで存続することになるが，この約17年の期間は次の三つの段階に区分される。

(1)1897年から1904年の日露開戦まで――ロシア金本位制の開始期
(2)1904年の日露戦争開戦から1908年まで――ロシア金本位制の危機の時期
(3)1909年から1914年の第一次大戦開戦まで――危機脱出後ロシア金本位制が新たな展開を遂げた時期

このうち，大戦前夜のロシア金本位制を考察する前提作業として，第一期と第二期を本節でまとめてとりあげ，成立後のロシア金本位制がどのように機能し，どのような特徴と矛盾とを示したかを国立銀行の活動内容に即してみていくこととしたい。

第5章　ロシア金本位制の展開

表5-5　1896―1904年の通貨流通の構造

[単位：百万ルーブリ]

		金貨	銀貨	流通銀行券	合計	うち小額券発行	うち高額券**
1896	1月	―	―	1,016.6	1,016.6	623	498
	11月*	36.2	27.0	1,044.7	1,107.9	―	―
1897	1月	36.0	29.9	981.6	1,017.5	625	496
	12月*	153.5	78.8	929.8	1,162.4	―	―
1898	1月	147.8	78.9	901.2	1,127.9	482	517
	10月*	438.8	122.0	746.8	1,307.6	―	―
1899	1月	451.1	121.5	662.1	1,231.7	190	536
	10月	681.6	147.5	540.5	1,369.6	―	―
1900	1月	642.5	145.3	491.1	1,278.9	55	575
	10月*	714.3	144.9	570.0	1,429.2	―	―
1901	1月	683.2	145.7	554.7	1,383.8	59.5	570.5
	10月*	721.2	149.3	579.9	1,450.4	―	―
1902	1月	693.0	140.3	542.1	1,375.4	43	587
	9月23日*	747.5	139.2	593.5	1,480.2	―	―
1903	1月	731.7	137.5	553.8	1,423.0	46	581
	10月23日*	823.3	140.9	600.8	1,565.0	―	―
1904	1月	773.3	133.5	578.7	1,485.5	50	580
	2月16日	752.6	127.7	611.5	1,491.8	―	―

典拠：*Русские финансы и европейская биржа 1904-1906*, с. 48.
注：(1)　*は銀行券の年度流通最高額を示す．
　　(2)　**は国立銀行の手許現金をも含む．

(1)ロシア金本位制の開始

　いま述べたように通貨改革の骨格が出来上がった1897年から1904年の日露開戦に至る期間は，途中に1900年恐慌という大きな変動をはさみながらも，一括してロシア金本位制の成立・開始期とみなすことができる．そこでまず，改革がどのような実績を示したか，国立銀行が新制度をどのように実現し運用しようとしたかをみてみよう．

　まず通貨流通の動向を表5-5によりつつみると，新通貨制度は成功裡に推進され定着していったということができる．すなわち，金貨流通がゼロの状態から出発して急速に増大し定着する一方，紙幣は，小額紙幣を中心として急速に回収され，全体として金貨流通量を下まわる水準に下げられている．しかも，この金貨流通と紙幣流通の交代過程を通じて通貨供給総量は着実に拡大され，さらになお，秋の収穫期に通貨需要が膨脹し，以後漸次的に収縮

するという農業国ロシアに特有な通貨需要変動に供給量は弾力的に対応している。他方この間，金準備は，前半には貿易収支の低調を補って余りある外国資本の大規模な流入によって，また，一時的に金の大量流出をみた1900年恐慌（後述）の後は，資本輸入の減退を埋める貿易収支の好調によって，フランス銀行のそれに次ぐような高い水準を維持することができた。以上の結果，銀行券に対する金準備は，120—130％台の異常に高い水準を示したのである。[33]

改革前の混乱を想起すると，これらの実績は，改革が成功し，ロシアが安定した通貨体制を構築しえたことをさしあたり示しているといえよう。改革後の最初の試練となった1900年恐慌の激動をともかくも乗り切ったことはその証左となろう。また各所に改革を成功させようとする通貨当局の努力のあとをみることができる。[34] そして現に対外信用の確保・拡大という改革の所期の目標は，外国資本の洪水的流入という事態となって達成されたといえる。[35]

しかしながら問題はまさにここから始まる。すなわち，もともとロシアの発券制度自体がイギリスを除けば西欧諸国に類をみないほどに厳格かつ抑制的なものであったから，それをさらに100％以上超過達成して高い金準備率を維持したのはなぜか。改革前の通貨流通の混乱という事態の対極として，通貨当局の姿勢が極度に慎重になり，改革の成功を最優先させたということは一面で理解できるとしても，このことは反面で増大する通貨需要を無視し，通貨と信用の供給を抑制することにはならないか。[36] 端的にいって，100％を超える金準備は，国民経済にとって金の死蔵ではないか。ここにロシア金本位制をめぐる基本問題がある。

上の諸問題に答えるために，糸口として国立銀行の主要勘定の構成をみてみよう。主要勘定の特徴を大づかみに明らかにするために，まず各国中央銀行のそれと対比してみたい（表5-6参照）。みられるように，ロシア国立銀行の主要勘定の構造は，ドイツのライヒスバンクやフランス銀行と対照的であり，発券制度でまさにそうであったように，信用制度・資本主義一般の発展の対極にあるはずのイングランド銀行のそれと似ている。すなわち，銀行券の流通量が金準備量を下まわるのは発券制度の類似性から当然として，預金が流通銀行券に匹敵するうえ（数年後には上まわる），手形貸付等をも上

第5章　ロシア金本位制の展開

表5-6　仏英独露四国中央銀行の主要勘定

	流通銀行券(A)	正貨準備(B)	金準備率(%)(B/A×100)	預金・当座勘定	保有手形
フランス銀行	3,785.3	3,113.1	82	539.8	968.4
イングランド銀行	684.8	834.5	122	1,064.0	812.5
ライヒスバンク	1,653.6	984.2	60	559.9	1,068.7
ロシア国立銀行	866.5	1,021.8	118	697.9〔202.1〕	154.9(230.5)

典拠：フランス，イギリス，ドイツについては，権上康男「19世紀末・20世紀初頭におけるフランスの通貨・信用構造とフランス銀行の『高正貨準備』」『エコノミア』第65号，1979年，74頁より．ロシアについては表5-8の数値から算出．
注：(1) フランス銀行，イングランド銀行，ライヒスバンクについては単位100万フラン，1895-99年度末平均．
　　(2) ロシア国立銀行については，単位百万ルーブリ，1897-99年平均．ロシアの場合保有手形の比重は低いので，参考までに商品・証券担保貸付を合算した数値を（　）で示しておいた．また，預金・当座勘定には私的預金のみを〔　〕で示しておいた．本表は勘定項目の算定方法が異なるから例示的対比の域にとどまる．

表5-7　通貨ストックの構成

[単位：%]

	ストック	1885年	1900年			1910年			1913年	1914年		
フランス	正貨	52	40			33						
	銀行券	29	27			23						
	預金	19	33			44						
イギリス	正貨	18.3							11.5			
	銀行券	4.7							3.5			
	預金	77.0							85.0			
ロシア	ドラモンドのマネーサプライ		A	B	C	A	B	C		A	B	C
	正貨		43.9	35.1	27.8	21.8	18.4	16.5		13.6	10.8	4.3
	銀行券		27.3	21.9	17.3	36.9	31.1	28.0		36.5	29.2	25.0
	預金		28.8	43.0	54.9	41.3	50.5	55.5		49.9	60.0	65.7

典拠：フランスとイギリスについては，前表引用の権上論文，76頁より．ロシアについては，I. Drummond, The Russian Gold Standard 1897-1914, in *The Journal of Economic History*, Vol 36, No. 3, 1976, p. 674-75, Table 2 より算定．
注：英仏の数値とは算定方法が異なり無条件に比較はできないことに注意されたい．ロシアについては，ドラモンドのマネーサプライに関する三つの定義とこれに対応した数値を利用した．A＝狭義のマネーサプライ（私的当座預金のみ算入の場合），B＝広義のマネーサプライ（全私的預金を算入した場合），C＝最広義のマネーサプライ（国庫の預金をも算入した場合）．

まわっている。ちなみに，通貨ストックの構成を英仏両国と対比してみると（表5-7），ここでも英露両国の間に共通性をみることができる。つまり預金通貨の供給がフランスに比して高い比重を占めているのである。以上のことが意味するのは，銀行券が信用創造の手段としてではなく，巨額の金準備の単なる対価として，支払い手段として機能していること，かわって，預金＝銀行通貨が信用供給の主要手段となっているということである。このことは，最大の商業預金銀行としての国立銀行に発券銀行機能が接ぎ穂されたことの一つのあらわれでもあった。また，当期に導入されるかまたは改善された振替制度（1895年発足，1900年改正）や手形交換所制度（1900年導入），国立銀行の手形割引のなかで20―30％にもなる銀行を相手とする再割引，株式銀行に対する近代的預金準備率制度の導入等が預金通貨の供給をより効果的にしていたこともこの際留意すべきであろう。以上のような国立銀行の主要勘定の構造，通貨ストックの構造は，国立銀行の高い金準備率が直ちに信用供給の抑制を意味するものではなかったことを示唆している。

では何ゆえに発券準備を超えて過大な金が準備されたのであろうか。ここでいましばらく国立銀行の勘定構造にたち入った検討を続けてみよう（以下，表5-8参照）。

まず負債勘定からみてみよう。国立銀行は，改革前には最大の商業預金銀行として国内信用体系の中で中軸的役割を演じていた。通貨改革はこれに発券機能を接ぎ穂したのであるが，発券制度自体は抑制的で硬直的なものであった。したがって，いまみてきたように信用供給の主たる資金は，資本金が活動規模に比して過少である(39)という条件の下では預金に依存することになった。預金は，改革前には全国的な支店網を通じて，不定期預金で2―3％，定期預金で3―4％以上，当座預金でも1―2％の割高な金利で吸収されていた。(40)だがこのような預金の利付け政策は，国立銀行自体の営業活動に負担になり，利殖目的の預金はむしろ官営貯蓄金庫（сберегательные кассы）にふり向ける必要があったうえに，預金銀行の色彩を強めていた株式銀行との競合を惹起し，国内利子率の高位持続を固定化するものであったから，これにかわる資金獲得の方途が見出されるのに応じて漸次後退ないし廃止されることが要請された。改革の直前ないし改革後に実際に預金利子は引き下げられ

第5章 ロシア金本位制の展開

表5-8 国立銀行の主要勘定

A. 負債

[単位:百万ルーブリ]

年平均	銀行券	資本金	他人資本															
			私的資金							公的資金						他人資本合計 (K+O)	負債総計 (A+B+P)
			利子付預金		無利子預金(当座,条件付当座預金)				小計 (E+J)	国庫預金	地方公金	公的機関・鉄道	小計 (L~N)		
		定期	普通	(C+D)	当座	振替	送金用	その他 (F~I)						
	A	B	C	D	E	F	G	H	I	J	K	L	M	N	O	P	Q
1897	1,079.2	53.3	30.7	72.8	103.5	76.2	1.5	6.8	14.8	99.4	202.9	222.2	135.3	78.4	435.9	638.8	1,771.3
98	873.8	53.2	28.7	65.1	93.8	92.2	2.7	8.7	18.4	122.2	216.0	255.0	129.0	105.4	489.3	705.3	1,632.3
99	646.5	53.1	27.5	59.7	87.2	74.5	3.1	9.0	13.8	100.2	187.4	348.8	132.3	80.4	562.1	749.5	1,449.1
1900	630.0	54.2	27.5	53.9	81.5	35.2	—	9.0	12.4	76.1	157.6	320.8	140.2	79.6	540.6	698.1	1,382.3
01	630.0	55.1	24.3	48.1	72.5	20.7	44.0	9.2	12.9	86.8	159.3	237.5	148.2	111.3	496.9	656.2	1,341.3
02	630.0	55.0	21.0	44.5	65.6	17.6	64.0	9.5	13.3	104.4	170.0	188.7	163.7	160.9	513.3	683.3	1,368.4
03	637.3	55.0	17.9	40.8	58.7	17.2	56.0	9.7	15.5	97.4	156.1	184.3	179.1	195.2	558.6	714.7	1,407.0
04	761.9	55.0	16.9	41.1	58.0	18.6	62.8	8.7	14.3	104.5	162.5	293.4	187.3	131.9	612.6	775.2	1,592.1

典拠:P. Steinberg, *Die russische Reichsbank seit der Währungsreform 1897 bis 1910*, Stuttgart/Berlin, 1914, S. 30-54.
注: 一は不明。

B. 資産

[単位:百万ルーブリ]

年平均	現金			銀行券残高	割引			担保貸付			有価証券保有	その他の直接貸付				
	合計	金準備	銀等補助貨幣		手形割引	他の証券割引*	合計	手形担保貸付	有価証券担保貸付	商品担保貸付		農業貸付	農機購入貸付	工業貸付	小営業貸付
1897	1,195.7	1,044.9	39.5	111.2	151.8	2.5	87.4	2.6	24.3	22.2	27.4	18.6	2.1	12.7	0.7
98	1,194.3	1,086.2	41.3	66.9	134.1	2.4	65.2	1.9	18.6	16.3	30.2	12.1	1.5	9.8	0.6
99	1,049.5	934.4	49.0	66.1	178.7	2.6	74.3	5.4	22.0	19.4	34.6	9.1	1.0	10.5	0.5
1900	951.3	790.9	68.9	91.5	210.1	1.9	116.9	9.7	47.2	28.4	44.7	8.4	0.8	27.9	0.4
01	843.0	705.3	67.9	67.8	232.6	2.3	153.7	14.2	69.0	37.6	39.0	8.0	0.5	36.6	0.2
02	886.6	738.3	77.7	70.6	217.2	2.0	146.6	9.9	70.5	36.5	46.7	7.8	0.4	41.8	0.2
03	940.2	803.6	79.2	57.3	216.1	2.4	141.3	8.6	70.8	38.6	49.8	7.9	0.5	41.6	0.3
04	1,071.6	937.5	77.9	56.2	210.9	2.5	150.3	8.6	73.2	40.9	51.6	8.0	0.7	39.3	0.2

典拠:Steinberg, *a. a. O.*, S. 58-123.
注: *は1月1日残高。

るか（1893年不定期預金利子1％へ引き下げ），廃止されるに至った（同99年当座預金利子廃止）。この結果，利殖を目的とした民間の私的預金は株式銀行に流れ，国立銀行の私的預金は，株式銀行等の法定預金準備や振替資金のための当座勘定に限定されることとなり，その規模も比重も大きく後退した（表5-2参照）。これにかわって当期には，歳計剰余たるいわゆる「自由剰余金」[41]と官金出納業務（1896年官金出納業務の国立銀行への移管・集中）からなる国庫資金が当座預金となって大量に流れ込み，当期の国内総預金量の3割，国立銀行預金総額中じつに6-7割という高い比重を占めることとなったのである。一国の中央銀行が，その資金の一大部分を国庫資金，したがってまた国家財政の動向に依存するというのは，後発資本主義国の中央銀行のあり方を考えるうえでは興味深いところであるが，銀行の営業構造からみれば西欧に類をみない異常で危険なことといわなければならない。

　ともあれ，さしあたりはこの国庫資金を受け入れることによって，国立銀行は，当期においても国内総預金量の4割以上を独占し，大規模な貸付活動を展開することができた。またこの限りで授信業務を発券に依存する必要はなかったのである。

　次に資産勘定をみてみよう（表5-8のB参照）。現金を除く資産勘定の動向をみると次のような特徴が浮かび上がってくる。

　まず第一に，当期間の株式銀行の貸付勘定が急速な伸びをみせたのに対して，国立銀行のそれは2倍以下の水準にとどまっていた。このことは，国立銀行の活動が金本位制成立とともに慎重になったことに加えて，貸付活動に何らかの制約があったことを示唆している。

　第二には，貸付勘定が多様な構造をとっている。すなわち，商品担保貸付，有価証券の担保貸付と保有，農業を含む産業への直接貸付，定款外の企業貸付等が多様に行なわれ，とくに前の二つの貸付項目は西欧の中央銀行に比して高い比重を占めている[42]。その結果，西欧の中央銀行では優に過半を制している手形割引・手形担保貸付の比重が国立銀行の場合には目立って低い。要するに国立銀行は，後発資本主義国の国策的中央銀行として様々の信用機能を担わされて短期商業金融に徹し切れなかったのである。第一の特徴としてあげたこともその一つのあらわれであったとみることができる。

第三の特徴は，これらの多様な貸付勘定項目の中で農産物金融，対農業貸付が実質的に相当な比重を占めており，これが信用の回転速度と季節的振幅とに大きく影響していたということである。

　第四に，以上のこととかかわって，貸付は全体として長期にわたるものが多く，貸付の主力をなす手形割引の平均期限は，当期になっても未だ100日前後にとどまっており，3カ月手形はもとより6カ月から9カ月，さらには12カ月以上にも及ぶものが稀ではなかったということである。このことは，預金が民間および国庫の当座預金に収斂し，短期化の傾向を強めていたことと背馳するところとなり，国立銀行の信用操作を制約した。

　以上のような貸付勘定にみられる特徴は，預金構造の変化とあいまって，国立銀行の営業政策全体に重大な影響を与えたと考えられる。すなわち，第一に，預金と貸付の回転期間のギャップを埋めるために預金準備機能を強化する必要が生じたといえよう。第二には，発券による積極的な信用創造には余計に慎重にならざるをえなかったであろう。第三には，通貨・信用の迅速な調整に資するはずの公定歩合操作が，西欧の発達した中央銀行の場合のような対内効果をもちえず，窓口規制を離れた時から貸付は容易には国立銀行の信用統制に反応しなかった模様である。

　かくして，上の諸事情から国立銀行は，金準備を確保し，発券量を抑えることを政策の基調としていたということができよう。

　この政策基調を対外決済準備の強化というもう一つの課題がさらに固めることになる。金本位制の導入は，対外信用の確保，為替相場の安定を招来し，外国資本の大規模な流入を促したのであるが，それとともに経済事情に敏感に反応して金・外貨が逆に大量に流出する危険も増大した。現に，1900年恐慌の際には，1898年末から1900年末までの間に金・外貨保有残高が15億9100万ルーブリから14億9250万ルーブリへと約9850万ルーブリも一挙に減ったが，この間の対外借款，国内産金購入分さらに直接投資まで勘案するとじつに5億ルーブリ以上もの巨額の金・外貨が流出したとの推計が出されている。こうした金・外貨の流出入の中でも，短期資金の動きが激しかったことはいうまでもない。1900年恐慌に伴う為替相場の激動の中で国立銀行によって導入されたルポール取引（Операция репорта）の動向はその激動の一端を垣間見さ

せてくれる。この業務は，為替変動によるリスクを回避するために国立銀行が株式銀行との間で繰り延べ取引の契約を行ない，手形見返り預託等によって借り入れられた外国の短期資金を借り入れ時と同じ為替相場で返済することを保障したものであるが，例えば日露開戦に至る約半年間にこの方式で流入した短期資金は1億5000万ルーブリ以上，1904年2月の残高で約2億6000万ルーブリに達するという。(47)当時の金・外貨準備の4分の1を優に超えるこれらの短期資金は，日露戦争という政治変動を見越して投機的に取り入れられたものだけに，情勢の如何によっては同額のルーブリの国内での収縮を伴いつつ瞬時に流出する危険を孕んでいた。状況は程度の差こそあれ長期資金についても同様であり，西欧市場に累積した巨額のロシア証券が相場低落から始まって投げ売りの状態に置かれるようなことになれば，ロシアの金・外貨保有は消滅の危険にさらされることになる。(48)

　ここで当初の問題にたちかえってみよう。100％を超える高い発券準備率の下で死蔵されているかにみえた巨額の金準備は，ここから，いま述べた対外決済準備，さきに確認した預金準備，さらに，これまで言及してこなかったところであるが，国立銀行の正貨準備に算入されていながら実質的にはその機能を十全には果たしえない在外準備等を差し引けば，兌換準備としては決して潤沢とはいえない状況にあったのである。

(2) ロシア金本位制の危機

　1904年から始まった日露戦争，続く1905年の革命，1907年恐慌とこのあとの不況と不作という未曾有の激動の連続は，それ自体ロシア資本主義を全機構的に震撼させ，体制の存廃を問うものであったが，それだけにロシア金本位制のもつ特質・脆弱性をあますところなく照らし出すことにもなった。前項の検討を踏まえて危機発現の過程をみていくことにしよう。

　日露戦争は政府の公式報告によるだけでも例年の予算額の1年半分にあたる約30億ルーブリもの莫大な戦費を消尽したが，(49)これを補塡するために，それまで蓄積されてきた政府の「自由剰余金」も全額国立銀行の国庫預金勘定から引き出されることとなった。(50)国庫預金の激しい流出に直面して，国立銀行は預金利子の引き上げないし当座預金への利付けの再開によって対応しよ

第5章　ロシア金本位制の展開　237

図5-1　ロシアの金準備・公的在外残高・紙幣流通

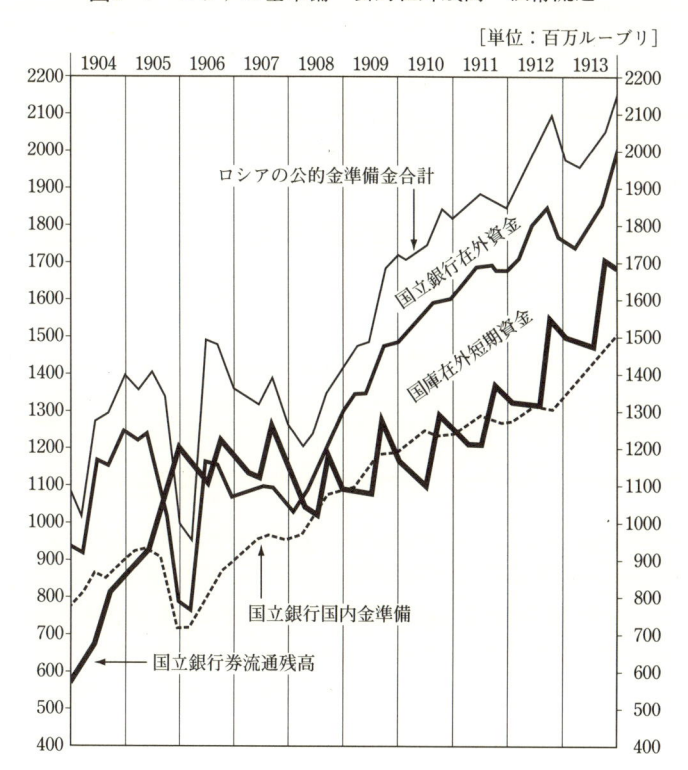

[単位：百万ルーブリ]

（グラフ：1904年〜1913年）
- ロシアの公的金準備金合計
- 国立銀行在外資金
- 国庫在外短期資金
- 国立銀行国内金準備
- 国立銀行券流通残高

典拠：*Министерство Финансово 1904-1913*, диаграмма XXII, XXII^A.

うとするが，貸付資金の涸渇は防ぎきれず，銀行券の一方的な増刷に走ることとなった（図5-1参照）。通貨改革後慎重に抑制されてきた銀行券の発行が，1904年初めから翌年末に向けてほぼ倍増する事態となったのである。この間，内外債の発行，金貨流通の抑制によって金準備はかなりの増勢を維持してきたが，1905年の革命が秋から冬にかけて高揚する段階で，預金の金貨による引き出しが組織的に始まる一方，外国資金の流出も強まったため，金準備は急減した。国立銀行の在外正貨準備も，また次節で述べる国庫の在外短期資金もともに一時はあわせて5億ルーブリという高い水準にあったのに，いまや2億ルーブリ前後まで激減した（図5-1参照）。これと併行して経済

第2部 ロシア金本位制の成立と展開

図5-2 英・仏・独・露四国の公定歩合の変動

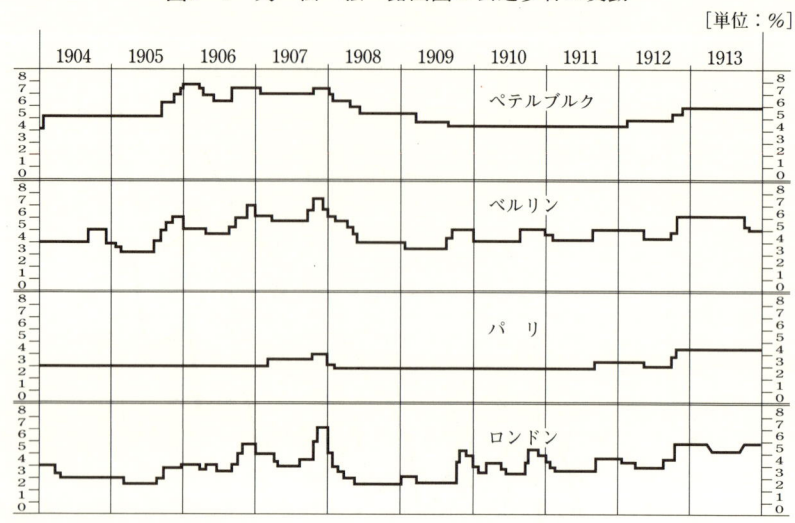

[単位：％]

典拠：*Министерство Финансов 1904-1913*, диаграмма XXIII.

的混乱にともなう民間企業に対する危機救済融資の必要が急速に高まり，貸付の増大が銀行券の増刷をさらに加速させた。このような事態の下で公定歩合は足早に引き上げられ，8％（3カ月手形）ないし10％（12カ月手形）という空前の危機レートが設定されたが，焼け石に水の状態となった（図5-2参照）。

かくして，発券高の法定限度額突破，限外発行か兌換停止かという事態が目前のものとなった。一説には事態はすでに限外発行の段階まで踏み込んでいたともいわれる[52]。革命運動が高揚し危機が絶頂に達した時点で限外発行もしくは兌換停止の措置に踏み切ること（実際に法案は準備され発動寸前の状況にあった[53]）は，ロシア政府の金融的ならびに政治的破産を内外に宣言するという破滅的効果をもつことになる。かくして残された道は，背水の陣で革命を鎮圧するか，時間を稼いで国際的な反革命借款をとりつけることしかなかった。成立して8年目でロシア金本位制は全面崩壊の瀬戸際にあったのである。事態は，革命の鎮圧によって息つぎの時間を確保し，翌6年の5月に空前の規模の反革命国債をフランスなど西欧諸国の金融資本家に引き受けて

もらうことでひとまず終息したが，危機の後遺症と1907年恐慌にともなう国際金融市場の緊張，翌8年の農業の不作と貿易収支の悪化等が続いたため，全体としては展望のない慢性的な危機状況は脱しきれなかったといえよう。[54]

以上のようなロシア金本位制の危機の進行過程は，その弱点を露呈させることになった。すなわち，中央発券銀行がその預金の主力を国庫資金に依存することの危険性，これとかかわる市場の通貨需要変動に照応しない発券の可能性，一旦増刷した銀行券の回収の困難性，危機における公定歩合政策の効果の限界，内外に向けての金流出の破滅的影響，対外金融依存の不可避性等が明らかになったのである。これらは，戦争と革命という未曾有の危機によって生じた事態であったが，ロシア金本位制に内在する弱点でもあった。またこれらの問題点の露呈は，何ゆえにロシアの通貨当局があれほどまでに金準備の強化に狂奔していたか，発券政策で慎重すぎる姿勢を示したのはなぜかという問題に対して一つの解答を示唆しているように思われる。

危機がこのようにロシア金本位制の弱点をさらけ出すものであったとすれば，それは同時に将来の金融政策のあり方についてツァーリ政府に教訓と新たな方針を指し示すことにもなった。[55]ロシア政府がいかなる対応を示したかを次節においてみることにしよう。

4 大戦前夜好況期の金本位制と国立銀行の政策

(1)大戦前夜好況の特徴

1907年恐慌に続く不況のあと，1909年頃から国民経済の諸指標は一斉に好転の方向を示し，以後第一次大戦直前までこの傾向を基本的に持続することになる。ここに，大戦前夜経済高揚の特有な一時期が現出した。[56]そこで，この経済的高揚を支えた特徴的局面をはじめに確認しておくことにしよう。

まず国際収支の動向をみてみよう（表5-1参照）。特筆すべきことは，1909年から3年続きの穀物の豊作が貿易収支の黒字幅を大幅に広げ，経済の拡大基調をつくり出すとともに，国際収支の安定，金準備の増大に大きく寄与したということである。[57]これに対して貿易外収支は，1890年代と1905年前後の危機の時期に多発された外債等の元利払いと株式の配当が急激に増加し

た結果,赤字幅を拡大し,結局経常収支の赤字をもさらに増大させることになったが,資本収支で,一般国債の国外発行がなくなり,一部外債の国内還流さえ進行する反面,民間企業に対する外国資本の直接投資が激増したため,結局は総合収支が黒字となり,この分だけ金・外貨準備はさらに膨脹することとなった。要するに以前と同様の国際収支構造が維持されるなかで,貿易収支の好調と外国資本によって再開された直接投資の急増が経済の危機脱出・再高揚を促し,対外信用を回復させたといえよう。

次に国家財政の動向をみると,好況の到来にともなう間接税収入の増大,軍事費を除く歳出の抑制によって,新規の国債発行を行なうことなく超均衡財政が確立されたことが注目される。財政の剰余分は,「自由剰余金」として一部は後述の国庫在外資金の形で,一部は国立銀行の国庫預金勘定の形で再び蓄積されることとなり(図5-1,図5-3参照),対外信用回復の有力な条件を提供していった。この蔵相ココフツォフ(B. Коковцов)の財政政策の中にわれわれは,前段階の危機に対するツァーリ政府の対応の基本的姿勢をみることができよう。

最後に経済活動の特徴的局面だけをみておくと,当期の商工業活動が,1900年恐慌以来の長期の停滞局面を脱して,1890年代の活況に次ぐ新たな高揚局面に入ったことが注目される。各種の経済成長率推計は,当期の成長率が90年代のそれには及ばないとしているが,成長の規模からみれば当期の方が遙かに大型化していることに留意すべきであろう。なお,当期の活況が工業独占体の確立,金融資本の成長,外国資本による民間企業投資の活発化という特徴を随伴していることもあわせて指摘しておきたい。

(2)商業銀行体系の展開

ロシアの信用制度は,1904―08年の危機の段階を脱して空前の発展を遂げることになった。先に掲げた表5-2にみられる預金量の激増,表5-3に示される手形割引の異常な伸びは,1909年以降のわずか4,5年間に国内の信用規模と通貨需要がいかに急速に膨脹したかを如実に物語っている。

ところで当期の信用活動の拡張を主として担ったのは,表5-2・3などからも窺えるように株式商業銀行であった。株式商業銀行は,その主力が前

第5章 ロシア金本位制の展開　241

図5-3　1904－1913年の国家財政の動向

[単位：百万ルーブリ]

総合財政収支

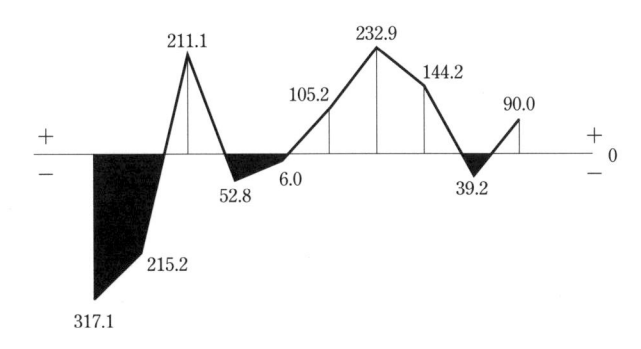

211.1　　　232.9
　　　　105.2　　　144.2
　　　　　　　　　　　　90.0
＋　　　　　　　　　　　　　　＋
－　　52.8　6.0　　39.2　　　　0　－
317.1　215.2

経常財政収支

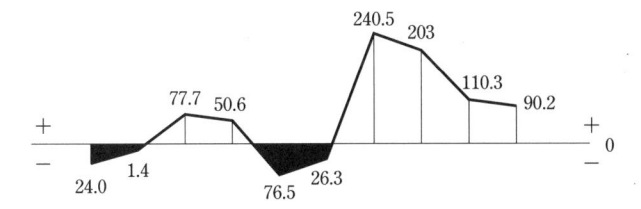

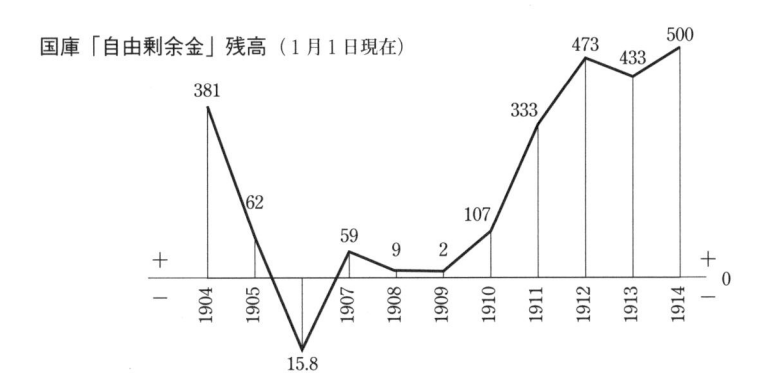

　　　　　　　　240.5　203
　　77.7　50.6　　　　110.3
　　　　　　　　　　　　　90.2
＋　　　　　　　　　　　　　　＋
－　24.0　1.4　76.5　26.3　　　0　－

国庫「自由剰余金」残高（1月1日現在）

381　　　　　　　　　　473　433　500
　　62　　　　　　　333
　　　　59　9　2　107
＋　　　　　　　　　　　　　　＋
　　　15.8
－　1904 1905 1906 1907 1908 1909 1910 1911 1912 1913 1914　0　－

典拠：Министерство Финасов 1904-1913, диаграмма Ⅳ.

世紀の70年代に設立されて以来当期に至るまで，ほぼ40前後という行数を変えずにきたが，19世紀末から支店網を全国に拡張し（1893年：74支店，1900年：274店，1908年：393店，1914年：778店），多額の預金を全国から吸収する一方（国内総預金量の約5割強），貸付の拡大（手形割引では同じく約6割弱）を通じて名実ともにロシア資本主義の金融的動脈をなすに至った[65]。こうして，当初もっていた事業銀行の性格を薄めて次第に兼営銀行ないし商業預金銀行へと脱皮していった株式銀行は，手形割引，商品担保貸付，証券担保貸付や高い比重を占めるコレスポンデント勘定を通じて第一線の商工企業に対する融資を拡大していった。この間株式銀行が外国資本の導入によって自己の資本金を補強・拡大するとともに，コレスポンデント勘定を通して外国の短期資金を多量に受け入れたこと[66]，他方，こうした外国金融市場との結合をバックにして国内の工業独占体との結合や癒着を強めてきたこともここで留意しておきたい。

　株式銀行以外の有力な銀行群としては，都市公営銀行（Городский общественный банк）[67]と相互信用銀行（Общество взаимного кредита）がある。これらの地方を拠点とする中小の銀行群は，設立当初の活発な活動のあと，長い停滞を経て当期に再び預金の吸収，貸付の拡大に活発に乗り出し，全国的な信用体系の底辺を担っていった。当期には，このほかにも，1904年以来国立銀行の監督下に置かれることになった農民や手工業者を対象とする零細信用機関が数千から1万6000を超える規模で簇生し，農村を中心に信用体系の末端を構成するに至った。

　こうして，当期には国立銀行を頂点とし，多数の支店をもつ株式銀行を主力とし，地方の有力拠点に相互信用銀行と都市公営銀行を配し，末端に無数の零細信用機関をもつ重層的な信用体系が同心円的な広がりをもってピラミッド状に形成されたということができよう。全国的な信用体系のこのような発展の中で，頂点に位置する国立銀行の役割にも自ずと一定の変化が生ずることになった[68]。すなわち，国立銀行は，当初揺籃期の国内信用制度の牽引車的役割と政府の銀行という役割を兼ね，ついで旧国家債務の返済作業が進むにつれて国内最大の商業銀行という性格を強め，株式銀行との競合の様相を呈したが，さらに幣制改革によって発券銀行の性格をも付与された時点から

中央銀行としての性格を強め始め，全国的な信用体系が形づくられた当期になって，ついに最大の商業銀行という側面を後退させる一方,「銀行の銀行」という性格を明確にしていくことになったのである。表5-2・3にみられる商業銀行としての国立銀行の紛れもない地位の低下と表5-9にみられる国立銀行の取引相手の構成の急激な変化とは，この「銀行の銀行」化という一つの過程を二つの側面から傍証しているといえよう。また，当期になって国立銀行を中心とする手形交換所機能が一段と強化されてきたこと（表5-10参照）も上の点と符合するものである。

(3) 国立銀行の営業構造の変化

前項でみたような当期における信用制度の発展の中で，国立銀行の営業構造はどのような変化を示したであろうか。

まず全体構造とその特徴，変化をみるために，各国中央銀行との対比を試みてみよう（表5-11参照）。同表を前節で検討した表5-6と対比してみると，次のような変化を看取することができる。一つは，前の段階では国立銀行の勘定構造がイングランド銀行のそれに近似していたのに対して，今期になると，たとえば銀行券の預金および貸付に対する優位，預金に対する貸付の優位という形で，イングランド銀行型構造から離脱し始めている。第二には，現金準備と銀行券の規模がともに高い水準に移行するとともに，銀行券の現金準備に対する優位すら生じているが，このことは，国立銀行の勘定構造がフランス銀行型に接近を始めたことを示唆している。この二点の変化を第4章の表4-14に示した別の数値も傍証しているように思われる。すなわち，ロシアの金準備率は，イングランド銀行のそれが高い水準を持続しているのに対して，程度は微弱ながら漸減傾向を示しているうえ，対債務準備率でもフランス銀行のそれと似た数値を出しているのである。また，通貨ストックの構成の変化（前節表5-7参照）も上のことをある程度傍証している。

これらの変化は何を物語るのであろうか。幣制改革直後の段階と対比していえば，かつて最大の商業銀行として機能しこれに発券機能を接ぎ穂された国立銀行が，成立当初の金本位制を堅持するためにも，発券には慎重な姿勢をとり，金貨流通策をとったうえで，信用供給は主として預金を資金とした

第2部　ロシア金本位制の成立と展開

表5-9　国立銀行の「銀行の銀行」化指標

[単位：百万ルーブリ]

	国立銀行の年間割引・貸付総額Ⓐ	銀行等仲介機関への貸付Ⓑ (B／A%)	直接的割引貸　付Ⓒ (C／A%)
1906	2,095.0	1,205.5 (57.3)	889.5 (42.3)
1907	2,240.8	1,381.8 (61.0)	859.0 (39.0)
1908	1,914.2	1,069.2 (59.9)	845.0 (44.1)
1909	1,926.7	1,053.3 (54.7)	873.4 (45.3)
1910	3,038.6	1,988.4 (65.5)	1,050.2 (34.5)
1911	4,547.7	3,298.8 (72.6)	1,248.9 (27.4)
1912	4,989	3,662.9 (73.4)	1,326.1 (26.6)

典拠：Боголепов, Указ. статья, с. 326.

表5-10　ロシアの手形交換制度の発展

[単位：百万ルーブリ]

	交換所数	決済請求額 A	決済額 B	当座預金振替額C	決済比率(B/A) (%)	全取引額	加盟者数
1900	3	2,811	1,954	857	69.4	5,622	48
02	3	3,624	2,507	1,116	69.0	7,247	51
04	5	5,449	3,986	1,463	73.1	10,898	75
06	5	5,999	4,363	1,635	72.7	11,997	73
08	16	8,422	6,007	2,415	71.3	16,844	184
10	27	13,434	9,525	3,909	70.9	26,868	277
12	40	19,855	14,414	5,442	72.6	39,711	402
13	45	24,431	15,426	6,005	71.9	42,863	430

典拠：Mukoseyev, Money and Credit, in A. Raffalovich ed., *Russia, Its Trade and Commerce*, London, 1918, p. 397.

第5章 ロシア金本位制の展開 245

表5-11 欧米主要中央銀行の勘定構造（1913年12月31日）

[単位：百万マルク]

	現金		貸付		負債		
	総額	うち金	手形等	担保貸付	銀行券	公的預金	私的預金
ライヒスバンク	1,505.8	1,170.0	1,894.2	94.5	2,593.4	793.1	
イングランド銀行	714.7	698.4	1,334.8		601.9	209.5	1,248.0
フランス銀行	3,338.5	2,841.2	1,611.6	644.9	4,886.0	266.0	596.5
オーストリア・ハンガリー銀行	1,277.1	1,054.8	838.1	264.0	2,119.6	159.5	
イタリア銀行	982.7	897.2	497.5	102.1	1,429.2	128.7	160.7
ベルギー国立銀行	248.2	201.7	627.0	46.9	850.3	11.8	71.6
ネーデルランド銀行	271.0	256.0	150.6	166.9	564.1	—	9.6
ニューヨーク諸銀行*	1,403.8	1,097.5	5,514.4		188.3	—	428.3
ロシア国立銀行	3,409.0	2,275.2	1,605.0	985.7	3,604.0	1,256.1	527.8
スイス国立銀行	154.5	137.7	118.7	22.9	254.1	47.7	

典拠：*Statistisches Jahrbuch für das Deutsche Reich*, 1914, Anhang, S. 72.*
注：*手形交換所加盟銀行。

のに対して，大戦前夜の経済的高揚という状況のもとで，また，株式預金銀行を主力とする全国的な信用体系の形成という事態を基盤として，国立銀行は貸付＝信用の供給を専ら預金を資金にしてまかなっていくことをやめ，部分的にではあれ，発券に依存する方向を打ち出したといえよう。だがこのような転換は，簡単に行ないうるものであろうか。また他方では危険な冒険ではなかろうか。つい数年前にロシアは金本位制崩壊の危機に直面したばかりではないか。これらの問題がまだ残されている。そこで国立銀行の主要勘定にさらにたち入って検討を続けてみよう。

まず資産について，金準備の動向からみていこう（表5-12，図5-1参照）。金準備が資産全体の中で優に過半を占めている点は，改革後の段階と同様に金準備の強化を一貫して重視していることのあらわれといえるが，とくに1909年から11年にかけての金準備の急激な増加は，この時期の貿易収支の好調に支えられて，危機の時期に銀行券が増刷されて流通し続けている事態に通貨当局が対応しようとしていることを示すものとして示唆的である。こうしてロシアは，大戦直前に向けてアメリカに次ぎフランスと並ぶ巨額の金準備を積み上げていったのである。

貸付勘定の諸項目を次にみてみよう（表5-12参照）。貸付勘定が中央発券

246   第2部 ロシア金本位制の成立と展開

表 5-12 国立銀行の主要

	1月1日現在高	1902	1903	1904	1905	1906
①	金・外貨準備計	709,452	769,166	909,060	1,031,567	926,500
	(割合%)	(50.2)	(54.7)	(58.3)	(63.3)	(47.5)
②	うち国銀国外金残高	19	58	169	159	204
	(割合%)	(1.3)	(4.1)	(10.8)	(9.8)	(10.5)
③	銀その他金属貨	72,739	72,271	76,028	79,654	32,891
	(割合%)	(5.2)	(5.1)	(4.9)	(4.9)	(1.7)
④	手形割引	303.6	247.4	260.3	181.2	297.9
	(割合%)	(21.5)	(17.6)	(16.7)	(11.1)	(15.3)
⑤	手形担保オンコール	25.7	22.3	12.0	8.0	74.5
	(割合%)	(1.8)	(1.6)	(0.8)	(0.6)	(3.8)
⑥	④+⑤小計	329,324	269,718	272,301	190,268	372,371
	(割合%)	(23.3)	(19.2)	(17.5)	(11.7)	(19.1)
⑦	有価証券担保オンコール	—	—	—	—	—
	(割合%)	—	—	—	—	—
⑧	有価証券担保貸付	—	—	—	—	—
	(割合%)	—	—	—	—	—
⑨	⑦+⑧小計	127,390	110,627	100,086	110,587	281,372
	(割合%)	(9.0)	(7.9)	(6.4)	(6.8)	(14.4)
⑩	商品・同証券担保貸付	46,763	45,923	52,323	51,336	66,359
	(割合%)	(3.3)	(3.3)	(3.4)	(3.2)	(3.4)
⑪	その他の貸付	57,651	59,119	56,244	58,172	56,722
	(割合%)	(4.1)	(4.2)	(3.6)	(3.6)	(2.9)
⑫	小信用機関貸付	—	—	—	—	—
	(割合%)					
⑬	農業主貸付	7.4	7.6	8	8.4	9.8
	(割合%)	(0.5)	(0.5)	(0.5)	(0.5)	(0.5)
⑭	産業貸付	—	—	—	—	—
	(割合%)					
⑮	国庫貸付金庫貸付	—	—	—	—	—
	(割合%)					
⑯	その他	—	—	—	—	—
	(割合%)					
⑰	割引・貸付計⑥+⑨+⑪	561,108	485,467	480,934	410,363	776,824
	(割合%)	(39.7)	(34.5)	(30.8)	(25.2)	(39.8)
⑱	有価証券保有	39,837	48,938	58,184	61,859	84,931
	(割合%)	(2.8)	(3.5)	(3.7)	(3.8)	(4.4)
⑲	対国庫貸付勘定	18	13	36	11,247	86,106
	(割合%)	(1.3)	(0.9)	(2.3)	(0.7)	(4.4)
⑳	その他の資産	28,767	29,400	35,084	34,420	43,616
	(割合%)	(2.0)	(2.1)	(2.2)	(2.1)	(2.2)
㉑	資産合計	1,411,921	1,405,255	1,559,326	1,629,110	1,950,868
	(100%)	(100)	(100)	(100)	(100)	(100)

典拠：*Статистический ежегодник России за 1914г*., отдел ХП, с. 36-37; М.Л. Указ. статья;

第5章 ロシア金本位制の展開　247

資産勘定（1902—14年）　　　　　　　　　　　　　［単位：百万ルーブリ，（%）］

1907	1908	1909	1910	1911	1912	1913	1914
1,190,614 (62.0)	1,169,117 (60.3)	1,220,056 (63.5)	1,414,592 (69.1)	1,450,297 (63.1)	1,436,201 (55.6)	1,555,541 (55.9)	1,695,234 (55.8)
300 (15.6)	224 (11.6)	139 (7.2)	235 (11.5)	217 (9.4)	176 (6.8)	226 (8.1)	168 (5.5)
47,062 (2.5)	54,437 (2.8)	69,545 (3.6)	70,355 (3.7)	61,447 (2.7)	60,994 (2.4)	64,145 (2.3)	60,674 (2.0)
211.0 (11.0)	234.7 (12.1)	214.1 (11.1)	205.6 (10.0)	262.1 (11.4)	354.6 (13.7)	376.7 (13.5)	406.3 (13.4)
31.8 (1.7)	58 (3.0)	37.3 (2.0)	19.9 (1.0)	74.1 (3.2)	150.8 (5.8)	162.3 (5.8)	177.2 (5.8)
242,781 (12.7)	292,678 (15.1)	251,406 (13.1)	225,506 (11.0)	336,085 (14.6)	505,376 (19.6)	538,995 (19.4)	595,660 (19.6)
—	—	98.6 (5.1)	64.0 (3.1)	129.5 (5.6)	179.2 (6.9)	186.2 (6.7)	175.6 (5.8)
—	—	31.7 (1.6)	24.6 (1.2)	20.9 (0.9)	23.7 (0.9)	25.2 (0.9)	25.7 (0.8)
170,011 (8.9)	148,027 (7.6)	130,260 (6.8)	88,651 (4.3)	150,399 (6.5)	202,988 (7.9)	211,329 (7.6)	202,589 (6.7)
58,381 (3.0)	62,333 (3.2)	59,464 (3.1)	83,335 (4.1)	116,412 (5.1)	143,998 (5.6)	126,600 (4.5)	160,419 (5.3)
59,260 (3.1)	62,783 (3.2)	60,482 (3.1)	68,754 (3.4)	64,160 (2.8)	71,691 (2.8)	89,689 (3.2)	113,319 (3.7)
—	—	11.6 (0.6)	13.7 (0.7)	18.8 (0.8)	26.4 (1.0)	45.2 (0.9)	68.1 (2.2)
9.2 (0.5)	9.8 (0.5)	9.5 (0.5)	9.4 (0.5)	9.6 (0.4)	10.1 (0.4)	13.0 (0.5)	16.8 (0.6)
—	—	—	21.1 (1.0)	13.7 (0.6)	16.5 (0.6)	14.4 (0.5)	12.1 (0.4)
—	—	—	14.8 (0.7)	13.5 (0.6)	13.7 (0.5)	14.1 (0.5)	15.5 (0.5)
—	—	—	9.8 (0.5)	8.5 (0.4)	5.1 (0.2)	2.9 (0.1)	4.4 (0.1)
530,433 (27.6)	565,821 (29.2)	501,612 (26.1)	466,246 (22.8)	667,056 (29.0)	924,053 (35.8)	966,613 (34.3)	1,071,987 (35.0)
98,011 (5.1)	97,946 (5.1)	100,948 (5.3)	70,746 (3.5)	84,813 (3.7)	115,933 (4.5)	128,790 (4.6)	107,933 (3.5)
12,431 (0.6)	17,023 (0.9)	—	2,591 (0.1)	14,183 (0.6)	25,892 (1.0)	29,530 (1.1)	54,262 (1.8)
40,415 (2.1)	34,019 (1.8)	29,907 (1.6)	21,530 (1.1)	19,113 (0.8)	20,471 (0.8)	37,813 (1.4)	50,413 (1.7)
1,918,966 (100)	1,938,363 (100)	1,922,068 (100)	2,046,060 (100)	2,296,909 (100)	2,583,544 (100)	2,782,432 (100)	3,040,503 (100)

Указ. *Государственный банк—краткий очерк—*.

銀行に不似合いな多様な構成をとっていることは前の段階と同様である。短期商業信用という基準から逸脱する貸付項目は依然として多い。なかでも農産物の流通に深くかかわる商品担保貸付は，当期には減退するどころか逆に量も比重も拡大させている。(70) このため，手形割引は，貸付項目としては単独で首位を占めるものの，比重は貸付中3割から4割の水準を低迷している。(71) 要するに国立銀行は，農業国型，国策銀行型の性格を基本的に維持し，部分的にはこの側面を拡大して，中央銀行本来のあり方に逆行するか，もしくは分裂の様相を示しさえしているのである。(72)

しかし，反面では前述のような「銀行の銀行」化に照応する新たな変化が各所に生じている。貸付が，生産や流通部面を直接的に対象とするものから金融機関を相手とするものに大きく転じていったことは前述のとおりであるが，このことも関連して，コール貸付の比重の急伸，貸付期間の短縮，金融手形の増加，手形再割引の増加等の一連の変化が当期になって目立っている。これらの変化は，貸付の流動性を強め，回転を速める方向に作用した。(73)

次に負債勘定をみてみよう（表5-13）。まず銀行券は，改革直後の時期には負債総額中3割の水準にとどまっていたのに対して，今期には55％前後にまでなっている。これは，たんに通貨増刷に走った危機の時期の後遺症とみるより，すでに指摘しておいたように国立銀行が弾力的な発券政策を採用し始めたことのあらわれとみるべきであろう。

預金では，一般の私的預金が，危機の時期に利付け政策の復活によって一時的に増加したあと，利子の廃止（普通預金，当座預金）や預金自体の受け入れ停止（定期預金）によって再び急速に比重を低めたのに対して，危機の時期にゼロの水準にまで落ち込んだ国庫預金勘定が激増の一途をたどり，大戦直前には預金総額のじつに4分の3を超える（国内預金総額の中でも5分の1以上を占めた──表5-2参照）までになるという特筆すべき変化が生じている。この現象は，前述の財政の超均衡体制の所産にほかならないが，1904—08年の危機に対する国立銀行の対案が，国庫資金依存からの脱却ではなくてむしろ全面的依存という形で打ち出された点に注目すべきであろう。別言すれば，財政＝国庫資金と中央銀行の結合・一体化ということが，ツァーリ政府の出した危機への回答であったのである。ここで後発資本主義国ロ

第5章 ロシア金本位制の展開   249

表 5 – 13　国立銀行の主要負債勘定（1902–14年）

[単位：百万ルーブリ，(%)]

1月1日現在高		1902	1903	1904	1905	1906	1907	1908	1909	1910	1911	1912	1913	1914
銀行券	流通中の銀行券	542.4	553.5	578.4	853.7	1,207.5	1,194.6	1,154.7	1,087.1	1,173.8	1,234.5	1,326.5	1,494.8	1,664.7
	(割合%)	(38.4)	(39.4)	(37.1)	(52.4)	(61.9)	(62.3)	(59.6)	(56.6)	(57.4)	(53.7)	(51.3)	(53.7)	(54.8)
資本金		55.1	55.1	55.0	55.0	55.0	55.0	55.0	55.0	55.0	55.0	55.0	55.0	55.0
	(割合%)	(3.9)	(3.9)	(3.5)	(3.4)	(2.8)	(2.9)	(2.8)	(2.9)	(2.7)	(2.4)	(2.1)	(2.0)	(1.8)
国庫資金	国庫当座預金	342.4	186.9	374.5	172.4	99.9	98.3	151.4	211.8	174.2	375.8	553.9	528.4	607.9
	(割合%)	(24.3)	(13.3)	(24.0)	(10.7)	(5.1)	(5.1)	(7.8)	(11.0)	(8.5)	(16.4)	(21.4)	(19.0)	(20.0)
	国庫特別資金等	156.9	167.1	179.2	177.0	189.9	202.8	206	216.6	251.6	274.6	302.6	344.6	343.3
	(割合%)	(11.1)	(11.9)	(11.5)	(10.9)	(9.7)	(10.6)	(10.6)	(11.3)	(12.3)	(12.0)	(11.7)	(12.4)	(11.3)
	その他とも小計	499.3	354.0	553.6	351.2	289.8	301.2	357.4	433.4	427.2	651.2	857.0	872.9	951.2
	(割合%)	(35.4)	(24.5)	(35.5)	(21.6)	(14.9)	(15.7)	(18.4)	(22.5)	(20.9)	(28.4)	(33.2)	(31.4)	(31.3)
一般預金等	普通預金	68.3	58.9	52.7	53.0	59.5	66.2	64.1	57.5	55.9	48.9	38.6	33.9	38.5
	(割合%)	(4.8)	(4.2)	(3.4)	(3.3)	(3.0)	(3.4)	(3.3)	(3.0)	(2.7)	(2.1)	(1.5)	(1.2)	(0.9)
	当座預金	115.6	198.6	178.3	202.1	204.3	183.0	167.0	252.2	217.8	212.4	219.7	232.1	234.0
	(割合%)	(8.2)	(14.1)	(11.4)	(12.4)	(10.5)	(9.5)	(8.6)	(13.1)	(10.6)	(9.2)	(8.5)	(8.3)	(7.7)
	小計	183.9	257.5	231.0	255.1	263.8	249.2	231.1	309.7	273.7	261.3	258.3	266.0	263.1
	(割合%)	(13.0)	(18.3)	(14.8)	(15.7)	(13.5)	(13.0)	(11.9)	(16.1)	(13.4)	(11.4)	(10.0)	(9.6)	(8.7)
貯金局当座預金		54.4	114.5	69.7	43.7	—	36.4	51.3	52.0	37.7	24	18.3	15.1	13.9
	(割合%)	(3.9)	(8.1)	(4.5)	(2.7)	—	(1.9)	(2.6)	(2.7)	(1.8)	(1.0)	(0.7)	(0.5)	(0.5)
鉄道当座預金		25.5	34.9	30.7	32.6	24.8	10.6	15.4	16.8	47.6	60.0	52.0	46.0	23.4
	(割合%)	(1.8)	(2.5)	(2.0)	(2.0)	(1.3)	(0.5)	(0.8)	(0.9)	(2.3)	(2.6)	(2.0)	(1.7)	(0.8)
利益*				37.5	40.1	44.9	55.2	56.1	51.4	45.8	60.3	56.9	78.6	81.6
	(割合%)			(2.4)	(2.5)	(2.3)	(2.9)	(2.9)	(2.7)	(2.2)	(2.6)	(2.2)	(2.8)	(2.7)
その他とも合計		1,411.9	1,405.3	1,559.3	1,629.1	1,950.9	1,919	1,938.4	1,922.1	2,046.1	2,296.9	2,583.5	2,782.4	3,040.5

典拠：Статистический ежегодник России за 1914г., отдел XII, с. 36–37；Гиндин, Русские коммерческие банки, с. 412 などより。
注：*は Mukoseyev, op. cit., p. 378, より。

シアにおける財政の位置と意義が銘記されるべきであろう。本格的に出来上がってきた国内信用体系の頂点に立つ国立銀行は，独占体との結合・癒着を強める株式大銀行を主たる相手として，巨額の国家資金の撒布機関にもなったのである（表5-14参照）。[75]

預金についてこのほかに注目すべきは，株式銀行の法定預金準備の機能をもつ当座預金や振替のための条件付当座預金，さらには鉄道運賃決済勘定等が増大し，他人資本の中の確定的部分をなしたうえ，これを底上げしたということである。[76]これらの預金勘定は資金の回転は速いが（表5-15参照），恒常的な流入が期待できる資金としての安定性が高いものである。資金としての安定性という点では，じつは預金の大半を制する国庫資金も累年の「自由剰余金」を積み立てたものであるから，長期の固定資金という様相を強めていた。[77]

以上の主要勘定の考察からいえることは，貸付が部分的ではあれ短期化の傾向を強め始めたのに対して，預金は長期化，安定化の傾向をみせたのであるから，この限りで国立銀行の資金操作は負担を軽減され，預金準備率に対する過大な警戒を解くことができたということである。当期における発券政策の弾力化，活発化は以上のことによって部分的には説明できよう。

(4)対外信用関係の回復

国立銀行の発券政策が，幣制改革以来慎重ないし硬直的という性格をもち続けながらも，大戦前夜の経済的高揚期になって一定の弾力化，活発化の様相を呈してきたことについて，国立銀行の主要勘定の構造の中に一定の基盤ができてきたこと，また，国内の信用構造がこれに対応する形で編成されてきたことをこれまでみてきた。だが，もう一つの重大な問題が残っている。それは，対外債務の累積によって深刻化し，1905年の危機の際には破局寸前にまで達した対外決済の維持，対外信用の確保はどうなるか，発券政策の弾力化は対外信用を犠牲にする危険なものではないのかという問題である。

ツァーリ政府はこの問題に対して明確な解答を出した。それは，改革前から小規模に行なわれ，日露戦争の時には臨時的に大規模に発動された在外短期資金積み立て政策であり，これを大蔵省の特別信用官房と国立銀行が有機

第5章 ロシア金本位制の展開

表5-14 株式銀行の主要資金源の構成

[1月1日現在, 単位:百万ルーブリ]

	国銀からの借入	鉄道債預金	在外支店に対する国庫預金	公的資金借入計	外国短期資金借入	総計
1910	61.6	52.8	76.4	190.8	209	399.8
11	208.7	154.9	155.5	519.1	268	787.1
12	378.4	130.7	226.1	735.2	446	1,181.2
13	386.6	221.5	191.5	799.4	(500)	1,299.4
14	386.6	333.6	202.6	924.8	546	1,470.8

典拠:O. Crisp, *Studies in the Russian Economy before 1914*, London, 1976, p. 152.

表5-15 国立銀行資金の回転期間 [日数]

借　　方	1908年	1912年	貸　　方	1908年	1912年
国庫当座勘定	18	63	白　地　手　形	138	133
国庫特別資金等	138	138	普　通　手　形	60	65
定　期　預　金	879	—	手形担保オンコール	14	16
不定期預金	222	100	有証担保オンコール	125	41
当　座　預　金	17	16(11年)	有証担保貸付	399	349
条件付当座預金	3	3	商品担保貸付	106	105
鉄道当座預金	10	11	小信用機関貸付		
			資　　本	970	—
			短　　期	191	180
			商品担保	399	97
			農　業　貸　付	252	212
			工　業　貸　付	?	?
			有価証券取引	55	54

典拠:М. Л., Указ. статья.

的に連繋しつつ組織的恒常的に,かつ大規模に展開するというものであった。この在外資金制度は,具体的には,国立銀行は正貨準備の一大部分を,大蔵省は外債収入や歳計剰余からなるさらに巨額な資金(図5-1参照)を,欧米の主要金融センターに,外国銀行または自国の株式銀行の当座預金の形で配置し,これをもって,貿易決済,外債の元利払い,為替相場の維持等に利用しようとするものであった。

　国内に激しい論議を誘発して「貧しい国のロシアが何故に豊かな西欧に金を貸しつけるのか,国内に引き揚げて信用供給の拡大に投ずるべきではないか」と攻撃されたこの資金は,対外債務が欧州最大の規模に累積したことに見合って世界最大の規模に積み立てられ(国庫在外残高は政府対外債務の利

払い額2年分を目安とする定率方式を，他方国立銀行在外残高は2億ルーブリという定額方式をとっていたと推測される），この意味で対外債務の担保の機能を果たしたほか，通常の対外取引のために為替資金を供給するとともに，とくに大蔵省特別信用官房の在外支局を中心として，年末残高の6，7倍に及ぶ規模の資金操作を通じて為替相場の維持や大規模な信用操作のために秘密裡に機能し，これらの機能を通して最後に外国金融市場の直接的影響力を遮断しつつ国内金準備を防衛していたと考えられる。この特徴的な政策のうちに，われわれは，ツァーリ政府が1905年の危機からどのような教訓を引き出し，どのような有効な対応策を編み出そうとしたかという問題に対する解答をみることができよう。

実際にこの資金は，1911年から翌年にかけてのモロッコ危機やバルカン半島情勢に連動した国際金融市場の緊張と激動に対して有効に作動したといわれる。また，為替相場変動に対抗する前述のルポール取引が，1909年になって説明抜きで廃止されたこともこのような資金制度の展開と無関係ではなかったであろう。

このような厚い金融的防壁の下でこそ，大戦前夜の大規模な外国資本の流入，これを有力な契機とする国内の経済的活況，そしてこれに即応しようとする国立銀行の発券政策の弾力化活発化も可能になったと結論づけることができる。なお，この在外資金は，まずはロシアをして「長期借り，短期貸し」の国たらしめ，次の局面では西欧の有力大銀行の貸付資金となることによって，ロシアが今度は短期資金の受け入れ国に転ずるという複雑かつ重畳化した資金循環の構造を随伴するものであったことを付言しておこう。

(5) 公定歩合政策の特徴

最後に中央銀行の有力な政策手段として公定歩合政策を国立銀行がどのように発動したかを検討しておこう。

まず図5-2によりつつロシアの公定歩合政策の類型的特徴をみておこう。この図からは，次のような特徴的傾向が窺える。

第一に公定歩合の変更頻度は，フランス→ロシア→ドイツ→イギリスの順で高まっており，ロシアが貿易・金融上のかかわりの深い独仏両国に挟まれ

て対応しているという傾向が明瞭に出ている。

　第二に，公定歩合の高さについては，ロシアのそれが西欧三国に比して全体として１－２％割高であること，なかでもドイツとの間では割引率の逆転が何回か生じているのに対して，フランスとの間では一貫してこの割引率格差が続いていることが注目される。

　以上のことは，ロシアが金融連関の緊密なフランスに１－２％の格差を設けて追随し，その割高の利率をもって終始フランスを中心とする西欧諸国の資金を引きつけようとしていたことを示唆している。別言すれば，高い金準備率の下で資本輸出を続けるフランスが公定歩合政策において「不動の３％」を維持したとすれば，ロシアは，同じく高い金準備を基礎にして資本輸入を継続する国として，その対極にあって，「不動の4.5％」を対置し続けたと比喩的にいうことができよう。いずれにせよわずかな金準備の下で頻繁かつ小刻みに公定歩合政策を発動しているイギリス，およびこれに追随・連動しているドイツとは対照的な位置にあったといえよう。

　次に当期の公定歩合政策の動態を追ってみると，国立銀行は，1905年から1907年にかけての危機の時期に８％前後の危機レートを設定して金本位制の防衛にあたったあと，1908－09年にかけての不況期に割引率を下げ続け，1909－11年にかけての貿易収支の好調，金準備の増加を背景にして，ときにはドイツをも下まわる4.5％という低い水準を２年半もの長期にわたって維持し，最後に，1912年以降，国際情勢の緊迫に伴う国際金融市場の緊張と動揺，国内の急激な信用膨脹，貿易収支の軟調等の事態に対応して漸次割引率を上げ，４年半ぶりに６％の水準に復帰している。高水準の金準備を維持している限り，換言すれば，金準備が脅かされない限り，公定歩合政策は積極的には発動されていない。前述の在外資金政策が有効に作動し，公定歩合政策を補完していたと考えることができよう。

　これまで述べてきたことから明らかのように，ロシア国立銀行の公定歩合政策は，対外的金準備防衛，外国資本の恒常的吸引を主たる目的として限定的に発動され，イギリスやドイツのように頻繁かつ小刻みに展開することはなかった。このことが国立銀行の勘定構造や国内信用構造のあり方とはどうかかわるのか，国内金融政策としてはどのような意味をもつのかという問題

が最後に残る。この点については，さしあたり，①国立銀行の貸付勘定の中で手形割引は規制的な位置を占めるに至っていないこと，②しかもその手形の期限は長期にわたっており（国立銀行の手形割引率は1912年から3カ月手形と6カ月手形を同率にしているうえ，12カ月との割引率格差は決して大きくない），短期の利率変動に対応しうる内容を備えていないこと，③一般にロシア国内の利率体系は，公定歩合を最低として首都から農業的地方へと末端に行くにしたがって同心円的にしかも加速度的に割高になっている模様であるが，このような関係の下では信用のアクセシビリティが問題になりこそすれ，小刻みな利子率変動は未成熟な貨幣市場の機敏な反応を招くだけの効果をもつとは思われないこと，④農業的なロシアの通貨需要は狭い季節変動の枠内にとどまっており，膨脹・縮小の振幅は小幅にとどまっていたこと，⑤厚い金準備がこの信用の振幅を吸収しカバーしていること，の5点を挙げるにとどめたい。要するに小まわりのきく公定歩合政策が展開しうる余地はなかったのである。また小刻みの頻繁な利率変動は，対外信用の安定という点からみても好ましいものではなかったのである。

5 結びにかえて

簡単な要約をもって結びにかえることにしよう。

ロシア資本主義は，商品・貨幣流通の一般的低さという背景のもとで，地主の土地独占，零細農民の広汎な存在，低い生産力を特徴とする農業を広大な基底とし，この上に，保護関税，政府の各種の補助，外国資本の輸入等を槓杆として商工業が跛行的かつ顛倒的に成長し聳立するという構成をとって展開した。

こうした再生産構造を媒介する金融組織が全体として未発達であったから，中央銀行たる国立銀行は，初発から最大の商業銀行として主導的役割を演ずるべく位置づけられ，そのようなものとして実際に機能した。この間，専制下の政府は，歳入における外債依存・農民収奪，歳出における体制維持・殖産興業の支出を骨格とする財政政策等を通じて再生産過程に深くかかわると同時に，金融組織も強く掌握していた。したがって，国立銀行は，大蔵省の

第5章 ロシア金本位制の展開　255

直接的な監督の下で，国策的銀行として独特な活動内容を示すとともに，対外借款との強い結びつきを特徴とする政府財政の動向にその資金操作が強く規定されることとなった。これらのことが，国立銀行の主要勘定のあり方を規定し，西欧中央銀行に類をみない構造を生み出すこととなった。

　このような再生産＝信用構造の下で，国立銀行は資本主義出立当初の混乱した通貨流通を是正すべく，高率金準備と硬直的な発券制度を特徴とする幣制改革を行ない，対外均衡の優先を一大特徴とする金本位制を採用していったが，この幣制の下で安定的な通貨流通を確保しようとすれば，資本輸入の継続，穀物の飢餓輸出と激しい租税収奪によって金の継続的蓄積を強行するしかなかった。

　金の巨額の蓄積にもかかわらず，ロシアの国際収支，財政，経済活動はいずれも巨額の対外債務の上に展開し，国際収支の不断の圧力にさらされ，現に，1905年には国家破産の危機に直面していたから，ロシアの通貨当局は，世界最大規模の短期在外資金の積み立てや対外防衛的機能をもつ公定歩合政策の発動を通じて，対外均衡最優先の政策基調を継続していったのである。

　19世紀末以来ロシアの金融組織は，危機を回避し，いくつかの段階を画しながら成長し，大戦前夜の好況期には急速な躍進を遂げることになるが，国内の再生産＝信用構造や西欧市場との通商・金融連関がその対外金融従属の基本構造を変えない限り，これに応じて国立銀行の特有な構造も中央銀行政策も一貫して維持されていったのである。

　　（1）　ロシアを含む各国資本主義を広く資本主義の世界体制の中で捉え，位置づけようとする視点については，藤瀬浩司『資本主義世界の成立』ミネルヴァ書房，1980年参照。なお，ロシア経済史研究の側から筆者もこのような視点を試論的に提起したことがある。拙稿「旧露資本主義における貿易問題（上，中，下）」『福大史学』第5，6，7号，1967—68年。
　　（2）　P. H. Lindert, *Key Currencies and Gold 1900-1913*, Princeton University, 1969; A. I. Bloomfield, *Short-Term Capital Movements under the Pre-1914 Gold Standard*, Princeton University, 1963（小野一一郎・小林龍馬共訳『金本位制と国際金融　1880—1914年』日本評論社，1975年，第2部）。以上，本書第1章から第3章，および補論1を参照。

256　第2部　ロシア金本位制の成立と展開

（3）　本書第4章参照。各国の中央銀行についてはさしあたり次の二書を参照した。I. Hultman, *Die Centralnotenbanken Europas*, Berlin, 1912; H. P. Willis, R. H. Beckhart, ed., *Foreign Banking System*, New York, 1929. なお，A. I. Bloomfield, *Monetary Policy under the International Gold Standard, 1880-1914*, New York, 1959,（邦訳，第1部），藤瀬浩司・吉岡昭彦共編『国際金本位制と中央銀行政策』名古屋大学出版会，1987年も参照。

（4）　P. Steinberg, *Die russische Reichsbank seit der Währungsreform 1897 bis 1910*, Stuttgart u. Berlin, 1914; R. Claus, *Das russische Bankwesen*, Leipzig 1908; М. И. Боголепов, Государственный Банк и коммерческий кредит, в Л. Н. Яснопольский ред., *Банковая Энциклопедия*, том I, Киев, 1915; М. Л., Государственный Банк, его современное устройство и коммерческие операции, *Там же*; V. A. Mukoseyev, Money and Credit, in A. Raffalovich ed., *Russia, Its Trade and Commerce*, London, 1918.

（5）　O. Crisp, *Studies in the Russian Economy before 1914*, London, 1976; A. Gerschenkron, *Economic Backwardness in Historical Perspetive*, Cambridge, 1966; G. Garvy, Banking under the Tsars and the Soviets, *The Journal of Economic History*, Vol. XXXII, 1972; И. Ф. Гиндин, *Русские коммерческие банки*, Москва, 1948; его же, *Государственный Банк и экономическая политика царского правительства 1861-1892*, Москва, 1960. ギンジンのこの二つの大著は，国立銀行に関するソヴェト学界での研究として今でも最大かつ最高のものであり続けており，豊富な史実・データと多様な論点は利用価値が高い。だが視角と課題の限定にともなう内容上の制約は否めない。W. Fajans, *Die russische Goldwährung*, Leipzig, 1909; G. V. Schulze-Gävernitz, *Volkswirtschaftliche Studien aus Russland*, Leipzig, 1899. は，国民経済論的観点からまとめられた好著であり，示唆するところも多い。

（6）　吉岡昭彦「帝国主義成立期における再生産＝信用構造の諸類型とポンド体制の編成」，土地制度史学会編『資本と土地所有』農林統計協会，1979年。同『帝国主義と国際通貨体制』名古屋大学出版会，1999年。井上巽『金融と帝国』名古屋大学出版会，1995年。権上康男「19世紀末・20世紀初頭におけるフランスの通貨信用構造」，前掲『資本と土地所有』所収。藤瀬浩司「帝国主義成立期におけるドイツ対外経済構造とライヒス・バンク」同上書所収。酒井一夫・西村閑也共編『比較金融史研究』ミネルヴァ書房，1992年参照。

（7）　1897年以前の通貨制度と通貨流通については，本書第4章参照。他に，

В. В. Власенко, *Денежная реформа в России 1895-1898*, Киев, 1949; B. C. Endelman, *Le monometallisme-or en Russie*, Berne, 1917; Claus, *a. a. O.*, S. 32-37; Fajans, *a. a. O.*, S. 1-15; *Государственный Банк — Краткий очерк деятельности за 1860-1910 годы,* СПб., 1910, с. 5-20.

(8) Fajans, *a. a. O.*, S. 53-86. が詳しい。以下，改革の具体的展開については，*Министерство Финансов 1802-1902*, ч. 2, СПб., 1902, с. 405-31.

(9) 形式的には従来の国家紙幣の名称がそのまま継続して使用された。これは，改革の限界を象徴的に示すものであるが，本章では「銀行券」という表現を使うことにした。M. W. Bernatzky, Monetary Policy in *Russian Public Finance during the War*, New Haven, 1928. pp. 344-46.

(10) Schulze-Gävernitz, *a. a. O.*, S. 483.

(11) 本書第4章3節。Fajans, *a. a. O.*, SS. 64-67.

(12) Schulze-Gävernitz, *a. a. O.*, S. 483-84; Власенко, *Указ. соч.,* с. 180; H. Barkai, The Macro-Economics of Tsarist Russia in the Industrialization Era, in *The Journal of Economic History*, Vol. XXXIII, No. 2, 1973.

(13) Fajans, *a. a. O.*, S. 30. 本書第4章4節。

(14) 1894年の定款改正については，Боголепов, Указ. статья, с. 306-07; *Министерство Финансов 1802-1902*, ч. 2, с. 47-53.

(15) Bernatzky, *op. cit.*, pp. 343, 346. 定款の第一条には発券規定が欠如している。

(16) *Министерство Финансов 1802-1902*, ч. 1, с. 459, 462-66, ч. 2, с. 100-08.

(17) Там же, с. 408-09; Fajans, *a. a. O.*, S. 81; Л. Я. Эвентов, *Иностранные капиталы в русской промышленности,* Москва, 1931, с. 11-12. 外国資本の輸入は，金本位制導入までは，圧倒的に国債・政府保証債からなっており（しかもほぼすべて金公債の形態で），民間企業投資（直接投資）が増大するのは一般に1890年代からといわれるが，厳密には，為替相場が安定した90年代半ばから激増している。なお，外国の短期資金の流入が本格化するのも幣制改革以後のことである（本書第1章参照）。

(18) 拙稿「ツァーリズム国家の財政」，大崎平八郎編著『ロシア帝国主義研究』ミネルヴァ書房，1989年，第4章III節参照。

(19) 和田春樹「近代ロシア社会の発展構造(一)」『社会科学研究』第17巻第2号，1965年，175—78頁。中山弘正「帝国主義段階のロシア資本主義(1)」『経済志林』第34巻第4号，1966年，42—49頁（同『帝政ロシアと外国資本』岩波書店，1988年，第2章）。Власенко, *Указ. соч.* с. 76-81.

(20) 本書第4章。Schulze-Gävernitz, *a. a. O.*, S. 562-98; Власенко, *Указ. соч.,* с. 59-76; R. Girault, *Emprunts russes et investissements français*

　　　　　en Russie, 1887-1914, Paris, 1973, p. 94-101.
(21)　Fajans, a. a. O., Abschitt II が詳しく論じている。
(22)　公的債務に関する限り，ロシア資本主義の全期間にわたって債務不履行はなかった。
(23)　1890年代の前半期における公的対外債務残高は国家予算の歳入の4倍以上，輸出貿易額の約8倍にも達していた。
(24)　貿易市場構成については，拙稿「19世紀末独露通商対立と1894年の通商航海条約」『西洋史研究』新輯1号，1972年，L. Pasvolsky, H. Moulton, *Russian Debts and Russian Reconstruction*, New York, 1924, pp. 79-83.
(25)　例えばフランスとの関係については，Lévy-Leboyer, La capacité financiére de la France, in *Position internationale de la France*, Paris, 1977, p. 28; S. B. Saul, *Studies in British Overseas Trade 1870-1914*, Liverpool, 1960, pp. 50-53. S. B. ソウル著，堀晋作・西村閑也共訳『世界貿易の構造とイギリス経済』法政大学出版局，1973年，59—62頁。
(26)　Гиндин, Указ. *Государственный Банк*, с. 84.
(27)　Гиндин, *Там же*, с. 101-03. ちなみに，ドイツのライヒスバンクでは1879年以来預金利子は全廃されている。Schulze-Gävernitz, a. a. O., S. 495.
(28)　Гиндин, Указ. *Государственный Банк*, с. 85-86, 90-91, 95, 98, 99-101; *Министерство Финансов 1802-1902*, ч. 2, с. 238, 370-78. 不動産銀行との関係は，本書第2章参照。
(29)　「貸付勘定の中には，帝国（国立）銀行が同時に不動産銀行でありクレディ・モビリエであった時代を想い起こさせる項目が並んでいる」。Schulze-Gävernitz, a. a. O., S. 497.
(30)　Гиндин, Указ. *Русские коммерческие банки*, с. 48; Боголепов, Указ. статья, с. 305-07. なお，国立銀行は開業当初は，2名裏書きの高額優良商業手形を本店でのみ受け入れ，農業手形はもちろんのこと，金融手形も割り引かなかった。国立銀行が割り引いた手形の構成・期間・変化については，Указ. *Государственный Банк—Краткий очерк деятельности—*, с. 35-38, 43-50.
(31)　権上康男「19世紀末・20世紀初頭におけるフランスの通貨・信用構造とフランス銀行の高正貨準備」『エコノミア』第65号，1979年，92頁。ドイツ・ライヒスバンクの手形割引期限については，Steinberg., a. a. O., S. 76. 1895年で40日，以後30日台が続いていた。
(32)　Bernatzky, *op. cit.*, pp. 347-48. ベルナツキーは通貨当局が新制度の実施に忠実すぎるあまり，かえって金準備が不安定にさえなったと指摘し

第5章　ロシア金本位制の展開　259

ている。

(33) 主要4カ国中央銀行の1897年の正貨準備額（単位は1億ルーブリ）と金・銀準備率を順に示せば，イングランド銀行4.6億，197％，フランス銀行9.71億，72.4％，ドイツ・ライヒスバンク3.9億，85.5％，ロシア・国立銀行13.2億，131.6％となっている。Fajans, a. a. O., S. 34; Endelman, op. cit., p. 147.

(34) Гиндин, *Русские коммерческие банки*, с. 129. 高額銀行券の流通比重を高めて通貨の回転速度を高めようとしたことはその一例となろう。

(35) 外国資本による民間企業投資の年次別推移がこのことを証明している。Эвентов, *Указ. соч.,* с. 38 ; Girault, op. cit., pp. 84-85 の表参照。

(36) この点をめぐって，ロシアの通貨供給が過少に抑えられ，経済成長が押し止められたとする論者と，預金通貨・資本輸入まで含めたマネーサプライの面からこの見解を否定する論者との間で興味深い論争があった。Barkai, op. cit., I. Drummond, The Russian Gold Standard 1897-1914, in *The Journal of Economic History*, Vol. XXXVI, No. 3, 1976.

(37) Schulze-Gävernitz, a. a. O., S. 481; Steinberg, a. a. O., S. 28.

(38) Drummond, op. cit., pp. 67-82; Гиндин, Указ. *Русские коммерческие банки*, с. 218 の再割引の表参照。

(39) 国立銀行の資本金は創立時に1500万ルーブリ，79年2500万ルーブリ，1895年5000万ルーブリと増大したが，以後1914年まで増額されていない。国内全銀行の資本金については，Гиндин, *Русские коммерческие банки*, с. 408-09.

(40) 預金利率の細目は，Mukoseyev, op. cit., p. 368.

(41) 自由剰余金（Свободная наличность）については，А. И. Буковецкий, 《Свободная наличность》 и золотой запас царского правительства, в конце XIX - начале XXв., в *Монополии и иностранный капитал в России,* Москва - Ленинград, 1962, с. 359-65.

(42) Боголепов, Указ. статья, с. 318-21; М. Л., Указ. статья, с. 339, 342; Steinberg, a. a. O., S. 80-81.

(43) 国立銀行の公定歩合は，1892年まで手形の期限を区別せずに適用されていたが（6カ月以内を対象としていた），翌93年からは，3，6，9，12カ月手形に区別して実施され，3カ月手形と12カ月手形の利率の開きは，少ない時には，わずかに1¼％であった。

(44) Steinberg, a. a. O., S. 60-64. 一覧払い預金に対する現金の準備率は，西欧の発券銀行の場合より明確に高く，1898年には76.8％に達している。

(45) 当の大蔵大臣がこのような認識を示している。Записка В. К. Коковцова

в Комитет финансов от 17 марта 1904 года, в "*Русские финансы и европейская биржа в 1904-1906 гг.*," Москва, 1926, с. 45.

(46) Fajans, *a. a. O.*, S. 88.

(47) *Русские финансы и европейская биржа*, с. 34-37; E. Epstein, *Les banques de commerce russes*, Paris, 1925, pp. 41-42. このためペテルブルク貨幣市場での外国為替の市中取引は姿を消したといわれる。

(48) 日露開戦直後に財政委員会に提出された大蔵大臣の金融情勢報告は、事態が憂慮すべき重大な局面にまでは未だ立ち至らないまでも、今後金融政策の多様な側面で慎重な配慮、細心の注意を加えなければ、破局的な事態が到来する危険があることを述べ、政府の対応策を詳細に提案している。巨額の金準備にもかかわらず、当事者の認識は深刻で切迫感をもっていたことが明白である。Указ. Записка Коковцова в "*Русские финансы и европейская биржа.*"

(49) *Министерство Финансов 1904-1913*, 1914, с. 10-11.

(50) 1899年に一時3億5000万ルーブリに達した国庫の当座預金残高は、1905年6月8日には約1100万ルーブリへと激減している。Steinberg, *a. a. O.*, S. 30.

(51) 中山弘正「帝国主義段階のロシア資本主義(II)」『経済志林』第35巻第1号、1966年、同「ロシア国立銀行の金準備(1)」『経済志林』第35巻第4号、1966年が有益である。Fajans, *a. a. O.*, S. 100-01.

(52) Б. В. Ананьич, *Россия и международный капитал 1897-1914*, Ленинград, 1970, с. 149-51, 162-66; Bernatzky, *op. cit.*, p. 349; Власенко, *Указ. соч.*, с. 202. 兌換制限は事実上行なわれていた。А. Корелин, С. Степанов, *С. Ю. Витте—финансист, политик, дипломат*, М., 1998, с. 226-34.

(53) Ананьич, *Указ. соч.* с. 155-58, 165-66.

(54) Там же, с. 202-19.

(55) 1907年2月に現蔵相ココフツォフと前蔵相ヴィッテ等財政首脳によって通貨・金融政策をめぐって論争が行なわれた。この論争は、政府の危機への認識、対応策等を考えるうえで興味深い。Ананьич, *Указ. соч.*, с. 254-60; А. Л. Сидоров, *Финансовое положение России в годы первой мировой войны*, Москва, 1960, с. 19-28.

(56) 中山弘正「経済構造――大戦前夜好況期の資本蓄積をめぐって――」、江口朴郎編『ロシア革命の研究』中央公論社、1968年(同『帝政ロシアと外国資本』第3章) 参照。

(57) Гиндин, *Русские коммерческие банки*, с. 171; Ананьич, *Указ. соч.* с. 263-64.

(58) Сидоров, *Указ. соч.*, с. 82-86, 94; Pasvolsky, Moulton, *op. cit.*, pp. 184-91; Буковецкий, Указ. статья, с. 373-76.
(59) 国債の発行残高とその対外債務残高は，1911年を頂点としてわずかながら減少に転じている。Crisp, *op. cit.*, p. 202.
(60) 注35の文献とデータ及び本書第1章を参照。他に В. И. Бовыкин, К вопросу о роли иностранного капитала в России, Вестник *МГУ.*, серия IX, 1964, No. 1, с. 70.
(61) Буковецкий, Указ. статья, с. 361-65; Сидоров, *Указ. соч.*, с. 29-51.
(62) ガーシェンクローンは，経済成長率を，1890—99年は8.03％，1900—06年は1.45％，1907—13年は7.5％と推計し，グレゴリーは，1905—09年の年平均に対して1909—13年は2.9％と算定している。ギンジンはこれと別に工業生産額伸び率を，1893—1900年は9％，1908—13年を8.8％と計算している。A. Gerschenkron, The Rate of Growth of Industrial Production in Russia since 1885, *in Journal of Economic History*, 7 Supplement, 1947, p. 149; P. Gregory, *Russian National Income 1885-1913*, Cambridge, 1982, p. 127; Гиндин, *Русские коммерческие банки*, с. 155.
(63) Бовыкин, Указ. статья, с. 69-72; его же, Промышленные монополии, банк и финансовый капитал в России, основные тенденции и этапы развития, Москва, 1980. 拙訳「ロシアにおける工業独占体・銀行・金融資本」『歴史学研究』第541号，1985年5月。
(64) Гиндин, *Русские коммерческие банки*, с. 442-43.
(65) *Там же*, Гл. IV.
(66) Epstein, *op. cit.*, p. 21, 24; С. Ронин, *Иностранный капитал и русские банки*, Москва, 1926, с. 27, 129. なお，当期の外国短期資金の流入量については，金本位制導入直後の時期に比して，国際情勢の動揺・悪化を反映してむしろ低調であるとの指摘がなされている。国内金融市場の拡張・自立論とあわせて検討を要するところであろう。Боголепов, Указ. статья, с. 326; М. Л., Указ. статья, с. 357; Гиндин, *Русские коммерческие банки*, с. 255, 258.
(67) 以下，各種銀行・信用機関の概要については，Claus, *a. a. O.*, Abschnitt II, III, IV; Crisp, *op. cit.*, pp. 123-32, 139-41. ここでは長期不動産抵当銀行を省略した。ほかに，В. Д. Мехряков, *История кредитных учреждений и современное состояние банковской системы России*, М., 1995, Гл. 1; РАН, Институт Российской истории, *Россия 1913 год*, СПб., 1995, с. 159-61.
(68) Гиндин, *Русские коммерческие банки*, с. 172-73.

(69) Боголепов, Указ. статья, с. 322-24.

(70) М. Л., Указ. статья, с. 347, 349; Steinberg, a. a. O., S. 90, 93-94. 当期に入って国立銀行は穀物貯蔵庫網の形成に直接かかわることとなり、そのために国立銀行の中に独立の部を設置さえしている。融資額は計画では増加の一途をたどることになっていた。В. Грен, Хлебные операции и элеваторы Государственного Банка, в указ. *Банковая Энциклопедия*.

(71) Steinberg, a. a. O., S. 67-68; Власенко, *Указ. соч.*, с. 175, 178; Боголепов, Указ. статья, с. 314.

(72) Боголепов, *Там же*, с. 286; Гиндин, *Русские коммерческие банки*, с. 188-90.

(73) ただし、手形の期限は当期に入って逆に長期化さえしている。Боголепов, Указ. статья, с. 311-13; М. Л., Указ. статья, с. 344, 346.

(74) 預金の大部分がこれではじめて利子負担から解放された。М. Л., Указ. статья, с. 362.

(75) Гиндин, *Русские коммерческие банки*, с. 141; Боголепов, Указ. статья, с. 301-02; Ронин, *Указ. соч.,* с. 83-105.

(76) Боголепов, Указ. статья, с. 299-300; Claus, a. a. O., S. 51; Steinberg, a. a. O., S. 39-50.

(77) Mukoseyev, op. cit., p. 359; М. Л., Указ. статья, с. 361.

(78) 本書第4章「補論1」参照。Буковецкий, Указ. статья; *Русский золотой запас за границей*, СПб, 1913; *К вопросу о "Русскомъ золотомъ запасъ заграницей,"* СПб., 1914; Lindert, op. cit.; Указ. *Государственный Банк-Краткий очерк,* с. 91-99.

(79) ロシアの在外資金は、貿易決済のためにベルリン、資本取引の決済のためにパリ、ロンドン等に分散しているのが特徴である。各金融センターでの残高推計については、本書第1章表1-9, de Cecco, op. cit., pp. 105, 107, 109.

(80) *Русский золотой запас*, с. 27; Ананьич, *Указ. соч.,* с. 264-65, 288-91. 論争についてはとくに補論1の「補説」参照。

(81) Lindert, op. cit., p. 18-19, Table 2.

(82) *Русский золотой запас*, с. 16.

(83) *Там же*, с. 12-13. ムコセーエフは、この操作をオーストリアのDevisenpolitikと対比して単純に金を積み立てたプリミティブな方式と評している。Mukoseyev, op. cit., p. 352.

(84) Drummond. op. cit., pp. 676-79, 682-83.

(85) *Русский золотой запас*, с. 36-37; Сидоров, *Указ. соч.* с. 96-97;

Министерство Финансов 1904-1913, с. 39-42.

(86) Epstein, *op. cit.*, p. 43; Указ. *Государственный Банк — Краткий очерк —*, с. 95-96.

(87) Ронин, *Указ. соч.*, с. 96-97; Гиндин, *Русские коммерческие банки*, с. 254-55.

(88) 吉岡, 前掲『帝国主義と国際通貨体制』第4章, とくに, 210, 216-17, 239, 243-45頁;ドイツについては, 藤瀬浩司「第一次大戦前夜のライヒスバンクと銀行統制」, 藤瀬・吉岡共編, 前掲『国際金本位制と中央銀行政策』所収。フランスについては, 権上, 前掲「19世紀末・20世紀初頭におけるフランスの通貨・信用構造とフランス銀行の『高正貨準備』」106頁参照。なお, Drummond, *op. cit.*, p. 676.

(89) Боголепов, Указ. статья, с. 311, 314; Гиндин, *Русские коммерческие банки*, с. 48, 249-51.

(90) Гиндин, *Там же*, с. 249, 263-65, 269.

(91) Drummond, *op. cit.*, p. 683.

補論2 「ペテルブルク私立商業銀行」の50年

(1) はじめに

　近代ロシアにおける株式商業銀行制度は、1860年代に始まって1917年で命脈を閉じることになるから、せいぜい五十余年の歴史しかもっていない。その近代的株式銀行の嚆矢をなすのがこの補論でとりあげる「ペテルブルク〔ペトログラード〕私立商業銀行」である。同行は、1864年に設立を認可されたあと、途中何回かの経営危機を迎えながらも最後まで活動を続けたから、その歴史において近代ロシア株式銀行制度の短い全史と完全に重なり合い、大戦前夜にロシア全体で50行前後を数えた株式商業銀行の中にあって、ただ一行だけ創業50周年を祝い、誇ることができた。また、そのゆえにこそ創業50周年を記念する貴重な銀行社史を残しえたのである[1]。

　したがって、この社史にもとづいて同行の歴史をあとづけることは、ひとり一私行の内実を明らかにするだけでなく、ロシア銀行史の全過程を垣間見させてくれるうえ、ロシアの主導的銀行類型が兼営銀行的色彩をもつ事業銀行 (banque d'affaire, деловый банк) にあるなかで同行が最も典型的な事業銀行類型をなしていることを考え合わせれば、ロシア銀行制度の構造的特質をいわば内側から照射してくれるように思われるのである。

　ここでは、以上のような問題関心にもとづいて、この社史の要点を紹介しつつ、ギンジン、ローニン等の研究を援用していくつかの重要論点を研究素材としてひき出してみたいと思う。以下、社史に依拠した部分はその頁数を本文中に〔　〕で示し、とくに注記はしないことにする。

(2) 社史の諸段階

　まず50年の社史の段階区分からみていくことにしたい。ペテルブルク私立商業銀行社史の編者は同行の50年間を、第一期 (1864—88年)、第二期 (1889—98年)、第三期 (1899—1908年)、第四期 (1909—14年) の四段階に

補論 「ペテルブルク私立商業銀行」

区分している。編者の説明では，第一期は，創業以来の経営陣，とりわけペテルブルク取引所理事長から頭取となったイ・ブラントがその任に留まり，顧客と株主双方の利益をバランスよく追求し，堅実な営業方針の下で安定成長・高率利益を得た時期であるとされる〔40, 44, 55, 61, 63―64頁〕。第二期は，全期間を通じて業績が最も好調で，華々しい外観を呈しているが，正常な発展のコースからはずれており，次の段階の惨状を準備する不健全要因が累積していく時期であるとされている〔76―77, 85頁〕。第三期は，この第二期に累積した不健全要因が一斉に露呈し，正規の経営軌道への復帰を図りながらも経営危機は際限なく進行し，銀行の威信を維持するために株主の利益が多大の犠牲を強いられた時期とされる〔85頁以下〕。第四期は，これに対して銀行の抜本的再建策が講ぜられ，その成功によって金融界で再び安定した地位を確保したうえに，新たな経営路線の下で業績を回復し，さらに飛躍的に伸長させた時期であるとされる〔104―06, 113, 123頁等〕。

以上の社史の段階区分については，時期区分の指標を明示的に出していない点で曖昧さを残し，境界年の設定について細部で問題を残していること（例えば，第一期末の1888年，第二期末の1898年の設定等）を別にすれば，第二期から第四期の区分は大筋において首肯されるところであるが，1873年恐慌時の経営危機を途中にはさんだ1864―88年の25年間を一段階とすることは乱暴にすぎ，実態に合わない。したがって，ここは，73年恐慌を境界として前後二段階に区分すべきであろう。その根拠は後掲のデータが明瞭に示している。このような判断に基づいて以下の検討は五段階区分を用いることにしたい。

ところで，この五段階区分がもし認められるとすれば，それは，1882年恐慌を例外として，ほぼロシアの産業循環の各サイクルに対応していること，より実態的には，ロシア資本主義発展の諸段階にほぼ照応していることになる。すなわち，第一期は，第一次鉄道建設ブームを主軸とする初発の経済的高揚期に，第二期は，73年恐慌とこれに続く長期の停滞期（それは世界的大不況のロシア版にほかならない），第三期は，いわゆるヴィッテの工業化政策に象徴される第二の経済的高揚期，大不況脱出期＝国際的好況期に対応し，第四期は，1900年恐慌とこれに続く日露戦争，第一次ロシア革命期，1907年

恐慌にともなう経済的不況＝危機の時期に，最後に第五期は，大戦前夜の経済的高揚＝金融資本の本格的展開期にそれぞれ照応しているといえよう。このことは，本行が，各段階の循環上の特質に対応しつつ特徴的な経営路線と営業構造を展開し，恐慌という節目で何回かの経営的危機を経験し，その都度次段階の経済環境に対応した再建・転生の努力を繰り返してきたという特徴的な推転の軌跡を物語るものといえよう。では，この推転の過程は，各循環段階との緊張関係の中でどのように進行したであろうか。項を改めてみてみることにしよう。

(3) 商業銀行制度における地位と類型

　経営構造の検討に入るまえにロシアの商業銀行制度におけるペテルブルク私立商業銀行の位置（序列と類型）についてあらかじめ輪郭をつかんでおこう。社史はこの点についてはほとんど語っていないが，ギンジンの研究によってほぼ以下の点が明らかにされている。すなわち，まず地位についていえば，同行が最初に設立を許可された限りで当初の相対的優位は当然であるが，その後，他行の設立が相次ぎ，激しい預金・顧客獲得競争にさらされたうえ，各行の営業方針の差異も加わって，同行の地位は急速に落ち込んでいく。すなわち，設立後10年で全商業銀行中，活動規模で第8位に，15年後には第10位以下に落ち，経営危機に陥った第四期には一時第15位まで転落している。その後，再建期に入って地位を回復し第11位の水準に戻っているが，第一級の大銀行には比肩すべくもない（表【補2】-1参照）[2]。したがって，この点からする限り，同行研究の意味が薄れることは否定できない。

　だが，銀行類型という点からみると，表【補2】-1が示しているとおり，大戦前夜の段階で同行は「ペテルブルク割引貸付銀行」と並んで事業銀行類型の代表的事例をなしている。借方における資本金とコレスポンデント勘定の比重の高さ，預金比率の低さ，貸方における手形・商品担保貸付の比重の低さ，非保証証券業務の高い比重，また，支店数の絶対的僅少，等々の指標は，モスクワ型預金銀行のそれと対照的であるばかりか，ペテルブルクの他の大銀行と比較してもなお際立っているといえよう。この点において同行を検討する意味は重大である。しかもさらに，預金銀行型＝モスクワ型銀行を

補論 「ペテルブルク私立商業銀行」　267

表【補2】-1　1914年1月1日時点の主要株式銀行

[単位：百万ルーブリ、（ ）は%]

タイプ	第一級銀行			ペテルブルク型の銀行			第二級銀行				モスクワ型銀行		12行合計 (A)	全株式商業銀行計 (B)	A/B (%)
ランク	I	II	III	IV	V	VII	IX	X	XI	XII	VI	VIII			
銀行名	ロシア・アジア銀行	ペテルブルク国際商業銀行	ロシア対外貿易銀行	アゾフ・ドン商業銀行	ロシア商業工業銀行	シベリア商業銀行	モスクワ合同銀行	ペテルブルク割引貸付銀行	ペテルブルク私立商業銀行	ワルシャワ商業銀行	モスクワ銀行	モスクワ商人銀行			
創業年（本店）	1910	1869	1871	1871	1889	1872	1909	1869	1864	1870	1870	1866			
支店数（営業時）	102	56	76	73	111	57	80	6	—	12	60	20	654	828	84
創業時資本金	35	5	7.5	3	5	4	7.5	5	5	1	6	5	—	—	—
ギルドによる順位づけ															
総資産計	629	462	401	388	364	246	204	163	170	156	315	215	3,713	—	80
全株（%）	78 (12.4)	79 (17.1)	67 (16.7)	92 (23.7)	44 (12.1)	36 (14.6)	35 (17.2)	30 (18.4)	44 (25.9)	32 (20.5)	38 (12.1)	30 (14)	605 (16.3)	784	72
負債同額（%）	367 (58.3)	265 (57.4)	227 (56.6)	206 (53.1)	193 (53.0)	164 (66.7)	117 (57.4)	63 (38.7)	52 (30.6)	55 (35.3)	246 (78.1)	164 (76.3)	2,119 (57.1)	2,488	82
コレスポンデント同（%）	184 (29.3)	118 (25.5)	107 (26.7)	90 (23.2)	127 (34.9)	46 (18.7)	52 (25.5)	70 (42.9)	74 (43.5)	69 (44.2)	31 (9.8)	21 (9.8)	989 (26.6)	1,300	82
大銀行の主要勘定															
資産計	672	488	431	398	376	237	224	166	174	161	321	231	3,879	—	79
手形割引貸付	258 (38.4)	144 (29.5)	187 (43.4)	173 (43.5)	178 (47.3)	116 (48.9)	143 (63.8)	42 (25.3)	65 (37.4)	49 (30.4)	179 (55.8)	147 (63.6)	1,681 (43.3)	1,973	77
商品担保同（%）	42 (6.3)	40 (8.2)	33 (7.7)	28 (7.0)	25 (6.6)	19 (8.0)	12 (5.4)	13 (7.8)	6 (3.4)	8 (5)	40 (22.3)	25 (17.0)	291 (17.3)	—	76
証券業務	280 (41.7)	199 (40.8)	168 (42.2)	168 (42.2)	83 (22.1)	81 (34.2)	52 (23.2)	93 (56.0)	82 (47.1)	31 (19.3)	82 (25.5)	55 (23.8)	1,314 (33.9)	—	81
うち非保証証券業務同（%）	116	89	79	72	27	21	28	38	23	13	70	48	591	—	74
オンコール・コロ	145	84	56	72	44	57	17	52	52	8	6	1	594	—	92
コレスポンデント・ロロ その他コレスポンデント	92	105	103	29	90	21	17	18	21	73	20	4	593	—	81
払込資本金中の外資総額	36 (72)	21 (43.1)	20 (40)	22.5 (45)	8 (22.8)	12 (60)	13 (43.3)	4 (20)	14.2 (35.5)	6 (30)	—	—	—	—	—
うちフランスの割合	60	2	—	25	11.4	40	40	20	35	30	—	—	—	—	—
ドイツの割合	4	42	40	16	2.8	40	3.3	—	0.5	—	—	—	—	—	—
イギリスの割合	—	—	—	—	8.6	20	—	—	—	—	—	—	—	—	—

典拠：Гиндин, *Русские коммерческие банки*, стр. 216-17, 361, 381-82；Ронин, *Иностранный капитал и русские банки*, стр. 84-85.

268 第2部 ロシア金本位制の成立と展開

圧倒して全国の銀行組織の中で主導的地位を占めるのがペテルブルクの通常事業銀行型に属するといわれる大銀行群であるとされているのであるが, その大銀行の多くがじつは兼営銀行的性格をもっており, その中にあって事業銀行型類型を代表しているのが本行であるということになってくると, ことがらは, 本行がたんに特異な銀行類型を提供しているというにとどまらず, 広くロシアの銀行制度全体の特質を体現しているという, より重大な問題がかかわってくるように思われる。では, それはどのような意味においてであろうか。

(4) 経営構造の展開

社史の示すデータと記述に拠りつつ営業活動と財務内容, 一言にして経営構造の展開をみていくことにしよう。

i 第一期 (1864—72年)　銀行設立の認可申請が大蔵省に殺到するなかで最初に設立認可と定款の承認を得た本行は, 懸念していた総額500万ルーブリという高額に及ぶ株式の募集を順調に完了し, 1864年の11月から営業を開始した〔2-5, 7頁〕。この銀行の発足は, 後続の株式商業銀行に対して定款の作成等において雛型を提供するとともに, 経営の特色・路線, 公衆の反応等について明白な資料を示すことになったという〔4頁〕。本行発足のもつ歴史的意義が銘記されるべきところであろう。

ところで, 創業にあたっていずれも商人身分に属する経営陣が掲げたのは, ロシアで最初に設立された商業銀行として国内商業の発展を通じて顧客と株主双方の利益を同時的に図るという観点にもとづく, ①与信業務の積極的拡張, ②株式資本の有利な活用という二つの課題であった〔40―41頁〕。この二課題は, 精力的に追求され, 営業実績は実際に順調に伸びていった。この過程について注目されるのは, 第一の課題が, 地方商業, 地方商人の商業信用(手形決済), 地方商人と外国金融組織との仲介の要請に応えんとするものであり, 現実に当座勘定・手形割引はこの線にそって急速な伸長を示していること〔2, 40―42頁〕, 第二の課題は創業直後からの鉄道会社株・社債発行への参画, 有価証券・為替取引業務の推進等の多面的な分野, とりわけ早くも産業信用の領域への進出を通じて精力的に追求されたこと〔43―45,

補論 「ペテルブルク私立商業銀行」 269

48, 134頁〕(なお当期総収益中,主力をなしたのは,有価証券・為替取引勘定である)の2点である。以上のことは,①本行が商業信用と産業信用の二面を開業直後から追求していたこと,②しかし,本行の50年の中でこの段階は,相対的に商業信用の比重が高かったこと(表【補2】-2の借方における預金勘定残高,貸方における手形割引,商品・証券担保貸付勘定残高は,五段階を通じて最も大きい数値を示し,以後漸次縮減している),③本行のこのような活動実績が結局は1860年代後半から70年代初めというロシア資本主義形成期の内実と特質(一方での信用関係の未成熟と他方での鉄道建設を軸とする跛行的な「工業化」の開始)を反映し,これに規定されたものであること,④したがって,初発から資本金に依存して(当期には,銀行資金の32.7%——表【補2】-2参照)ユニバーサル銀行として出立していかなければならなかったという点において,本行は,形成期のロシア株式商業銀行制度を体現していたこと,の4点を指し示しているように思われる[4]。

ともあれ,以上のような諸特徴をもつ本行の活動は,経営陣の堅実運営路線(表【補2】-2貸方の「現金・当座預金勘定」の高比重,証券保有[大部分は国債等の保証証券]勘定の高比重)のもとで,当段階の経済的活況に支えられて高収益を生み,十数パーセントの高率配当とこれに対応した株価の上昇をもたらすことができたのである〔45—48頁〕(なお表【補2】-2の配当,株価の欄参照)。

  ii 第二期　　　第一期において後発の株式銀行との競争の中で堅実運
　　(1873—89年)　営をこととしてきた本行も,ブームのあとに到来した
1873年恐慌の激しい震撼を逃れることはできなかった。手形債権のコゲつきによって生じた欠損,銀行の信用の低下は,預金の大量流出,期末収益の大幅減退,株価の暴落へと発展し,本行の株式は創業以来10年を経ずして無配に転落することとなった〔49—51頁〕。この73年恐慌による打撃は積立金のとり崩しなどによって辛うじて持ちこたえられ,翌74年には復配に転ずるなど本行は早い立ち直りをみせたが,恐慌に続く深刻な不況は76年まで続き,その後1877—78年の露土戦争景気とこれに続く比較的ゆるやかな好況を迎えることになるが,全般的には,世界的大不況の展開に規定されて長期の経済不況が続くことになった[5]。本行の歴史もこの経済環境に規定された新たな段

270　第2部　ロシア金本位制の成立と展開

表[補2]-2　ペテルブルグ私立商業銀行の営業動向

	借方			貸方					配当	株価		参考資料
	全資本金	預金	コレスポンデント	総合バランス	預金・当座預金	証券有保	手形・貸付	コレスポンデント	オンコール	％	最高	最低	備考
1866	5.0	3.2	0.3	9.0	1.6	0.5	4.9	(1.1)	—	10.2	265	240	
67	5.1	3.9	0.9	12.0	1.4	3.9	4.7	(1.3)	—	11.4	275	240	
68	5.1	2.9	0.0	9.2	1.3	1.3	5.1	(1)	—	12.4	333	268	
69	5.3	9.3	0.4	16.2	6	2.4	6.6	(0.7)	—	15.7	375	324	
70	5.3	22.8	—	29.7	16.2	3.2	6.6	(3.6)	—	13.6	400	330	定款有価証券条項改定
71	5.4	10.6	—	17.4	4.9	2.5	4.9	(4.6)	—	14.4	395	350	統一銀行法制定
72	5.4	11.2	0.0	18.1	5.9	2.3	6.5	(2.6)	—	13.4	425	350	
1866-72平均(%)	5.2 (32.7)	9.1 (57.2)	0.2 (1)	15.9 (100.0)	5.3 (33.3)	2.3 (14.5)	5.6 (35.2)	(2.1) (13.2)	—				
1873	5.5	13.6	—	20.5	5.8	2.7	5.6	(5.4)	—	—	365	200	73年恐慌 経営危機
74	5.0	5.1	—	10.4	2.3	2.5	2	(2.8)	—	4.0	230	205	国銀による配当優遇措置解除
75	5.1	4.3	—	9.6	2.3	2.0	1.7	(5.1)	—	4.0	240	200	大銀行中業績第8位
76	5.1	7.2	—	12.7	2.8	2.5	3.3	(5.6)	—	4.0	230	185	
77	5.1	4.1	—	9.2	1.4	1.7	3.3	(2.6)	—	6.0	205	170	露土戦争
78	5.2	10.4	—	16.3	5.1	1.7	2.4	5.9	—	6.0	226	190	
79	5.2	10.0	—	16.1	5	3.9	2.3	0.4	—	6.0	252	219	
80	5.3	6.2	2.3	14.5	2.2	4.3	2.7	4.5	—	6.0	230	205	大銀行中実績第10位
81	5.3	7	—	13.1	2.9	2.2	3.2	3.8	—	6.0	230	200	82年恐慌
82	5.4	6.1	—	12.2	2.6	3.3	2.7	3.3	—	7.0	256	210	
83	5.1	5.1	2.6	13.6	2.6	2.5	2.4	2.7	—	7.0	250	238	
84	5.5	5.6	1.2	12.9	3	1.3	3.8	2.5	—	8.0	300	235	
85	5.5	6.6	3.5	16.3	3.8	1.3	5	3.8	—	8.0	317	273	
86	5.6	6.1	3.9	16.3	2.3	0.9	6.1	4.3	—	8.0	335	305	
87	5.7	6.4	4.0	16.8	2.1	2.9	7	6	—	8.0	458	310	
88	5.7	8.9	6.5	21.8	3	1.7	5.3	8.5	2.4	6.0	410	275	
89	5.8	6.2	4.5	17	2.4	1.4	3.3	5.9	—	6.0	385	282	
1873-89平均(%)	5.4 (36.7)	7. (47.4)	1.7 (11.4)	14.7 (100.0)	3.0 (20.6)	2.3 (15.5)	3.9 (26.8)	[4.3] (29.3)	—				

補論 「ペテルブルク私立商業銀行」　271

年										配当	株価高	株価低	備考
1890	5.8	4.9	3.8	15.1	1.8	1.4	3.5	5.2	2.0	無配	325	260	90年恐慌
91	5.9	5.2	5.5	17.2	1.4	3.1	3.1	4.6	1.5	6	291	260	シベリア鉄道起工
92	5.9	4.6	5.5	15.5	1	3.4	3.2	4.6	1.2	9	401	278	
93	6	3.7	6.5	17	1.1	1.7	5.1	5.7	1.4	10	425	358	大銀行中実績第11位
94	6.1	2.0	9.1	17.9	1	2.1	5.1	8.3	2.3	11	480	405	
95	6.2	3.2	5.8	16.2	0.5	1.6	2.6	7.4	1.7	14	668	440	地方支店開設
96	8.6	4.0	8.4	23.8	0.9	1.8	3.1	2.2	1.4	12	608	504	
97	11	4.7	10.6	29.7	0.9	2	1.5	17.1	4.6	12	532	452	モスクワ支店開設、金本位制導入
98	11.2	7.9	10.7	36.4	1.6	2.2	5.1	14.7	3.9	12	550	452	
99	15.7	10.7	15.3	50.4	2.3	2.3	10.6	16.9	6.5	11	548	418	
1890-99平均	8.2	5.1	8	23.9	1.3	2.2	4	8.6	2.9	無配			
(%)	(34.5)	(21.3)	(33.3)	(100.0)	(5.2)	(9.1)	(16.8)	(36.0)	(12.2)				
1900	15.8	9.3	12.9	44	2	2.0	10.3	15.7	5.0	4	423	273	1900年恐慌、大銀行中実績第12位
01	15.8	8.3	17.6	46	1.5	4.2	11.4	17.2	4.4	無配	282	198	
02	13.3	7.7	18.4	45.1	1.4	4.1	10.4	18.2	3.2	4.4	235	196	
03	13.5	11.1	15.8	48.5	1.5	4.3	13.9	13.9	3.9	4.4	257	205	本店ネフスキー大通りに進出、日露戦争
04	13.6	12.9	25.6	59.9	2.2	4.4	15.1	18.8	6.1	5	246	170	
05	13.6	13.1	23.8	58.6	2.0	2.8	18.6	17.3	3.7	4	269	172	1905年の革命
06	13.7	7.1	28.6	57.8	3.3	3.1	19.6	19.6	4.2	12	196	142	
07	13.7	8.8	17.6	44.9	1.1	3.1	13.5	16.6	2	無配	175	116	1907年恐慌　経営危機
08	8.0	9	13.9	34.8	1.7	2.7	9.5	10.9	1.3	〃	160	136	減資　大銀行中実績第15位
1900-08平均	13.4	9.7	19.4	48.8	1.7	3.4	13.6	16.3	3.8		以上、株価額面		
(%)	(27.5)	(19.9)	(39.7)	(100.0)	(3.5)	(7.0)	(27.8)	(33.4)	(7.7)		250ルーブリ		
1909	8.0	7.6	12.2	29.5	1	2.2	7.6	13.4	2	—	136	44	定款大幅改定、経営陣全面交代
10	8.0	5.9		29.8	0.6	2.5	5.8	15.3	1.1	—	236	57	増資
11	12.0	20.2	14.2	53.6	1.5	2.7	22.8	9.8	8	6.5	298	236	ネフスキー支店分離・独立
12	20.9	26.7	44.8	102.9	1.5	6.6	36.6	30	19.9	9.375	314	254	モスクワ支店一番街へ進出、ロシア・アジア銀行と提携
13	31.7	44.1	48.4	135	2.2	3.1	32.1	61.5	30.7	9.375	293	245	
14	43.7	52.4	73.7	181.1	3.4	13.1	44.6	72.3	44.8	—			第一次大戦開始、大銀行中実績第11位
1909-14平均	20.7	26.2	34.3	88.7	1.7	5	24.9	33.7	17.8		以上、株価額面		
(%)	(23.3)	(29.5)	(36.7)	(100.0)	(1.9)	(5.7)	(28.1)	(38.0)	(20.0)		200ルーブリ		

典拠：Петроградский Частный Коммерческий Банк стр. 130-133, 140 и т. д.

階を通過することになる。

　さて，このような状況のもとで本行の営業構造は次のような特徴を示すこととなった。すなわち，①1873年恐慌時の深刻な経験に鑑みてひたすらリスクを避け，経営の安定と正常な銀行業務を重視して，バランスのとれた資金運用を図ることとなった〔54—58頁〕。国債等の優良安定証券の保有を持続したこと，相対的のみならず絶対的にも規模を縮小しながらもなお現金準備と本行名義の当座預金残高を高水準で保持したことはそのあらわれである〔61—63頁〕（表【補2】-2参照）。②だが，景気が全般的に冷え込んでいる状況の下で，借方の預金残高，貸方の手形割引等の商業信用の規模は相対的のみならず絶対的にも減退した。③これにかわって将来本格的な産業信用に発展していく特定の顧客とのコレスポンデント勘定の地位が絶対的相対的に伸びてきた。④したがって，第一期と共通する経営基調を維持しながらも資産構成は次第に第一期のそれから離れ，事業銀行型の方向に傾いていく結果となった。

　いずれにせよ資金の運用総額，資産勘定総合バランスは，第一期に比べても絶対的に減退している。一般株主に対する配当率も，創業以来10年間続いた特別措置（後述）が解除されたことも加わって，第一期に比してほぼ半減し，株価は，当期後半に一時高騰しながらも，全体としては額面水準前後ないしは額面割れの水準で長期間低迷していた。みられるように，当期の経営状態は長期間低迷を続け，ロシア株式銀行制度の中で占める地位をジリジリとおし下げていったのであるが，それでも堅実な営業政策と1880年代後半の金融循環の改善につれて，株式の増配，株価の上昇を実現するところまで回復することができたのである。

　　iii　第三期　　こうして不況下に積み上げてきた経営努力にもかか
　　　（1890—99年）　わらず，比較的軽微な1890年恐慌にともなう再度の無配転落によって本行の発展は再度頓挫することになったが〔64—65頁〕，1891—92年の大飢饉の直後から始まる大規模な経済的高揚に助けられて本行は飛躍的な発展の時期を迎えることとなった。ただし，その発展は経営首脳の交代と当段階の経済発展の特質に規定されて，もはや第二期の延長・再現ではなく，営業政策は第二期のそれとは対照的に積極的なものとなった。す

補論 「ペテルブルク私立商業銀行」 273

なわち，株式・社債等非保証証券の発行業務の主力化，そのためのシンジケートへの参加，支店の新・増設，穀物等農産物の取引仲介業務への進出，2回の増資と高率配当方針の実現，等の新たな拡張政策がつぎつぎと打ち出された〔67—76，87頁〕。

　この新経営陣による経営方針の転換は，銀行資産の運用構造の大きな変化となって如実にあらわれてきた。すなわち，表【補2】-2にみられるとおり，借方についていえば，2回の増資によって資本金が期間中に3倍弱増加する一方，預金勘定は期間平均では第二期に比して大きく減退し，その比重を一挙に半減させている。他方，コレスポンデント借方勘定は急増し，期間平均で負債総額の3分の1を占めるに至っている。その結果，資本金と預金総額の関係は逆転し，前者が優位に立っているうえ，顧客や外銀等との結びつきを示すコレスポンデント勘定残高もついに預金残高を抜き去るまでになったのである。貸方については，本行の現金・当座預金勘定残高が前期に続いてさらに落ち込み，保証証券を主とする証券保有勘定も絶対的相対的に減退したうえに，手形割引・商品担保貸付勘定も絶対的並びに相対的に後退する一方で，コレスポンデント貸方勘定が期間中二倍近い伸びを示し，資産勘定中最大項目をなしたうえ，ロシア特有の対株式購入者信用の機能を併せもつオンコール貸付が新たに急増している。この結果，対産業交互計算業務と非保証証券の発行業務とに主としてかかわる最後の二つの勘定残高が，前の三つの勘定を圧倒し，全体のほぼ半分を占めるに至ったのである。贅言を要するまでもなく本行が事業銀行に転生し，それと同時に，資産運用に投機的色彩が付加され，不安定要因が増大したことは明白といえよう。

　この貸借対照表では不安定要因が具体的にどのようなものであるかは現金・当座預金項目の縮減以外は明らかではないが，社史の記述によれば，有価証券保有勘定は当期収益の有力源泉になったが，その多くは証券の利子からではなく相場操作から生じたものであり，この投機的相場操作の有力な対象となる株券等の非保証証券の比重が有価証券保有額において急増し，しかもその中に多量の不安定株が混入したといわれている〔78—81頁〕。コレスポンデント勘定の取り扱い高の急増も順調に回転している限りは，実態以上に高い収益性を示すが，一旦回転が停滞すると巨大な不安定要因に転化する

危険を孕んでいた〔82―85頁〕。

　以上の不安定要因も1890年代後半に入って市場が堅調で株式相場が好調を維持している限り潜在的なものにとどまり，表面的にはむしろ本行の高収益・高率配当，したがってまた本行株式相場の高騰と増資の順調な実現を保障するものとなった〔76―77頁〕。だが，90年代末になって金融逼迫が進行するのにつれて潜在的危機要因は現実のものとなり，1900年恐慌とともに一斉に顕在化した。

　ⅳ　第四期　　　1900年恐慌の襲来によって本行でも大幅欠損の発生は
　　　(1900―08年)　避けられなかった。その結果，1900年は年末の欠損を見越した先払いによって4％の配当が行なわれたが，翌年には無配に転じ，以後数年間無配こそ免れはしたものの低率配当を辛うじて維持するにとどまり，株価は一挙に激落したあと，額面割れの水準に低迷するという事態になった〔86―92頁〕。銀行の経営危機は，日露戦争の過程で一旦はおさまりかけたかにみえたのであるが，第一次革命，1907年恐慌とこれに続く不況という相次ぐ激動によってさらに追いうちをかけられた。すなわち，1905年頃から銀行財務の諸項目は軒並み減退傾向を示し始め，この傾向は，当段階の末に向けて加速度的に強まっていった〔94―99頁〕。ここに至って株式の無配は恒常化し，26件に上る証券発行シンジケートの割り当て分の未消化と大型債権のコゲつき，欠損穴埋めのための資産のとり崩し，株価の大幅額面割れ，経営陣の辞任，一言にして本行崩壊の危機が迫っていたのである。

　このような危機的状況は，営業構造の中にどのように投影しているであろうか。この点については次のような変化を指摘することができる（表【補2】-2参照）。①まず借方については，資本金が取り崩しないし減資によって横ばいから減少に向かう一方で，預金は1905年に向けて回復・上昇したあと減退に転じ，コレスポンデント借方も絶対額・比重とも預金の約2倍の水準で同じような変化を示している。②貸方については，現金・当座預金勘定と有価証券保有勘定が時系列的には同じような変化を示しながらも比重を10％前後までさらに減退させる一方，手形割引・通常貸付勘定は絶対額・比重を相当に伸ばし，コレスポンデント貸方勘定・オンコール勘定が絶対額としては高い水準を持続しながら比重を減退させ，③総バランスでは，第三期に

補論 「ペテルブルク私立商業銀行」 275

比して2倍以上の高い水準から減退に転じ，収益は悪化している〔93，94，98，99頁〕。④いずれにしても1907―09年頃には各数値は一斉に減退傾向を示した。以上のことが意味するところは，①1900年恐慌後，銀行は正規の銀行業務への復帰を一定程度示したこと，②しかし他方では，第三期に形成された産業との緊密な融・結合は，独占体成立期にあたる当期にはもはや解消しえず，むしろ高い比重を持続したこと，③したがって当期の経営政策の特徴は，前期に打ち出した事業銀行型経営の枠組を維持したまま不況の状況下で商業預金業務をとり込み，いわゆる兼営銀行化によって転生・立て直しをはかったこと，④にもかかわらず，一方では，不況下の経営活動一般の沈滞・混乱，その下での顧客企業の業績悪化，他方では，まさにこの時期に激烈化した銀行間の競争（とくに預金＝資金不足を深刻にさせた）の挟みうちをうけて，銀行の総取引額は頭打ちから縮小に転じたうえ，収益は極端に減退し，財務内容の悪化が加速度的に進行したこと，⑤したがって，兼営銀行化の試みは，支店網等の経営基盤の薄弱な本行の場合，効を奏さず，むしろ中途半端な対応の中で危機を助長する結果となったこと，⑥1905―06年の革命，1907年の恐慌がこの過程をさらに激化させたこと，である。(11)

　かくて事態は経営崩壊の方向に向けて悪化の一途を辿り，ここに営業活動の撤退，立て直しの抜本的再建策が不可欠となった。

　ｖ　第五期　　　　営業内容・財務内容が経営破綻に向かって加速度的に
　　　(1909―13年)　悪循環を繰り返すなかで，経営態勢の改善・改組を受けて新たに選出されたア・ダヴィドフを代表とする経営陣は，精力的に銀行再建策を講じていった〔以下，103―10頁〕。すなわち，営業活動を再建し軌道に乗せるために資産内容が実態に即して徹底的に洗い直され，判明した実際の欠損額は新規の株式発行によって補塡することとし，内外金融グループ，とりわけフランス銀行団との交渉のすえ株式の発行を引き受けさせることに成功した。またこの過程で旧株式の減額と新株への転換が同時に進められた（いずれも1910年）。さらに，他行との競合で欠損が多く足手まといになった支店の閉鎖がモスクワ支店を例外として断行された。かくて，1910年をもって再出発と称してもよいような抜本的再建の作業が終了した。株式の配当は，5年続きの無配にとどまったが，株価はすでに額面割れの低迷を脱して上昇

に転じている。

　翌1911年以降は，既に1909年から始まった大規模な経済的活況に支えられて再建期から進んで発展の時期となった。そのことは，貸借対照表の各数値が一斉にしかも急テンポで増大したこと，6年ぶりに6.5％の配当が実現し，増配に向かったこと，株価の一層の上昇等によって明らかであるが，この過程については，なお次の点が注意されるべきであろう。すなわち，まず第一に，1911年の株主総会で新経営陣は，本行の新規株の発行を引き受けたシンジケートの「本行がロシア産業界と国際金融市場とのよき仲介者になるべきである」との意向を汲んで，積極的産業融資政策による企業の発展の助長，資金の活用による株主利益の追求，国際金融市場との仲介業務の重視の3点を，通常業務の遂行とともに，新たな経営方針として提起したということである〔109─10頁〕。これは，本行が商業銀行の性格を最終的に払拭して，国際的金融コネクションを強化した事業銀行として独占化した大企業への重点融資を組織的に行なうことを宣言するものにほかならない。

　第二に，他の大銀行との競合（とりわけ預金獲得競争）の中で，資金供給を預金に頼ることを放棄して（支店の閉鎖はそのあらわれ），安価な外国資金の取り入れに切り換えるとともに，一方ではこの新たな資金供給源が国際金融市場の変動に直接左右されること，他方では，特定企業に大量の資金を集中的に投下する必要が生じたことの2点に対応して，自己資金の拡大＝相次ぐ増資の方針を積極的に打ち出したということである〔112─14，121頁〕。これによって，本行は他の兼営型大銀行と訣別し，さきに表【補2】-1によって確認したごとく，「ペテルブルク割引・貸付銀行」とともにロシアの代表的事業銀行へと名実ともに脱皮したのである。ここに至る過程は，これまで十分言及してはこなかったのであるが，他のペテルブルクの大銀行（ただし「ヴォルガ・カマ銀行」を除く）のそれと実は大差はないといってよく，最後になって，前述のごとき深刻な経営危機，大銀行間の激しい競争戦における立ち遅れ，危機救済時における西欧金融グループの決定的ともいえる関与の3点が両者を分かつことになったといえよう。なお，このことは，本行が特異な銀行類型として独自の営業路線を単独行するということを意味しない。むしろ，この事態を経てこそ，1912年のモスクワ支店の閉鎖と「モスク

ワ私立商業銀行」への独立,両行間の新たな業務提携＝支配関係の形成〔119-20頁〕,ロシアにおける最大の銀行で最大級の支店数を誇る「ロシア・アジア銀行」との固い業務提携の実現〔121頁〕,実現はしなかったがシベリア地方に多数の支店をもつ「シベリア商業銀行」との提携の動き等が相次ぐことになった。事業銀行への脱皮は,こうした一連の金融的再編の一環であり,国際的金融団,端的にはフランス金融グループによって当期に集中的に打ち出されてきた対ロ金融工作の一つのあらわれでもあった。最初に,本行がある意味でロシア銀行制度の特質を代表していると述べたのは,以上のような意味においてである。

(5) 大蔵省・「国立銀行」の位置と役割

　本行の形成・展開にかかわる副次的論点として大蔵省（蔵相）と「国立（中央）銀行」が演じた役割について簡単にみておきたい。社史はいくつかの箇所でこの点について言及している。なかでも興味深いのは,創立期についての指摘である。本行が,認可申請の殺到するなかで,ロシアで最初の株式銀行として法令によって設立を認可されたことのうちにすでに大蔵省の積極的意思は察することができるのであるが,社史は,本行が設立にあたっては蔵相レイテルンの積極的支持があったこと,そして頭取になるブラントの要請に応えて第一期の2万株,総額500万ルーブリの株式発行のうち5分の1にあたる4000株100万ルーブリの株式を国立銀行に取得させ,加えて,向後10年間は5％の配当分を受け取らずに他の一般公募株主に対する追加配当にまわすという特恵的優遇措置を約束したこと,同時に,この間大蔵省から2名の代表が取締役会に派遣されたことを明らかにしている〔2-4,8頁〕。端的にいってこの事態は,単なる支持・援助の域を超えて半官製型銀行の創設を物語っており,揺籃期ロシア銀行制度の特質が窺えて興味深い。
　銀行の営業路線,営業内容については定款とその修正の承認を通じてそのつど大蔵省の意向が直接・間接に示されているといってよいのであるが,この点で,有価証券の保有限度枠,有価証券担保貸付枠,有価証券の売買操作等の緩和・自由化に関する定款改正を1871年,97年,99年に株主総会の決議にもとづいて大蔵省が承認していることは,ペテルブルク型銀行の発展に対

する政府の姿勢を示すものといえよう〔19―20頁〕。

このほか、国立銀行は中央銀行として本行の経営危機に際して緊急救済融資を行ない、金融危機の波及、金融市場の混乱回避に努めた模様であり、社史は、1873年恐慌時の救済融資についてのみ触れているが〔50頁〕、ローニンによれば、第四期の深刻な経営危機の際には、本行は専ら多量の国庫資金融資によって支えられ、後に欠損補塡のための増資にあたって200万ループリの株式が500万ループリに上る債務の返済分の一部として国立銀行に売り渡されたといわれる。[13] 本行が他行に比して大蔵省筋に近く、特別の優遇を受けたとする証拠はなく、[14] 1897年まで三十余年にわたって取締役は商人身分に限るとした定款をもち、この時点であえて定款改正を行なって官界出身者に席を空けたこと〔21頁〕は、大蔵省との人的結合戦において本行がむしろ立ち遅れていたことを暗示している。したがって、上の緊急融資の事例は、本行に限定される特別の意味をもつとは思われないが、危機にあたって国立銀行と大蔵省が決定的発言権をもち、必要とあらば銀行の将来を決するほどの影響力を発揮する地位にあったことを示すものとして重要であるといえよう。

そして実際に、第四期末から第五期はじめにかけての本行の再建、経営路線転換にあたっては、大蔵省は指導的影響力を発揮し、内外の金融グループ、とりわけフランス系金融グループとの株式発行をめぐる交渉と協定締結を成功させたといわれている〔104頁〕。[15] 同じことは、「ロシア・アジア銀行」グループの形成についてもいいうるように思われる。[16] 以上の諸点に鑑みて、ロシアの代表的事業銀行型銀行としての本行の形成過程において大蔵省は軽視すべからざる役割を演じたといえよう。

(6) 外国金融資本との関係

最後に、本行と外国金融資本との関係について簡単にみておこう。本行の場合、第五期の再建期以前は外国の金融資本との関係が他行に比して弱かったといわれる。[17] だが、このことは、対外的金融連関が薄弱であったことまでを意味するわけではない。では、どのような形で連関がもたれていたのであろうか。

まず創業期については、社史は、①前述のごとく本行の設立目的が地方商

人と外国市場との結合を媒介することにあったとし，②本行の営業活動の中で外国為替取引が有力な収益源になった事例についても指摘したうえ，③何よりもまず，第1回の創業株式の発行にあたって，全株式の5分の1，100万ルーブリがベルリン，ロンドン，パリ，アムステルダム，ウィーン等の金融商会によって引き取られたこと，④業務の開始にあたっては，ドイツのメンデルスゾーン金融商会やパリのロスチャイルド商会の推薦にもとづき各種金融業務に精通した西欧の実務専門家が幹部職員として採用されたこと，などの興味深い事実を明らかにしている〔2，4，6－7，45頁〕。

その後の営業活動についても，外国為替取引や農産物貿易の仲介が目立ちこそはしないが有力な業務であり続けたこと，また，預金を有力な資金源としてもちえない事業型銀行として外国短期資金のとり入れには敏感であったと察せられること，前述のごとく証券発行に関して第三期だけでも26件の内外のシンジケートに参加していること等の事実は，西欧金融市場との緊密な関係を窺わせている〔66，68，112，114，140頁等〕。[18]

さらに，銀行再建の第五期に至っては，詳論を要するまでもなくフランス金融グループ（とくに「クレディ・モビリエ・フランセーズ」と「パリ・バ」が主力）の強力な影響力が本行に及んでおり，再建期経営陣には明らかにフランス系と思われる人物が何人か加わっているほか，資金総額の35％がフランスによって占められている（表【補2】-1参照）。さらに，フランス系資本の比重が60％にまで達しているといわれるロシア・アジア銀行（表【補2】-1の同行下欄参照）との間で大蔵省・フランス金融グループの積極的働きかけで業務提携が成り，各種の国際的規模のシンジケートに参加していったという事実も本行が巨大な国際的金融連関の中に編み込まれていったことを示すものとして銘記されるべきことであろう。

フランス金融資本のロシアに対する影響力がドイツのそれに優越して強まり，この影響下に業績第1位のロシア・アジア銀行を筆頭とする最有力の金融グループが形成され，代表的な事業銀行の特性を生かして本行がその有力なパートナーとなっていったという事態のうちに，対外金融依存を特徴とするロシアとその株式銀行制度において本行が占めた位置と意義，本行の50年間にわたる展開の帰結が象徴的に示されているように思われるのである。[19]

(1) *Петроградский Частный Коммерческий Банк за пятидесятилетие его существования 1864 – 1914*, Петроград, 1914. 周知のように大戦とともにペテルブルクはペトログラードと改称し、これに応じて銀行名も変えられたが、この補論では旧称を使用した。
(2) И. Ф. Гиндин, *Русские коммерческие банки*, М., 1948, стр. 357-70.
(3) ロシアにおける銀行類型については、*Очерки истории Ленинграда*, том II, стр. 163-66, том III, стр. 90-96 ; *История Москвы*, том IV, стр. 213 ; 和田春樹「近代ロシア社会の発展構造――1890年代のロシア――」『社会科学研究』17-3, 1965年, 127―37頁 ; Гиндин, *Указ. соч.*, стр. 54-58.
(4) 当期の全商業銀行の活動の一般的特徴づけについては、Гиндин, *Там же*, стр. 46, 51 ; E. Epstein, *Banques de commerce russes*, Paris, 1925 ; Е. Л. Вознесенский, *Операции коммерческих банков*, СПб., 1913. 参照。
(5) 1873年恐慌に続く70―80年代の不況期におけるロシアの株式銀行の動向については、Гиндин, *Там же,* стр. 42-45.
(6) ギンジンの大銀行全体の特徴づけと一致する。Гиндин, *Указ. соч.*, стр. 58.
(7) 全ロシアの株式会社の配当率についてシェペリョフが1885年から1914年までの興味深い数値をあげている（ただし、全社・年平均値である）。本行の配当と直接比較することは妥当ではなかろうが、本行の展開過程と経営動向を理解するのには一定の意味をもつ。参照されたい。Л. Е. Шепелев, *Акционерные компании в России*, Л., 1973, стр. 97, 143, 235.
(8) 当期株式銀行の活動の一般的特徴づけについては、Гиндин, *Указ. соч.*, гл. 2 ; С. Ронин, *Иностранный капитал и русские банки*, М., 1926, гл. 2.
(9) 当段階で全株式銀行中10位以下に転落している本行が、非保証証券担保もしくは白地信用のコレスポンデント・ロロ勘定で、1898年には一時的とはいえ業界トップの数値を示した。Ронин, *Указ. соч.*, стр. 33.
(10) 当期信用制度の一般的特徴づけについては、Ронин, *Там же*, гл. 3 ; Гиндин, *Указ. соч.*, гл. 3. 参照。経営危機は他の大銀行でも生じていた。
(11) 1900年に9行のペテルブルク型銀行がもっていた支店数が92（うち地方支店65）であったのに対し、1908年には、同じく10行で244（うち地方支店202）となっており、8年間で地方支店網は急速に増加し始めていたのであるが、本行の支店数は6を上限とし、そのいずれも次段階で閉鎖ないし分離された。Гиндин, *Указ. соч.*, стр. 110, 152 (таб.).
(12) この点についてはとくに、Ронин, *Указ. соч.*, стр. 116-25. 参照。
(13) *Там же*, стр. 67-68.
(14) ただし、本行は、アンドレイ・ヴラジーミル大公とは非常に近い関係

補論 「ペテルブルク私立商業銀行」　281

にあったといわれる。Ронин, *Там же*, стр. 96. 他行がいかに大蔵省・内務省筋に近かったかということについては，ギンジンの各行首脳の前歴に関する記述を参照。Гиндин, *Указ. соч.,* стр. 361-67. なお，本行を含む銀行グループ間の銀行・産業企業等との人的結合関係については，Е. Б. Белова, В. В. Лазарев, Н. В. Рудюк, Банковские унии в России на рубеже XIX-XX веков, В. И. Бовыкин, ред. *Экономическая история — Ежегодник 1999 —*, М., 1999.

(15)　Ронин, *Указ. соч.,* стр. 95-96.
(16)　注12参照。
(17)　Ронин, *Там же,* стр. 20 ; Н. Ванаг, *Финансовый капитал в России*, М., 1925, стр. 45.
(18)　Ронин, *Там же,* стр. 22, 27.
(19)　Ю. А. Петров, *Коммерческие банки Москвы конец XIX в. — 1914 г.,* М., 1998, стр. 200-48 ; П. В. Оль, *Иностранные капиталы в России*, Петроград, 1922, стр. 29-30.

第3部　対外金融従属の帰結

第6章　大戦前夜ロシア国際収支危機と「ヨーロッパ循環」の危機

1　はじめに

　本章は，第一次世界大戦前夜におけるロシア資本主義の発展の特質と到達点，対外金融従属等が内包していた諸矛盾を国際収支の分析を通じて総括的に捉えたうえで，それらを同時期のヨーロッパ国際経済の構造およびその変化と重ね合わせて検討し，第一次世界大戦勃発に至る危機の国際的発現過程にロシアの側から一定の見通しを与えようとするものである。

　このような課題の解明にあたっては，近年帝国主義研究において有力化しつつある「多角的貿易・決済構造」という視座と「貿易・金融環節」という分析装置とに依拠することにしたい。[1]

　というのはこれらの分析装置が，大戦前夜における国際金本位制下のヨーロッパ帝国主義諸国の構造的類型的特質と相互の経済的ならびに政治的連関（対立と補完）を総括的に示し，大戦に至る国際的危機深化の経済的基礎を明らかにするのに有効な方法を提供していると考えられるからである。また，ロシアに即してみれば，かつて半植民地的従属説の可否をめぐって激しい論争が展開され，ロシア資本主義の発展における国際的契機について研究が生産的に展開する芽をもっていたにもかかわらず，結局一国史的視点から考究されるにとどまったところの大戦前夜のロシア帝国主義について[2]，国際的経済連関の側面から新たな照明を与え，その経済的高揚過程がじつは大戦に最終的に帰結する対外的危機深化，それのみかヨーロッパ国際経済それ自体の危機深化の過程にほかならなかったことを明らかにしてくれるように思われるからである。とりわけ，ロシア資本主義が対外金融従属という特徴を強くもっているだけに，上記の視座の導入の必要性，重要性は明らかといえよう。

ところでこの視座を導入するにあたっては，これにかかわる従来の研究をいくつかの面で批判的に継承し発展させる必要があるように思われる。その一つは，「多角的貿易・決済構造」の段階的展開を時期の面でより厳密に捉えていく必要があるということである。従来の理解では，この構造は20世紀の初頭に確立したとされているが，それ以上の時期規定は必ずしも積極的になされていない場合が多い。古典的帝国主義の段階は，産業循環の側面からみれば周知のように1900年恐慌を頂点とするサイクル（これを第一循環と称する。以下同様），1907年恐慌を頂点とするサイクル（第二循環），それ以降のサイクル（第三循環）という三つの循環をもっているのであるが，「多角的貿易・決済構造」がこれらのうちどのサイクルの中で成立し，各サイクルを通してどう変化したのか，より端的にいえば第三循環はこの構造の展開過程においていかなる位置を占めているのか，という点が必ずしも明確にはされていなかったように思われる。第三循環とはいうまでもなく大戦に直接接続する。したがって問題は，直截に示せば，20世紀初頭に成立したとされる「多角的貿易・決済構造」と第一次世界大戦との関連如何ということになろう。

第二には，「多角的貿易・決済構造」をロシアに即して考えようとする場合，ロシアはこの構造の主要環節の一つである「大陸ヨーロッパ」の一部，もしくは「工業ヨーロッパ」に対置される「その他ヨーロッパ」として副次的迂回的環節として位置づけられてきたのであるが，そのロシアを含むヨーロッパ循環自体を内部構造にまでたち入って明らかにしようとする研究は充分には行なわれていないように思われる。大戦勃発との関連でこの点をみてみるならば，大戦勃発の原因についてはさまざまの理解があり，それ自体精緻な検討を要するところであるが，少なくともその直接の当事国になったのが大陸内のドイツとオーストリア・ハンガリー二重帝国（以下「二重帝国」と略記する）並びにロシアとフランスであったことは，かの「七月危機」の経過が示すとおりであり，イギリスが開戦の主導国でなかったということはほぼ言い得て誤りはなかろう。この点からみても，大陸ヨーロッパ内の多角的貿易・決済構造のあり方（しかも第三循環のそれ）に注目したち入った検討を加えることは，「多角的貿易・決済構造」全体およびその変質と大戦勃

第6章　大戦前夜ロシア国際収支危機

表6-1　ロシア資本主義発展の基本指標

	人口	鉄道距離	株式会社資本金	株式銀行負債	穀物収穫量	鉱工業生産高	商品取引高	貿易	
								輸出	輸入
	100万人	1000km	100万ルーブリ	100万ルーブリ	100万プード	100万ルーブリ	100万ルーブリ	100万ルーブリ	
	1月1日現在				年　間				
1861	73.6	1.6	(256.2)	—	1,649	—	—	177.2	167.1
75	90.2	18.2	—	595.3	1,847	—	—	381.9	531.1
80	97.7	22.7	—	431.4	1,991	1,179.5	—	498.7	622.8
87	113.1	27.3	1,213.2	568.5	2,395	1,400.9	4,111	617.3	399.6
93	121.5	31.2	1,344.3	728.7	2,627	1,820.1	4,438	599.2	449.6
1900	132.9	49.8	2,435.6	1,380.2	2,842	3,086.0	6,995	716.2	626.4
08	152.5	65.5	2,659.5	2,007.3	3,259	4,297.3	7,813	998.2	912.6
13					4,240	6,472.1	10,855	1,520.1	1,374.0
14	175.1	70.2	4,754.1	6,223.0					

典拠：В.И. Бовыкин, *Россия накануне великих свершений*, М, 1988, с. 114-15.

発との関係を究明するうえで重大な意味をもつように思われる。

　本章は，「多角的貿易・決済構造」に関する以上のような問題関心にもとづき，大戦前夜に異常な高揚期を迎えたロシア資本主義について，その問題点を広くヨーロッパ国際経済の構造と動態という面から大戦との関連を意識しつつ考察しようとするものである。

2　大戦前夜好況の特質と位置

　1890年代に通貨改革＝金本位制導入をやり遂げ，異常な経済的高揚をみたロシア資本主義は，1900年恐慌で激しい打撃を受けたあと，本格的な回復過程をもたないままに1904－05年の日露戦争，1905年の革命という激動にさらされ，さらに革命の余波を克服しえないままに再び1907年恐慌とこれに続く不況とを経験することになった。つまり世紀交替期以来じつに10年間近くにわたって混乱と不況の時期を通過してきたのである。表6-1の諸指標は，[8]以上の経過をある程度窺わせている。

　同表はまた，1908年以降大戦に至る時期が今度は一転して好況期となり，それまでの長い経済的停滞・混乱の時期と劇的な対照をなしていることを明

示している。実際には好況が始まったのは1909年の後半以降のことであるから、好況はこの表が示しているよりさらに短期間に急激に進行したことになる。

この劇的な変化はどうして生じたのであろうか。先行する不況期の方はとくに説明を要するまでもないと思われるので、好況の到来を促した要因だけを検討しておこう。

その一つは、恐慌・不況局面で通常想定される過剰資本の整理と弱小資本の淘汰が、今回の場合、不況が長期かつ深刻なものであっただけに一層激しく徹底していたこと、したがってまた新たな設備投資ブームはそれだけ急激かつ大規模なものとなったということである。既存株式会社の閉鎖と新規会社設立に関するデータ(10)がこのことを明確に示している。

第二には、1909年から2年間にわたって史上空前の大豊作が生じたということである。中位の作況年の収穫量を約3割、1億プードも上回る豊作が2年間にわたって続いたことは、穀物の国内販売と輸出の激増、生産者の可処分所得と消費能力の急激な伸張、税収増、国内商品流通量の急増等を通じて長期の不況と混乱のもとに置かれていた国民経済を一気に賦活させる効果をもたらした。

第三に、1905年の農民に対する買戻負担の廃止、翌年のストルイピンによる土地改革の実施、1905年革命後の労働者の賃金水準の上昇、都市自治体による都市建設事業の新たな展開等々の事態が国内市場を量的質的に拡大した。この事態をうけて、消費資料生産部門はすでに不況期の後半から着実な上昇へと転じていたのである。

第四の要因として、これまで有力な市場を提供し続けてきた政府発注において、鉄道建設ははじめて後景に退くことになるが、かわって艦隊建造を主軸とする軍備の再建・増強政策が新たな特需を提供した。

第五に、政府財政が革命の鎮圧、大規模な反革命借款のとりつけ、豊作にともなう税収増、歳出の極端な抑制によって1910年以降均衡を回復し、ロシアの金本位制と国家信用とを回復させた結果、恐慌と革命の時期に一旦国外へ流出・逃避していた外国資本が再び、しかも今度は1890年代を上回る規模で民間企業投資を行ない、設備投資ブームを助長した。

大戦前夜の好況は、以上のような諸要因によって促進された結果、他の循

環性好況(例えば1890年代のそれ)と共通の様相を呈するだけでなく,独自の特徴を新たに示すものとなった。その一つは,国内市場の拡大・深化が本格的に始まったということである。無論,先行循環における各好況局面は多かれ少なかれ国内市場の拡大と結びついていた。だが,たとえば,90年代好況の場合,鉄道建設等政府発注が絶対的にも相対的にも大きな地位を占める反面,農民は重い税負担のもとで飢餓輸出を強要される対象にとどまり,現実に租税滞納率は高い数値を示し,しかも上昇傾向を示していた。[16] 第一次革命における農民運動の高揚とこれに対する買戻負担の廃止策はそのことを端的に物語っている。これに対して,当期には農民の可処分所得は着実に伸び続けている。たとえば,1901年から1912年の間にヨーロッパ・ロシア全体の農民のそれは総額で約2倍弱に伸び,農民1人当たりに換算しても約5割も伸びている。[17] この数値とても西欧諸国のそれと比較すれば数分の1のミゼラブルな水準にとどまっていることは否定できないが,国内消費のベクトルが拡大・深化の方向に大きく転じたことは明らかである。

第二の特徴は,国内市場がこのような変化を示し始めたまさにその時点で,これまで跛行的顚倒的な形で推転を遂げてきた工業が鉱山・冶金・金属加工等の部門を中心にあいついで独占体を生み出し,[18] さなきだに狭隘な産業的基盤の上で独占体固有の寄生性・腐朽性も加わって,増大する商品需要に応えることができず,一部で商品飢饉さえ惹き起こしたということである。この問題は,国会・政府部内,在野の激しい論戦を大戦に至るまで展開させていくことになる。[19] 論戦は,政府の官僚主義的行政的統制に対する「ブルジョワ的自由」の要求と「ブルジョワの横暴」に対する統制強化の主張との対峙という形で展開したが,その内実は,専制の胎内で跛行的早熟的に育った独占体をめぐる骨肉の争いにほかならなかった。論争の現実の焦点になったのが増大する国内市場の需要に対する輸入拡大の是非をめぐるものであったことは,行論とのかかわりにおいて充分注目されてよい。

さて大戦前夜好況に関する特徴の第三点は,国民経済の末端から最先端に至るまで国内信用制度・金融組織が組織・活動の両面で大幅に前進したということである。[20] すなわち,地方にあっては,1万8000弱に及ぶ末端の零細信用機関,大都市の分も含めて8000を超える国家貯金局の窓口,地方都市や有

力拠点に設置された都市公営銀行（約300），相互信用銀行（約1000）が大戦前夜の数年間に設置されるかもしくは営業内容を飛躍的に拡張させ，中央にあっては，主として両都に本拠を置く株式商業銀行が地方株式商業銀行を圧倒して約700近い支店網を当期に築き，与信量・預金量を一挙に2倍・3倍へと引き上げて中央銀行たる国立銀行の商業銀行的機能を圧倒する一方，公的預金に資金の主力を頼る国立銀行は，地方支店網を拡充して全国の信用活動を統轄するとともに自らは「銀行の銀行」として，両都の株式大銀行に対する中央銀行としての機能を強化していった。注目すべきことは，このような全国的信用体系の形成が当期に集中的に進行していること，底辺における信用組織の飛躍的発展が前述の国内市場の拡充・深化に根ざしたものであること，他方，中央における株式大銀行の集積・集中の進行がその産業支配の拡大を通じて紛れもなく，金融資本の成長・聳立を促したこと，最後に，このような過程でロシアの銀行組織は，長資・短資の両面で西欧銀行資本との結びつきをさらに強め，資本輸入の脈管を構成していったということである。

　好況の特徴の第四点は，強力な歳出抑制策と好況にともなう税収増とによって，財政が先行する不況期と際立った対照を示しつつ均衡を回復するのみか巨額の財政剰余を生み，その多くが国庫在外資金として西欧金融市場に積み立てられていったということである[21]。このことは，極端な歳出抑制政策の継続（歳出総額は1907から10年までの4年間軍事費も含めて横這い状態に据え置かれ，その後軍事費の膨脹等により増加傾向に転じたとはいえ，1913年時点でもその規模は7年前の1906年の水準に復帰したにとどまる）を通じて，経済政策の基調を国内市場の拡大・深化に支えられた民需依存のいわば民活路線に転轍する一方，累積債務体制下の対外信用維持と外国資本による民間企業投資を促進するという路線の定置を意味することになる。後者の点は，ストルイピンの農村改造路線（共同体解体と富農育成）にともなう不動産抵当金融の拡大の結果（国内金融市場における抵当証券の氾濫）であると同時にこれを補完する効果ももった。

　以上のような大戦前夜好況の諸特徴は，ロシアがクリミア戦争の敗北以来推し進めてきた上からの資本主義化の動きが，専制＝絶対主義と地主の土地独占のもとで段階的進化を遂げ，いまようやく国民経済の底辺＝深部を捉え，

その部分的改変にまで及んだことを意味する。他方では，この間西欧資本主義国との対立と依存の緊張関係の中で跛行的顚倒的に発展を遂げてきた工業と信用制度とが独占体と金融資本による国民経済の寡頭的支配を畸形的に生み落とし，基底の地主的土地所有と零細農民経済の上に聳立させるに至った。ロシア資本主義は要するに発展の一つの帰着点，折り返し点に達しつつあったのである。この折り返し点に位置するロシア資本主義が第二循環から第三循環へと推転し大戦へ向けて緊張を強めているヨーロッパ国際経済の中でどのような位置を占め，どのような問題点を抱えていたのであろうか。次節以下で改めて検討してみることにしよう。

3　国際収支危機の進行

ロシア資本主義の発展過程を世界市場とのかかわりにおいて総括的に捉えようとする場合，国際収支の総合的分析は一つの有効な方法になるように思われる。前節でみた大戦前夜好況の総合的評価も位置づけもまた，当期の国際収支の分析をまってはじめて可能になってくるといえよう。そして実際に結論を先取りしていえば，大戦前夜好況の問題点はまさにこの国際収支構造のうちに集約的にあらわれていたのである。以下，そのことを国際収支構造の歴史的推移と大戦前夜の構造の分析を通じて明らかにしていこう（表6-2参照，なお第5章表5-1も参照）。

(1)国際収支構造の歴史的変容

19世紀半ばの段階で世界市場に本格的に編みこまれたロシアの国際収支は，後発周辺資本主義国特有の構造とその変容の軌跡を残すものであった[22]。以下，国際収支の歴史的展開過程を三つの段階に分けて簡単に跡づけてみよう。

ⅰ　1860年代－70年代　　この段階は，ロシアが一定の産業基盤をもちながらも全体としてみれば，西欧資本主義国に大きく立ち遅れた農業国の状態の下で，クリミア戦争の敗北を契機として「工業化」政策に踏みきっていった時期にあたる。脆弱な産業基盤の上で鉄道建設を基軸とする工業建設を大規模に推進したため，輸入貿易は鉄道関連資材を

292　第3部　対外金融従属の帰結

表6-2　ロシアの対外経常収支の構造

[各年平均、単位：100万ルーブリ]

	貿易収支				国債利払い	会社利子・配当支払い	外人非株式企業利潤・都市公債利払い	旅行者支出	その他	貿易外収支		経常収支
	輸出	輸入	収支	同期間中伸び高						収支	期間中伸び高	
1866-1875*	—	—	−39.7		−43.5	−1.9		7.2+x		−(52.5+x)		−(92.2+x)
1881-1883	—	—	39	+78.7	−107	−9	−4.3	−27	−5.3	−152.7		−113.7
1884-1888	—	—	164	+125	−131	−12.2	−6.4	−28.8	−7.8	−186.2	+33.5	−22.2
1889-1893	649.6	423	226.6	+62.6	−139.4	−16.2	−8	−49.8	−4	−217.4	+31.6	+9.2
1894-1898	705	598.2	107.6	−119	−149.4	−32	−12	−63.6	−11	−268	+50.6	−160.4
1899-1903	799.6	647	150.8	+43.2	−159.2	−51	−10.6	−99	−9.8	−329.6	+61.6	−178.8
1904-1908	1063.2	792	271.2	+120.4	−189	−58.4	−13.4	−142.8	−12.4	−416	+86.4	−144.8
1909-1913	1501.4	1154.2	347.2	+76	−223.6	−114.8	−26.6	−222.2	−12.6	−599.8	+183.8	−252.6
(1911-1913)	1543.3	1252.3	291	—	−222.7	−134	−30.3	−256.3	−11.7	−655.3	—	−364.3

典拠：P. Gregory, *Russian National Income, 1885-1913*, Cambridge, 1982, p. 97-98, Appendix M；
　　　С. А. Покровский, Внешняя торговля и внешняя торговая политика России, М., 1947, с. 240.

注：＊の資本収支は+61.6百万ルーブリ。
　　＊＊の資本収支は+61.6百万ルーブリ。

中心に急激に膨脹していった。他方，輸出貿易は農産物，とりわけ穀物を主力として急速に伸びていたが，鉄道建設が緒についたばかりでもあり，本格的な輸出体制を組むに至ってはいなかった。その結果，貿易収支は大幅な入超状態にあった。貿易外収支では，収入項目にみるべきものがない反面，支払い項目では，18世紀末以来すでに累積していた対外債務の利子・配当支払いを中心として各項目で一方的支払い超過の状態にあったから，経常収支は一方的な赤字となっていた。これを補填するのは，資本輸入の道しかなかったが，公債を中心とする資本輸入にも限度があり，結果としては総合収支の赤字，金の流出という事態が生じていたのである。[23]

ⅱ 産業資本確立段階 　国内工業の跛行的成長，その結果としての工業
　　（1887年前後）　　　製品の自給化，これを助長する禁止的高率保護関税政策等により輸入貿易は増勢を止めるだけでなく大幅な縮小傾向さえみせた。他方穀物を主力とする輸出貿易は，かの飢餓輸出政策に象徴される輸出増強策等により飛躍的な伸びを示したので，貿易収支は一挙に巨額の黒字をあげるに至った。貿易外収支は相変わらず大幅の赤字となっていたが，その伸びは対外債務の主力をなす外債の低利借り換えが成功したため著しく鈍化した。以上の結果，経常収支は一挙に黒字へと転化した。この段階は貿易収支の劇的な改善による国際収支安定の時期と特徴づけられよう。[24]

ⅲ　1890年代前半以降　　当期に実現した通貨改革＝金本位制のベースの
　　　　　　　　　　　　上で，貿易収支は前の段階同様に黒字基調を一貫して持続し，国際収支＝経常収支を支える唯一の項目として重大な役割を演じ続けた。だがその黒字幅は縮小するかもしくは伸びを鈍化させる一方，貿易外収支では，累増する新規対外債務によって利子・配当支払いが高いテンポで伸びを示すほか，旅行者支払いがこれに劣らぬペースで増大し続けたため，経常収支は再び赤字に転落するだけでなく，その赤字幅を次第に広げていった。このため総合収支の維持は専ら資本輸入の動向に依存することとなったが，この事態は新規の対外債務の累増を意味するものにほかならず，利子・配当支払いはこれによって加速度的に増大し，まさにこの段階，なかでも大戦前夜に新規の資本輸入額を現実に凌駕するに至ったのである（図6－1参照）。これ以降，新規の資本輸入はたかだか対外累積債務の利子・配当

294　第3部　対外金融従属の帰結

図6-1　大戦前夜の国際収支

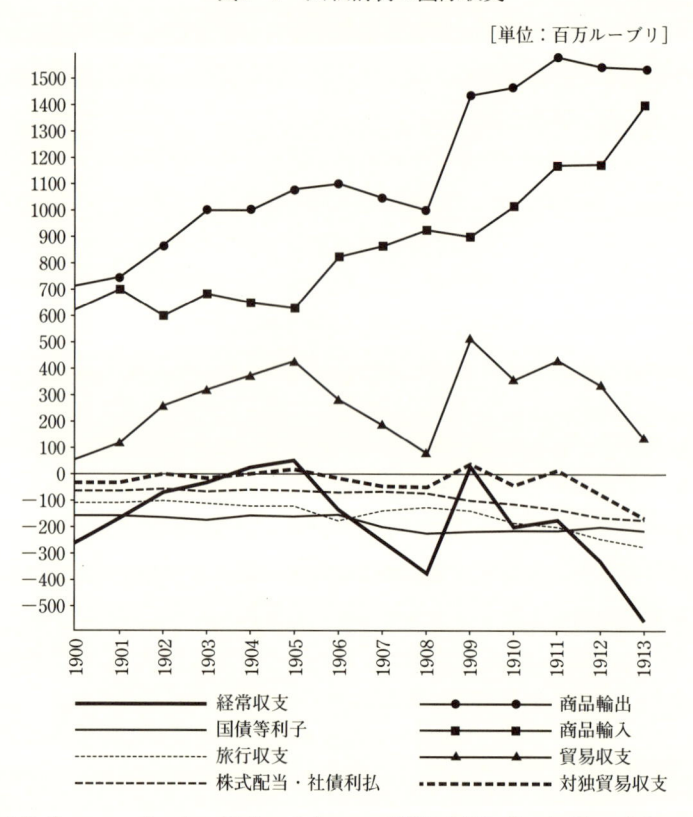

[単位：百万ルーブリ]

凡例：
- ── 経常収支
- ── 国債等利子
- ---- 旅行収支
- ---- 株式配当・社債利払
- ─●─ 商品輸出
- ─■─ 商品輸入
- ─▲─ 貿易収支
- ━━ 対独貿易収支

典拠：P. Gregory, *Russian National Income 1885-1913*, Cambridge, 1982, p. 97-98.

の一部を賄うにすぎなくなったのである。ここに累積債務国特有の悪循環が加速し始めたといえよう。

　前節でロシア資本主義が大戦前夜好況期に発展の一つの帰着点・折り返し点に到達したということを指摘しておいた。その折り返し点とは，国際収支の面からみれば上記の悪循環の本格的開始点でもあったのである。では，両者はどのような意味連関をもち，大戦前夜のロシアにどのような問題をつきつけることになるのであろうか。以下，国際収支項目の分析を通してこのことを検討してみよう。

(2) 大戦前夜国際収支の構造

　前項でみたとおりロシアの国際収支は，まさに大戦前夜の数年間に急激な悪化を特徴とする新たな段階に入っていた。この変化の原因，意味を各項目にわたって検討してみることとしたい。

　i　貿易外収支　　ロシア国際収支項目ではサーヴィス収支（海運料・保険料等）は貿易価額の中に含まれているので，ここでは利子・配当・旅行者支払いの3項目のみを検討することにしたい。

　(A)　利子支払い　　貿易外収支中ほぼ一方的な流出項目をなし，しかもその最大規模を示すのは国債・政府保証鉄道債（以下とくにことわらない限り国債と一括して表現する）の利子支払いである。この項目が最大規模を示してきたのは，一般的な要因としては，国内資本市場の未成熟に対応して外国資本を財政パイプを通じて利用・撒布したこと，財政自体が不健全かつ脆弱であったことによるものであり，19世紀末までは外債発行が外資導入のいわば唯一の窓口になり，したがってまたその利払いも歳出額の最大項目（最大時30％以上）であると同時に貿易外収支勘定の優に過半を制し，国際収支の底上げ・硬直化要因をなしてきたのである。19世紀90年代以降，この項目の伸びは鈍化し，負担は相対的に軽減されてきたが，日露戦争と1905年の革命の危機に対応した大規模な反革命借款がその利払い額を2.2億ルーブリ台へと押し上げ，財政と国際収支双方の負担を底上げして，依然としてそれらの硬直化要因であり続けた。1909年以降均衡財政確立政策とかかわって一般財政目的の国債発行が停止された背景には上の事情があったのである。

　最後にこの国債利払いの相手国についてみれば（表6-3-A参照），19世紀の80年代末以降ロシア外債の3分の2前後はフランスが購入したと推計されており，同じ比率で元利払いもフランスに向けられたとみてよい。その額は，フランスの国外投資利子収入総額のざっと2割以上をなし，フランス国際収支の一大有力部分を構成したと推測される。フランス以外では，ドイツ，オランダ，イギリス等が残りを分け合っており，その額・比率はフランスに比べればわずかといってよい。

　(B)　株式配当支払い　　この項目は，金額でこそ国債利払いや次にあげる旅行者支払いに劣るものの，伸び率では最も高く，1880年代の初めには国債

表6-3-A ロシアの国債・鉄道債に対する外国人投資の国別内訳

	1914年までの国債・鉄道債				大戦中の戦時借款	
	国債		鉄道国債			
	100万ルーブリ	%	100万ルーブリ	%	100万ルーブリ	%
フ ラ ン ス	3,000	65	600	40	1,340	19
ド イ ツ	400	9	525	35	—	—
イ ギ リ ス	250	5	250	17	5,100	71
オ ラ ン ダ	450	10	125	8	—	—
合 衆 国	—	—	—	—	467	6
日 本	—	—	—	—	233	3
そ の 他	500	11	—	—	83	1
計	4,600	100	1,500	100	7,223	100

表6-3-B ロシアの株式・社債に対する外国人投資の国別内訳

	1890年		1900年		1915年		1917年	
	100万ルーブリ	%	100万ルーブリ	%	100万ルーブリ	%	100万ルーブリ	%
フ ラ ン ス	66.6	31	226.1	25	687.9	31	648.2	32
イ ギ リ ス	35.3	16	136.8	15	535.4	24	501.6	25
ド イ ツ	79.0	37	219.3	24	436.1	20	318.2	16
ベ ル ギ ー	24.6	12	296.5	32	318.7	15	314.7	16
合 衆 国	2.3	1	8.0	1	114.0	5	117.7	6
そ の 他	6.9	3	24.3	3	113.8	5	112.3	5
計	214.7	100	911.0	100	2,205.9	100	2,012.7	100

典拠：В. И. Бовыкин, *Указ. Россия*, с. 132.

利払いのわずか10分の1以下であったものが当期にはすでに2分の1を超えるところにまで達している。これは、後発国の場合外国資本による民間企業投資が、民間企業の育成、金本位制の導入（為替相場と通貨制度の安定）、公信用の安定等、いずれも国債発行にもとづくところの投資環境の整備の後に本格化するというパターンに従って、外国資本の株式投資がまさに好況期である当期に入って激増したことの結果にほかならない。ロシアの資本輸入はこうして、当初国債投資が圧倒的比重を占めていた状態から民間企業投資が優位に立つ段階へと大きく交代していったのであるが、このことは、国際収支の側からみれば、高く底上げされた国債利払いの負担に株式配当支払いが新たに積み増しされたことにほかならず、累積債務の悪循環が加速されたといえよう。それらの支払いの相手国は表6-3-Bのとおりである。

(C) 旅行者支払い　　当期に急増して国債利払いと肩を並べるに至ったのがこの項目である。移民の送金もここに含まれる。周知のようにイタリアや二重帝国の場合，この項目は最有力の黒字要因となっていた。ロシアの場合，旅行者については富裕層や在露外国人の持ち出しが断然優勢であるうえ，移民による送金についても，対米移民でイタリアや二重帝国に遅れをとっており，さしあたりは持ち出しの方が多かったと推定される。持ち出しはドイツをはじめとして各国に分散していると思われるが詳細は不明である。

ⅱ　貿易収支　　前述のようにこの項目は，19世紀末以来唯一の黒字項目としてロシア国際収支の均衡確保のために重大な役割を演じてきたのであり，前項でみたとおり貿易外収支の赤字幅が急増している状況下ではその役割はさらに重くなっていた。ところがまさにその時期に貿易収支の構造に重大な変化が生じ，黒字幅が拡大するどころか急速に縮小，動揺し，国際収支の最大の安定要因という地位を放棄し始めていた。

(A) 輸出貿易　　輸出の主力となっていた農作物，とりわけ穀物の輸出は当期に入っても伸び続けていた。それどころか，前述のように1909年，10年には史上空前の記録的豊作に支えられて輸出額は激増し，貿易収支を大幅に改善させている。豊作の背後には播種面積や播種量の急速な拡大，農業機械の利用の急速な進展，ストルイピン土地改革の進行等これを裏づける条件の前進も明瞭にあった。

しかしながら，このバラ色とみえる状況の中に重大な不安材料が胚胎され，その一部は1913年時点で尖鋭な形で表面化し，ロシア穀物輸出の将来と貿易収支の行く末を憂慮させた。その不安材料とは，一つは，飼料用穀物の大麦を除く穀物の輸出の伸びがこの時期になって明確に減退ないし鈍化していることである。この事態は，ロシアがヨーロッパの食料供給基地であることを次第に放棄し，かわってより下位の飼料供給基地の地位に甘んじざるをえなくなってきたことを意味する。第二には，この事情の背後に食料用穀物をめぐる世界市場競争が激化し，ロシア穀物が，アルゼンチン，カナダ，ルーマニア，オーストラリア，合衆国等の追撃を受けて後退を余儀なくされたということがある。第三に，より長期的構造的にみて重要と思われるのは，国内市場の穀物需要が着実な高まりをみせ，大戦前夜の好況期にはこれへの供給

量が輸出量を追い抜くに至ったということである。全体として旺盛な内需がロシア穀物の輸出余力を制約し、将来の展望を閉ざし始めたといえよう。第四に、このような状況を先取りする象徴的な事態が起こっていた。それは、ロシア穀物輸出の最有力市場であったはずのドイツ帝国がライ麦の自給を確保するのみか逆に輸出攻勢に転じ、ロシアの膝元のフィンランド市場を席捲するのみか、当のロシア市場にも進出し、1913年にはロシアとの輸出入関係を逆転させ、ついにロシアをして農業保護主義政策を打ち出させるまでに至ったということである。大戦前夜の数年間はまことに穀物輸出体制にとっても折り返し点になっていたのである。

　このように穀物輸出がいわば頭打ち状態にさしかかっているとすれば、これにとって代わり、しかも輸出総額を飛躍的に伸ばしうるような別の輸出項目があるであろうか。結論的にいえば、穀物に代わりうるような有力な輸出品は見当たらない。工業製品の輸出は、輸出総額の5％前後を低迷してきたが、西欧先進帝国主義国の激しい市場競争の間隙を縫って爆発的に輸出額を拡大する可能性は皆無に近い。それどころか内需に牽引され輸出はむしろ鈍化するとみられるし、実際に、ロシア工業は外国の輸出攻勢に直面し対応に苦慮している。とすれば、他の食料品目や原料・半製品輸出に頼るしかないが、世界有数の産出量をもつ石油の輸出はすでにピークを過ぎ、内需に牽引されている。木材はロシアの有力輸出品目であるが、爆発的に輸出を伸ばすためには奥地の伐採のための巨額の開発投資と付加価値を高めるための工業投資が必要であり、現実には逆に木材加工品の輸入に悩まされる状態にある。精糖も有力品目であるが国際協定によって輸出が制限されている。特産品の亜麻はもともと輸出品目として独占的地位をもっており、今後急増することは期待できない。卵とバターは輸出が急増している有力品目であるが、国際競争も激しいうえに、それらの輸出はすでに生産能力の極限にまで高められたいわば飢餓輸出の状態にあり、飛躍的伸びを期待できるものではない。

　かくして大戦前夜にロシアの輸出能力はほぼ限界に達しており、世界市場競争によっていわば頭打ち状態に置かれたうえ、国内市場の拡大によって牽引・減殺される状況にあったといえよう。

　輸出の相手国については、食料・原料・半製品はドイツをはじめとしてほ

第6章　大戦前夜ロシア国際収支危機　299

ぽ全ヨーロッパ諸国に向けられ，工業製品は中国・ペルシア等の周辺後進地域にほぼ限定されていたことだけを指摘するにとどめたい。

(B)　輸入貿易　輸出が上にみたように頭打ち状態にあるとしても，輸入貿易が抑制されるならば国際収支の均衡回復の余地はまだ残る。だがまさに大戦前夜の数年間，とりわけ1913年に輸入貿易は縮小するどころか禁止的高率関税にもかかわらず急激な拡大に転じ，黒字幅をむしろ急速に狭めていたのである（表6‐1・2参照）。

　この輸入急増という事態をどう捉えればよいのであろうか。試みに輸入の種別構成（大分類）の変化をみると，輸入総額が不況期の1903—07年の平均7億2300万ルーブリから1913年の13億5100万ルーブリへと約90％の伸びを示すなかで，食料は51％，原料・半製品は85％，完成品は126％と異なった伸びをみせている。みられるように完成品の輸入の伸びはとくに大きく，輸入構成比では全体の3分の1，輸入額の伸びでは4割弱をそれぞれ占めるに至った。輸入品目でとくに伸びの著しいものは機器類，金属加工品，毛織物，石炭・コークス等であった。以上のことから，10年近くに及ぶ不況を経て好況の久々の到来とともに大規模な設備投資ブームが再現し，再生産過程の急激な拡張による生産設備の輸入，燃料・工業原材料および半製品の輸入等の急増，さらに好況下の消費需要の拡大に伴う衣料・食料等の追加的輸入増が高率の関税障壁（平均30％前後）を乗り越えて連鎖波及的に進行したことを看取することができよう。別言すれば，高率保護関税体制下で国内市場の独占を保証されて跛行的に成長してきた諸産業が独占化に伴う腐朽性・脆弱性を強めたことも加わって，旺盛な国内需要に対応することができず，外国商品の猛烈な割り込みを許したと捉えることができよう。

　このように急増した輸入貿易の仕入国をみると，主な国ではドイツ，イギリス，フランス，合衆国，中国等があげられる。なかでもドイツからの輸入額は，1903—07年から1913年の間に2倍半も伸び，全体の伸びの6割弱を占めている。その結果，1913年時点でドイツは輸入総額の約半分（47.5％）を制している。独露通商条約（1894年成立，1904年改定，同1906年発効）に乗じたドイツの異様な突出ぶりが銘記されるべきである。この事態はドイツによる全欧的な輸出攻勢の一環であるということもできるが，その中でもロシ

アが輸出攻勢の重点的対象地域になっていたこと（ドイツ輸出貿易における
ロシア市場の比重はこの間に6％台から8％台へ伸びている）を物語るもの[39]
にほかならない。これに比べれば第二位のイギリスは伸び悩み，比重をむし
ろ低下させている。ドイツの輸出攻勢の下でなおも比重を高めえた国・地域
としてはフランス，インド，スイス，トルコ等があげられるが，それらの比
重は絶対的に低い。要するに貿易収支悪化の元凶はドイツだったのである。

iii 経常収支　大戦前夜の貿易収支は，以上のようにして急激に悪化し，
貿易外収支赤字の相殺機能と経常収支中唯一の黒字項目
という地位を同時に放棄しつつあった。つまりロシアは国際収支の安定装置
を喪失しかけていたのである。このような事態は1908年時点で貿易収支が劇
的に赤字に転化し，深刻な国際収支危機に直面したあの二重帝国と同様の運
命を予想させるものであるといえよう。ロシアの国際収支はこうして大戦直
前の段階で二重帝国ほど直接的な形ではないにせよ紛れもなく構造的な危機
の状態に陥っていたのである。ロシアの為替相場が1911年以降，とりわけ
1913年になって一方的に低落していったことは，バルカン危機等とも重なる
とはいえ，以上のことを象徴的に示しているといえよう。[40]

iv 資本収支　こうして大戦前夜になって，ロシアは国際収支の維持の
ために，またしても外資の導入に依存せざるをえなくな
った。ところで，外資の導入を国債発行の形で行なうことは，超均衡財政政
策を追求して国家破産の危機から脱出したばかりの蔵相ココフツォーフ
(1911年ストルイピン暗殺後に首相に就任)にはできなかった（1909年一般
財政目的の国債発行停止）。したがって，残された道は，鉄道債を大規模に[41]
発行して外貨を獲得するか，外国資本による民間企業投資を助長するという
ことしかなかった。前者の道は例として13年夏から交渉を開始して14年1月
に締結されるに至った対仏統一鉄道債発行計画（総額2.5億ルーブリ）とい
う形で追求された。後者の道は，あの1890年代を上回る規模の外国資本の流[42]
入（長資・短資両様の形態で）となって実現された（表6-3-B，表6-4
参照）。大戦前夜の好況とその下での高率配当の保証が長資の流入を促進し[43]
た。相対的に高い金利が短資の流入を支えた。[44]
ではこれらの外国資本はどこから供給されたのであろうか。

第6章　大戦前夜ロシア国際収支危機

表6-4　ロシアの株式商業銀行在外支店に対する外国の短期信用供給

［単位：100万ルーブリ］

供給国＼年次	1906	1907	1908	1906-08 額	1906-08 %	1909	1910	1911	1909-11平均 額	%	1906-08年比	1912 額	%	1906-08年比
フランス	35.8	43.2	45.8	41.6	43.0	50.4	69.5	98.7	72.9	51.3	175%	92.1	54.0	221%
ドイツ	33.7	28.4	35.9	32.6	34.0	30.9	18.1	41.4	31.1	21.9	95	36.1	21.2	111
イギリス	14.6	16.1	30.1	20.2	21.0	27.7	30.1	50.5	36.1	25.4	178	40.3	23.6	199
その他諸国	0.6	3.5	3.4	2.5	2.0	0.7	0.6	4.8	2.0	1.4	80	1.9	1.2	76
計	84.7	91.2	115.1	97.0	100.0	109.7	118.3	198.4	142.1	100.0	147%	170.5	100.0	176%

典拠：С. Ронин, *Иностранньий капитал и русские банки*, М., 1926, с.129.

　ドイツは国際収支の制約のもとで強蓄積を続行したうえ，ユンカー等農業勢力からの低利の資金供給の要求にも直面していたから，英仏並みに潤沢に資本輸出を行なう余力がなかった。多少とも規模の大きな借款には政治的圧力がつきまとった。そして実際に1905年以降，対露国債投資は，大きな外交上の犠牲（アルヘシラス会議での仏露協調）を払ったうえで停止されている。鉄道債の方は独露両国の思惑と過去の経緯からメンデルスゾーン主導のロシア証券引受団（Russenkonsortium）が引き続き引き受けていたが，これも次第に先細りの状態となっていた。民間企業に対する投資は，表6-3が示すとおり仏・英二国に次ぐ地位にあり，しかも伸び続けていたのであるが，仏・英両国に差をつけられつつあるうえ，その投資が関税障壁に守られたロシア領内（ポーランド，沿バルト地方）の子会社に向けられるケースが多く，しばしば投資の増大はドイツからの原料・半製品の輸入増，すなわちドイツの輸出攻勢を助長するものであり，ロシアからみれば国際収支上の効果はその分だけ減殺されていた。

　こうした点からみれば1907年の英露協商以降好転した政治環境の中で長期の空白期間をおいてイギリスが対露投資を本格的に再開したことは，ロシアにとってはさしあたり不安材料になるものがなく，きわめて有益なものであったといえる。だが対露投資の主力は依然としてフランスであり，その投資は，一般国債の発行が行なわれなくなった時点以降政府鉄道債と銀行・鉱山・冶金・金属加工等の戦略的基幹部門に対して大規模に行なわれ，ロシアの国際収支危機を緩和し，好況の展開を助長するものとなった。

以上の三国に関する概観は長期資本の輸入にかかわるものであるが、ここでみられた特徴は短期資金の供給についてもほぼあてはまる。強蓄積を継続してロシアに対する貿易の輸出攻勢を強めていたドイツは短資の供給を鈍らせ、これと対照的に巨額の貿易収支黒字を提供する仏・英両国は短資供給で規制的地位を占めるに至っている（表6-4参照）。

　以上、国際収支の構造とその危機発現の過程を主要項目にわたって検討してみた。その結果は一国史的にみたロシア資本主義の発展とその帰結の問題（いわば通時的縦系列の問題）、および各国資本主義や世界市場との経済連関の問題（いわば共時的横系列の問題）の二側面にまとめることができよう。大戦前夜好況期とそこでの国際収支危機は、いわばこの縦系列の問題と横系列の問題との交錯点をなし、この交錯点が大戦に至る国際政治的危機の深化の経済的基礎をなしているということができよう。

　いま上記の縦系列の問題の要点を示せば、半世紀にわたる「上からの資本主義」化が、国民経済の深部を捉え始めた限りで異常な好況局面を現出し、同時に跛行的顛倒的形態で発展を遂げてきたという点では、多くの面で脆弱かつ偏倚した独占体と金融資本とをミゼラブルな国民生活の上に聳立させ、この二つの過程で対外債務の累積という負の要因を累積し、以上の帰結としてほかならぬ大戦前夜に国際収支危機を現出させた、ということになろう。

　次に横系列の問題については、本格的検討は次節に譲るとして、ここではさしあたり、ロシア資本主義が発展の過程で順次かかわりをもってきた中欧・西欧の主要資本主義国は大戦前夜の段階までに帝国主義国として独自の型制を打ち出し、そのうち強蓄積（two needs for every mark）の国にしてユンカー的ブルジョア的帝国主義国であるドイツは貿易面でロシアを直撃してその収支を一気に悪化させる一方、資本収支の面でもロシアを助けるというよりは窮地に追い込む国として立ち現われるのに対して、寄生的高利貸的帝国主義国にして三国協商のパートナーであるフランスとイギリスは貿易収支面でロシアの黒字獲得に大きく寄与するとともに資本収支面でも追加的資本の供給に寄与するが、貿易外収支でその果実を確実に回収しようとする国となっていること、このことだけを指摘するにとどめたい。[48]

第6章　大戦前夜ロシア国際収支危機　303

4　ロシア国際収支と「ヨーロッパ循環」

　前節で国際収支の問題として検討してきた対外経済連関の構造とその危機の問題を「ヨーロッパ循環」の構造並びにその危機の一環として検討するのが本節の課題である。以下，まずロシア国際収支の構造を対外決済環節として整理したうえでヨーロッパ循環の中に位置づけ，ついでヨーロッパ循環そのものの構造と第三循環における変化＝危機の展開構造をみていくことにしたい。

(1) ロシアの対外決済構造

　第二循環における国別貿易収支構造の確認を起点として，この中から主要貿易環節を抽出し，それらの第三循環での変化と資本輸入およびその利子・配当支払い等とを重ね合わせて大戦前夜の決済環節の動向を明らかにしていくことにしたい（図6-2参照）。

　さて，第二循環期（1900年から08年頃まで）における国別貿易収支を瞥見すると[49]単純明快な映像が浮かび上がってくる。すなわち，中国，インド，合衆国とは大幅な入超の関係にあるが，一，二の例外を除いてそれ以外のすべての主要国とは出超の関係にある。前者の点は，ロシアが半身は工業国であり，その限りで他の「工業ヨーロッパ諸国」と共通の特徴と地位をもっており，グローバルな多角的貿易・決済機構の連鎖の有機的一環を占めていることを示している。したがって，大戦前夜の好況の進行は，原料・半製品需要をさらに高めるものであるからこれらの国との貿易環節は赤字をさらに拡大することとなる。

　後者のヨーロッパを含む大部分の国との出超関係については，事実上の植民地であってロシアの工業製品輸出によって出超関係にある唯一の地域であるペルシア[50]，貿易統計上の問題をもつドイツ，および若干の国（ノルウェー等）を除けば，ロシアは残るすべての国に対して農作物（穀物）・原料を輸出し，主として工業製品・半製品を輸入して厖大な黒字を確保する後発的周辺農業国として立ち現われている。この点では明確に「工業ヨーロッパ諸

図6-2 ロシア・フランス・ドイツ・二重帝国（大陸循環）の決済構造

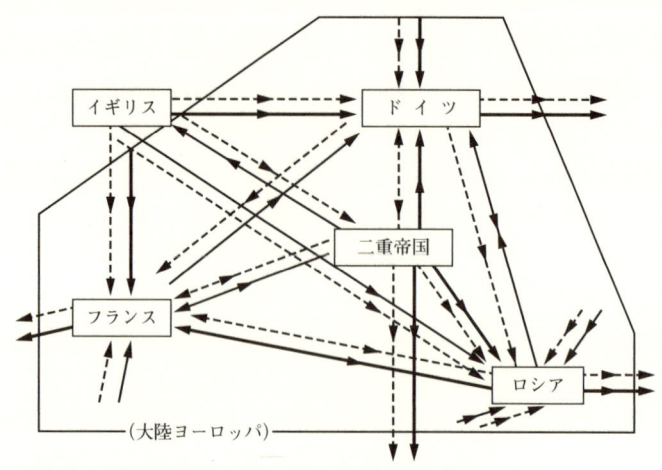

注：(1) 先端の矢印は最終的な決済の流れ（流出の方向）を示す。
(2) ----- は第二循環，──── は第三循環を示す。
(3) ──▶──（線の中途の矢印）は貿易収支の流れ（流出の方向）を示す。
(4)（大陸ヨーロッパ）の枠内の線は他のヨーロッパ諸国，枠外はヨーロッパ以外の国（主として合衆国・インド）との決済を示す。
(5) フランスと二重帝国の貿易収支は，両国の統計では全く逆方向になっている。ここではさしあたりフランス側統計を採用しておいた。

国」と対立している。ドイツが貿易統計上の問題を抱えているというのは，ドイツ側の統計数値ではロシア側の大幅黒字となっているのにロシア側の統計では逆に赤字幅が拡大したことになるということを指す。この大きな食い違いは，ドイツ側の対露中継輸出と第三国経由のロシアからの輸入をめぐって両国の統計上の取り扱いが逆になっていることによるものであり，正確な数値を算出することは不可能となっている。ロシア側統計が統一原則に基づいて作成され重複がない以上，ドイツの部分のみ数字を加工したり，ドイツ側統計を援用したりするのも不合理である。便法としては，オランダに輸出された穀物の少なくとも過半がドイツに再輸出されているという事実を勘案して，独・和両国の対露貿易額を合算し趨勢をそこから抽き出す方式がしばしば採られている。この便法にしたがえば独露貿易の実質は第二循環期に関する限り他のヨーロッパ諸国と品目構造や収支構造において大差がないとみ

第6章　大戦前夜ロシア国際収支危機　305

なすことができよう。

　以上の理解に立ってロシアをめぐるヨーロッパ内の主要環節を設定してみると，次のようにまとめられる。①通商条約体制に乗ってロシア貿易において卓越した比重を占めるだけでなく，農工分業の品目構造を明瞭に示すドイツ環節，②輸出入ともドイツに次ぐ比重を占め品目構造においても基本的に農工の分業構造を示すが，工業品の供給においてドイツに大きく割り込まれ石炭等の燃料供給に主力を移す一方，自由貿易体制を堅持してロシア穀物を大量に受け入れ，結果として最大の貿易黒字をロシアに提供し続けてきたイギリス環節，③品目構造において基本的には農工の分業関係がみられるが，農業保護主義と工業競争力の劣位とによってロシア貿易において高い比重を占めていなかった（第二循環の貿易比重約5％前後）フランス環節，④フランスよりさらに低い比重しか占めない（同じく約3－4％前後）が，品目構造においては先進国的な農工分業の関係をみせ，ロシア農産物の追撃によって自らの農産物輸出国的性格が挟撃されている二重帝国環節，⑤僅かながらロシアが工業先進国の性格をみせながらも，基本的には農林漁産品交換の国境貿易の域を脱せず，貿易比重が極端に低いバルカン・トルコ環節，⑥ロシアが一方的に食料・原料提供国として立ち現われ，黒字を獲得し続けているその他のヨーロッパ諸国（ベルギー，オランダ，イタリア，デンマーク等々）との貿易。

　以上の諸環節はいずれも第二循環でロシアに黒字を提供していたが，第三循環に入って，①の対独環節は，機械・金属加工品を中心に輸入が激増する一方，輸出は足踏み状態になったため，収支で逆調化の傾向を強めた。1913年のオランダと合算した数値は明らかに大幅の赤字に転じている。他のヨーロッパの諸環節では収支を逆転させるような大きな変化は生じていない。したがって，貿易決済のレヴェルだけでまとめれば，ロシアはヨーロッパの大部分の国から獲得した貿易黒字の多くを大戦直前の段階でドイツと合衆国・中国・インドへの決済にふり当て，収支尻は急速に縮小していたということができよう。

　次に，以上の貿易決済関係の上に貿易外収支と資本輸入勘定を重ねて総合的決済関係を推定してみよう。ロシアに多少ともまとまった資本輸出を行な

第3部　対外金融従属の帰結

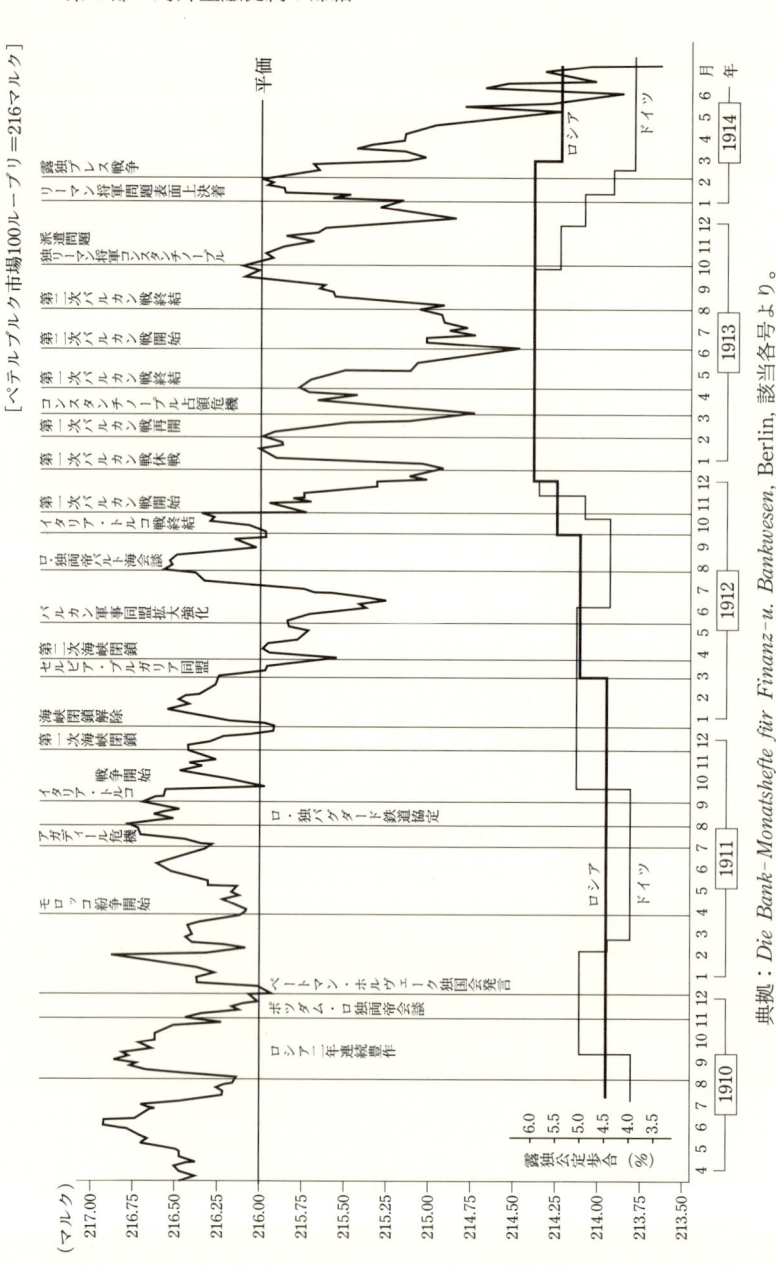

図6-3　大戦前夜ルーブリ為替相場と露独公定歩合

[ペテルブルク市場100ルーブリ＝216マルク]

典拠：*Die Bank-Monatshefte für Finanz-u. Bankwesen*, Berlin, 該当各号より。

第6章　大戦前夜ロシア国際収支危機　307

った国は，仏・英・白・和・独の5カ国に限定される。このうちフランスは，前述のとおり国債投資・民間企業投資のいずれでも主導的地位にあり，その投資残高比率（表6-3）と貿易外収支中の利子・配当推計値とを試みに掛け合わせて算出した数値は対仏貿易収支の黒字を何倍も上回っており，貿易外収支の他の項目も合わせれば，巨額の資金が年々この環節で流出した勘定になる。次にイギリス・ベルギー・オランダも同様にして推計すると，いずれもどう多めに見積もってみても貿易収支の黒字よりかなり少ない。つまりこれらの貿易・決済環節からは年々多額の決済資金が流入していることになる。最後にドイツ環節をみると，同じような推計の結果，利子・配当支払いでフランスの3分の1程度の額の流出があったと推計される。したがって，ロシア側統計による貿易赤字の数値と合わせればフランスへの流出総額と遜色がない額が1913年時点では流出し始めたことになる。仮にドイツ側貿易統計と重ね合わせた場合でも，対独経常収支の黒字幅は大幅に圧縮されていたと考えられる。中間をとって，オランダ経由の穀物輸出の数値を算入した場合には，まさに1913年前後に経常収支の逆転が生じていたことになる。いずれにせよ，1913年時点でフランスが追加的な対露投資をさらに活発に行なっていたのに対して，ドイツの同年の対露投資が急速に後退していくことを勘案すれば，独露間の決済関係が急速に緊張の度を加え，悪化していったことは明らかといえよう。前述のとおりベルリンでのルーブリ為替相場が1911年以来年々悪化し，1913年時点では平価を大きく割り込み低迷した事実は，バルカン情勢の緊迫化という外的要因が作用したにせよ，上の経済環境の悪化という事実を抜きにしては解き明かせないであろう（図6-3参照）。

　以上の検討から大戦前夜の貿易・決済構造は，ヨーロッパの多くの国に対する食料・原料輸出によって獲得した貿易黒字を，好況下に進行する国内の拡大再生産に供するため，合衆国・インド等からの原料購入とドイツ・合衆国からの機械・設備購入に投ずるほか，国内消費需要の拡大を満たすための消費財の追加購入にあて，残りをフランス・ドイツ・イギリス等への利子・配当支払いにあて，不足分は，フランスとイギリスの追加的な民間投資資金によって賄った，とまとめることができよう。この決済構造にあっては，イギリスは貿易と新規に再開された資本輸出とによってロシアの対外決済の補

完・安定要因となり，フランスはロシアの利子貢納の対象であり，これによって「金の一般的貯蔵所」(56)の地位を享受し，その地位に立って追加投資を行なうことにより，ロシア経済とその国家の運命を左右する権能をもつ。ドイツは，これに対して，貿易攻勢と資本輸出の抑制とによってロシアの決済のみならず再生産過程を攪乱し，敵対的な関係を多くの分野に持ち込んだのである。(57)

このような多角的重層的決済の仕組みを側面から支えたものこそ短期在外資金制度にほかならなかった。(58)それは貿易の黒字と輸入された外国資本の一部分とを国立銀行と国庫に蓄積し，対外決済の要所であるパリ，ベルリン，ロンドン等に分置し，当座の決済操作に供するともに，累積債務国として対外信用維持のための担保の役割を演じさせ，さらには為替相場操作＝投機抑制の機能と国内発券準備の機能をも背負わせたものであった。この在外資金は日本やインドのそれを上回り世界一の規模を誇るものであったが，そのことは「ロシア的富」の豪壮さを意味するのではなく，大戦前夜のロシアが置かれていた経済的地位の困難さ，端的に国際収支の危機的状況を象徴するものであった。この豊富な在外資金，とりわけベルリンに蓄積されたそれをめぐって，フランスが繰り返しパリに移すよう働きかけたこと，ベルリンがこれに反発してロシア投資資金を回収すると威嚇したこと，(59)ロシア国内の野党勢力がベルリン資金の保持は中欧側に戦争準備資金を提供する利敵行為とみなし，国内に回収して好況下の通貨準備の補強にあてるよう要求したこと，にもかかわらず，政府・通貨当局が大戦直前までベルリンに1億ルーブリの資金を保持したこと，(60)等々は，上の点に照らしてまことに象徴的であったといえよう。

(2) 「ヨーロッパ循環」とロシアの対外決済

i　第二循環期の「ヨーロッパ循環」

ロシアの国際収支危機はヨーロッパ循環全体に影響を与えるだけでなく，じつはそれ自体が第三循環期，すなわち大戦直前期におけるヨーロッパ循環の混乱・解体の一環をなしているように思われる。その意味を明らかにするために，まず多角的貿易・決済構造が確立していたと判断される第二期循環期のヨーロッパ循環が

第6章　大戦前夜ロシア国際収支危機　309

どのようなものであったかを確認しておくことにしたい。ここでは本来ヨーロッパを全面的に取り上げるべきところであるが，その余裕も準備もないので，露・英・仏・独・二重帝国の五つの国を中心にしてヨーロッパ循環の骨格を素描するにとどめたい。

さて，1907年恐慌以前のヨーロッパ循環（五国間循環）は，経常収支の決済の流れに即してまとめてみると，図6-2のようになる。決済の流れを簡単に説明すると，まずイギリスからは四国に対して共通に決済資金が流入し，ヨーロッパ循環の回転を円滑にする。このイギリスからの一方的な流出は，ヨーロッパがインドに直接，もしくは合衆国を経由して間接に，放出する決済資金を獲得するという形で結局はイギリスによって回収される。このような世界的な循環の一環として，またこれに支えられながらヨーロッパ内部循環は相対的に安定した枠組をもち順調に回転する。すなわち，まずフランスからみれば，この国はイギリスからの流入に加えてドイツからの流入（対独貿易黒字），二重帝国からの流入（利子・配当収入），ロシアからの流入（利子・配当収入）によって安定した国際収支構造をもち，「金の貯蔵所」としてポンド体制の補完・安定要因となるだけでなく，長資・短資の放出を通してヨーロッパ循環の回転を円滑にさせる。

ドイツはイギリスからの流入，二重帝国からの流入（貿易収支は赤字だが，利子・配当収入によって経常収支は黒字）を得ているが，フランスとロシアへは流出となっており，全体的に国際収支の構造は不安定である。だがサーヴィス収支の黒字・他地域からの利子・配当収入等の流入は措くとして，イギリスとフランスの短資の供給がその決済の逼迫を緩和している。二重帝国は，ドイツ・フランスへの流出に加えて，ロシアへも流出となっているから，国際収支では不安定といわざるをえないが，イギリスからの流入，ヨーロッパ外からの移民送金や旅行者収入等に加えて貿易収支が黒字であること，さらにフランスからの短資の供給が決済の困難を緩和している。

ロシアについては，前節でみたとおりであるが，イギリスからの巨額の流入に加えてドイツ・二重帝国等からの流入分の多くがフランスへの利子・配当支払いとして流出している。この段階ではフランスからの長期・短期資本の流入に加えてドイツからも資本輸入が続いていることが決済上の難点を緩

和している。

　以上のようにこの段階のヨーロッパ循環は，イギリスとフランスを除く三国がいくつかの決済上の難点をもちながらも内部的もしくは対外的にいくつかの安定装置をもっていたこともあって，相対的に円滑な回転を遂げていたといえよう[62]。また，各国資本主義の発展のあり方が「異種的」構造をもちながらもこの段階では一定の調和的＝分業的局面をつくり出していたということができよう。というのは，一つは，ドイツ貿易が入超構造をとることによって二重帝国とロシアに対し決済資金の一部を提供する一方，パリがいわば「大陸内の小ロンドン」[63]として潤沢な決済資金を提供するという役割を演じたからである。第二には，ドイツ（数歩距離をおいてフランス）とロシア（数歩距離をおいて二重帝国）とがこの段階では工・農の分業的関係を貿易において維持していたからである。フランスの経済史家 R. ポワドヴァンが1906—10年の時期における仏・独関係の特徴として rapprochement économique et financier とか une forte interpénétration d'intérêts あるいは ententes financières という表現を与えていること[64]も，上の文脈に照らしてまことに示唆的であるということができよう。

　こうしてみると，第二循環期におけるヨーロッパ循環は，単に分業的調和的局面をもっていたというにとどまらず，細部における違いは当然のことながら多々あるにせよ，イギリス→合衆国・ヨーロッパ→インド→イギリスというグローバルな「多角的貿易・決済構造」におけるあの大循環に類似したフランス→ドイツ→（二重帝国→）ロシア→フランスというような一定の編成を大陸内で局地的にとっていたということができるように思われる（ただし，後者の矢印は現実の決済の流れを厳密に表示するというより，短資の流れも勘案し，位置関係を大循環に擬して表示するものとして使っておく）。この図式に従えば，フランスが「大陸内のイギリス」であるのに対して，ロシアは大陸内諸国への食料・原料輸出で得た貿易黒字を利子・配当という形で貢納し続ける「大陸内のインド」の役割と位置とをもっていたといえよう。また，イギリスによるインドの植民地支配が大循環の軸心・鍵をなすとすれば，フランスによるロシアの金融的支配とそれにともなう巨額の利子・配当金の収取は大陸内循環の軸心であり鍵をなすといえよう。

こうして，前節でロシアに即して検出した決済環節の体系はヨーロッパ循環の中に重ね合わされ，位置づけられることになる。

ii 第三循環期の「ヨーロッパ循環」の解体　　第二循環期において以上のような相対的に安定した構造をもっていたヨーロッパ循環は，第三循環に入るとその環節のいたるところで一斉に激変，転換を経験し，解体の危機に直面することになる。ロシア以外の大陸の3国の変化は列記すれば以下のとおりである。

フランス：①イギリスからの貿易黒字が急速に縮小する，②イギリスへの短資供給も大きく後退する(65)，③ドイツとの貿易収支が1910年に入超へと逆転する，④1911年以降ドイツと二重帝国への短資供給が急減（後述）する，⑤ロシアの民間企業への投資が激増する，⑥貿易収支の赤字幅が拡大し，経常収支も1909年をピークに漸減する，⑦国内投資の比重が高まる(66)。

ドイツ：①対英貿易収支の黒字幅急増，②フランス（1910年）・二重帝国（1909年）・ロシア（推定1913年）との貿易収支が逆転し出超となる，③貿易収支の赤字幅が1913年に急減し，収支均衡に接近する，④フランスからの短資流入が1911年以降急減し，合衆国に短資供給を頼る事態も生まれる(67)，⑤大戦前夜にロシアへの長期・短期の資本輸出が先細り，二重帝国への資本輸出が急増する。

二重帝国：①1910年前後に対英・独貿易収支のみか，貿易収支全体も逆転して大幅な入超となり，国際収支が危機的状態になる(68)，②フランス短資の流入が1911年以降急減する（後述），③新規の資本輸入をドイツに依存するようになる。

以上のヨーロッパ大陸内循環における激動はどのような背景から生じ，この循環にどのような混乱と亀裂をもち込み，その結果各国の対外経済連関をどういう方向に追い込むのか，そして最後にロシアの国際収支危機はこのヨーロッパ循環の全般的危機の中でどのように位置づけられるのであろうか。

まず背景については，各国に共通した傾向を摘出することができる。それは各国が第二循環から第三循環にかけて，工業の拡大再生産へと急激に転じているという事実である。ドイツと二重帝国は先行して第二循環期にこの過程を通過し，ロシアとフランスは第三循環で急激な拡大再生産に転じている。

このことが第二循環期における中欧の旺盛な輸入需要の拡大をもたらし，前述のような協調的・分業的ヨーロッパ循環を支えたと考えられる。また金融的協調（ententes financières）を促し可能とするものであった。ただし，この事態によってドイツが強力な生産＝競争能力（潜在的な輸出能力）を獲得したこと，脆弱な資本主義国たる二重帝国がたちまち貿易収支の逆転・国際収支危機の要因を増長させたことを看過すべきではない。他方，フランスとロシアは第三循環期に入って再生産過程を急激に拡張させるが，これは輸出を鈍化させる反面，原料・半製品輸入を急増させ，貿易収支の逆調化を促進する。また生産の拡張は生産設備を中心にあらゆる分野で追加需要を生みだすが，巨大な生産能力をもつ反面，第三循環期に国内市場がそれほど拡張しなかったドイツはこの好機をとらえて両国市場に猛烈に割り込む。ドイツの猛烈な輸出ドライブは両国のみか，イギリス，二重帝国，さらには全ヨーロッパを席捲し，自らの貿易収支をこの面から改善していくことになる。二重帝国の貿易＝国際収支危機はいちだんと深刻になる。以上の過程は，第二循環期にはまだ重要な意味をもち続けていた四国間循環における農工分業的補完的局面を背後に押しやり，それだけ第三循環における決済関係の回転が困難になっていくことを意味する。

　貿易レヴェルであらわれた決済循環の困難は，程度の差こそあれ二重帝国，ロシア，フランスの国際収支上の緊張に波及する。利子・配当貢納国家として共通の対外決済上の困難を抱えるロシアと二重帝国は，外国資本への依存をいちだんと強めることになるし，貿易赤字が急増する状況の下で国内の資本需要が高まっているフランスでは対外投資は選択的選別的性格を強めていかざるをえない（金融的ナショナリズムへ）。

　このように深刻な様相を帯びるに至った対外決済循環は，1911年の第二次モロッコ事件を契機にフランスがドイツと二重帝国から一斉に短資を引き揚げるに及んで一気にヨーロッパ循環の解体につながるような重大局面に入っていくことになる。このフランスの動きが，強蓄積を継続するドイツと国際収支危機に直面する二重帝国にとって重大な打撃になったことはいうまでもない。為替相場の急落・利子率の高騰はその端的な表現である。ここに，金融的協調（ententes financières）の段階は，その終焉（la fin des ententes financières) の時期を迎え，金融上の諸悶着と抗争の段階（une ère de difficultés, la multiplication des rivalités financières dans le monde——R. ポワドヴァン）へと移行していくことになる。「金融の国際的連帯」が断ち切られ，市場の論理が作動する範囲を狭めるにつれて，資本の輸出入は各国の政治的さらには軍事政策的志向との結びつきをいちだんと強めていくことになる（金融的ショーヴィニズムの展開）。まさにこの時期に盛況期に突入し，それとともに国際収支も深刻化するロシアでは独仏両国の最後の金融的角逐が行なわれ，フランスの優位の最終的確立とそれを裏づけるフランス資本の大量の流入が進行したが，このことは同時期にフランスで好戦的強硬派のポアンカレ政権が誕生し，露・仏両国間の外交的軍事的提携が強化されたことと緊密に関係している。協商国イギリスのロシア投資が英露協商成立直後に再開され，1911年以降急増したことも偶然ではありえない。同種の過程は中欧でも進行する。内外金融市場の軋轢の下にあるドイツでもロシアに対する投資は先細りし，かわって深刻な国際収支危機の状態に陥っている同盟国の二重帝国に対する金融的支援が選択され，前面に出てくる。

　このような局面で対外決済上の困難が深刻化するドイツは全欧的規模で貿易の輸出攻勢を加速化させ，「マルク決済圏」の形成も展望する。他方この加速化された輸出攻勢は，1913年時点でロシアを直撃し，その国際収支危機を現実化させていく。その現実化したロシアの国際収支危機は，第二循環にあってはヨーロッパ循環の要石をなしていたあの露・仏間の利子貢納関係，さらにはそれに大きく依存した高利貸的帝国主義国フランスの存立にも破壊的に作用することになりかねない。したがって，フランスの対露金融支援がさらに上積みされる。こうして露・仏二国間には資本輸出と利子貢納の際限のない関係が増幅され，両国の関係は運命共同体へと転化・発展していくことになる。第二循環においてヨーロッパ循環の主翼を相互に形作っていた独・墺・露・仏の四国は，いま二つの閉鎖的排他的経済ブロック（二つの運命共同体の成立・競合）へと分裂し始めたのであるが，それは同時にイギリスをも引きずり込んで敵対的な二大軍事ブロックの最終的確立へと連なるものであった。ロシアは，ドイツ・フランスの二国と通商・金融上の緊密な関係を数十年間にわたって保持してきたのであるが，まさに大戦直前にこの関

係は国際収支危機という形をとって，またはそういう結果を残してロシアにおいて真っ二つに分裂していった。[76]

「異種的編成」をもつポンド体制はこのようにしてまず旧大陸という一角から解体していったのである。

5　結びにかえて
――「ヨーロッパ循環」の危機と「開戦危機」をつなぐもの――

　前節まで検討してきたロシアの国際収支危機とヨーロッパ循環の危機は第一次世界大戦の勃発の問題にどう接続していくのであろうか。ヨーロッパ循環の解体がそれまでの諸国家間の決済連関を切断・分離し，ドイツの猛烈な輸出攻勢を核心とする通商上の攻防の背後で金融上のブロック化を促進したこと，その金融上のブロック化があの三国同盟と三国協商という政治的軍事的ブロックとの重なりの度を強めたこと，換言すれば政治的軍事的緊張の高まりの経済的基礎をなしているということまではこれまでの検討で言い得て誤りなかろう。だがヨーロッパ循環の危機と開戦前夜の「七月危機」との間には未だ解明すべき多くの論点が伏在しているように思われる。ここではそれらの論点にかかわると考えられる若干の点をロシアに即して指摘することでひとまず結びにかえることとしたい。

　一つとして，まさにユンカー的ブルジョワ的帝国主義としてあらわれてくるドイツの農工両面にわたる猛烈な輸出攻勢によって，ロシアの工業利害のみならず農業利害の内部にも反独志向が強まり，バルカン・トルコをめぐる外交政策レヴェルでの反墺熱から反独，反中欧の全般的な対決姿勢へと接続・合流していったという国内政治力学の変化を挙げておきたい。[77] この変化は裏返してみれば，ロシアの農産物を自由に受け入れるだけでなく資本も潤沢に供給してくれる高利貸的帝国主義のイギリスとフランス，つまり協商・同盟国への一層の接近志向ともなる。大戦前夜に対独通商条約路線を対協商路線に転換せよとする論調が声高に主張され始めたことは，ヨーロッパ循環の解体の帰結であり，その具体的表現であったといえよう。なお，同じようにドイツの激しい経済攻勢（l'invasion germanique）に直面したフランスで

第6章　大戦前夜ロシア国際収支危機　315

も同種の政治力学が作用した。ポアンカレ路線の出現と露仏提携の強化はその具体的表現であると思われる。リジス・テスティス論争に始まって大戦直前まで繰り返し論ぜられた資本輸出と国内産業利害の乖離という問題はフランス帝国主義の構造的特質をあらわすと同時にヨーロッパ循環とその解体過程を反映していたといえよう。

　第二の点は，バルカン・トルコをめぐる国際的緊張との関係如何という問題である。ロシアの農産物輸出，ドイツの工業品輸出，フランスとの金融的疎隔という三重の圧力によって閉塞的状況に追い込まれた二重帝国がドイツとの提携を強めつつ，三国同盟・バルカン・トルコの大同盟を構想して南下の志向を強めたとすれば，またドイツが中近東市場進出を企図してバクダード鉄道の建設を推進し，トルコへの経済的政治的並びに軍事的接近を図ったとすれば，他方のロシアも，バルカン・トルコに伝統的に金融的利害をもつフランスと提携しつつ，ロシア・バルカン・トルコの大同盟構想を掲げてこれと真っ向から対立していった。この場合，ロシアの志向の核心はバルカンの市場支配にではなく（それはむしろフランスの志向であるといってもよい），ボスフォラス・ダーダネルスの海峡通航権の確保にあったという点に充分留意する必要がある。ロシアの大同盟構想は海峡の確保を核にしてその領有国たるトルコをロシアにひき寄せ，トルコと対立し海峡を容易に扼しうるバルカン諸国をこれに和解・合流させるという三重の組み立てになっていた。海峡にそれほどまでに固執したのは，経済上・軍事上の一般的理由によるだけではない。ほかならぬ大戦前夜に国際収支危機に陥ったロシアにとっては黒海・海峡経由の穀物輸出を確保することはいわば生命線であったからである。伊土戦争とバルカン戦争の際の海峡閉鎖はそのことを思い知らせた。ヨーロッパ循環の解体は最終的にはまさにこの海峡の一点に問題を収斂させていったと思われるのである。その海峡・トルコ・バルカン問題は同時にイギリスとそのエンパイアルートの存立にもかかわってくる。大陸循環の解体はこうして大陸内の四つないしイタリアを含めれば五つ，さらにイギリスを加えてヨーロッパの六つの帝国主義国の激突に帰結し，それらを部分的構成要素とするポンド体制と多角的貿易・決済構造の大枠の危機へと波及・連動していくと考えられるのである。

316　第3部　対外金融従属の帰結

（1） この視座と分析装置については以下を参照。S. B. Saul, *Studies in British Overseas Trade 1870-1913*, Liverpool, 1960. 吉岡昭彦「イギリス帝国史研究の現状と方法」『社会科学の方法』第7巻第8号（1974年），御茶の水書房。井上巽『金融と帝国』名古屋大学出版会，1995年，序章。桑原莞爾『イギリス関税改革運動の史的分析』九州大学出版会，1999年。

（2） К. Н. Тарновский, *Советская историография российского империализма*, Москва, 1964. 拙稿「ロシア帝国主義の若干の問題に関する文献について」『ロシア史研究』第32号（1980年）；同「ロシア帝国主義――第7回日ソ歴史学シンポジウムの報告――」，「同補論――ラヴォールィチェフ氏の批判に応える――」『福大史学』第42・43合併号（1987年）参照。

（3） 例えば前掲のソウルの研究は，多角的貿易・決済構造の確立期を1900―13年とし，有名な世界決済形態のモデルを1910年時点で作成している。S. B. Saul, *op. cit.*, chap. III.

（4） 侘美光彦『国際通貨体制』（東京大学出版会，1976年）はこの点を最初に積極的な形でとりあげ，吉岡昭彦氏は「帝国主義成立期における再生産＝信用構造の諸類型とポンド体制」（土地制度史学会編『資本と土地所有』農林統計協会，1979年）で，1907年恐慌に焦点をあて，ポンド体制の編成を問題にされたため，この点は必ずしも明示的に示されなかったが，『近代イギリス経済史』（岩波書店，1981年）では明確に展望を出しておられる。藤瀬浩司氏も，「20世紀最初の3分の1世紀における世界貿易の構造」（名古屋大学経済学部『調査と資料』第61号，1976年）および『資本主義世界の成立』（ミネルヴァ書房，1980年）においては長期的視点から論じられたため時期規定は明示的ではなかったが，「第一次大戦前夜のライヒスバンクと銀行統制」（藤瀬・吉岡共編著『国際金本位制と中央銀行政策』名古屋大学出版会，1987年）では明確にされた。

（5） 藤瀬，前掲『資本主義世界の成立』279頁。

（6） 吉岡昭彦「資本主義的世界体制成立史の諸問題」『歴史学研究』第492号（1981年），24頁。

（7） さしあたり，J. Joll, *The Origins of the First World War*, London, 1984. ジェームズ・ジョル著，池田清訳『第一次大戦の起原』みすず書房，1987年。D. C. B. Lieven, *Russia and the Origins of the First World War*, London, 1983; Z. Steiner, *Britain and the Origins of the First World War*, London, 1977.

（8） この不況と混乱の時期については本書第5章のほか，下記の文献を参照されたい。中山弘正『帝政ロシアと外国資本』岩波書店，1988年。エリ・ア・メンデリソン著，飯田貫一，池田穎昭訳『続　恐慌の理論と歴

史』上, 青木書店, 1966年, 第 I 部。В. И. Бовыкин, *Формирование финансового капитала в России конец XIXв. - 1908г.*, Москва, 1984.
(9) 以下, 大戦前夜の好況については, 中山, 前掲『帝政ロシアと外国資本』第3章, メンデリソン, 前掲邦訳書, 第II部。Л. Е. Шепелев, *Царизм и буржуазия в 1904-1914гг.*, Ленинград, 1987, с. 12 - 24; И.Ф. Гиндин, *Русские коммерческие банки*, Москва, 1948, Гл. IV; B. Löhr, *Die Zukunft Russlands*, Stuttgart, 1985; H. Haumann, *Kapitalismus im zaristischen Staat 1906-1917*, Hain, 1980, S. 23-30; В. И. Бовыкин, *Россия накануне великих свершений*, Москва, 1988, Гл. 3, 冨岡庄一「第一次大戦以前のロシア鉱工業の動向」『神戸外大研究年報』第24号 (1988年); 同『ロシア経済史研究』有斐閣, 1998年, 第 4 章。
(10) Л. Е. Шепелев, *Акционерные компании в России*, Леинград, 1973, Гл. VI.
(11) Шепелев, *Указ. Царизм и буржуазия*, с. 24; Бовыкин, *Указ. Россия* с. 71; Н. И. Лященко, *Русское зерновое хозяйство*, Москва, 1927, с. 296-98, 311-13; А. Ф. Яковлев, *Экономические кризисы в России*, Москва, 1955, с. 366-68; Т. М. Китанина, *Хлебная торговля России в 1875-1914гг.*, Ленинград, 1978, Гл. I, IV.
(12) Ю. И. Кирьянов, *Жизненный уровень рабочих России*, Москва, 1979, Гл. 2.
(13) Бовыкин, *Указ. Россия*, с. 70; его же, *Указ. Формирование*, с. 45-65; Гиндин, *Указ. соч.*, Гл. IV.
(14) Шепелев, *Указ. Царизм и буржуазия*, с. 248-53.
(15) В. И. Бовыкин, К вопросу о роли иностранного капитала в России, *ВМУ.*, 1964, No. 1, 本書第 1 章参照。
(16) 佐藤芳行「ロシアにおける農村租税制度と農民分与地的土地所有」『歴史学研究』第499号 (1981年)。H. A. Егиазарова, *Аграрный кризис конца XIX века в России*, Москва, 1959, с. 71.
(17) A. M. Анфимов, Налоги и земельные платежи крестьян европейской России в началеXXвека, 《*Ежегодник по аграрной истории восточной Европы, 1962г.*》, Минск, 1964.
(18) 「工業における独占体の成立」(岡田進・有馬達郎・大﨑平八郎分担執筆) 大﨑平八郎編著『ロシア帝国主義研究』ミネルヴァ書房, 1989年。
(19) Шепелев, *Указ. Цариз и буржуазия ......*, Гл. IV.
(20) 以下, 当期の金融体系の発展については, 大﨑平八郎「金融資本の成立」, 同編著, 前掲『ロシア帝国主義研究』所収。中山, 前掲『帝政ロシアと外国資本』第 3 章第 2 節, 本書第 5 章, 第 4 節。Olga Crisp, *Studies in the Russian Economy before 1914*, London, 1976, chap. 5;

318　第3部　対外金融従属の帰結

Гиндин, *Указ. соч.*, Гл. III, IV, X.
(21)　以下，財政については，拙稿「ツァーリズム国家の財政」，大崎編著，前掲『ロシア帝国主義研究』。А. Л. Сидоров, *Финансовое положение России в годы первой мировой войны,* Москва, 1960, Гл. 1 ; *Министерство Финансов 1904-1913*, СПб., 1914, Гл. 1.
(22)　以下，ロシアの国際収支に関する一般的考察については下記の文献を参照されたい。L. Pasvolsky & H. Moulton, *Russian Debts and Russian Reconstruction*, New York, 1924 ; P. Gregory, *Russian National Income 1885-1913*, Cambridge, 1982 ; G. V. Schulze-Gävernitz, *Volkswirtshaftliche Studien aus Russland*, Leipzig, 1899 ; W. Fajans, *Die russische Goldwährung*, Leipzig, 1909; Бовыкин, Указ. статья ; Ю. А. Петров, Денежное обращение, долговые обязательства и международный расчетный баланс России, 1880-1914гг., в кн. *Экономическая история-Ежегодник 1999*, Москва, 1999.
(23)　本書第4章2節参照。
(24)　同4章3節参照。他に，R. Girault, *Emprunts russes et investissements français en Russie 1887-1914*, Paris, 1973, p. 94-101.
(25)　本書第1章3・4節参照。
(26)　Crisp, *op. cit.*, chap. 8.
(27)　フランス側の国際収支の国別推計については，千葉通夫「金融資本成立期におけるフランスの資本輸出」『愛知教育大学研究報告』（第一部），第23号（1974年），M. Lévy-Leboyer, présentation: La capacité financière de la France au début du XXe siècle,《*La position internationale de la France*》ed. par M. Lévy-Leboyer, Paris, 1977; R. Girault, *op. cit.*, p. 595-97, Annexe; H. O. White, *The French International Accounts 1880-1913*, New York, 1978. 国際収支の全体像は，「第一次大戦前主要国国際金融の趨勢(1)」（名古屋大学『調査と資料』第81号，1985年）にある。
(28)　イタリアと二重帝国の国際収支推計も上記の統計表に収載されている。
(29)　Gregory, *op. cit.*, pp. 325-30.
(30)　С. М. Дубровский, *Сельское хозяйство и крестъянство России в период империализма,* Москва, 1975 ; Китанина, *Указ. соч.,* Гл. I. 冨岡庄一「19世紀末から20世紀初期における穀物生産」，大崎編著，前掲『ロシア帝国主義研究』所収参照。
(31)　冨岡庄一「19世紀半ばより20世紀初めにおけるロシアの穀物輸出」，北星学園大学経済学部『北星論集』第22号（1984年）；同，前掲『ロシア経

済史研究』第1，4章参照。
- (32) 冨岡庄一「世界市場とロシア農業」，大﨑編著前掲書所収。
- (33) Лященко, *Указ. соч.,* с. 292-93, 307-08, 314, 319.
- (34) 拙稿「ロシア帝国主義とフィンランド市場問題(上)」『福大史学』第33号 (1982年), 同(下), 第34号 (1982年)。
- (35) Pasvolsky & Moulton, *op. cit.*, chap. VI ; Fajans, *a. a. O.*, S. 160-73; С. А. Покровский, *Внешняя торговля и внешняя торговая политика России,* Москва, 1947, с. 348-61；冨岡庄一「19世紀末から20世紀初めにおけるロシアの輸出貿易」『神戸外大論叢』第37巻第5・6号 (1987年)。なお対象時期から外れるが，有馬達郎「19世紀末ロシアの貿易構造の特質」(『新潟大学教養部研究紀要』第12集，1981年) の詳細な分析は有益である。
- (36) バルカン・トルコは，工業国としてのロシアの有力な輸出市場になると考えられ，事実20世紀に入って以後その種の動きもあらわれているが，市場としての比重の低さ (ほぼ数%以下)，品目構造の質的低位，組織的系統的に市場進出を策する中欧諸国の競争上の優越と市場占有率の高さ等により，直ちに輸出を拡大できるような地域ではない。その意味でロシアがこの地域で本格的な市場争奪戦 (帝国主義的市場再分割戦) に入ったとはいえない。Ю. А. Писалев, *Великие державы и балканы накануне первой мировой войны*, Москва, 1985, с. 46-54; В. К. Волков, ред., *Дранг нах Остен и народы центральной восточной и юговосточной Европы 1871-1918*, Москва, 1977; В.И. Бовыкин, *Очерки истории внешней политики России - конец XIX века - 1917год*, Москва, 1960, с. 104-08.

　貿易関係のデータは, *Обзор внешней торговли России за 1913г.,* Петроград, 1914；League of Nations, *Memorandum on Balance of Payments and Foreign Trade Balances 1911-1925*, vol. 1, Geneva, 1926 参照。
- (37) *Указ. Обзор внешней торговли России*, с. II.
- (38) *Там же*, с. IV.
- (39) *Statistisches Jahrbuch für das Deutsche Reich 1914*, Berlin, 1914, S. 258.
- (40) B. Löhr, *a. a. O.*, S. 177-80 ; R. Girault, *op. cit.*, p. 131-35; Pasvolsky & Moulton, *op. cit.*, p. 40. ルーブリ為替相場は，1911年後半から軟化・低迷し始め，1913年には，マルクとフラン，とりわけ前者との相場 (ペテルブルク市場) は秋の一時期を除いて低落傾向が目立っていた。*Статистический сборник за 1913-1917гг.*, вып. 2, 94 ; ITO Shota, Russian economy on the eve of the First World War in international perspec-

tive, a tentative note, 『福島大学教育学部論集』(社会科学) 第48号, 1990年。なお，各年次の対フラン相場は, *Annuaire statistique de la France*, 対マルク相場は, *Die Bank, Monathefte für Finanz u. Bankwesen* (Berlin) の数値によった。実際に資本家団体は国際収支の悪化に再三憂慮を表明していた。Шепелев, *Указ. Царизм и буржуазия*, с. 152, 156, 158-62, 170-72, 186-87, 188-91.

(41) 前掲拙稿「ツァーリズム国家の財政」参照。

(42) Girault, *op. cit.*, pp. 561-68 ; Б. В. Ананьич, *Россия и международный капитал 1897-1914*, Ленинград, с. 271-84. なおこの鉄道債発行問題ではフランス政府の軍事戦略路線敷設要求をめぐって両国政府間で交渉は難航した。

(43) Girault, *op. cit.*, pp. 456-62 ; Ю. А. Петров, Денежное обращение, долговые обязательства и международный расчетный баланс России, 1880-1914гг., В. И. Бовыкин, ред., *Экономическая история—Ежегодник 1999*, М., 1999.

(44) *Ibid.* p. 133.

(45) H. Lemke, *Finanztransaktionen und Aussenpolitik*, Berlin, 1985, Kapitel 1 ; Б. В. Ананьич, С. К. Лебедев, Участие банков в выпуске облигации российских железнодорожных обществ (1860-1914гг.), 《*Монополии и экономическая политика царизма в конце XIX-XXв.*》, Ленинград, 1987.

(46) А. В. Игнатьев, *Русско-Английские отношения*, Москва, 1962, Гл. 1.

(47) Girault, *op. cit.*, p. 85 et Partie 2, chapitre X.

(48) 累積債務国としてのロシアに対する外資供給が民間企業投資に絞られ，そこでの収益回収が投資の最後の保証条件になるとすれば，収奪率の強化＝低賃金体制の導入・強化は不可欠である。だがロシアはまさに第一次革命を脱出した直後であり，その余地はない。強行すれば新たな革命の危機を招来する。ロシア国際収支危機の基本問題はここにある。

(49) 以下の貿易環節については，下記の文献に依拠した。数値の挙示は紙幅の都合で一切割愛した。*Указ. Обзор внешней торговли России за 1913г.*, Петроград, 1914.

(50) ペルシアとの経済関係については，さしあたり，高田和夫「1907年英露協定の成立過程」(油井大三郎ほか著『世紀転換期の世界』未来社, 1989年所収) 参照。

(51) 以上についてはとくに，Pasvolsky & Moulton, *op. cit.*, chap. V.

(52) 対独貿易の統計上の問題については，B. Vogel, *Deutsche Russlandpolitik*, Düsseldorf, 1973, S. 66-68 ; Pasvolsky & Moulton, *op. cit.*, pp. 77, 82. 冨岡庄一「補論　世界市場とロシア農業」(大﨑編著前掲書所収)

を参照されたい．

(53) 冨岡庄一「19世紀末から20世紀初めにおける露独貿易」，神戸市外国語大学外国語学研究所『研究年報』第 XXV 号（1988年）．この傾向は，1914年の第1四半期（大戦勃発の数カ月前！）にもさらに強まった．Вестник финансов, промышленности и торговли, 1914, No. 17, с. 197, No. 21, с. 403, 405, 406, No. 35. 親仏・反独の大衆紙『ノーヴォエ・ヴレーミャ』はこの動きを逐時神経質に報道し，来るべき対独通商条約交渉に向けて国内の反独熱を煽っていた．Газета "Новое Время", 1914, 1/21, 2/12, 2/24, 3/21, 3/22, 4/21, 5/23, 6/24.

(54) 注27参照．ソウルはフランスをロシアとの総合収支において黒字を出した唯一の国としている．Saul, op. cit., p. 51.

(55) 注40参照．

(56) 吉岡，前掲「帝国主義成立期における再生産＝信用構造の諸類型とポンド体制の編成」128頁．

(57) 上の注の論文で吉岡氏が析出されたポンド体制の「異種的編成」は，このような形で明確にロシアとの関係にも投影されていたといえよう．

(58) とりあえず，本書第4章補論1と第5章参照．

(59) この問題については，R. Poidevin, Les relations économiques et financières entre la France et l'Allemagne de 1898 à 1914, Paris, 1969, p. 706-07 ; Lemke, a. a. O., Kapitel 5.

(60) Girault, op. cit., p. 574.

(61) 図6-2作成にあたっては，フランス（Annuaire statistique），ドイツ（Statistisches Jahrbuch），二重帝国（Österreichisches Handbuch），ロシア（Обзор внешней торговли）の該当年次の貿易統計を基礎に，国際連盟貿易統計（League of Nations, op. cit., vol. 1,2），ソウルのモノグラフ（Saul, op. cit.），レヴィ＝ルボワイエの論文（Lévy-Leboyer, op. cit.），フェイスの周知の古典的研究（Feis, Europe ; the World's Banker 1870-1914, Original 1930, paperback 1965,〔pp. 23, 51, 74〕）のほか，大津正道「ドイツ第二帝政期の外国証券投資」『西洋史研究』新輯14号（1985年）；菊池孝美「第一次世界大戦前におけるフランス帝国主義の性格」，研究年報『経済学』第41巻第1号，1979年（同『フランス対外経済関係の研究』八朔社，1996年，第1章）；佐藤勝則「オーストリア・ハンガリー中央銀行政策と世界市場」（藤瀬・吉岡共編著前掲書所収）；同「第一次世界大戦前のオーストリア・ハンガリーの貿易構造と世界市場」『茨城大学政経学会雑誌』第50号（1985年），南塚信吾『東欧経済史の研究』ミネルヴァ書房，1979年；藤瀬，前掲「帝国主義成立期におけるドイツ対

外経済構造とライヒス・バンク」等の研究を参照した。他に，吉井明「貿易収支『均衡』構造の崩壊と大戦前夜のフランス資本主義」；大津正道「ドイツ帝国主義と資本輸出」；佐藤勝則「オーストリア・ハンガリー関税・貿易政策と対外決済危機」（いずれも，桑原莞爾ほか編『イギリス資本主義と帝国主義世界』九州大学出版会，1990年所収）が有益である。

(62) この局面は，侘美氏の言われる国際金本位制の「安定性と調和性」，ポンド体制の「展開」期とほぼ対応していると考えられる。侘美，前掲書，第2章参照。なお，大戦前国際金本位制の「神話」を批判する観点からその実像を追求したデ・チェコの労作を参照されたい。Marcello de Cecco, *Money and Empire. The International Gold Standard, 1890-1914*, Oxford, 1974.

(63) Lévy-Leboyer, op. cit., p. 27.

(64) Poidevin, op. cit., partie III.

(65) 侘美前掲書，239—41，279，287，290頁。

(66) 千葉前掲論文，186—87頁。

(67) 侘美前掲書，285—91頁。

(68) 佐藤，前掲「オーストリア・ハンガリー関税・貿易政策と対外決済危機」参照。

(69) フランスの貿易動向については，前掲の吉井論文のほかに，J-C. Toutain, Les structures du commerce extérieur de la France, 1789-1970, 《La position internationale de la France》参照。

(70) Poidevin, op. cit., Partie VI, chapitre IV-VI.

(71) Poidevin, Placements et investissements français en Allemagne, 1898-1914; B. Michel, Les capitaux français en Autriche au début du XIX〔XX?〕siècle; G. Ranki, Le capital français en Hongrie, いずれも《La position internationale de la France》; R. Kroboth, *Die Finanzpolitik des Deutschen Reiches während der Reichskanzlerschaft Bethmann Hollwegs und die Geld-und Kapitalmarktverhältnisse* (1909-1913/14), Frankfurt a. M., 1986, S. 53-59; Poidevin, *Les relations*, pp. 630-35, 654-59. 侘美前掲書，284—88頁。

(72) 各国の為替相場・公定歩合・市中金利については，さしあたり前掲『調査と資料』第81号，第84号の該当部分参照。

(73) フランス資本はこの時期に集中的にペテルブルクとモスクワの有力株式商業銀行の株式取得に乗り出し，ドイツの影響力の強い銀行に対して優位に立った。ドイツの影響力の強い銀行でも短期債務の相当部分をパリに依存するようになっている。С. Ронин, *Иностранный капитал и русские*

第6章　大戦前夜ロシア国際収支危機　　323

банки, Москва, 1926, с. 126-41. なお，本書第5章補論2も参照。

(74) 周知のように1912年の夏に露仏両海軍首脳の会談・海軍協定の調印・ポアンカレ首相のロシア訪問があい次いで行なわれた。

(75) Kroboth, *a. a. O.*, S. 85-107 und tabellarischer Anhang. 大津，前掲「ドイツ第二帝政期の外国証券投資」参照。

(76) 拙稿「第一次世界大戦前夜の帝国主義世界におけるロシア資本主義の位置と特質」，桑原莞爾編著『第一次大戦前のイギリス資本主義と帝国主義世界』（昭和61－62年度科研費総合研究(A)研究成果報告書，1988年）所収参照。

(77) 通商レヴェルでの反独熱の高まりについては，さしあたり拙稿「1916年連合国パリ経済会議とロシアの通商政策」（中）『福島大学教育学部論集』第30号の1〔社会科学〕（1978年）；B. Bonwetsch, *Kriegsallianz und Wirtschaftsinteressen*, Düsseldorf, 1973, Kapitel I, II；冨岡，前掲『ロシア経済史研究』第2章。政治・外交レヴェルの反独戦線の形成については，И. В. Бестужев, Борьба в России по вопросам внешней политики накануне первой мировой войны (1910－1914гг.), *И. 3.*, т. 75 (1965).

(78) Poidevin, *op. cit.*, pp. 767-73, 806-19. 中木康夫『フランス政治史』（上），未来社，1975年，353—64頁。第一次世界大戦前夜の独仏関係については，本書のような捉え方に対して批判的な見解も最近出されている。K. Wilsberg, „*Terrible ami－aimable ennemi*". *Kooperation und Konflikt in den deutsch-französischen Beziehungen 1911-1914*, Bonn, 1998.

(79) G. Martin, *Les finances publiques de la France et la fortune privée (1914-1925)*, Paris, 1925, chapitre I, II. リジス・テスティス論争については，原輝史『フランス資本主義研究序説』日本経済評論社，1979年，第3章第1節参照。

(80) 拙稿「第一次世界大戦前夜のロシアにおける軍事・外交・経済──いわゆる両海峡問題に関する覚書──(上), (下)」『福大史学』第46・47合併号，第50号（1989，90年）。

(81) 注36参照。

(82) 1911年11月と12年4月の2回，実際に海峡は閉鎖され，ロシア南部の穀物輸出は大きな打撃を受けた。伊土戦・バルカン戦争の展開はロシアの喉元を脅かすものとなり，ロシア黒海艦隊は総出動寸前の状態にまでおかれた。このあとロシア海軍増強政策は急ピッチで行なわれることになる。注80の拙稿参照。他に，Институт Российской истории, РАН, *Россия и черноморские проливы (XVIII-XX столетия)*, Москва, 1999, Гл. 6.

(83) 吉岡，前掲『近代イギリス経済史』283—84頁。

あとがき

　本書は，これまで筆者が手掛けてきた帝政期ロシアの経済史研究のうち，金融史の領域にかかわる一連の論文をもとにしてまとめたものである。もとになった論文の中には発表以来すでに二十余年を経て「いまさら」の感を与えるものもあるが，それらを含めてあえて本書をまとめたのは，それらを掲載した雑誌等の一部が入手しにくくなっている状況に応えるという便宜的理由からだけではない。一つには，近年諸先学の研究によってめざましい進展を見せつつある国際金融史研究の波に，後発資本主義国ロシアの研究の側からも参加していきたいというねらいがあった。もう一つには，序章で述べたとおり，ソ連の崩壊とそれに続く新ロシアの深刻な経済危機の実態とが，旧ロシア・ソ連・新ロシアという三つの段階，さらにこれらに19世紀前半の農奴制期を加えれば四つの段階，すなわち19世紀初め以来の2世紀間，を一貫するようなロシア史像の再構築と，そのなかでの旧ロシア資本主義段階の新たな位置づけとを必要としていると感じたからである。

　いま試みに19世紀初め以来の2世紀間にわたるロシアの歴史を国際的連関とそこでの基調という点に着目して捉え直してみると，この2世紀間のロシアは，第一に「ウィーン体制」という言葉に代表される19世紀前半期の反動的（正統主義！）インターナショナリズム，第二に「ブルジョアジーは己の姿に似せて一つの世界をつくりだす」（『共産党宣言』1848年）といわれた19世紀半ば以降の資本主義インターナショナリズム，第三にロシア革命以降のコミュニスト・インターナショナリズム，第四にいま世界を席捲しているグローバリズムという名の資本主義の新たなインターナショナリズム，という四つのインターナショナリズムの時代を通過してきたということができよう。この四つのインターナショナリズムの時代は，ヨーロッパ諸国に共通しているものであるが，ロシアにとって特徴的なことは，最初のインターナショナリズムと三番目のインターナショナリズムの時期にロシアは二度にもわたってその主軸・牙城をなし（たとえば，前者の場合「神聖同盟」提唱国・「ヨーロッパの憲兵」，後者の場合「コミンテルン」，そして両者に共通する象徴

的事例として1849年と1956年の1世紀を隔てて二度にわたったハンガリーへの軍事出動等をそれぞれ想起されたい)，これに対して，二番目と四番目のインターナショナリズムのもとでは，まったく逆に，ロシアは欧米諸国を主軸とする資本主義化の波の中にあって「移行国」・「後発国」・「周辺国」という位置を共通して占めていることである。

この特異な現象は全体として近代世界史におけるロシアの位置如何という大きな問題に関する考察をわれわれに迫るものであるが，先を急いで，さしあたり本書が対象とする19世紀後半の資本主義に限ってみても，この時期がいずれもロシアを主軸としつつその性格において互いに両極に位置し合う第一と第三の二つのインターナショナリズムの間にちょうど挟まれ，しかも，今度は欧米諸国を主軸とするもう一組の対照的インターナショナリズムのもとで展開し，後に同じ現象をスケールを変えて繰り返すことになるという事実は，近代ロシア史，とりわけ資本主義の国際的連関の中でロシア資本主義を研究している者に対して，再把握の課題を重くつきつけているように思われる。いまさらの感を拭えない旧稿をもとにして本書をまとめるに至ったのは，以上の理由からであった。本書が上記のような再把握のためのささやかな一石になれば幸いである。

とはいえ，本書の研究はもともとそうした問題関心から発したものではない。わが国の西洋経済史研究が1960年代頃から産業革命史を本格的に追究し始め，次第に資本主義再生産構造，国民経済の諸類型，資本主義の国際的連関とその構造，その一環としての国際的金融史の領域に広がりをみせてきたことに触発され導かれつつ，ロシア資本主義の全機構的把握を目指してその都度進めてきたささやかな研究の一端をまとめたものにすぎない。文学部畑出身の著者にとっては難解な金融史の研究の形で本書をまとめたのも，全機構把握を試みている過程で金融史の重要性に気付き，研究の重心を次第にここに移してきたことの結果にすぎず，この意味で，本書は，始めから金融史・信用史を取り出し，これを専門的体系的に追究してきたものではない。

筆者が経済史研究の道を志したのは，東北大学文学部西洋史専攻の専門課程に進学して，当時福島大学から東北大学に転任されたばかりの恩師，吉岡昭彦先生から経済史の魅力を鮮烈に教えられてからである。以後，先生から

は経済史研究の方法・視点，研究者の態度について厳しく教えられるだけでなく，欧米資本主義に関する最新の研究成果と重厚な歴史像の提示を通して，一国資本主義分析の方法，ロシアとの比較・関連の問題，さらには資本主義世界全体の構造を考える機会を絶えず与えられてきた。先生の長年の学恩に報いるには余りに貧弱なものであるが，本書を先生の膝下に捧げ謝意に代えたい。

また，第一線で学界をリードしてこられた吉岡先生の知的刺激と熱気に満ちた演習でほぼ同時期に学びあった浜田正行，井上巽，故池田嘉男，桑原莞爾，佐藤恵一，鹿野忠生の諸氏からは，学問的交流を通して多くのことを学ばせていただいた。この機会に厚く感謝申し上げたい。

研究室を出てからは，西洋経済史の領域で藤瀬浩司，毛利健三，肥前栄一，日本経済史の領域ではあるが中村政則氏らの諸先学から，ロシア史の領域では，故増田富寿，大﨑平八郎，和田春樹，日南田静眞，倉持俊一，雀部幸隆氏らの諸先学からご教示とご鞭撻を受けてきたが，筆者の研究領域では有馬達郎，中山弘正，髙田和夫，冨岡庄一の諸氏からしばしば有益なご教示や批判をいただいてきた。とくに，中山弘正氏からは同じ金融史研究の先学として貴重なご教示や暖かい励ましをいただいてきた。氏は筆者にとって常によき導きの星であった。改めてご教導に対して御礼申し上げたい。ロシア経済史といえば，筆者は文部省の在外研究で1991年夏に崩壊前夜のソ連に滞在することができたが，その際，ソ連邦科学アカデミー・ソ連邦史（現ロシア史）研究所のいまは故人となったヴァレリー・ボヴィキン教授と同研究所のイリーナ・ディヤコノーバさん，イリーナ・ポトキナさんにはひとかたならぬお世話になり，その後もなにかと研究上の便宜と励ましをいただいてきた。故ボヴィキン教授のご冥福をお祈りするとともに二人のイリーナさんにこの機会に改めて感謝を申し上げておきたい。

最後になるが，かつて「寄生地主論争」で学界をリードした経済史研究のよき伝統と学風をもつ福島大学で筆者は幸いにも研究生活を送ることができ，そのことを誇りにするとともに終生の喜びと感じているものであるが，この学問的環境の中で経済学部の山田舜，星埜惇，真木実彦，吉原泰助，樋口徹，藤村俊郎，下平尾勲氏らの諸先輩，および行政社会学部の小島定氏ら多くの

方々からご教導とご鞭撻をいただく幸運に恵まれた。また，筆者が所属する教育学部では，名誉教授の小林清治先生をはじめ，歴史教室の同僚の吉村仁作，吉岡眞の両氏には研究・教育の両面で何かとお世話になり，ご鞭撻をいただいてきた。以上の諸先生に心から御礼申し上げたい。

　本書各章のもとになった論文の初出一覧を示せば以下のとおりである。

　　序　章　新旧ロシアの対外金融従属——書き下ろし，1999年10月成稿，2000年8月補筆。

　　第1章　対外金融依存の構造論理——「第一次世界大戦前のロシアの資本輸入」『土地制度史学』第115号（1987年4月）を改題し，一部加筆。

　　第2章　資本輸入の国内的規定要因——「ロシア資本主義と不動産抵当金融」『福島大学教育学部論集』第35号‐1（1983年12月）を改題し，一部加筆。

　　第3章　資本輸入の国際的環境——「ビスマルクのロンバード禁止と独露通商対立」，福島大学史学会『福大史学』第12号（1971年5月）を改題し，一部加筆。

　　第4章　ロシア金本位制の成立——「旧露資本主義の通貨流通と1897年の通貨改革」，福島大学経済学会『商学論集』第41巻第6号（1973年10月）に加筆。表題変更。

　　補論1　金本位制下の短期在外資金積立政策——「ロシア帝国主義研究の一側面（短期在外資金をめぐって）」『社会科学の方法』第159号（御茶の水書房，1982年9月）を改題し，一部加筆。

　　第5章　ロシア金本位制の展開——藤瀬浩司・吉岡昭彦共編『国際金本位制と中央銀行政策』（名古屋大学出版会，1987年2月）所収の論文「ロシア国立銀行と金本位制」を改題し，一部補筆。

　　補論2　「ペテルブルク私立商業銀行」の50年——『福大史学』第37号（1984年3月）の同名の論文に加筆。

　　第6章　大戦前夜ロシア国際収支危機と「ヨーロッパ循環」の危機——桑原莞爾・井上巽・伊藤昌太共編『イギリス資本主義と帝国主義世界』（九州大学出版会，1990年2月）所収の同名論文に一部加筆。

本書の出版にあたっては，日本学術振興会の平成12年度科学研究費補助金（研究成果公開促進費）の助成を受けた。記して謝意を表明しておきたい。また，筆者が三十余年にわたって研究・教育生活を送ってきた福島大学はたまたま今年創立50周年を記念して福島大学学術振興基金制度を発足させたが，本書は幸運にもその学術出版助成の第1回の助成対象となることもできた。この基金制度とこれを支えた多くの方々に深甚の謝意を表しておきたい。

　最後になるが，出版の準備にあたっては八朔社の片倉和夫氏，中村孝子さんに大変にお世話になった。厚く御礼申し上げたい。

　2000年12月7日

伊　藤　昌　太

図表一覧

表 I	新ロシアの経済指標	2
表 II	ルーブリ為替相場の変動（1992—99年）	2
表 III	ソ連・新ロシアの対外債務残高（1987—97年）	6
表 IV	新ロシア連邦予算における国債利払費	6
表 V	新ロシアの国際収支（1994—99年）	7
表 1-1	公・私証券の内外市場での発行残高	24
表 1-2	仏独英三国の資本輸出の地域的構成	25
表 1-3	外国資本のロシア投資	27
図 1-1	ロシアの公・私証券に対するフランスの年次別投資	27
表 1-4	証券の期間別・内外市場別増大高	30
表 1-5	ロシアの株式会社に対する外国資本投資の国別比重	32-33
表 1-6-A	国家予算：歳入の構成（年平均）	36
表 1-6-B	国家予算：歳出の構成（年平均）	37
表 1-7	鉄道建設と南部を中心とする重工業の発展	40-41
表 1-8	1900年外国資本による産業投資の地域的分布	44
表 1-9	ロシア公的短期在外資金と国別配分残高	49
表 1-10	ロシアの株式会社に対する投資	50
表 2-1	ロシアの民間金融機関数	65
表 2-2	国立農民土地銀行・貴族土地銀行の土地抵当貸付	66-67
表 2-3	株式土地銀行貸借対照表	73
表 2-4	1904—13年ロシア有価証券の増減	80
表 2-5	パリ証券市場上場証券内訳	81
表 2-6	ドイツ有価証券市場上場証券内訳	81
表 2-7	1853—1921年のクレディ・フォンシェの貸付	82
表 2-8	ドイツ帝国内証券発行残高	82
表 2-9	ロシア国債の利率（1913年時点）	83
表 2-10	1917年抵当証券流通残高の内訳	85
表 2-11	ロシア貯蓄金庫の証券保有	86
表 2-12	1893—99年のロシア有価証券増大の内訳	86
表 3-1	ロシアの財政構造	104
表 3-2	英・仏・独・露の割引歩合	104
表 3-3	有価証券の実際の利率	105
表 3-4	ロシア証券の国外発行の内容	105
表 3-5	ドイツにおける年間平均証券発行額	108
表 3-6	ベルリン取引所公式上場証券数	108
表 3-7	ドイツ小麦価格の変動	111
表 4-1	1881—92年の国際金移動	130
表 4-2	各国中央銀行の金準備と金貨・銀行券の流通（1897年）	130
表 4-3	総括表A(1)	138-39
	総括表A(2)	140-41
表 4-4	総括表B(1)	142-43
	総括表B(2)	144-45

表4-5	国立銀行における預金と貸付の動向	147
表4-6	ロシア国債の増加	148
表4-7	ロシアの国際収支（1866—1913年）	149
図4-1	ルーブリ紙幣の為替相場変動	152
表4-8	ロシアとイタリアの公債の国外市場における売出条件と実勢利率	154
表4-9-A	低利借換政策の効果	158
表4-9-B	低利借換政策による金・紙幣債務元利払いの軽減	158
表4-10	対外新規借款の年平均増大額	158
表4-11	各国の利子率の動向	159
表4-12	ヨーロッパ・ロシアの50県における穀物の国民1人当たりの生産・輸出・残余量	161
表4-13	通貨改革以後の通貨流通	170
表4-14	各国中央銀行の金準備率と負債（銀行券・預金）に対する現金（金・銀貨）比率	183
表4-15	ロシアの株式会社における外国資本の導入	185
表4-16	ロシア国債の累積残高	185
表【補1】-1	1913年末時点の諸外国による主要国為替の保有	204
表5-1	ロシア国際収支の7期間の推計	223
表5-2	全国金融機関の預金量	226
表5-3	全国金融機関の手形割引残高	227
表5-4	手形流通の発達	228
表5-5	1896—1904年の通貨流通の構造	229
表5-6	仏英独露四国中央銀行の主要勘定	231
表5-7	通貨ストックの構成	231
表5-8	国立銀行の主要勘定	233
図5-1	ロシアの金準備・公的在外残高・紙幣流通	237
図5-2	英・仏・独・露四国の公定歩合の変動	238
図5-3	1904—1913年の国家財政の動向	241
表5-9	国立銀行の「銀行の銀行」化指標	244
表5-10	ロシアの手形交換制度の発展	244
表5-11	欧米主要中央銀行の勘定構造（1913年12月31日）	245
表5-12	国立銀行の主要資産勘定（1902—14年）	246-47
表5-13	国立銀行の主要負債勘定（1902—14年）	249
表5-14	株式銀行の主要資金源の構成	251
表5-15	国立銀行資金の回転期間	251
表【補2】-1	1914年1月1日時点の主要株式銀行	267
表【補2】-2	ペテルブルク私立商業銀行の営業動向	270-71
表6-1	ロシア資本主義発展の基本指標	287
表6-2	ロシアの対外経常収支の構造	292
図6-1	大戦前夜の国際収支	294
表6-3-A	ロシアの国債・鉄道債に対する外国人投資の国別内訳	296
表6-3-B	ロシアの株式・社債に対する外国人投資の国別内訳	296
表6-4	ロシアの株式商業銀行在外支店に対する外国の短期信用供給	301
図6-2	ロシア・フランス・ドイツ・二重帝国（大陸循環）の決済構造	304
図6-3	大戦前夜ルーブリ為替相場と露独公定歩合	306

[著者略歴]

伊藤　昌太（いとう　しょうた）

1939年　旧「満州国」（現中華人民共和国東北部）に生まれる
1962年　東北大学文学部卒業
1966年　東北大学大学院文学研究科西洋史学専攻博士課程中退
　　　　福島大学教育学部講師，助教授を経て
1986年　同教授，現在に至る
主　著　『ロシア帝国主義研究』（共著）大﨑平八郎編，ミネルヴァ書房，1989年
　　　　『イギリス資本主義と帝国主義世界』（桑原莞爾・井上巽共編著）九州大学出版会，1990年

旧ロシア金融史の研究
2001年2月28日　第1刷発行

著　者　　　伊藤昌太
発行者　　　片倉和夫
発行所　　株式会社　八朔社（はっさくしゃ）
東京都新宿区神楽坂 2 - 19　銀鈴会館
振　替　口　座　　東京00120-0-111135番
Tel. 03-3235-1553　Fax. 03-3235-5910

©伊藤昌太，2001　　　印刷・平文社／製本・みさと製本
ISBN4-86014-0001

八朔社　福島大学叢書学術研究書シリーズ

田添京二
① サー・ジェイムズ・ステュアート
　の経済学
A5判上製／442頁／1990年1月／5,800円[938571-09-9]

現代理論経済学にとっても重要なS.J.ステュアートの理論構造と背景を、ステュアート研究第一人者がその内面に則し究明。

小暮厚之【英語版】
② OPTIMAL CELLS
　FOR A HISTOGRAM
A5判上製／102頁／1990年10月／6,000円[938571-13-7]

データ解析に必須のヒストグラムをめぐる数理的問題を漸近理論、コンピュータ・シミュレーションなど最新の研究成果から解説。

珠玖拓治
③ 現代世界経済論序説
　◆世界資源経済論への道程
A5判上製／214頁／1991年8月／2,800円[938571-17-X]

森林など天然資源をめぐる世界政治経済論をライフワークとした著者の労作。資本主義の危機への警鐘。

相澤與一
④ 社会保障「改革」と
　現代社会政策論
A5判上製／246頁／1993年4月／3,000円[938571-29-3]

「臨調行革」の社会保障「改革」を批判、労働問題とともに生活問題や社会保障をも基本に据えた社会政策論の再構築を試みる。

安富邦雄
⑤ 昭和恐慌期救農政策史論
A5判上製／380頁／1994年8月／6,000円[938571-43-9]

恐慌期の救農政策の形成と消滅、福島県の救農政策、重化学工業論など著者ライフワークの総括。

境野健兒／清水修二
⑥ 地域社会と
　学校統廃合
A5判上製／238頁／1994年5月／5,000円[938571-45-5]

戦前期福島・長野の農村部で発生した学校統廃合をめぐる地域紛争の経緯と背景を分析、地域と学校の民衆的基盤の歴史を探る。

富田哲
⑦ 夫婦別姓の法的変遷
　◆ドイツにおける立法化
A5判上製／306頁／1998年9月／4800円[938571-71-4]

70年代以降のドイツの社会変化を背景とした法改正の変遷を追いながら、日本での法改正論議と比較する。

定価は税抜き価格です

◉菊池孝美
　フランス対外経済関係の研究　　　　　　7573円
　　　——資本輸出・貿易・植民地——

◉鈴木春二
　20世紀社会主義の諸問題　　　　　　　　2800円

◉是永純弘
　経済学と統計的方法　　　　　　　　　　6000円

◉原　薫
　戦後インフレーション　　　　　　　　　7000円
　　　——昭和20年代の日本経済——

◉ハンス・モドロウ著／宮川彰・監訳
　ドイツ，統一された祖国　　　　　　　　2200円
　　　——旧東独首相モドロウ回想録——

◉アンドレ・ジョリス著／斎藤絅子・訳
　西欧中世都市の世界　　　　　　　　　　2400円
　　　——ベルギー都市ウイの栄光と衰退——

◉伊藤宏之
　イギリス重商主義の政治学　　　　　　　3398円
　　　——ジョン・ロック研究——

◉柿崎繁／草間俊夫／増田壽男・編著
　危機における現代経済の諸相　　　　　　4854円

◉岡本友孝
　大戦間期資本主義の研究　　　　　　　　7767円

定価は税抜き価格です